आधुनिक सरकार :
सिद्धान्त एवं व्यवहार

आधुनिक सरकार : सिद्धान्त एवं व्यवहार

कुसुम वाजपेयी

इशिका पब्लिशिंग हाउस
जयपुर दिल्ली

इशिका पब्लिशिंग हाउस

ए -25, ''गणेश सदन'', गली न. 4, आदर्श बस्ती,
बी.एल. हाउस के पास, टोंक फाटक,
जयपुर-302018 (राजस्थान) भारत
फोन : 0141-2761280, Mob. 9887532741
Email: ishikapublishinghouse@yahoo.in

दिल्ली कार्यालय : 102, प्रथम मंजिल, 'सत्यम हाउस'
4324/3, अंसारी रोड़, दरियागंज, नई दिल्ली - 110 002
फोन : 011-45652440

ISBN: 9788189471842

टाइपसेटिंग : बी.एस. कम्प्यूटर्स, जयपुर

मुद्रक : थॉमसन प्रेस, नई दिल्ली

प्रस्तावना

विश्व के सबसे बड़े लोकतांत्रिक देश भारत में वास्तविक प्रजातंत्र की स्थापना 26 जनवरी, 1950 में हुई। हमारे देश जैसे विकासशील राष्ट्र के लिए प्रजातंत्रात्मक व्यवस्था आवश्यक है। क्योंकि प्रजातंत्रात्मक व्यवस्था व्यक्तित्व के विकास, जीवन स्तर में वृद्धि तथा सामाजिक, राजनीतिक एवं आर्थिक क्षेत्रों में समान रूप से भागीदारी के लिए जानी जाती है। भारतीय राजनीतिक व्यवस्था में प्रजातंत्र को एक आदर्श व्यवस्था के रूप में स्वीकार किया गया है। प्रजातंत्र में शासन संबंधी अंतिम शक्ति जनता के पास निहित होती है। इसलिए जनता द्वारा चुनी गई संसद के पास नीतिगत निर्णय अथवा नियमों के निर्माण, आदि का अधिकार रहता है। इस प्रकार की व्यवस्था भारतीय संघ के प्रत्येक प्रांत में पाई जाती है।

भारत को केन्द्रीय व्यवस्थापिका को संसद कहा जाता है। भारतीय संसद राष्ट्रपति, लोकसभा और राज्यसभा तीनों से मिलकर बनती है। हमारे संविधान ने संसदीय शासन-व्यवस्था को अपनाया है, जिसमें विधायिका और कार्यपालिका का सुन्दर समन्वय देखने को मिलता है। हमारा संविधान विदेशी संविधानों का अनुकरण मात्र न होकर एक अनुपम एवं नवीन प्रयोग है। भारतीय संविधान निर्माताओं ने तत्कालीन परिस्थितियों के अनुरूप एक ऐसी शासन-प्रणाली की व्यवस्था की जो हमारे वातावरण के अनुकूल थी। भारतीय सरकार का संरचनात्मक ढाँचा संघात्मक है। यहाँ केन्द्र और राज्य दो स्तर पर सरकार का गठन किया जाता है, लेकिन लोगों को केवल केन्द्र की नागरिकता प्रदान की गई है। प्रत्येक भारतीय को 18 वर्ष की उम्र के बाद मत देने का अधिकार प्रदान किया गया है। भारत के लोग हर स्तर पर अपने प्रतिनिधि चुनते हैं। ये जन प्रतिनिधि सरकार चलाते हैं। भारतीय सरकार को

चलाने के लिए कई पदों का सृजन किया गया है जैसे—राष्ट्रपति, प्रधानमंत्री, केबिनेट मंत्री, राज्य मंत्री आदि। राज्य स्तर की सरकार को चलाने के लिए राज्यपाल, मुख्यमंत्री एवं राज्य के विभागीय मंत्री होते हैं। भारतीय सरकार को चलाने की सारी जिम्मेदारी इन्हीं लोगों पर होती है।

राज्यों में सरकार का मुखिया बहुमत दल का नेता होता है जो मुख्यमंत्री कहलाता है। मुख्यमंत्री शासन चलाने में अपनी मदद के लिए मंत्रियों की नियुक्ति करता है। विधानसभा में जनता द्वारा चुने हुए प्रतिनिधि होते हैं जो मुख्यमंत्री तथा मंत्री पर नियंत्रण रखने का कार्य करते हैं। इसमें विपक्षी दलों की भूमिका अहम् होती है। इस प्रकार जिला स्तर पर ग्राम पंचायतों, जिला पंचायतों एवं नगरीय निकायों में भी जनतंत्रात्मक प्रणाली के आधार पर चुनाव संपन्न कराए जाते हैं तथा जनता द्वारा चुने हुए प्रतिनिधि स्थानीय शासन का संचालन करते हैं। इस तरह यह पता चलता है कि भारत में शासन संचालन की सभी इकाइयाँ प्रजातांत्रिक नियमों द्वारा बनाई जाती हैं। प्रत्येक स्तर पर जनता के द्वारा चुने हुए प्रतिनिधि एक निश्चित अवधि तक शासन करते हैं। इसके बाद फिर से उन्हें चुनाव में जाना पड़ता है और जनता स्वविवेक के आधार पर अपने प्रतिनिधियों का चयन करती है।

कुसुम वाजपेयी

अनुक्रमणिका

1

भारतीय प्रजातंत्र का स्वरूप

वर्तमान समय में प्रजातंत्र को एक विशिष्ट सामाजिक-राजनीतिक आदर्श तथा मूल्य के रूप में जानते हैं। इसी कारण प्रजातंत्र को सर्वोत्तम शासन प्रणाली समझा जाता है। इसके आदर्शों की तारीफ सभी लोग करते हैं। प्रजातंत्र का इतिहास कोई नया नहीं है यह बहुत पुराना है। कई विद्वानों ने प्रजातंत्र को शासन पद्धति के साथ-साथ जीवन पद्धति भी माना है। पूर्वकाल में इसे केवल राजनीतिक पहलू तक ही सीमित समझा जाता था लेकिन अब इसे सामाजिक, राजनीतिक तथा आर्थिक तीनों पहलू से जुड़ा माना जाता है। इन सबके बावजूद इसमें सिर्फ गुण ही नहीं है इसमें अनेक दोष भी पाये जाते हैं। प्रस्तुत अध्याय में भारतीय प्रजातंत्र के विभिन्न स्वरूपों पर विस्तृत प्रकाश डाला गया है। प्रजातंत्र का सामाजिक पक्ष व्यक्तियों की सामाजिक समानता पर जोर देता है, आर्थिक पक्ष आर्थिक सुरक्षा का वादा करता है तथा राजनीतिक पक्ष राजनीतिक सुरक्षा का वचन देता है। इस प्रकार यह कहा जा सकता है कि वर्तमान में प्रजातंत्र एक व्यापक अवधारणा है।

प्रजातंत्र का अभिप्राय

'डेमोक्रेसी' का हिन्दी रूपान्तरण प्रजातंत्र होता है। डेमोक्रेसी दो शब्दों के मेल से बना है। यह दो यूनानी शब्दों डिमोस (Demos) एवं क्रेटिया (Cratia) के योग से बना है। 'डिमोस' का अर्थ जनता होता है व 'क्रेटिया' का अर्थ शासन होता है। इस तरह 'डेमोक्रेसी' या प्रजातंत्र का अर्थ जनता का शासन होता है। हिंदी में प्रजातंत्र हेतु लोकतंत्र, जनतंत्र तथा बहुतंत्र आदि शब्दों का उपयोग होता है। प्रजातंत्र सरकार का एक प्रकार नहीं होता है अपितु राज्य का एक रूप व समाज की व्यवस्था का

दूसरा नाम होता है। इस प्रकार प्रजातंत्र या लोकतंत्र का अभिप्राय उस व्यवस्था से होता है जहाँ पर जनता स्वयं या अपने चुने हुए प्रतिनिधियों के द्वारा स्वयं अपना शासन करती है।

प्रजातंत्र की प्रमुख विशेषताएँ

प्रजातंत्र का लोकतंत्र की प्रमुख विशेषताएँ निम्नांकित हैं–

1. यह शासन प्रणाली अन्य सभी तरह की शासन प्रणालियों की तुलना में अधिक उपयुक्त मानी जाती है।
2. इसमें विचारों के व्यक्तिकरण की स्वतंत्रता होती है। यह विचारों के बहुलवादी सिद्धांत पर आधारित अवधारणा है।
3. यह सामाजिक तथा राजनीतिक व्यवस्था की एक आदर्श पद्धति है।
4. इस शासन प्रणाली में किसी भी सिद्धांत में बदलाव करने के लिए संविधान का सहारा लिया जाता है। इस प्रकार का बदलाव लिखित संविधान के अनुसार किया जाता है।
5. यह व्यक्ति की प्रतिष्ठा एवं सम्मान की रक्षा करता है।
6. इसमें सभी व्यक्तियों को सामाजिक, राजनीतिक तथा आर्थिक न्याय पाने का समान रूप से अधिकार होता है।
7. इसमें लोक कल्याणकारी राज्यों को ज्यादा गति मिलती है। इससे समाज के अधिकतर व्यक्तियों का अधिकतम कल्याण किया जाना संभव होता है।
8. प्रजातंत्र में संप्रभुता जनता में केंद्रित रहती है। जनता के द्वारा चुने हुए प्रतिनिधियों के माध्यम से यह शासन चलता है। अर्थात् यह बहुमत का शासन होता है।
9. इसमें स्वतंत्रता व समानता के भाव निहित रहते हैं। यह व्यक्ति को अनेक प्रकार के अधिकार प्रदान करता है।
10. प्रजातंत्र का सामान्य लक्ष्य होता है जनता का कल्याण। अर्थात् यह प्रत्येक व्यक्ति को अपने व्यक्तित्व को विकसित करने का मौका प्रदान करता है।

प्रजातंत्र की परिभाषाएँ

अलग-अलग विद्वानों ने अपने अनुसार प्रजातंत्र को परिभाषित किया है जिसमें से कुछ प्रमुख परिभाषाएँ अग्रलिखित हैं–

लिंकन के शब्दों में, "प्रजातंत्र का अर्थ जनता की, जनता के लिए और जनता द्वारा सरकार है।"

हिरोडोटस के शब्दों में, "प्रजातंत्र उस शासन का नाम है जिसमें राज्य की सर्वोच्च शक्ति संपूर्ण जनता में निवास करती है।"

आस्टिन के शब्दों में, "प्रजातंत्र वह शासन है जिसमें जनता का अपेक्षाकृत बड़ा भाग शासन करना है।"

ब्राइस के शब्दों में, "प्रजातंत्र शासन का वह रूप है जिसमें राजसत्ता किसी विशेष श्रेणी के लोगों को नहीं अपितु समस्त समाज के व्यक्तियों को प्रदान की जाती है।"

हर्नशा के शब्दों में, "प्रजातंत्र केवल सरकार ही का स्वरूप नहीं है बल्कि वह एक राज्य एवं समाज का भी स्वरूप है।"

लेविस के शब्दों में, "प्रजातंत्र मुख्य रूप से वह सरकार है, जिसमें संपूर्ण राष्ट्र की बहुसंख्यक जनता संप्रभु शक्ति के प्रयोग में भाग लेती है।

हॉल के शब्दों में, "प्रजातंत्र राजनीतिक संगठन का वह स्वरूप है जिसमें जनमत का नियंत्रण रहता है।"

डॉयसी के शब्दों में, "प्रजातंत्र वह शासन व्यवस्था है जिसमें राष्ट्र का अधिकांश भाग शासक हो।"

गेटेल के शब्दों में, "प्रजातंत्र उस प्रकार का शासन है जिसमें जनसंख्या या आबादी को अधिकार होता है कि वह संप्रभु शक्ति में भागीदार बने।"

एफ.डब्ल्यू. गिडिंग्स के शब्दों में, "प्रजातंत्र केवल एक शासन का ही नाम नहीं है वरन् राज्य का भी एक रूप है तथा समाज के रूप का भी नाम है या फिर तीनों का एक सम्मिश्रण है।"

प्रजातंत्र का वर्गीकरण

प्रजातंत्र मुख्य रूप से दो तरह के होते हैं, जो निम्नवत् हैं।

1. प्रत्यक्ष प्रजातंत्र (Direct Democracy), तथा
2. अप्रत्यक्ष प्रजातंत्र (Indirect Democracy).

प्रत्यक्ष प्रजातंत्र–प्रत्यक्ष प्रजातंत्र में जनसंख्याओं तथा आकार की दृष्टि से छोटे-छोटे राज्य होते हैं। यह प्रजातंत्र शासन का वह रूप है जहाँ संपूर्ण जनता स्वयं शासन का संचालन करती है। इसमें उस क्षेत्र की जनता एक सभा के रूप में इकट्ठी होकर अपने कानून एवं उसमें परिवर्तन, आदि की चर्चा करती है। जनता के इस

निर्णय को सरकार को मानना पड़ता है। इस तरह के प्रजातंत्र का स्वरूप प्राचीन भारत, चीन, यूनान एवं रोम में दृष्टिगत होता था। वर्तमान समय में इस तरह के प्रजातंत्र का लगभग स्पष्ट होना है। हालाँकि स्विट्जरलैंड के कुछ क्षेत्रों में वर्तमान में भी इस प्रकार के प्रजातंत्र देखने को मिलता है। प्रत्यक्ष प्रजातंत्र की विधियाँ एवं इसके रूप निम्नांकित हैं–

(i) लोकसभाएँ–प्रत्यक्ष प्रजातंत्र की प्रथम विधि लोकसभाएँ है इस प्रकार की पद्धति स्विट्जरलैंड के कुछ ही कैंटनों में प्रचलित हैं। इसके अनुसार वहाँ की जनता प्रत्येक वर्ष आम सभा करती है व उसमें शासन कार्यों पर विचार कर विधि का निर्माण करती है। यही आम सभाविधि को लागू करने हेतु कार्यपालिका का चुनाव करती है। न्याय की स्थापना हेतु न्यायपालिका का निर्वाचन भी वह स्वयं ही करती है। यह सभा सालाना बजट को भी पारित करती है।

(ii) जनमत संग्रह–यह प्रत्यक्ष प्रजातंत्र की द्वितीय विधि है। इस विधि को स्विट्जरलैंड में देखा जाता है। इसका तात्पर्य है जनता की राय प्राप्त करना। विधानमंडल जब कोई कानून बनाता है या संविधान में संशोधन करना चाहता है तब वह उस विषय को जनता के सामने रखकर जनमत प्राप्त करता है एवं उसके बाद संशोधन करता है। इसी प्रकार जनता का बहुमत प्राप्त होने पर विधानमंडल का प्रस्ताव कानून का रूप धारण करता है। केंद्रीय कानूनों पर जनमत संग्रह ऐच्छिक होता है।

(iii) आरम्भिक–यह प्रत्यक्ष प्रजातंत्र की तीसरी विधि है। आरम्भिक का आशय है शासन संबंधी मामलों में पहल करने का अधिकार नागरिकों को प्राप्त होना। आरम्भिक उस तरीके को कहा जाता है जिसके आधार पर मतदाताओं की एक निश्चित संख्या शुरू कर सकती है। यह जनता का अधिकार है जिसके द्वारा एक निश्चित जनसंख्या विधान परिषद् को किसी विषय पर कानून बनाने के लिए बाध्य कर सकती है।

(iv) प्रत्यावर्तन–यह प्रत्यक्ष प्रजातंत्र की चौथी विधि है। इसका अभिप्राय बदलाव से होता है। किसी विधायिका के सदस्यों को बदलना प्रत्यावर्तन कहलाता है। इससे जनता को अपने द्वारा विधानमंडल में भेजे गए प्रतिनिधि को वापस बुलाने या पदच्युत करने का अधिकार प्राप्त होता है। अन्य शब्दों में यह कहा जा सकता है कि जब कभी भी निर्वाचक यह अनुभव करे कि उनके द्वारा व्यवस्थापिका में भेजा गया प्रतिनिधि उनकी इच्छाओं का पर्याप्त प्रतिनिधित्व नहीं कर पाता है तो उन निर्वाचकों को अपने प्रतिनिधि को वापस बुलाने का अधिकार प्रत्यावर्तन

कहलाता है। वर्तमान समय में साम्यवादी देश रूस तथा चीन में इस तरह की व्यवस्था है।

अप्रत्यक्ष प्रजातंत्र—यह उस प्रजातंत्र को कहते हैं जिस शासन प्रणाली के तहत जनता खुद सरकार में शामिल न होकर अपने द्वारा चुने हुए प्रतिनिधियों से शासन करवाती है। ऐसे प्रजातंत्र को प्रतिनिध्यात्मक प्रजातंत्र (Representative Democracy) कहते हैं। अप्रत्यक्ष प्रजातंत्र के रूप निम्नांकित हैं—

(i) संसदीय या मंत्रिमंडलात्मक (Parliamentary or Cabinet System)—इस तरह की पद्धति में वास्तविक शासन संसद अथवा मंत्रिमंडल में निवास करती है। इसमें जनता के चुने हुए प्रतिनिधि ही रहते हैं। उदाहरणार्थ भारत की संसद अथवा मंत्रिपरिषद्।

(ii) अध्यक्षात्मक—इस तरह की पद्धति में शासन शक्ति राष्ट्राध्यक्ष या राष्ट्रपति में निवास करती है। राष्ट्रपति का चुनाव जनता द्वारा प्रत्यक्ष चुनाव की पद्धति से होता है। उदाहरणार्थ अमेरिका के राष्ट्रपति।

(iii) संघात्मक—इस तरह की पद्धति में शासन शक्ति का विभाजन केंद्र तथा विभिन्न राज्य इकाइयों के मध्य होता है। भारतीय संघ में 25 राज्य एवं इकाइयाँ हैं जिनके शासनाधिकारों को संघ सूची, राज्य सूची तथा समवर्ती सूची में विभाजित किया गया है।

(iv) एकात्मक—इसमें शासन शक्ति सिर्फ केंद्र में निवास करती है। यहाँ विभिन्न इकाइयों तथा राज्यों को पृथक् से कोई अधिकार नहीं दिया गया है। उदाहरणार्थ ब्रिटेन।

प्रजातंत्र के मूलभूत सिद्धांत

प्रजातंत्र शासन प्रणाली के साथ-साथ जीवन-पद्धति भी है। इससे जीवन का सतत विकास भी होता है। प्रजातंत्र के मूलभूत सिद्धांत निम्नलिखित हैं—

(1) लोकमत—प्रजातंत्र के अन्तर्गत लोकमत के आधार पर ही शासन का संचालन होता है। कोई भी प्रजातंत्रीय सरकार लोकमत तथा जनमत की निन्दा नहीं कर सकती है। इस प्रकार लोकमत या जनमत को प्रजातंत्र का आधार कह सकते हैं।

(2) शासन शक्ति लोगों के पास—प्रजातंत्र को जनता का, जनता के द्वारा तथा जनता का शासन कहा जाता है। इस शासन प्रणाली में संपूर्ण शक्ति जनता के हाथों में रहती है। जनता के मताधिकार के उपयोग से ही सरकार का निर्माण होता है।

जनता के हाथ में इतनी शक्ति रहती है कि ये अपने द्वारा बनाई गई सरकार का तख्त पलट सके। जनतंत्र अथवा प्रजातंत्र का मूल आधार जनता ही होती है। राजतंत्र एवं कुलीनतंत्र में इस तरह की सुविधाएँ मौजूद नहीं हैं।

(3) राजनीतिक दल—प्रजातंत्र एवं राजनीतिक दल दोनों एक-दूसरे के पूरक कहे जा सकते हैं। प्रजातंत्र में नागरिकों को राजनीतिक दल बनाने की स्वतंत्रता रहती है। सभी राजनीतिक दले जनता के समक्ष अपने सिद्धांतों को रखते हैं। जनता उस सिद्धांत को स्वीकार या अस्वीकार के आधार पर पक्ष या विरोध में वोट देती है। जनता को अपने मतों के अभिव्यक्ति की स्वतंत्रता प्राप्त होती है। राजनीतिक दल व्यक्ति को राजनीतिक शिक्षा भी प्रदान करते हैं।

(4) लोक सेवा—प्रजातंत्र में सरकार जनता की होती है। इसलिए वह हमेशा लोक हित या लोक कल्याण का कार्य करती है। वह जनता के हितों की कभी भी उपेक्षा नहीं कर सकती है।

(5) कानून का शासन—प्रजातंत्र में कोई भी सरकार स्वेच्छा से शासन का संचालन नहीं करती है। सभी व्यक्ति कानून की सीमा में रहकर कार्य करते हैं। कानून सभी व्यक्तियों एवं संस्थाओं से सर्वोच्च होता है। राष्ट्रपति से लेकर मंत्री एवं साधारण जनता तक कानून के अधीन होते हैं। कानून का उल्लंघन करने पर सभी को दण्ड मिलने का प्रावधान है। कानून की नजर में सभी व्यक्ति एकसमान होते हैं। अन्य किसी भी शासन पद्धति में इस तरह की व्यवस्था नहीं है।

(6) समानता—प्रजातंत्र समानता का व्यवहार करती है। इसमें राज्य तथा सरकार की दृष्टि से समाज के सभी नागरिक बिना किसी भेदभाव के समान होते हैं तथा उन्हें एक समान सुविधाएँ एवं अधिकार प्राप्त होते हैं। अन्य व्यवस्थाओं की अपेक्षा में प्रजातंत्रात्मक व्यवस्था को ज्यादा सम्मान समानता के सिद्धांत की वजह से प्राप्त होता है।

(7) स्वतंत्र न्यायालय—स्वतंत्र न्यायालय से अभिप्राय यह होता है कि सभी नागरिकों को निष्पक्ष एवं समान रूप से न्याय मिले। प्रजातंत्र में न्याय की दृष्टि में छोटे-बड़े सभी एकसमान होते हैं। अर्थात् न्यायाधीश का निर्णय सभी हेतु एकसमान होता है। यही कारण है कि प्रजातंत्र में न्यायालय अथवा न्यायपालिका को व्यवस्थापिका तथा कार्यपालिका से स्वतंत्र रखा जाता है। शासन की अन्य प्रणालियों में न्यायालय स्वतंत्र नहीं होता है।

(8) भातृ-भाव या भाईचारा—प्रजातंत्र के इस मूलभूत सिद्धांत के अन्तर्गत सभी वर्ग, जाति, धर्म, नस्ल तथा संप्रदाय के लोगों को एक समुदाय के रूप में स्वीकार

किया जाता है। इस व्यवस्था में हर व्यक्ति को भारत का समान नागरिक माना गया है। किसी के साथ कोई असमानता का व्यवहार नहीं किया जाता है।

(9) स्वतंत्रता—प्रजातंत्रात्मक राज्यों में नागरिकों को अपने विचारों को प्रकट करने की स्वतंत्रता प्राप्त होती है। साथ ही उन्हें अपने भाषणों तथा लेख लिखने की भी स्वतंत्रता प्राप्त रहती है। राजतंत्र, कुलीनतंत्र एवं अधिनायकतंत्र में विचारों की स्वतंत्रता के स्थान पर नियंत्रण या प्रतिबंध रहता है।

(10) मौलिक अधिकार—यह नागरिकों को मौलिक अधिकार प्रदान करता है। नागरिकों के उत्थान या भलाई हेतु सरकार ने लोगों को कुछ मौलिक अधिकार प्रदान किए हैं। समाज के सभी वर्ग के लोगों हेतु यह मूल अधिकार प्रदान किया गया है। इससे लोगों के अधिकारों की सुरक्षा होती है। अन्य शासन प्रणालियों में इस प्रकार के अधिकार प्राप्त नहीं होते हैं।

(11) प्रत्यक्ष चुनाव—इसका मुख्य आधार जनता द्वारा प्रत्यक्ष चुनाव है एवं वयस्क मताधिकार बिना किसी भेदभाव के सभी व्यक्तियों को प्रदान किया जाता है। मताधिकार की उम्र का निर्धारण भिन्न-भिन्न देशों में अलग-अलग है। भारत में वर्तमान समय में मताधिकार की उम्र 18 वर्ष निर्धारित है।

सफल प्रजातंत्र की प्रमुख शर्तें

प्रजातंत्र की सफलता के लिए प्रमुख आवश्यक शर्तें निम्नलिखित हैं—

1. स्वस्थ एवं सुसंगठित विरोधी दलों का होना है। यदि प्रजातंत्र में विरोधी दल सशक्त हों तब वे शासक दल के गलत नीतियों पर अंकुश लगाने में सफल होंगे।
2. स्थानीय स्वायत्त संस्थाओं, ग्राम पंचायतों, नगरपालिकाओं तथा जिला पंचायतों, आदि का सशक्त होना है। यदि ये सभी सशक्त होंगे तब प्रजातंत्र के अर्थ को जनता समझ पाएगी, उनमें अच्छे नागरिक के गुण विकसित होंगे जो प्रजातंत्र की सफलता हेतु जरूरी हैं।
3. शिक्षा के द्वारा ही कोई भी व्यक्ति देश तथा विदेश की समस्याओं को समझने में सफल हो सकता है। शिक्षित व्यक्ति अपने मताधिकार का उपयोग भी उचित रूप में कर सकते हैं। इस तरह के लोग ही समस्याओं को उचित परिप्रेक्ष्य में समझ सकते हैं तथा शासन की नीति संबंधी गलतियों की निर्भीकतापूर्वक आलोचना कर सकते हैं।

4. यदि प्रेस स्वतंत्र होंगे तब वे विभिन्न राष्ट्रीय तथा अंतर्राष्ट्रीय समस्याओं के संबंध में उचित जानकारी प्रस्तुत करने में सक्षम होंगे। साथ ही प्रेस, सरकार तथा जनता के बीच संपर्क सूत्र का भी कार्य करती है। वह जनता के दुःख-दर्द को प्रकाशित करती है।
5. जनता का प्रजांतत्र में विश्वास, जनता में सहिष्णुता, समझौता एवं दूसरी प्रकार की भाषाओं का होना जरूरी होता है। अगर नागरिकों में प्रजातंत्र के प्रति समर्पण का भाव नहीं होगा तब प्रजातंत्र की सफलता संदिग्ध होगी।
6. राष्ट्रीय भावना एवं राष्ट्रीय एकता का होना है। प्रोफेसर बर्गेस (Prof. Burgess) ने भी इसे प्रजातंत्र की सफलता के लिए आवश्यक माना है। उनके कथनानुसार इससे संकीर्ण मनोवृत्ति दूर होती है जो प्रजातंत्र के लिए जरूरी होती है।
7. जब तक जनता जागरूक नहीं होगी तब तक प्रजातंत्र की सफलता सुनिश्चित नहीं होगी। जब तक वह अपने अधिकारों तथा कर्त्तव्यों के प्रति जागरूक नहीं होती है तब तक प्रजातंत्र की सफलता की कामना करना बेकार होगा। इसलिए यह कहा जा सकता है कि जनमानस में जागृति आने से ही प्रजातंत्रात्मक मूल्यों की रक्षा होती है।
8. प्रजातंत्र की सफलता के लिए दसवीं आवश्यक शर्त आंतरिक अशांति में प्रजातंत्र सफल नहीं हो सकता है। यही वजह है कि युद्ध एवं अशांति के दिनों में अधिनायकतंत्र की संभावनाएँ बढ़ जाती हैं। इसका परिणाम होता है कि प्रजातंत्र का अस्तित्व खतरे में पड़ जाता है।
9. समाज में आर्थिक समानताएँ होनी चाहिएँ। धन की अधिकता तथा कमी दोनों प्रजातंत्र के मार्ग में अवरोध हैं। अतः किसी विद्वान ने कहा है कि "राजनीतिक स्वतंत्रता आर्थिक स्वतंत्रता के बिना केवल कपोल कल्पना है।" जो व्यक्ति भूख से पीड़ित है उसके लिए वोट देने का अधिकार अर्थहीन एवं महत्त्वहीन है।
10. सहिष्णुता का भाव पाया जाए। सत्ता में काबिल लोगों हेतु यह जरूरी है कि वे आलोचनाओं का स्वागत करें व अपने विरोधियों के दृष्टिकोणों को समझने का प्रयास करें। बहुसंख्यकों एवं अल्पसंख्यकों के दृष्टिकोणों की प्रशंसा की जानी चाहिए।

प्रजातंत्र के गुण

प्रजातंत्र या लोकतंत्र के प्रमुख गुण निम्नांकित हैं–

(1) क्रांति एवं विद्रोह की असंभावनाएँ–इसमें शासन के प्रबंध में लोग बराबर के भागीदार होते हैं व उनके अधिकारों को सुरक्षा प्राप्त रहती है। अतः क्रांति तथा विद्रोह की संभावना नहीं रहती है। जनता सरकार से कोई भी बदला गोली के बदले मतदान से लेती है। अतः क्रांति एवं विद्रोह का कोई प्रश्न ही नहीं उत्पन्न होता है। गिलक्राइस्ट (Gilchrist) के लेखानुसार हैं, "लोकप्रिय सरकार सर्वसम्मति की सरकार है, इसलिए स्वभाव से ही वह क्रांतिकारी नहीं होती है।"

(2) लोकप्रिय एवं स्थायी शासन–यह प्रणाली अन्य प्रणालियों की तुलना में अधिक लोकप्रिय शासन प्रणाली है। इस प्रकार की सरकारें जनता का सबसे अधिक ध्यान रखती हैं। यही वजह है कि इसे जनता के द्वारा भी पसंद किया जाता है। राजतंत्र में लोगों की सुनवाई राजा की इच्छा से होती है। कोई भी निर्णय राजा की इच्छा पर ही आधारित होता है। लेकिन प्रजातंत्र में ऐसा नहीं होता है। इस संबंध में लावेल (Lawell) के लेखानुसार हैं, "एक पूर्ण लोकतंत्र में कोई भी यह शिकायत नहीं कर सकता कि उसे अपनी बात कहने का अवसर नहीं मिला।" इस प्रकार यह ज्ञात होता है कि लोकप्रिय एवं स्थायी शासन प्रजातंत्र का एक गुण है।

(3) सामाजिक एवं आर्थिक सुधार में सहायक–प्रजातंत्र अपने नागरिकों के सामाजिक तथा आर्थिक दशा को सुधारने हेतु सतत प्रयत्नशील रहता है। यह प्रजातांत्रिक व्यवस्था की ही देन है कि वर्तमान में समाज के कमजोर एवं निर्धन वर्ग के लोगों को कई कल्याणकारी योजनाओं का लाभ मिल रहा है। इससे उनकी सामाजिक तथा आर्थिक स्थिति में सुधार हो रहा है। इस प्रकार यह पता चलता है कि यह नागरिक, सामाजिक तशा आर्थिक दशा को सुधारने में सहायक सिद्ध होता है जो कि इसका एक गुण है।

(4) देशप्रेम की भावना में वृद्धि–प्रजातंत्र नागरिकों के देशप्रेम की भावना में बढ़ोत्तरी होती है। हर नागरिक यह समझता है कि वह खुद सरकार का निर्माता है। परिणामतः व्यक्ति के अंदर स्वाभाविक रूप से राष्ट्र प्रेम की भावना जागृत होती है। व्यक्ति देश के कानून का भी सम्मान करते हैं। इस प्रकार देशप्रेम की भावना में वृद्धि करना प्रजातंत्र का एक गुण है।

(5) विश्व शांति का समर्थन–अर्थात् प्रजातांत्रिक सरकारें विश्व शांति का समर्थन करती हैं। वर्तमान में विश्व की अधिकतर प्रजातांत्रिक देश विश्व शांति

चाहते हैं। वे अन्य राष्ट्रों के साथ शांतिमय संबंधों के पक्षधर होते हैं। इस प्रकार विश्व शांति का समर्थन प्रजातंत्र का एक गुण है।

(6) उदारवादी शासन—प्रजातंत्र में शासन की प्रकृति उदारवादी होती है। परिस्थितियों के अनुसार आर्थिक, धार्मिक तथा राजनीतिक क्षेत्रों में सुधार किए जाते हैं। इसी प्रकार समयानुसार एवं आवश्यकतानुसार प्रजातंत्रीय सरकारें संविधान में संशोधन भी करती रहती हैं। इस प्रकार यह पता चलता है कि उदारवादी शासन प्रजातंत्र का एक गुण है।

(7) जनमत पर आधारित—यह जनता की सहमति पर आधारित होता है। प्रजातंत्र का मूल आधार जनता की सामान्य इच्छा है। जनमत के कारण ही प्रजातंत्र जीवित रहता है। प्रजातंत्रीय सरकारों में जनमत का जितना सम्मान किया जाता है उतना अन्य सरकारों में नहीं किया जाता है। इस प्रणाली में शासक एवं शासित के मध्य मुख्यतया मधुर संबंध बना रहता है। राजतंत्र, कुलीनतंत्र एवं तानाशाही सरकारें जनमत की निन्दा करती हैं। इस प्रकार यह पता चलता है कि प्रजातंत्र का एक गुण जनमत पर आधारित होता है।

(8) न्याय की कामना—इसमें न्याय को महत्त्व प्रदान किया जाता है तथा कानून के शासन की प्रमुखता होती है। अतः सभी को सामाजिक, राजनीतिक एवं आर्थिक क्षेत्रों में न्याय पाने का अधिकार रहता है। अन्य प्रणालियों की अपेक्षा में यह प्रणाली ज्यादा न्यायप्रिय होती है। इस संबंध में गेटेल (Gatel) के लेखानुसार, "क्योंकि प्रजातंत्र समानता के सामान्य सिद्धांत पर आधारित है, अतः इससे न्याय की वृद्धि होना संभव है जो कि राज्य के अस्तित्व के प्रमुख लक्ष्यों में से एक है।" इस प्रकार प्रजातंत्र का एक गुण न्याय की कामना है।

(9) समानता, स्वतंत्रता एवं भ्रातृत्व पर आधारित—इस व्यवस्था में इनको व्यावहारिक महत्त्व प्राप्त होता है। यह राष्ट्रीयता एकता को सबल करने तथा समाज से संकीर्ण मानसिकताओं को दूर करने में सक्षम होती है। प्रजातांत्रिक व्यवस्था में लिंग, जाति, धर्म, भाषा तथा संप्रदाय का कोई भेदभाव नहीं किया जाता है। साथ ही यह प्रणाली सभी के विकास के लिए समान मौके प्रदान करती है। प्रजातंत्र में समाज के सभी वर्ग के लोग कानून के प्रकट करने से समान माने जाते हैं। इसमें सभी नागरिकों को अपने विचारों की अभिव्यक्ति की स्वतंत्रता होती है। यह लोगों में भाईचारे की भावना का विकास करती है एवं राष्ट्रीय भावना का विकास करती है।

(10) सार्वजनिक कल्याण—यह प्रणाली न सिर्फ जनता की सरकार होती है वरन् यह सरकार जनता के लिए होती है। इस प्रकार की व्यवस्था वाली सरकारें

लोककल्याण, लोकसेवा तथा लोकहित को सर्वाधिक महत्त्व देती हैं। यह सार्वजनिक कल्याण का एक माध्यम होती है। इसमें बिना किसी भेदभाव के सभी व्यक्तियों के हितों को ध्यान में रखा जाता है।

(11) जनता को राजनीतिक प्रशिक्षण–प्रजातंत्र जनता की, जनता के लिए एवं जनता द्वारा बनाई गई सरकार होती है। इससे लोगों के राजनीतिक ज्ञान में बढ़ोत्तरी होती है। जिस प्रकार से इस शासन व्यवस्था में राजनीतिक चेतना पाई जाती है उस तरह से अन्य किसी शासन प्रणाली में नहीं पाई जाती है। इस संबंध में सी. डी. बर्न्स (C.D. Barnes) के लेखानुसार, ''प्रत्येक शासन पद्धति शिक्षा की एक पद्धति है लेकिन सबसे अच्छी शिक्षा आत्मशिक्षा है। इसलिए सर्वोत्तम शासन स्वशासन है जिसे प्रजातंत्र कहते हैं।'' गेटेल (Gatel) के विचारानुसार, ''प्रजातंत्र नागरिकों के प्रशिक्षण के लिए विद्यालय का काम करती है।'' इस तरह यह पता चलता है कि प्रजातंत्र जनता को राजनीतिक प्रशिक्षण प्रदान करता है जो कि इसका एक गुण है।

प्रजातंत्र के उपर्युक्त गुणों के अलावा इसके कुछ अन्य गुण निम्नांकित हैं–

(a) विभिन्नता में एकता में सहायक, (b) संकट में सर्वोत्तम प्रणाली, (c) नैतिकता एवं मानवीय मूल्यों पर आधारित, (d) व्यक्तित्व का विकास, (e) विज्ञान एवं प्रौद्योगिकी में अंतर, (f) शासन की दक्षता, तथा (g) चारित्रिक विकास।

प्रजातंत्र के दोष

प्रजातंत्र के दोष निम्नलिखित हैं–

(1) संख्यात्मक शासन प्रणाली–इसमें में सदस्यों की संख्या पर अधिक ध्यान दिया जाता है। इसलिए इसको भीड़तंत्र देने वाली प्रणाली कहते हैं। उनके गुण एवं योग्यता पर विशेष ध्यान नहीं दिया जाता है। इसमें बुद्धिजीवी वर्ग की भी उपेक्षा की जाती है। इसलिए बुद्धिजीवी वर्ग आज अपने आपको राजनीति से कटा हुआ महसूस करते हैं। इस तरह यह पता चलता है कि संख्यात्मक शासन प्रणाली प्रजातंत्र का एक दोष है।

(2) धनी लोगों का शासन–प्रजातंत्र में चुनावों में बहुत ज्यादा व्यय होता है। सामान्य नागरिकों के लिए दो वक्त की रोटी की व्यवस्था कर पाना मुश्किल होता है। अतः उससे चुनाव लड़ने की आशा नहीं की जा सकती है। इस खर्च को केवल धनी लोग ही वहन कर सकते हैं। जो चुने हुए प्रतिनिधि विधान सभा अथवा संसद तक पहुँचते हैं उनमें अधिकांश धनी ही होते हैं। अतएव प्रजातंत्र को व्यावहारिक

रूप में धनी लोगों का शासन की संज्ञा दी जाती है। धनी व्यक्ति निर्धनों का वोट खरीदकर विजयी हो जाते हैं। यही कारण है कि आम चुनावों के समय ज्यादातर उम्मीदवार पानी की तरह पैसा बहाते हैं। इस प्रकार यह पता चलता है कि प्रजातंत्र धनी लोगों का शासन है।

(3) राजनीतिक दलबंदी—प्रजातंत्र में बहुमत का बहुत अधिक महत्त्व होता है। इसलिए राजनीतिक नेता स्वार्थवश एक दल से दूसरे दल में चले जाते हैं। इस प्रकार की घटनाएँ बार-बार घटित हो चुकी हैं जो प्रजातंत्र का एक अवगुण अथवा दोष कहा जा सकता है।

(4) अस्थिरता—इस व्यवस्था में स्थापित सरकार स्थायी नहीं होती है। बहुमत समाप्त हो जाने अथवा अविश्वास के कारण कई प्रजातंत्रात्मक सरकारें गिर गई हैं। इस प्रणाली में सरकार पर सदैव अस्थिरता की तलवार लटकी रहती है। इसका प्रतिफल यह होता है कि देश पर असमय चुनाव का बोझ लाद दिया जाता है। इस अस्थिरता से कार्यक्रमों एवं नीतियों का क्रम टूट जाता है तथा प्रगति एवं विकास बाधित हो जाता है।

(5) बहुमत का अत्याचार—यह बहुमत का शासन होता है। इसलिए यह अल्पसंख्यकों के हितों का गला घोंटती है। इसका प्रतिफल यह होता है कि नागरिक स्वतंत्रता समाप्त हो जाती है। संभवतः प्रजातंत्र के इसी दोष के कारण लेकी (Lecki) एवं हेनरी मेन (Heinary Mein) ने लिखा है कि, ''प्रजातंत्र में स्वतंत्रता का गला घोंट दिया जाता है। इसमें 51 प्रतिशत जनता 49 प्रतिशत लोगों पर शासन करती है।'' इस प्रकार यह पता चलता है कि प्रजातंत्र का एक दोष बहुमत का अत्याचार है।

(6) दृष्टिकोण से गलत—प्रजातंत्र में प्रचार तो ईमानदारी का किया जाता है लेकिन राजनीति झूठ तथा निंदा की होती है। चुनाव के क्रम में प्रचार एवं दुष्प्रचार दोनों का बोलबाला रहता है। इससे देश का राजनीतिक माहौल गंदा हो जाता है। इस प्रकार यह स्पष्ट है कि दृष्टिकोण से गलत प्रजातंत्र का एक प्रमुख दोष है।

(7) संकटकाल के लिए उपयुक्त न होना—संकटकालीन परिस्थितियों के लिए यह प्रणाली अनुपयुक्त है। इस प्रणाली में कोई भी नीतिगत एवं महत्त्वपूर्ण निर्णय बिना बहुमत के स्वीकार्य नहीं होता है। सत्तारूढ़ दल एवं विपक्षी दल में मतैक्य नहीं होने के कारण कोई भी निर्णय जल्दी नहीं हो पाता है। सदैव टकराव की स्थिति बनी रहती है। कोई भी विधेयक सही तालमेल के अभाव में जल्द पास नहीं हो पाता है। संसद या विधान सभा का अधिकांश समय व्यर्थ में व्यतीत हो जाता

है। किसी भी संकटकालीन स्थिति में टकराहट और अधिक गंभीर बन सकती है। इस प्रकार यह पता चलता है कि प्रजातंत्र का एक दोष संकटकाल के लिए उपयुक्त न होना हैं।

(8) अयोग्यों का शासन—यह सामान्य भीड़ के सिद्धांत पर आधारित है। इनमें गैर-जिम्मेदार शासन पाया जाता है। प्लेटो (Plato) ने इसे 'अज्ञानता का राज्य' कहा है। इसी प्रकार लेकी (Leki) के अनुसार, "प्रजातंत्र वह शासन प्रणाली है जिसका संचालन सबसे अधिक अज्ञानी लोगों के हाथों में होता है जिनकी संख्या स्वभावतः अधिक होती है।" प्रजातंत्र में स्वस्थ नीति नहीं पाई जाती है। अतः योग्य व्यक्ति मंत्री नहीं बन पाते हैं एवं राष्ट्रीय सुरक्षा को सदैव खतरा बना रहता है। भारतीय संदर्भ में विशेषकर ये बातें दृष्टिगत होती हैं।

(9) कोरा आदर्शवाद—इसमें आदर्शवाद की भावना प्रबल रूप से पाई जाती है, किन्तु यह आदर्शवाद कोरा होता है। प्रजातंत्र समानता एवं स्वतंत्रता की बात तो करती है किन्तु व्यवहार में ऐसा नहीं होता है। स्पेंगलर (Spengler) के अनुसार, "लोगों द्वारा शासन पूर्णतः असंभव है।" इसी तरह बर्क (Berck) ने भी लिखा है, "प्रजातंत्र समानता का एक भयानक प्रपंच है।" वास्तविक रूप में वर्तमान समय में किसी भी देश में प्रजातंत्र नहीं है।

(10) अनुत्तरदायी शासन—व्यावहारिक रूप में ऐसा नजर आता है कि इस प्रणाली में स्वतंत्रता की रक्षा न होकर स्वतंत्रता का हनन होता है। प्रजातंत्र में बहुमत की सरकार होती है। इसमें अधिकतर मंत्री एवं सदस्य अयोग्य एवं अनुभवहीन होते हैं। फलस्वरूप शासन व्यवस्था का सुचारु रूप से संचालन नहीं हो पाता है। फैगेट (Faget) के लेखानुसार, "प्रजातंत्र शासन के अंतर्गत शासन सत्ता एक अव्यवस्थित भीड़ के हाथ में रहती है। अतः किसी को कोई शिकायत करनी हो तो किससे करें।" इस प्रकार यह पता चलता है कि अनुत्तरदायी शासन प्रजातंत्र का दोष है।

(11) धन एवं समय का अपव्यय—इस प्रणाली में समय तथा धन दोनों का अपव्यय होता है। इसका कारण यह है कि चुनावों, मंत्रियों एवं प्रतिनिधियों, आदि के तनख्वाह एवं भत्ते के ऊपर अधिक खर्च करना पड़ता है। गेटेल (Gatel) के अनुसार, "इसमें न केवल धन की बर्बादी होती है अपितु इसके कारण बेकार में वाद-विवाद एवं समय की भी बर्बादी होती है।"

प्रजातंत्र के उपर्युक्त दोषों के अतिरिक्त कुछ दोष होते हैं। लार्ड ब्राइस (Lord Bryce) ने प्रजातंत्र की निम्नांकित आलोचनाएँ प्रस्तुत की हैं—

1. इस प्रणाली में तथाकथित राजनेता राजनीति को व्यापार अथवा पेशा समझते हैं।
2. इस प्रणाली में राजनीतिक दलों का महत्त्व बढ़ जाता है एवं ये दल अपने-अपने स्वार्थ की पूर्ति में लगे रहते हैं।
3. इस प्रणाली में योग्यता पर कोई ध्यान नहीं दिया जाता है जबकि शासन संचालन में विशेष योग्यता की जरूरत होती है।
4. इस प्रणाली में शासन व्यवस्था पर अत्यधिक धन खर्च होता है।
5. इस प्रणाली में राजनीतिक नेता वोट प्राप्त करने के लिए नाना प्रकार की सौदेबाजी करते हैं जो राजनीतिक वातावरण को दूषित बना देता है।
6. इस प्रणाली में धन का महत्त्व बहुत अधिक होता है। इसके कारण शासन पर धनियों का वर्चस्व रहता है।
7. इस प्रणाली में समानता के सिद्धांत का दुरुपयोग किया जाता है।

भारत में प्रजातंत्र

विश्व के सबसे बड़े लोकतांत्रिक देश भारत में वास्तविक प्रजातंत्र की स्थापना 26 जनवरी, 1950 में हुई। हमारे देश जैसे विकासशील राष्ट्र के लिए प्रजातंत्रात्मक व्यवस्था आवश्यक है। क्योंकि प्रजातंत्रात्मक व्यवस्था व्यक्तित्व के विकास, जीवन स्तर में वृद्धि तथा सामाजिक, राजनीतिक एवं आर्थिक क्षेत्रों में समान रूप से भागीदारी के लिए जानी जाती है। भारतीय राजनीतिक व्यवस्था में प्रजातंत्र को एक आदर्श व्यवस्था के रूप में स्वीकार किया गया है। प्रजातंत्र में शासन संबंधी अंतिम शक्ति जनता के पास निहित होती है। इसलिए जनता द्वारा चुनी गई संसद के पास नीतिगत निर्णय अथवा नियमों के निर्माण, आदि का अधिकार रहता है। इस प्रकार की व्यवस्था भारतीय संघ के प्रत्येक प्रांत में पाई जाती है। राज्यों में सरकार का मुखिया बहुमत दल का नेता होता है जो मुख्यमंत्री कहलाता है। मुख्यमंत्री शासन चलाने में अपनी मदद के लिए मंत्रियों की नियुक्ति करता है। विधानसभा में जनता द्वारा चुने हुए प्रतिनिधि होते हैं जो मुख्यमंत्री तथा मंत्री पर नियंत्रण रखने का कार्य करते हैं। इसमें विपक्षी दलों की भूमिका अहम् होती है। इस प्रकार जिला स्तर पर ग्राम पंचायतों, जिला पंचायतों एवं नगरीय निकायों में भी जनतंत्रात्मक प्रणाली के आधार पर चुनाव संपन्न कराए जाते हैं तथा जनता द्वारा चुने हुए प्रतिनिधि स्थानीय शासन का संचालन करते हैं। इस तरह यह पता चलता है कि भारत में शासन संचालन की सभी इकाइयाँ प्रजातांत्रिक नियमों द्वारा बनाई जाती हैं। प्रत्येक स्तर पर

जनता के द्वारा चुने हुए प्रतिनिधि एक निश्चित अवधि तक शासन करते हैं। इसके बाद फिर से उन्हें चुनाव में जाना पड़ता है और जनता स्वविवेक के आधार पर अपने प्रतिनिधियों का चयन करती है।

प्रजातंत्र बेहतर शासन प्रणाली व्यवस्था है लेकिन भारतीय प्रजातांत्रिक व्यवस्था अनेक विसंगतियों का सामना कर रही है। इसलिए इन विसंगतियों को दूर करना आवश्यक है क्योंकि इसे दूर किए बिना वास्तविक प्रजातंत्र की कल्पना बेकार है।

भारतीय प्रजातंत्र की चुनौतियाँ

भारतीय प्रजातंत्र, निम्नांकित कारणों की वजह से ऐसे बहुत हद तक असफल रही है।

(1) निष्पक्ष समाचार-पत्रों का अभाव—प्रजातंत्र में हर व्यक्ति को अपने विचारों की अभिव्यक्ति की स्वतंत्रता होती है। समाचार-पत्र विचारों की अभिव्यक्ति में महत्त्वपूर्ण भूमिका निभाते हैं। भारतवर्ष में लगभग सभी समाचार-पत्र किसी-न-किसी राजनीतिक दल से संबंधित हैं। वे अपने-अपने दल विशेष के समाचारों को अधिक अहमियत देते हैं। जनसाधारण की बातों का प्रकाशन समाचार-पत्रों में बहुत कम हो पाता है। वर्तमान समय में समाचार-पत्रों में 'पीत पत्रकारिता' की वृद्धि हुई है। इससे भी निष्पक्ष समाचारों का प्रकाशन नहीं हो पाता है। इस प्रकार यह बात स्पष्ट है कि निष्पक्ष समाचार-पत्रों का अभाव भारतीय प्रजातंत्र की असफलता का प्रमुख कारण है।

(2) राष्ट्रीय चरित्र दोषपूर्ण—राष्ट्रीय चरित्र का होना प्रजातंत्र की सफलता के लिए जरूरी होता है। चरित्र से बढ़कर और कुछ नहीं होता है। दुर्भाग्यवश आज हमारे देश में स्वार्थवादिता, भ्रष्टाचारिता एवं कटुता पनप रही है। इससे राष्ट्रीय चरित्र धूमिल हो रहा है। भाई-भतीजावाद एवं भ्रष्टाचार आज भारतीय प्रजातंत्र में अपनी जड़ें गहराई तक जमा चुके हैं। योजनाओं के निर्माण एवं क्रियान्वयन तक में भ्रष्टाचार देखने को मिलता है। इससे प्रजातांत्रिक भावनाओं का नाश होता है। यदि भारत में राष्ट्रीय चरित्र सुधर जाए तो यह बहुत आगे तक जा सकता है। लेकिन ऐसा नहीं हो पा रहा है। इस प्रकार यह पता चलता है कि भारतीय प्रजातंत्र के असफल होने का एक कारण दोषपूर्ण राष्ट्रीय चरित्र है।

(3) सुव्यवस्थित राजनीतिक दलों का अभाव—दुर्भाग्यवश वर्तमान समय में भारत में ऐसे राजनीतिक दलों का अभाव पाया जाता है। इस संबंध में गाँधीजी का विचार है, "प्रजातंत्र की सफलता के लिए सुव्यवस्थित राजनीतिक दलों का होना

अनिवार्य है।" आज लगभग सभी राजनीतिक दलों का खंडन एवं विखंडन हो गया है जिससे कोई भी राजनीतिक दल सुव्यवस्थित नहीं है। इस प्रकार यह पता चलता है कि भारत में प्रजातंत्र की असफलता का एक कारण सुव्यवस्थित राजनीतिक दलों का अभाव है।

(4) संगठित जनमत का अभाव—जनमत प्रजातंत्र का सर्वोच्च अस्त्र है। जब तक जनमत स्वस्थ नहीं होगा तब तक स्वस्थ प्रजातंत्र की कल्पना करना बेकार है। स्वस्थ जनमत किसी भी देश को एक नवीन दिशा प्रदान करता है। इसके आधार पर समाज एवं राष्ट्र का विकास होता है। भारत में जनमत का स्वरूप स्वस्थ नहीं कहा जा सकता है। यहाँ जनता बिना सोचे-समझे मतदान करती है। वह तरह-तरह के बहकावे में आ जाती है जो स्वस्थ जनमत के निर्माण के मार्ग में बाधक साबित होती है।

(5) आर्थिक एवं सामाजिक विषमता—वर्तमान समय में भारत के अधिकांश लोग गरीब हैं। कुछ ही लोग ऐसे हैं जो अमीर कहे जा सकते हैं। इस प्रकार यहाँ आर्थिक विषमता देखने को मिलती है जो किसी भी प्रजातंत्र के लिए शुभ सूचक नहीं है। भारत में सामाजिक विषमता भी चरम पर है। यहाँ लोग जाति-पाँति में बँटे हुए हैं एवं उसके आधार पर भेदभाव है। ब्राह्मण यहाँ सर्वोच्च हैं तथा शूद्र निम्न। इस आधार पर बराबर कलह, द्वेष एवं वैमनस्यता चलती रहती है। इस प्रकार की आर्थिक एवं सामाजिक विषमताओं के रहते हुए प्रजातंत्र को सफल नहीं कहा जा सकता है। सफल प्रजातंत्र के लिए यह जरूरी है कि इसे दूर किया जाए। अतएव यह कहा जा सकता है कि भारत में प्रजातंत्र के असफल होने का एक कारण आर्थिक एवं सामाजिक विषमता है।

(6) नैतिक मूल्यों का अभाव—प्रजातंत्र की सफलता के लिए नैतिक मूल्य एवं आदर्श होते हैं। भारतीय प्रजातंत्र में इसका अभाव देखने को मिलता है। जनप्रतिनिधि जनता से किए गए वायदों को भुलाकर अपनी जेब भरने में लग जाते हैं। वे जनता की अवहेलना करते हैं। वर्तमान समय में आज संसद एवं विधानसभाओं में आपराधिक छवि वाले लोगों की भरमार है जिनका नैतिकता से कुछ लेना-देना नहीं होता है। इस प्रकार यह स्पष्ट होता है कि भारतीय प्रजातंत्र के असफल होने का एक कारण नैतिक मूल्यों का अभाव है।

(7) वर्गविहीन समाज का अभाव—प्रजातंत्रात्मक व्यवस्था समानता का पोषक होती है। इसमें जाति, धर्म, वर्ग, संप्रदाय तथा लिंग के आधार पर सभी को समान रूप से देखा जाता है। लेकिन भारतीय समाज में स्थिति ठीक इसके विपरीत है। यहाँ

विभिन्न आधारों पर कई असमानताएँ देखने को मिलती हैं। अमीर-गरीब, उच्च-निम्न, स्त्री-पुरुष तथा हिंदू-मुस्लिम, आदि के रूप में बहुत सारी असमानताएँ पाई जाती हैं। समाज अनेक संस्तरणों में बँटा है। इस तरह यह पता चलता है कि समाज में अनेक विभिन्नताएँ पाई जाती हैं जो प्रजातंत्र के मार्ग में बाधक हैं। अतएव वर्गविहीन समाज का अभाव भारत में प्रजातंत्र के असफल होने का प्रमुख कारण है।

(8) अशिक्षा—यह भारतीय प्रजातंत्र का बहुत बड़ा दोष है। 2001 के जनगणना के आँकड़ों के अनुसार भारत में साक्षरता का प्रतिशत मात्र 65 है जबकि 35 प्रतिशत जनसंख्या निरक्षर है। निरक्षर जनता प्रजातंत्र के आदर्शों तथा मूल्यों से अपरिचित होती है। वह अपने अधिकारों तथा कर्त्तव्यों से भी अनभिज्ञ रहती है। इसका प्रतिफल यह होता है कि वह सरकार के कार्यों के प्रति उदासीन रहती है। अशिक्षित जनता अपने मताधिकार का भी सही प्रयोग नहीं कर पाती है। वे उचित तथा अनुचित का निर्णय नहीं ले पाते हैं। राजनीति से जुड़े लोग उन्हें बहला-फुसलाकर अथवा प्रलोभन देकर उनका मत खरीद लेते हैं। इससे प्रजातंत्र का हनन होता है। भारत की जब तक संपूर्ण जनता शिक्षित नहीं हो जाती है तब तक वास्तविक प्रजातंत्र की कल्पना करना निरर्थक है। प्रजातांत्रिक व्यवस्था में सांसद तथा विधायक भी निरक्षर होते हैं। ऐसे अशिक्षित प्रतिनिधियों से बेहतर शासन प्रणाली की उम्मीद निरर्थक है।

2

केन्द्र सरकार : अधिकार और कर्त्तव्य

भारत को केन्द्रीय व्यवस्थापिका को संसद कहा जाता है। भारतीय संसद राष्ट्रपति, लोकसभा और राज्यसभा तीनों से मिलकर बनती है। हमारे संविधान ने संसदीय शासन-व्यवस्था को अपनाया है। जिसमें विधायिका और कार्यपालिका का सुन्दर समन्वय देखने को मिलता है, हमारा संविधान विदेशी संविधानों का अनुकरण मात्र न होकर एक अनुपम एवं नवीन प्रयोग है। भारतीय संविधान निर्माताओं ने तत्कालीन परिस्थितियों के अनुरूप एक ऐसी शासन-प्रणाली की व्यवस्था की जो हमारे वातावरण के अनुकूल थी।

भारतीय सरकार का संरचनात्मक ढाँचा संघात्मक है। यहाँ केन्द्र और राज्य दो स्तरों पर सरकार का गठन किया जाता है। लेकिन लोगों को केवल केन्द्र की नागरिकता प्रदान की गई है। प्रत्येक भारतीय को 18 वर्ष की उम्र के बाद मतदान करने का अधिकार प्रदान किया गया है। भारत के लोग हर स्तर पर अपने प्रतिनिधि चुनते हैं। ये जन प्रतिनिधि सरकार चलाते हैं। भारतीय सरकार को चलाने के लिए कई पदों का सृजन किया गया है, जैसे—राष्ट्रपति, प्रधानमंत्री, केबिनेट मंत्री, राज्य मंत्री आदि। राज्य स्तर की सरकार को चलाने के लिए राज्यपाल, मुख्यमंत्री एवं राज्य के विभागीय मंत्री होते हैं। भारतीय सरकार को चलाने की सारी जिम्मेदारी इन्हीं लोगों पर होती है। यहाँ हम केन्द्रीय स्तर की सरकार में सृजित प्रधान पदों के अधिकार एवं कर्त्तव्यों का विश्लेषण कर रहे हैं।

राष्ट्रपति

भारतीय संघ की कार्यपालिका के प्रधान को राष्ट्रपति कहा जाता है। संघ की

कार्यपालिका शक्ति राष्ट्रपति में निहित है। भारतीय संविधान राष्ट्रपति पद के सम्बन्ध में ब्रिटेन की संसदीय प्रणाली से प्रभावित है। यद्यपि हमारे देश का राष्ट्रपति नाममात्र का प्रधान है, परन्तु आपात कालीन स्थिति में इसे कई विशेषाधिकार प्राप्त होता है और संघ की वास्तविक शक्ति संघ मन्त्रिमण्डल में निहित होती है। इन दोनों देशों के प्रमुखों में मूलभूत अन्तर यह है कि ब्रिटेन की साम्राज्ञी का पद वंशानुगत होता है, जबकि भारत का राष्ट्रपति एक निर्वाचक मण्डल द्वारा निर्वाचित किया जाता है। इसी अन्तर के कारण भारत को प्रजातांत्रिक गणतन्त्र कहा जाता है। भारत में राष्ट्रपति का पद संविधान के अनुच्छेद 52 द्वारा उपबंधित है।

राष्ट्रपति पद की योग्यता–संविधान के अनुच्छेद 58 के अनुसार राष्ट्रपति पद के लिए इसके दावेदार में निम्नवत् योग्यताएँ होनी चाहिए–

(i) भारत का नागरिक हो,

(ii) 35 वर्ष की आयु पूरी कर चुका हो,

(iii) लोक सभा का सदस्य निर्वाचित किये जाने योग्य हो, तथा

(iv) भारत सरकार के या किसी राज्य सरकार के अधीन अथवा इन दोनों सरकारों में से किसी के नियन्त्रण में किसी स्थानीय या अन्य प्राधिकारी के अधीन लाभ का पद न धारण करता हो। यदि कोई व्यक्ति राष्ट्रपति या उपराष्ट्रपति के पद पर या संघ अथवा किसी राज्य के मंत्रिपरिषद का सदस्य हो, तो यह नहीं माना जाएगा कि वह लाभ के पद पर है।

राष्ट्रपति का चुनाव–अप्रत्यक्ष निर्वाचन पद्धति के तहत राष्ट्रपति का चुनाव होता है। राष्ट्रपति पद के निर्वाचन में अभ्यर्थी होने के लिए आवश्यक है कि कोई व्यक्ति निर्वाचन के लिए अपनी नामांकन करते समय 15,000 रुपये की धनराशि निर्वाचन अधिकारी के समक्ष जमा करे और उसके नामांकन पत्र का प्रस्ताव कम से कम 50 मतदाताओं द्वारा किया जाना चाहिए तथा कम से कम 50 मतदाताओं द्वारा उसके नामांकन पत्र का समर्थन भी किया जाना चाहिए।

राष्ट्रपति के निर्वाचन के लिए निर्वाचक मण्डल–अनुच्छेद 54 के अनुसार राष्ट्रपति का निर्वाचन ऐसे निर्वाचक मण्डल द्वारा किया जाएगा, जिसमें संसद (लोकसभा तथा राज्यसभा) तथा राज्य विधान सभाओं के निर्वाचित सदस्य शामिल होंगे। राष्ट्रपति के निर्वाचक मण्डल में संसद के मनोनीत सदस्य, राज्य विधान सभाओं के मनोनीत सदस्य तथा राज्य विधान परिषदों के सदस्य (निर्वाचित एवं मनोनीत दोनों) शामिल नहीं किये जाते। संघ राज्य क्षेत्रों की विधानसभाओं के सदस्यों को भी 71वें संविधान संशोधन के पूर्व राष्ट्रपति के निर्वाचक मण्डल में नहीं

शामिल नहीं किया जाता था। लेकिन 71वें संविधान संशोधन द्वारा यह व्यवस्था कर दी गयी है कि दो संघ राज्य क्षेत्रों, यथा पाण्डिचेरी तथा राष्ट्रीय राज्यक्षेत्र दिल्ली की विधानसभाओं के सदस्य राष्ट्रपति के निर्वाचक मण्डल में शामिल किये जायेंगे। यहाँ यह उल्लेखनीय है कि केवल इन दोनों संघ राज्य क्षेत्रों में ही विधानसभा का गठन हुआ है।

राष्ट्रपति चुनाव का मत मूल्य

राष्ट्रपति चुनाव में एक विधायक में मत का मूल्य—एक विधायक के मत के मूल्य का फार्मूला=राज्य की कुल आबादी/कुल विधायकों की संख्या × 1000

एक सांसद के मत का मूल्य

राज्य के कुल निर्वाचित विधायकों के मतों का मूल्य...5,49,474

लोकसभा के कुल निर्वाचित सदस्यों की संख्या... 543

राज्यसभा के कुल निर्वाचित सदस्यों की संख्या... 233

कुल सांसदों की संख्या... 543 + 233 = 776

एक सांसद के मत के मूल्य का फार्मूला=

राज्य के कुल मतों का मूल्य यानी 549,474/कुल सांसदों की संख्या यानी 776 = 708.085

सांसदों के कुल मतों का मूल्य, 708 × 776 = 5,49,408

वर्ष 2002 के राष्ट्रपति चुनाव में भाग लेने वाले कुल मतदाताओं की संख्या=कुल विधायक (4120) + कुल सांसद (776) = 4896

सभी मतदाताओं के कुल मतों का मूल्य

=5,94,474 + 5,49,408 = 10,98,882

निर्वाचन मण्डल में रिक्त स्थान का राष्ट्रपति के चुनाव पर प्रभाव—संविधान सभा में राष्ट्रपति के निर्वाचन प्रक्रिया पर विचार करते समय यह ध्यान नहीं दिया गया था कि निर्वाचक मण्डल में से कोई स्थान रिक्त हो तो राष्ट्रपति का चुनाव कैसे होगा। 1957 में जब राष्ट्रपति का चुनाव किया गया, तब निर्वाचक मण्डल में कुछ स्थान खाली थे। इसलिये राष्ट्रपति के चुनाव को इस आधार पर चुनौती दी गयी कि निर्वाचक मण्डल में स्थान रिक्त होने के कारण राष्ट्रपति का चुनाव अवैध है। बाद में 1961 में ग्यारहवाँ संविधान संशोधन के तहत यह व्यवस्था दी गयी कि निर्वाचक मण्डल में स्थान रिक्त होते हुए भी राष्ट्रपति का चुनाव हो सकता है।

राष्ट्रपति के निर्वाचन की पद्धति—भारतीय संविधान के अनुच्छेद 55 में राष्ट्रपति के निर्वाचन प्रणाली का प्रावधान किया गया है, जिसके अनुसार राष्ट्रपति के निर्वाचन में दो सिद्धान्तों को अपनाया जाता है :

(i) समरूपता तथा समतुल्यता का सिद्धान्त—इस सिद्धान्त (जो अनुच्छेद 55 के खण्ड (1) तथा (2) में वर्णित हैं, के अनुसार राज्यों के प्रतिनिधित्व के मापमान में एकरूपता तथा सभी राज्यों और संघ के प्रतिनिधित्व में समतुल्यता होगी। इस सिद्धान्त का तात्पर्य यह है कि सभी राज्यों की विधानसभाओं का प्रतिनिधित्व का मान निकालने के लिए एक ही प्रक्रिया अपनायी जाएगी तथा सभी राज्यों की विधानसभाओं के सदस्यों के मत मूल्य का योग संसद के सभी सदस्यों के मत मूल्य के योग के समतुल्य अर्थात् समान होगा। राज्यों की विधानसभाओं के सदस्यों के मतमूल्य तथा संसद के सदस्यों के मतमूल्य को निर्धारित करने के लिए निम्नलिखित प्रक्रिया अपनायी जाएगी :

पिधानसभा के सदस्य के मत मूल्य का निर्धारण—प्रत्येक राज्य की विधान सभा के सदस्य के मतों की संख्या निकालने के लिए उस राज्य की कुल जनसंख्या (जो पिछले जनगणना के अनुसार निर्धारित है) को राज्य विधानसभा की कुल निर्वाचित सदस्य संख्या से विभाजित करके भागफल को 1000 से विभाजित करते हैं। इस प्रकार भजनफल को एक सदस्य का मत मूल्य मान लेते हैं। यदि उक्त विभाजन के परिणामस्वरूप शेष संख्या 500 से अधिक आये, तो प्रत्येक सदस्य के मतों की संख्या में एक और जोड़ दिया जाता है। राज्य विधान सभा के सदस्यों का मत मूल्य निम्न पद्धति से निकाला जाता है।

राज्य की विधानसभा के एक सदस्य का मत मूल्य=राज्य की कुल जनसंख्या/राज्य विधान सभा के निर्वाचित सदस्यों की कुल संख्या×1/1000

संसद सदस्य के मत मूल्य का निर्धारण—संसद सदस्य का मूत मूल्य निर्धारित करने के लिए राज्यों की विधानसभाओं के सदस्यों के मत मूल्यों को जोड़कर संसद के दोनों सदनों के निर्वाचित सदस्यों के योग का भाग दिया जाता है। संसद सदस्य का मत मूल्य निम्न प्रणाली से प्राप्त किया जाता है।

संसद सदस्य का मत मूल्य =कुल राज्य विधान सभाओं के निर्वाचित सदस्यों के मत मूल्यों का योग/संसद के दोनों सदनों के निर्वाचित सदस्यों का योग

इस प्रकार राष्ट्रपति के चुनाव में यह ध्यान रखा जाता है कि सभी राज्य विधान सभाओं के निर्वाचित सदस्यों के मतों के मूल्य का योग संसद के निर्वाचित सदस्यों के मतों के मूल्य का योग बराबर रहे और सभी राज्यों की विधानसभाओं के निर्वाचित

सदस्यों के मत मूल्य का निर्धारण करने के लिए एक समान प्रक्रिया अपनायी जाय। इसे आनुपातिक प्रतिनिधित्व का सिद्धान्त भी कहा जाता है।

(ii) एकल संक्रमणीय मत पद्धति—यह प्रणाली मत के वरीयता क्रम पर आधारित है। इसका आशय यह है कि मतदाता मतदान पत्र में उम्मीदवारों के नाम या चुनाव चिन्ह के समक्ष अपना वरीयता क्रम लिखेगा।

मतगणना—चुनाव के पश्चात् मतगणना की जाती है जिसमें राष्ट्रपति उस व्यक्ति को निर्वाचित घोषित किया जाता है, जो आधे से अधिक मत प्राप्त करे। जब राष्ट्रपति के निर्वाचन के बाद मतों की गणना प्रारम्भ होती है, तो सर्वप्रथम अवैध मतपत्रों को निरस्त करके शेष वैध मत पत्रों का मत मूल्य निकाला जाता है और निकाले गये मत मूल्य में 2 का भाग देकर भागफल में एक जोड़कर निर्वाचित घोषित किये जाने वाले उम्मीदवार का कोटा निकाला जाता है। यदि मतगणना के प्रथम दौर में किसी उम्मीदवार को नियत किये गये कोटा के बराबर मत मूल्य प्राप्त हो जाता है, तो उसे निर्वाचित घोषित कर दिया जाता है। यदि किसी उम्मीदवार को नियत कोटा के बराबर मत मूल्य नहीं प्राप्त होता है, तो मतगणना का दूसरा दौर प्रारम्भ होता है। दूसरे दौर के मतगणना में जिस उम्मीदवार को प्रथम वरीयता का सबसे कम मत मिला होता है, उसको गणना से बाहर करके उसके द्वितीय वरीयता के मत मूल्य को अन्य उम्मीदवारों को स्थानान्तरित कर दिया जाता है।

राष्ट्रपति का चुनाव—भारत के प्रथम राष्ट्रपति डॉ. राजेन्द्र प्रसाद 2 बार इस पद को सुशोभित किये हैं। राष्ट्रपति की पदावधि 5 वर्ष होती है, लेकिन राजेन्द्र प्रसाद 10 वर्ष से अधिक की अवधि तक राष्ट्रपति का पद धारण किये थे। इसका कारण यह था कि 1952 में राष्ट्रपति के प्रथम चुनाव के पूर्व ही 24 जनवरी, 1950 को संविधान सभा द्वारा राष्ट्रपति के रूप में राजेन्द्र प्रसाद का चुनाव कर लिया गया था। संविधान के प्रवर्तन की तिथि अर्थात् 26 जनवरी, 1950 से लेकर 12 मई, 1952 तक राजेन्द्र प्रसाद राष्ट्रपति के पद पर रहे।

भारत में अब तक के हुए राष्ट्रपति चुनाव में सिर्फ एक बार, अर्थात् 1977 में, श्री नीलम संजीव रेड्डी निर्विरोध राष्ट्रपति चुने गये थे। शेष ग्यारह बार राष्ट्रपति पद के चुनाव में एक से अधिक उम्मीदवार थे।

भारत के राष्ट्रपति पद पर आरूढ़ होने वाले व्यक्ति

क्रम संख्या	नाम	कार्यकाल
1.	डॉ. राजेन्द्र प्रसाद	26 जनवरी 1950 से 13-5-1962

2.	डॉ. सर्वपल्ली राधाकृष्णन	13-5-1962 से 13-5-1967
3.	डॉ. जाकिर हुसैन	15-5-1967 से 3-5-1969 (कार्यकाल में मृत्यु)
4.	वी.वी. गिरि (उपराष्ट्रपति)	3-5-1969 से 20-7-1969 (कार्यवाहक)
5.	न्यायूमर्ति एम. हिदायतुल्ला (भारत के मुख्य न्यायाधीश)	20-7-1969 से 24-8-1969 (कार्यवाहक)
6.	वी.वी. गिरि	24-8-1969 से 24-8-1974
7.	फखरुद्दीन अली अहमद	2 4-8-1974 से 11-2-1977 (कार्यकाल में मृत्यु)
8.	बी.डी.जत्ती (उपराष्ट्रपति)	11-2-1977 से 25-7-1982 (कार्यवाहक)
9.	नीलम संजीव रेड्डी	25-7-1977 से 25-7-1982
10.	ज्ञानी जैल सिंह	25-7-1982 से 25-7-1987
11.	एम. हिदायतुल्ला (उपराष्ट्रपति)	6-10-1982 से 31-10-1982 (जब राष्ट्रपति अनुपस्थित थे)
12.	रामास्वामी वेंकटरमन	25-7-1987 से 25-7-1992
13.	डॉ. शंकर दयाल शर्मा	25-7-1992 से 25-7-1997
14.	के. आर. नारायणन	25-7-1997 से 25-7-2002
15.	डॉ. ए.पी.जे. अब्दुल कलाम	25-7-2002 से 25-7-2007
16.	प्रतिभा देवी सिंह पाटील	25-7-2007 से निरंतर

अब तक केवल डॉ. राजेन्द्र प्रसाद, फखरुद्दीन अली अहमद, नीलम संजीव रेड्डी, ज्ञानी जैल सिंह तथा ए.पी.जे. अब्दुल कलाम को छोड़कर अन्य सभी राष्ट्रपति पूर्व में उपराष्ट्रपति के पद को सुशोभित कर चुके थे। डॉ. एस. राधाकृष्णन लगातार दो बार उपराष्ट्रपति तथा एक बार राष्ट्रपति पद पर आसीन हुए। निर्दलीय उम्मीदवार के रूप में वी.वी. गिरि ऐसे राष्ट्रपति निर्वाचित हुए थे, जिन्होंने कांग्रेस का स्पष्ट बहुमत होते हुए भी उसके उम्मीदवार को पराजित किया था। अब तक नीलम संजीव रेड्डी एकमात्र ऐसे राष्ट्रपति हुए, जो एक बार चुनाव में पराजित हुए तथा बाद में निर्विरोध निर्वाचित हुए। 15 जुलाई 2002 को संपन्न 12वें राष्ट्रपति के चुनाव के लिए निर्वाचक मंडल में 4896 सदस्य थे जिसमें 776 सांसद और 4120 विधायक शामिल हैं। इन सबका कुल मत मूल्य 10,98,882 था। वर्तमान में प्रत्येक सांसद का मत मूल्य 708 है। सांसदों का कुल मत मूल्य 5,49,474 है। राज्यों में उत्तर प्रदेश विधानसभा का मत मूल्य 50,400, पश्चिम बंगाल का 44,394, आंध्र प्रदेश का 43,512 और बिहार विधानसभा का मत मूल्य 42,039 है। सिक्किम विधानसभा का मत मूल्य सबसे कम 224 है।

मतदान स्थल—राष्ट्रपति चुनाव में राज्य विधान सभाओं के सदस्य अपने अपने राज्यों की राजधानियों में मतदान करते हैं और संसद सदस्य दिल्ली में या अपने राज्य की राजधानी में मतदान कर सकते हैं। यदि कोई संसद सदस्य अपने राज्य की राजधानी में मतदान करना चाहता है, तो उसे इसकी सूचना 10 दिन पूर्व चुनाव आयोग को देनी चाहिए।

राष्ट्रपति के चुनाव का समय—भारत के संविधान के अनुच्छेद 62 में केवल यह अपेक्षा की गई है कि राष्ट्रपति का चुनाव निर्धारित समय के अंदर संपन्न करा लिया जाना चाहिए। निर्वाचन की प्रक्रिया को पाँच वर्ष की अवधि समाप्त हो जाने के बाद तक स्थगित नहीं रखा जा सकता है। राष्ट्रपति का चुनाव कब कराया जाएगा, इसके सम्बन्ध में संविधान में कोई प्रावधान नहीं किया गया है। संविधान के अनुच्छेद 71(3) में केवल यह प्रावधान किया गया है कि राष्ट्रपति के निर्वाचन से सम्बन्धित या संसक्त किसी विषय का विनियमन संसद विधि द्वारा कर सकेगी। इस शक्ति का प्रयोग करके संसद ने राष्ट्रपतीय तथा उपराष्ट्रपतीय निर्वाचन अधिनियम, 1952 पारित करके यह प्रावधान किया है कि राष्ट्रपति का चुनाव निवर्तमान राष्ट्रपति की पदावधि की समाप्ति के पूर्व ही कराया जाना चाहिए।

राष्ट्रपति पद का चुनाव तथा विजयी एवं द्वितीय स्थान प्राप्त उम्मीदवारों की सूची

क्रम संख्या	वर्ष	निर्वाचित प्रत्याशी	द्वितीय स्थान प्राप्त प्रत्याशी	प्रत्याशी निर्वाचित का मत प्रतिशत
1.	1952	डॉ. राजेन्द्र प्रसाद	के.टी. शाह	83.80
2.	1957	डॉ. राजेन्द्र प्रसाद	एन.एन. दास	99.30
3.	1962	डॉ. राधाकृष्णन	सी.एच. राम	98.30
4.	1967	डॉ. जाकिर हुसैन	के. सुब्बाराव	56.20
5.	1969	वी.वी. गिरि	नीलम संजीव रेड्डी	50.20
6.	1974	फखरुद्दीन अली अहमद	टी.चौधरी	80.20
7.	1977	नीलम संजीव रेड्डी	निर्विरोध	
8.	1982	ज्ञानी जैल सिंह	एच.आर. खन्ना	72.70
9.	1987	आर. वेंकटरमन	वी.आर. कृष्ण अय्यर	72.30
10.	1992	डॉ. शंकरदयाल शर्मा	जी.जी. स्वेल	64.78

11.	1997	के.आर. नारायणन	टी.एन. शेषन	94.70
12.	2002	डॉ. ए.पी.जे. अब्दुल कलाम	कैप्टन लक्ष्मी सहगल	89.98
13.	2007	प्रतिभा देवीसिंह पाटिल	भैरोसिंह शेखावत	

विभिन्न चुनावों में राष्ट्रपति पद के उम्मीदवारों को मिले मत

उम्मीदवार	मत
प्रथम चुनाव, 1952	
डॉ. राजेन्द्र प्रसाद	5,07,400
के.टी. शाह	92,827
लक्ष्मण गणेश ठाते	2,672
चौधरी हरी राम	1,954
कृष्ण कुमार चटर्जी	533
द्वितीय चुनाव, 1957	
डॉ. राजेन्द्र प्रसाद	4,59,698
नगेन्द्र नारायण दास	2000
चौधरी हरी राम	1498
तृतीय चुनाव, 1962	
डॉ. सर्वपल्ली राधाकृष्णन	5,53,067
चौधरी हरी राम	6,341
यमुना प्रसार त्रिशूलिया	3,537
चौथा चुनाव, 1967	
डॉ. जाकिर हुसैन	4,71, 244
कोका सुव्वाराव	3,63,971
खूबी राम	1369
यमुना प्रसाद त्रिशूलिया	750
भाम्बुरकर श्रीनिवास गोपाल	232
ब्रह्म देव	232
कृष्ण कुमार चटर्जी	125
कुमार कमला सिंह	125

पाँचवाँ चुनाव, 1969	
वी.वी. गिरि	4,01,515
नीलम संजीव रेड्डी	3,13,548
सी.डी. देशमुख	1,12,769
चंद्रदत्त सेनानी	5,814
गुरुचरण कौर	940
राजभोज पांडुरंग नाथूजी	831
पं.बाबूलाल माग	576
मनोबिहारी अनिरुद्ध शर्मा	125
चौधरी हरी राम	125
खूबी राम	94
छठा चुनाव, 1974	
फखरुद्दीन अली अहमद	7,65, 587
त्रिदिव चौधरी	1,89,196
सातवाँ चुनाव, 1977	
नीलम संजीव रेड्डी	निर्विरोध निर्वाचन
आठवाँ चुनाव, 1982	
ज्ञानी जैल सिंह	7,54,113
हंस राज खन्ना	2,82,685
नवाँ चुनाव, 1987	
रामास्वामी वेंकटरमण	7,40,148
कृष्ण अय्यर रामा अय्यर	2,81,550
दसवाँ चुनाव, 1992	
डॉ. शंकर दयाल शर्मा	6,75,864
प्रो. जी. जी. स्वेल	3,46, 485
राम जेठमलानी	2,704
जोगेन्द्र सिंह उर्फ धरती पकड़	1,135
ग्यारहवाँ चुनाव, 1997	
के. आर. नारायणन	9,56,290
टी.एन. शेषन	50,631
बारहवाँ चुनाव, 2002	

डॉ. ए.पी.जे. अब्दुल कलाम	9,22,884
कैप्टन लक्ष्मी सहगल	1,07,366

नोटः तेरहवाँ चुनाव 2007 में हुए।

कब कितने प्रत्याशी चुनाव लड़े

वर्षनामांकन	जिनका परीक्षण किया गया	उम्मीदवारों की संख्या	नामांकन जो रदद् हुए	नामांकन जो स्वीकृत	चुनाव लड़ने वाले उम्मीदवारों की संख्या
1952	16	14	10	6	5
1957	5	5	2	3	3
1962	11	4	1	10	3
1967	30	20	3	27	17
1969	44	24	14	30	15
1974	19	9	12	7	2
1977	26	22	22	4	1
1982	58	45	53	5	2
1987	57	41	50	7	3
2002	2	2	-	2	2

राष्ट्रपति के चुनाव से सम्बन्धित विवाद का विनिश्चय—अनुच्छेद 7 के अनुसार राष्ट्रपति के चुनाव से सम्बन्धित विवाद का विनिश्चय उच्चतम न्यायालय द्वारा किया जाएगा। यदि कोई व्यक्ति राष्ट्रपति के रूप में निर्वाचित होकर पद ग्रहण कर लेता है और बाद में उसका चुनाव उच्चतम न्यायालय द्वारा अवैध घोषित किया जाता है, तो राष्ट्रपति के पद रहते हुए उसके द्वारा किया गया कार्य या की गयी घोषणा अविधिमान्य नहीं होगी।

किसी राज्य की विधानसभा भंग होने की स्थिति में राष्ट्रपति चुनाव—ऐसी स्थिति में भी राष्ट्रपति का चुनाव संपन्न होता है। इस संदर्भ में 11वें संविधान संशोधन अधिनियम, 1961 में यह स्पष्ट किया गया है कि राष्ट्रपति के चुनाव को इस आधार पर चुनौती नहीं दी जा सकती कि निर्वाचक मंडल में कोई रिक्त स्थान था। सर्वोच्च न्यायालय ने भी यह निर्णय दिया है कि बिना किसी विधानसभा के ही राष्ट्रपति का चुनाव कराया जा सकता है।

पुनर्निर्वाचन के लिए योग्यता—भारतीय संविधान के अनुच्छेद 57 के अनुसार भारत के राष्ट्रपति पद पर पदस्थ व्यक्ति दूसरे कार्यकाल के लिए भी चुनाव में उम्मीदवार बन सकता है। वैसे संविधान में यह व्यवस्था नहीं की गयी है कि राष्ट्रपति पद पर पदस्थ व्यक्ति दूसरे कार्यकाल के लिए निर्वाचन में भाग ले सकता है या नहीं, लेकिन सामान्यतः यह परम्परा बन गयी है कि राष्ट्रपति पद के लिए कोई व्यक्ति एक ही बार निर्वाचित किया जाता है। इसका अपवाद राजेन्द्र प्रसाद रहे हैं, जो दो बार राष्ट्रपति पद के उम्मीदवार थे। इसेक अतिरिक्त दो राष्ट्रपति जाकिर हुसैन तथा फखरुद्दीन अली अहमद, जो कार्यकाल के दौरान ही मर गये थे, के सिवाय सभी राष्ट्रपति अपने एक कार्यकाल के बाद दूसरी बार राष्ट्रपित के चुनाव में उम्मीदवार नहीं बने।

राष्ट्रपति भवन

सन् 1911 में तत्कालीन राजधानी कलकत्ता से दिल्ली करने के विचार के परिणामस्वरूप राष्ट्रपति भवन निर्माण भी किया गया। इसी के साथ यह भी निर्णय लिया गया कि नई दिल्ली में ब्रिटिश वायसराय के रहने के लिए एक आलीशान भवन का निर्माण किया जाएगा। इस भवन के मुख्य शिल्पकार एडविन लैंडसीर लुटियंस थे जबकि इसके प्रमुख इंजीनियर हंग कीलिंग थे। इस भवन का अधिकतम निर्माण कार्य ठेकेदार हारून-अल-राशिद द्वारा किया गया।

प्रारंभ में इस भवन के निर्माण के लिए 4 लाख पौंड स्टर्लिंग राशि व्यय करने हेतु निर्धारित की गई थी। परंतु भवन के निर्माण में 17 साल लग जाने के कारण व्यय राशि बढ़कर 877136 पौंड स्टर्लिंग अर्थात् 1 करोड़ 28 लाख रुपये हो गई। यदि मुगल गार्डन और राष्ट्रपति भवन परिसर में कर्मचारियों के लिए बने आवासों की राशि भी इसमें शामिल कर दी जाये, तो राष्ट्रपति भवन के निर्माण में कुल 1 करोड़ 40 लाख रुपये खर्च हुए। चार मंजिले राष्ट्रपति भवन में कुल 340 कमरे हैं। 2 लाख वर्ग फुट में बने इस भवन में 70 करोड़ ईंटें तथा 30 लाख क्यूबिक फुट पत्थर का इस्तेमाल किया गया है। भवन के निर्माण में स्टील का प्रयोग नहीं किया गया है। राष्ट्रपति भवन में बने चक्र, छज्जे, छतरियाँ और जालियाँ भारतीय पुरातत्व पद्धति का अनुकरण हैं। भवन के स्तम्भों पर उकेरी गई घंटियाँ हिन्दू, जैन और बौद्ध मंदिरों की घंटियों की अनुकूति हैं जबकि इसके स्तम्भों के निर्माण की प्रेरणा कर्नाटक के मूडाविद्री में स्थित जैन मंदिर है। इसके गुम्बद के बारे में लुटियंस का मानना है कि यह गुम्बद रोम के सर्वदेवमंदिर (पैन्थियन ऑफ रोम) की याद दिलाता है।

लेकिन विश्लेषकों का विचार है कि गुम्बद की संरचना सांची के स्तूप के पैटर्न पर की गई है। 26 जनवरी, 1950 को यह भवन प्रथम राष्ट्रपति डॉ. राजेन्द्र प्रसाद का सरकारी आवास बना, तब से भारत के राष्ट्रपति का यह आवास बना हुआ है।

राष्ट्रपति का शपथ ग्रहण—राष्ट्रपति पद पर आसीन होने वाला व्यक्ति अपना पद ग्रहण करने के पूर्व अनुच्छेद 60 के तहत भारत के मुख्य न्यायाधीश या उसकी अनुपस्थिति में उच्चतम न्यायालय में उपलब्ध वरिष्ठतम न्यायाधीश के समक्ष अपने पद के कार्यपालन की शपथ लेता है।

राष्ट्रपति के शपथ पत्र का प्रारूप इस तरह होता है—

"मैं, अमुक ईश्वर की शपथ लेता हूँ/सत्य निष्ठा से प्रतिज्ञाण करता हूँ कि मैं श्रद्धापूर्वक भारत के राष्ट्रपति के पद का कार्यपालन (अथवा राष्ट्रपति के कृत्यों का निर्वहन) करूँगा तथा अपनी पूरी योग्यता से संविधान और विधि का परीक्षण, संरक्षण और प्रतिरक्षण करूँगा और मैं भारत की जनता की सेवा और कल्याण में निरत रहूँगा।"

राष्ट्रपति द्वारा लिया जाने वाला शपथ या प्रतिज्ञाण उपराष्ट्रपति एवं प्रधानमंत्री के शपथ से इस मामले में भिन्न है कि राष्ट्रपति संविधान और विधि के परीक्षण, संरक्षण और प्रतिरक्षण का शपथ लेता है।

राष्ट्रपति का कार्यकाल—भारतीय संविधान के अनुच्छेद 56 के अनुसार राष्ट्रपति अपने पदग्रहण की तिथि से पाँच वर्ष की अवधि तक अपने पद पर बना रहता है, लेकिन इस पाँच वर्ष की अवधि के पूर्व भी वह उपराष्ट्रपति को अपना त्यागपत्र दे सकता है या उसे पाँच वर्ष की अवधि के पूर्व संविधान के उल्लंघन के लिए संसद द्वारा लगाये गये महाभियोग द्वारा हटाया जा सकता है। राष्ट्रपति द्वारा उपराष्ट्रपति को संबोधित त्यागपत्र की सूचना उसके द्वारा (उपराष्ट्रपति द्वारा) लोकसभा के अध्यक्ष को अविलम्ब दी जाती है। राष्ट्रपति अपने पाँच वर्ष के कार्यकाल के पूरा करने के बाद भी तब तक राष्ट्रपति के पद पर बना रहता है, जब तक उसका उत्तराधिकारी पद ग्रहण नहीं कर लेता है। भारतीय संविधान में प्रावधान किया गया है राष्ट्रपति के पद में आकस्मिक रिक्ति के दौरान या उसकी अनुपस्थिति में उपराष्ट्रपति, राष्ट्रपति के पद के कार्यों का निर्वहन करेगा और राष्ट्रपति तथा उपराष्ट्रपति दोनों के पद में आकस्मिक रिक्ति के दौरान या दोनों की अनुपस्थिति में भारत का मुख्य न्यायाधीश राष्ट्रपति के पद के कार्यों का निर्वहन करेगा।

उदाहरण के लिए जब 3 मई 1969 को तत्कालीन राष्ट्रपति जाकिर हुसैन की मृत्यु हुयी, तब तत्कालीन उपराष्ट्रपति वी.वी. गिरि कार्यकारी राष्ट्रपति नियुक्त किये

गये। लेकिन उन्होंने राष्ट्रपति पद के चुनाव में उम्मीदवार होने के लिए अपने पद से त्यागपत्र दे दिया था, तब भारत के तत्कालीन मुख्य न्यायाधीश न्यायमूर्ति मो. हिदायतुल्ला ने राष्ट्रपति के पद का निर्वहन तब तक किया, जब तक निर्वाचित होकर वी.वी. गिरि राष्ट्रपति का पद नहीं ग्रहण कर लिये। अब तक तीन उपराष्ट्रपति वी.वी. गिरि (राष्ट्रपति जाकिर हुसैन की मृत्यु के कारण), बी.डी. जत्ती (राष्ट्रपति फखरुद्दीन अली अहमद की मृत्यु के कारण) तथा मोहम्मद हिदायतुल्ला (राष्ट्रपति ज्ञानी जैलसिंह की अनुपस्थिति के कारण) और एक मुख्य न्यायाधीश न्यायमूर्ति मोहम्मद हिदायतुल्ला राष्ट्रपति के पद के कृत्यों का निर्वहन कर चुके हैं।

राष्ट्रपति का वेतन एवं भत्ता—राष्ट्रपति को निःशुल्क शासकीय निवास उपलब्ध होता है। वह ऐसी उपलब्धियों, भत्तों और विशेषाधिकारों का हकदार होता है, जो संसद विधि द्वारा अवधारित करे, और जब तक संसद ऐसी विधि पारित नहीं करती है उनकी उपलब्धियाँ या भत्ते वही होंगे जो संविधान की दूसरी अनुसूची में विनिर्दिष्ट हैं। 1990 में राष्ट्रपति उपलब्धियाँ बढ़ाकर 20,000 रु. और 4 अगस्त, 1998 को इसे बढ़ाकर 50,000 रु. प्रति मास कर दी गयी है। राष्ट्रपति को पद त्याग देने के पश्चात् या पदावधि की समाप्ति पर 3,00,000 पेशन भी मिलती है। पदावधि के दौरान राष्ट्रपति की मृत्यु हो जाने पर उसे पारिवारिक पेंशन, आवास और स्वास्थ्य सुविधाएँ उपलब्ध हैं। संविधान के अनुच्छेद राष्ट्रपति का वेतन तथा भत्ते उसके कार्यकाल में न घटाये जाने का प्रावधान करता है।

राष्ट्रपति के विरुद्ध महाभियोग की प्रक्रिया—भारतीय संविधान के अनुच्छेद 61 के तहत महाभियोग की प्रक्रिया द्वारा राष्ट्रपति को उसके पद से हटाया जा सकता है। राष्ट्रपति के विरुद्ध महाभियोग की प्रक्रिया तब संचालित की जा सकती है, जब उसने संविधान के प्रावधानों का उल्लंघन किया हो। राष्ट्रपति के विरुद्ध महाभियोग लगाने का संकल्प संसद के किसी भी सदन में पेश किया जा सकता है, लेकिन जिस सदन में महाभियोग का संकल्प पेश किया जाना हो, उसके एक चौथाई सदस्यों द्वारा हस्ताक्षरित आरोप पत्र राष्ट्रपति को 14 दिन पूर्व दिया जाना आवश्यक है।

राष्ट्रपति को आरोप पत्र दिये जाने के 14 दिन बाद ही सदन में महाभियोग का संकल्प पेश किया जा सकता है। जिस सदन में संकल्प पेश किया जाय, उसके सदस्य संख्या के बहुमत तथा उपस्थित और मतदान करने वाले सदस्यों के दो-तिहाई बहुमत से संकल्प पारित किया जाना चाहिए। जिस सदन में संकल्प पेश किया गया है, उसके द्वारा पारित किये जाने के बाद संकल्प दूसरे सदन को भेजा जाएगा और

दूसरा सदन राष्ट्रपति पर लगाये गये आरोपों की जाँच करेगा। जब दूसरा सदन राष्ट्रपति पर लगाये गये आरोपों की जाँच कर रहा हो, तब राष्ट्रीय या तो स्वयं या तो अपने वकील के माध्यम से लगाये गये आरोपों के सम्बन्ध में अपना पक्ष प्रस्तुत करेगा और स्पष्टीकरण देगा। यदि दूसरा सदन राष्ट्रपति पर लगाये गये आरोपों को सही पाता है तथा अपनी संख्या के बहुमत से तथा उपस्थित और मतदान करने वाले सदस्यों के दो-तिहाई बहुमत से पहले सदन द्वारा पारित संकल्प का अनुमोदन कर देता है, तो महाभियोग की कार्यवाही पूर्ण हो जाती है। जिसके कारण राष्ट्रपति को त्यागपत्र देना पड़ता है।

राष्ट्रपति की शक्तियाँ तथा अधिकार—भारत के संविधान में राष्ट्रपति को निम्नांकित शक्तियाँ तथा अधिकार प्रदान किये गए हैं—

(1) कार्यपालिका शक्तियाँ—भारतीय संविधान के अनुच्छेद 73 के अनुसार संघ की कार्यपालिका शक्ति राष्ट्रपति में निहित है और वह अपनी इस शक्ति का प्रयोग अपने अधीनस्थ प्राधिकारियों के माध्यम से करता है। यहाँ अधीनस्थ प्राधिकारी का तात्पर्य केन्द्रीय मंत्रिमण्डल से है। राष्ट्रपति की कार्यपालिका शक्तियों को तीन भागों में बाँट सकते हैं—

(i) नियुक्ति सम्बन्धी शक्ति—भारतीय संविधान के अन्तर्गत राष्ट्रपति को यह शक्ति दी गयी है कि वह संघ से सम्बन्धित महत्त्वपूर्ण पदों पर नियुक्तियाँ करे। राष्ट्रपति इस शक्ति के प्रयोग में कई पदाधिकारियों, जैसे महान्यायवादी, नियंत्रक-महालेखा परीक्षक, वित्त आयोगों के सदस्यों, संघ लोक सेवा आयोग के अध्यक्ष तथा अन्य सदस्यों, संयुक्त राज्य लोक सेवा आयोग के अध्यक्ष तथा अन्य सदस्यों, मुख्य निर्वाचन आयुक्त, अन्य निर्वाचन आयुक्तों, उच्चतम न्यायालय तथा उच्च न्यायालयों के न्यायाधीशों, राष्ट्रीय अल्पसंख्यक आयोग के अध्यक्ष तथा सदस्यों, राष्ट्रीय मानवाधिकार आयोग के अध्यक्ष तथा सदस्यों, अनुसूचित जाति तथा अनुसूचित जनजाति आयोग के अध्यक्ष तथा सदस्यों, राष्ट्रीय अल्पसंख्यक आयोग के अध्यक्ष तथा सदस्यों, राज्यों के राज्यपालों, संघ राज्यक्षेत्रों के उपराज्यपालों या प्रशासकों की नियुक्ति कर सकता है। मंत्रिपरिषद् की सलाह पर ही राष्ट्रपति ये नियुक्तियाँ कर सकता है। वह अपने द्वारा नियुक्त प्राधिकारियों तथा अधिकारियों को पदमुक्त कर सकता है।

(ii) मंत्रिपरिषद् का गठन—भारतीय संविधान के अनुच्छेद 74 के अनुसार राष्ट्रपति संघ की कार्यपालिका शक्ति के संचालन में सलाह देने के लिए मन्त्रिपरिषद का गठन करता है, जिसका अध्यक्ष प्रधानमंत्री होता है। लोकसभा में बहुमत प्राप्त

दल के नेता को राष्ट्रपति प्रधानमंत्री पद पर नियुक्त करता है। इस प्रकार नियुक्त किये गये प्रधानमंत्री की सलाह पर वह मंत्रिपरिषद के अन्य सदस्यों की नियुक्ति करता है। साथ ही वह प्रधानमंत्री की सलाह पर मंत्रिपरिषद के किसी सदस्य को बर्खास्त कर सकता है। सामान्यतः यह प्रथा रही लोकसभा के प्रति उत्तरदायी होता है, लेकिन राष्ट्रपति को यह अधिकार है कि यदि लोकसभा में बहुमत प्राप्त दल किसी ऐसे व्यक्ति को अपना नेता चुनता है, जो लोकसभा का सदस्य नहीं है या राज्यसभा का सदस्य है, तो राष्ट्रपति ऐसे व्यक्ति को प्रधानमंत्री नियुक्त करता है लेकिन इस प्रकार नियुक्त किये गये व्यक्ति को 6 माह के भीतर संसद का सदस्य होना पड़ता है। इसी तरह प्रधानमंत्री की सलाह पर राष्ट्रपति ऐसे व्यक्ति को मंत्रिपरिषद में शामिल कर सकता है, जो संसद सदस्य नहीं है। यदि ऐसा व्यक्ति मंत्रिपरिषद में शामिल किया जाता है, जो उसे छः मास के भीतर संसद के किसी सदन का सदस्य बनना पड़ता है।

जब कभी ऐसी स्थिति उत्पन्न हो कि लोकसभा में किसी भी दल को स्पष्ट बहुमत न मिले या लोकसभा में पेश किये गये अविश्वास प्रस्ताव के पारित होने के कारण मंत्रिपरिषद को त्यागपत्र देना पड़े, तो राष्ट्रपति किस व्यक्ति को प्रधानमंत्री नियुक्त करेगा, इस सम्बन्ध में संविधान में कोई प्रावधान नहीं है। यहाँ पर राष्ट्रपति ऐसे व्यक्ति को प्रधानमंत्री नियुक्त कर सकता है, जिसके सम्बन्ध में उसे विश्वास हो कि वह लोकसभा में अपना बहुमत सिद्ध कर सकता है। इस सम्बन्ध में कुछ हद तक राष्ट्रपति को विशेषाधिकार प्राप्त है। इसी विशेषाधिकार के प्रयोग में राष्ट्रपति ने 1979 में चरण सिंह को प्रधानमंत्री के पद पर नियुक्त किया था। चरण सिंह की प्रधानमंत्री पद पर नियुक्ति को इस आधार पर न्यायालय में चुनौती दी गयी थी कि विश्वास मत प्राप्त करने पर ही उन्हें प्रधानमंत्री के रूप में नियुक्त किया जाना चाहिए था लेकिन न्यायालय ने अपने निर्णय में कहा कि प्रधानमंत्री की नियुक्ति के सम्बन्ध में यह पूर्ववर्ती शर्त नहीं है कि लोकसभा में विश्वास का मत प्राप्त किया जाय। इसी तरह 1989 में वी. पी. सिंह, 1991 में पी.वी. नरसिंहराव, 1996 में अटल बिहारी वाजपेयी और 1996 में ही एच. डी. देवगौड़ा तथा 1997 में इंद्रकुमार गुजराल को प्रधानमंत्री पद पर नियुक्त किया गया था। इसी प्रकार 1998 में 12वीं लोकसभा के गठन के बाद राष्ट्रपति ने अटल बिहारी वाजपेयी को प्रधानमंत्री पद पर नियुक्त किया था।

(iii) आयोगों का गठन—भारतीय संविधान के अन्तर्गत आयोगों को गठित करने की शक्ति भी राष्ट्रपति को दी गयी है। यह भारत के राज्यक्षेत्र में सामाजिक

और शैक्षणिक दृष्टि से पिछड़े वर्ग की दशाओं का अन्वेषण करने के लिए आयोग, राजभाषा पर प्रतिवेदन देने के लिए आयोग, अनुसूचित क्षेत्रों के प्रशासन पर रिपोर्ट देने के लिए तथा राज्यों में अनुसूचित जनजातियों के कल्याण सम्बन्धी क्रियाकलापों पर रिपोर्ट देने के लिए आयोग का गठन कर सकता है।

2. राजनयिक शक्तियाँ—भारत का संव्यवहार राष्ट्रपति के नाम से ही विश्व के अन्य राष्ट्रों से किया जाता है। अन्तर्राष्ट्रीय मामलों में राष्ट्रपति भारत का प्रतिनिधित्व करता है। अन्य देशों में भेजे जाने वाले राजदूत तथा उच्चायुक्त राष्ट्रपति द्वारा नियुक्त किये जाते हैं । साथ ही अन्य देशों से भारत में नियुक्ति पर आने वाले राजदूतों व उच्चायुक्तों का स्वागत भी राष्ट्रपति द्वारा ही किया जाता है। जब अन्य देश के राजदूत या उच्चायुक्त भारत में नियुक्त होकर आते हैं, तो वे अपना 'प्रत्यय पत्र' (Credential letter) राष्ट्रपति के समक्ष पेश करते हैं। समस्त अन्तर्राष्ट्रीय करार और सन्धियाँ राष्ट्रपति के नाम से की जाती हैं। लेकिन राष्ट्रपति अपनी राजनयिक शक्ति का प्रयोग मंत्रिपरिषद की सलाह पर करता है।

3. सैनिक शक्ति—भारत का राष्ट्रपति देश के तीनों सशस्त्र सेनाओं-जल, थल, और वायुसेना का सर्वोच्च सेनापति है। संघ के रक्षा बलों का समादेश राष्ट्रपति में निहित होता है। वह रक्षा बलों का प्रमुख होता है। राष्ट्रपति अपने में निहित रक्षा बलों का समादेश उस विधि के अनुसार प्रयुक्त करता है, जिसे संसद बनाये। वह रक्षा बलों के प्रमुखों को भी नियुक्त करता है।

4. विधायी शक्तियां एवं कार्य—राष्ट्रपति संसद का एक अभिन्न अंग है। संविधान द्वारा राष्ट्रपति को व्यापक विधायी शक्तियाँ प्रदान की गयी हैं, जिन्हें निम्नलिखित भागों में विभाजित किया जा सकता है :

(i) संसद से सम्बन्धित शक्ति—राष्ट्रपति संसद का अभिन्न अंग है क्योंकि संसद का गठन राष्ट्रपति और लोकसभा तथा राज्यसभा से मिलकर होता है। संसद से सम्बन्धित राष्ट्रपति की शक्तियाँ निम्नांकित हैं—

(क) राष्ट्रपति संसद के सत्र को आहूत करता है, लेकिन संसद के एक सत्र की अन्तिम बैठक और आगामी सत्र की प्रथम बैठक के लिए नियत तारीख के बीच छः मास का अन्तर नहीं होना चाहिए।

(ख) यदि संसद के किसी सदस्य की अयोग्यता के सम्बन्ध में, दल बदल के आधार पर के सिवाय, प्रश्न उत्पन्न होता है, तो उसका निर्णय राष्ट्रपति करेगा, लेकिन राष्ट्रपति ऐसा निर्णय करने के पहले निर्वाचन आयोग की राय लेगा।

(ग) अनुच्छेद 331 के तहत वह लोकसभा में आंग्ल-भारतीय समुदाय के दो सदस्यों को नामजद कर सकता है, यदि उसके विचार में लोकसभा में उस समुदाय को उचित प्रतिनिधित्व नहीं मिला है,

(घ) अनुच्छेद 80 (1) के तहत वह राज्यसभा में 12 सदस्यों को मनोनीत कर सकता है।

(ङ) संसद द्वारा कोई विधेयक पारित किये जाने पर उसे राष्ट्रपति के समक्ष अनुमति के लिए भेजा जाता है। राष्ट्रपति या तो उस पर अपनी अनुमति देता है या विधेयक पर पुनः विचार करने के लिए संसद को वापस भेजता है। यदि संसद द्वारा पुनः विधेयक पारित कर दिया जाता है, तो राष्ट्रपति उस पर अपनी अनुमति देने के लिए बाध्य होता है।

(च) संसद में लम्बित किसी विधेयक के सम्बन्ध में संसद के दोनों सदनों या किसी सदन को संदेश भेज सकता है और उसके संदेश पर यथाशीघ्र विचारण किया जाता है।

(छ) वह लोकसभा के प्रत्येक साधारण निर्वाचन के पश्चात् प्रथम सत्र के आरम्भ में और प्रत्येक वर्ष के प्रथम सत्र के आरम्भ में संसद के संयुक्त अधिवेशन में अभिभाषण कर सकता है।

(ज) वह सदनों या किसी एक सदन में या संसद के संयुक्त अधिवेशन में अभिभाषण कर सकता है।

(झ) वह संसद के किसी एक सदन में या संसद के संयुक्त अधिवेशन में अभिभाषण कर सकता है।

(ii) विधेयक प्रस्तुतीकरण की सिफारिश करने की शक्ति—राष्ट्रपति की सिफारिश के बगैर निम्न विधेयक संसद में नहीं पेश किये जा सकते :

(क) भूमि अधिग्रहण से संबंधित विधेयक।

(ख) व्यापार की स्वतंत्रता पर रोक लगाने वाले राज्य का कोई विधेयक।

(ग) धन विधेयक, लेकिन किसी कर को घटाने या समाप्त करने का प्रावधान करने वाले विधेयक राष्ट्रपति की सिफारिश के बिना संसद में पेश किये जा सकते हैं।

(घ) नये राज्य का निर्माण करने या विद्यमान राज्य के क्षेत्र, सीमा या नाम में परिवर्तन करने वाले विधेयक।

(ङ) जिस कराधान में राज्य का हित हो, उस कराधान पर प्रभाव डालने वाला विधेयक।

(च) जिस विधेयक को अधिनियमित और प्रवर्तित करने से भारत की संचित निधि से व्यय करना पड़ेगा, संबंधी विधेयक।

(iii) राज्य विधान मण्डल द्वारा बनाये जाने वाली विधि के सम्बन्ध में राष्ट्रपति की शक्ति—राज्य विधान मण्डल द्वारा बनायी जाने वाली विधि के सम्बन्ध में राष्ट्रपति को प्राप्त शक्तियाँ निम्नांकित हैं—

(क) राज्य विधान मण्डल द्वारा सम्पत्ति प्राप्त करने के लिए पारित विधेयक को राष्ट्रपति की अनुमति के लिए आरक्षित रखा जाएगा।

(ख) यदि राज्य विधान मण्डल कोई ऐसा विधेयक पारित करता है, जिससे उच्च न्यायालय की अधिकारिता प्रभावित होती है, तो राज्यपाल उस विधेयक पर अनुमति नहीं देगा और उसे राष्ट्रपति की अनुमति के लिए आरक्षित कर देगा,

(ग) वित्तीय आपात स्थिति के प्रवर्तन की स्थिति में राष्ट्रपति निदेश दे सकता है कि सभी धन विधेयकों को राज्य विधान सभा में पेश करने के पहले उस पर राष्ट्रपति की अनुमति ली जाय।

(घ) किसी राज्य के अन्दर या दूसरे राज्यों के साथ व्यापार आदि पर प्रतिबन्ध लगाने वाले विधेयकों को विधानसभा में पेश करने के पहले राष्ट्रपति की अनुमति लेनी होगी।

(iv) अध्यादेश जारी करने की शक्ति—राष्ट्रपति को अध्यादेश जारी करने की शक्ति भारतीय संविधान के अनुच्छेद 123 के अन्तर्गत प्रदान की गयी है। राष्ट्रपति द्वारा जारी अध्यादेश का वही प्रभाव होता है, जो संसद द्वारा पारित तथा राष्ट्रपति द्वारा अनुमोदित अधिनियम का होता है, लेकिन अन्तर यह होता है कि अधिनियम का प्रभाव तब तक स्थायी होता है, जब तक संसद द्वारा या राष्ट्रपति के अध्यादेश द्वारा निरस्त न कर दिया जाय, इसके विपरीत अध्यादेश केवल 6 मास तक प्रवर्तन में रहता है। राष्ट्रपति के द्वारा अध्यादेश संसद के विश्रान्तिकाल में उस समय जारी किया जाता है, जब राष्ट्रपति को यह विश्वास हो जाय कि ऐसी परिस्थिति उत्पन्न हो गयी है, जिसके अनुसार अविलम्ब कार्यवाही करना आवश्यक है। राष्ट्रपति द्वारा जारी अध्यादेश का प्रभाव केवल 6 मास तक रहता है यदि 6 मास के अन्दर संसद द्वारा अनुमोदित न कर दिया जाय।

संसद द्वारा अनुमोदित किये जाने पर वह राष्ट्रपति की अनुमति प्राप्त करने के बाद अधिनियम हो जाता है। यदि संसद के अधिवेशन के प्रारम्भ के बाद पहले जारी किये गये अध्यादेश को संसद द्वारा अनुमोदित किये जाने के लिए 6 मास के अन्दर

संसद में पेश नहीं किया जाता है, तो अध्यादेश प्रभावहीन हो जाता है। यदि संसद के एक सदन का सत्र चल रहा हो और दूसरे सदन का सत्र स्थगित हो, तब भी अध्यादेश जारी किया जा सकता है क्योंकि संसद का एक सदन कोई विधेयक पारित कर उसे कानून नहीं बना सकता है।

(v) कानून निर्माण की शक्ति–जिस विषय पर राष्ट्रपति कानून निर्माण की शक्ति का प्रयोग राष्ट्रपति निम्नांकित विषयों पर कर सकता है–

(क) संयुक्त लोक सेवा आयोग तथा संघ लोक सेवा आयोग के सदस्यों तथा कर्मचारियों की सेवा शर्तों को विनियमित करने वाले नियम।

(ख) राष्ट्रपति के नाम से किये जाने वाले और निष्पादित आदेशों तथा अन्य लिखतों को अधिप्रमाणित करने के ढंग के सम्बन्ध में,

(ग) राज्यसभा के सभापति तथा लोकसभा के अध्यक्ष से परामर्श करके दोनों सदनों की संयुक्त बैठकों से सम्बन्धित और उनमें परस्पर संचार से सम्बन्धित प्रक्रिया के नियम,

(घ) संघ या राज्य की सेवा करने वाले व्यक्तियों की भर्ती और सेवा की शर्तों को विनियमित करने वाले नियम,

(vi) राष्ट्रपति के विशेषाधिकार–भारतीय संविधान द्वारा राष्ट्रपति को स्पष्टतः वीटो की शक्ति नहीं दी गयी है, लेकिन संविधान के अनुसार किये गये कार्यों तथा स्थापित परम्पराओं के अनुसार यह माना जाता है कि राष्ट्रपति को निम्न प्रकार की वीटो की शक्तियाँ मिली हुई हैं–

(क) पूर्ण विशेषाधिकार–जब राष्ट्रपति किसी विधेयक को अनुमति नहीं देता, तो यह कहा जाता है कि राष्ट्रपति ने पूर्ण वीटो की शक्ति का प्रयोग किया है। राष्ट्रपति इस वीटो की शक्ति का प्रयोग गैर सरकारी विधेयक पर अनुमति न प्रदान करके कर सकता है या ऐसे विधेयक पर अनुमति न प्रदान करके कर सकता है, जो ऐसी सरकार द्वारा पारित किया गया हो, जो विधेयक पर अनुमति देने के पूर्व ही त्यागपत्र दे दे और नयी सरकार विधेयक पर अनुमति न देने की सिफारिश करे।

(ख) निलम्बनकारी विशेषाधिकार–इस वीटो का प्रयोग कर राष्ट्रपति किसी विधेयक के प्रभाव को निलम्बित रखने के लिए अनुमति देने हेतु अपने पास प्रेषित विधेयक को संसद के पास पुनर्विचार के लिए भेजता है।

(ग) जेबी विशेषाधिकार–इसे पाकेट वीटो कहा जाता है। इसका प्रयोग कर राष्ट्रपति संसद द्वारा पारित करके अनुमति के लिए भेजे गये विधेयक पर

न तो अनुमति देता है, न ही उसे पुनर्विचार के लिए वापस भेजता है। इस वीटो का प्रयोग राष्ट्रपति (ज्ञानी जैल सिंह) ने 1986 में संसद द्वारा पारित भारतीय डाक (संशोधन) अधिनियम के संदर्भ में किया है। राष्ट्रपति ने न तो इस पर अपनी अनुमति दी है, न ही इसे रांसद के पुनर्विचार के लिए भेजा है।

5. आपातकालीन शक्ति—राष्ट्रपति प्राप्त आपातकालीन शक्तियाँ निम्नांकित हैं—

(क) राष्ट्रीय आपात घोषित करने की (अनुच्छेद 352)।

(ख) राज्यों में संवैधानिक तन्त्र की विफलता पर वहाँ आपातकाल घोषित करने की (अनुच्छेद 356)।

(ग) वित्तीय आपात घोषित करने की (अनुच्छेद 360)।

6. वित्तीय शक्तियाँ—भारतीय संविधान द्वारा राष्ट्रपति को कई वित्तीय शक्तियाँ प्राप्त हैं। धन विधेयक तथा वित्त विधेयक को तभी लोकसभा में पेश किया जाता है, जब राष्ट्रपति उसकी सिफारिश करे। जिस विधेयक को प्रवर्तित किये जाने पर भारत की संचित निधि में व्यय करना पड़े, उस विधेयक को संसद द्वारा तभी पारित किया जाएगा, जब राष्ट्रपति उस विधेयक पर विचार-विमर्श करने की सिफारिश संसद से करे। जिस कराधान में राज्य का हित सम्बद्ध है, उस कराधान से सम्बन्धित विधेयक को राष्ट्रपति की अनुमति से ही लोकसभा में पेश किया जा सकता है। इसके अतिरिक्त राष्ट्रपति प्रत्येक वर्ष वित्तमंत्री के माध्यम से वर्ष का बजट लोकसभा में पेश करवाता है तथा प्रत्येक पाँच वर्ष की समाप्ति पर वित्त आयोग का गठन करता है। राष्ट्रपति वित्त आयोग द्वारा की गयी प्रत्येक सिफारिश को, उस पर किये गये स्पष्टीकारक ज्ञापन सहित संसद के प्रत्येक सदन के समक्ष रखवाता है।

7. न्यायिक शक्तियाँ—भारतीय संविधान द्वारा राष्ट्रपति को तीन प्रकार की न्यायिक शक्तियाँ प्रदान की गयी हैं, जो निम्नांकित हैं—

(i) न्यायाधीशों को नियुक्त करने की शक्ति—भारतीय संविधान के अनुच्छेद 124 के अनुसार राष्ट्रपति को उच्चतम न्यायालय तथा उच्च न्यायालय के न्यायाधीशों को नियुक्त करने की शक्ति है। उच्चतम न्यायालय के मुख्य न्यायाधीश की नियुक्ति करने के लिए राष्ट्रपति उच्चतम न्यायालय तथा उच्च न्यायालयों के ऐसे न्यायाधीशों से परामर्श करेगा, जिनसे परामर्श करना वह आवश्यक समझे। मुख्य न्यायाधीश के अतिरिक्त अन्य न्यायाधीशों की नियुक्ति के पूर्व वह मुख्य न्यायाधीश

से परामर्श करेगा। लेकिन संविधान में स्पष्ट रूप से यह प्रावधान नहीं किया गया है कि राष्ट्रपति मुख्य न्यायाधीश के परामर्श से बाध्य होंगे या नहीं।

लेकिन 6 अक्टूबर, 1993 को दिए गए एक निर्णय में उच्चतम न्यायालय ने स्पष्ट किया है कि—(i) उच्चतम न्यायालय के वरिष्ठतम न्यायाधीश को ही देश का मुख्य न्यायाधीश नियुक्त किया जाना चाहिए, (ii) उच्चतम न्यायालय के अन्य न्यायाधीशों की नियुक्ति के सम्बन्ध में राष्ट्रपति उच्चतम न्यायालय के मुख्य न्यायाधीश की राय मानने के लिए बाध्य है।

राष्ट्रपति उच्च न्यायालयों के मुख्य न्यायाधीशों तथा अन्य न्यायाधीशों को नियुक्त करता है। उच्च न्यायालयों के मुख्य न्यायाधीशों को नियुक्त करते समय राष्ट्रपति भारत के मुख्य न्यायाधीश तथा राज्य के राज्यपाल से परामर्श करता है जबकि अन्य न्यायाधीशों की नियुक्ति करते समय वह भारत के मुख्य न्यायाधीश, राज्य के राज्यपाल तथा सम्बन्धित उच्च न्यायालय के मुख्य न्यायाधीश से परामर्श करता है। 6 अक्टूबर, 1993 को दिए गए निर्णय के अनुसार राष्ट्रपति ऐसे नियुक्तियाँ करते समय भारत के मुख्य न्यायाधीश की राय को वरीयता देने के लिए बाध्य है।

भारतीय संविधान द्वारा राष्ट्रपति को यह अधिकार भी प्रदान किया गया है कि वह उच्च न्यायालय के न्यायाधीशों का एक उच्च न्यायालय से दूसरे उच्च न्यायालय में स्थानान्तरण कर सकता है।

(ii) क्षमादान की शक्ति—भारत के संविधान के अनुच्छेद 72 के तहत राष्ट्रपति को क्षमा तथा कुछ मामलों में दण्डादेश के निलम्बन, परिहार या लघुकरण की शक्ति प्रदान की गयी है। राष्ट्रपति को निम्नलिखित मामले में क्षमा, तथा दोषसिद्धि के निलम्बन, परिहार या लघुकरण की शक्ति प्रदान की गई है।

(क) सेना न्यायालयों द्वारा दिए गए दण्ड के मामले में,

(ख) उन सभी मामलों में, जिनमें दण्ड या दण्डादेश ऐसे विषय सम्बन्धी किसी विधि के विरुद्ध अपराध के लिए दिया गया है, जिस विषय तक संघ की कार्यपालिका शक्ति का विस्तार है।

(ग) मृत्यु दण्डादेश के सभी मामलों में,

क्षमा का अभिप्राय अपराध के दण्ड से मुक्त करना है। प्रतिलम्बन का तात्पर्य विधि द्वारा विहित दण्ड के स्थायी स्थगत से है। परिहार के अन्तर्गत दण्ड की प्रकृति में परिवर्तन किए बिना दण्ड की मात्रा को कम किया जाना है। लघुकरण का अर्थ दण्ड की प्रकृति में परिवर्तन करना है।

राष्ट्रपति अपनी इस शक्ति का प्रयोग मंत्रिपरिषद की सलाह पर करता है और राष्ट्रपति द्वारा यदि इस शक्ति का प्रयोग किया जाता है, तो उसका न्यायिक पुनर्विलोकन न्यायालय द्वारा किया जा सकता है।

(iii) उच्चतम न्यायालय से परामर्श लेने का अधिकार—भारतीय संविधान के अनुच्छेद 143 के अनुसार जब राष्ट्रपति को ऐसा प्रतीत हो कि विधि या तथ्य का कोई ऐसा प्रश्न उत्पन्न हुआ है या उत्पन्न होने की सम्भावना है, जो ऐसी प्रकृति का और व्यापक महत्त्व का है कि उस पर उच्चतम न्यायालय की राय प्राप्त करना समीचीन है, तब वह उस प्रश्न पर उच्चतम न्यायालय से सलाह-मशविरा कर सकता है।

राष्ट्रपति की संवैधानिक स्थिति—संविधान की भावना तथा संविधान सभा में इसके सदस्यों द्वारा व्यक्त किये गये विचारों के अनुसार राष्ट्रपति राष्ट्र का केवल औपचारिक प्रधान होगा, लेकिन मूल संविधान के अनुच्छेद 74(1) में यह प्रावधान किया गया था कि राष्ट्रपति को उसके कृत्यों का प्रयोग करने में सहायता और सलाह देने के लिए एक मंत्रिपरिषद होगी, जिसका प्रधान प्रधानमंत्री की सलाह मानने के लिए बाध्य नहीं है और वह अपने विवेक से भी संविधान के प्रावधानों के अनुसार अपने कृत्यों का निर्वहन कर सकता है। इसी प्रावधान के कारण प्रथम प्रधानमंत्री जवाहरलाल नेहरू तथा तत्कालीन राष्ट्रपति डा. राजेन्द्र प्रसाद के बीच हिन्दू कोड विधेयक तथा चीन से सम्बन्ध आदि मामलों में काफी मतभेद था जिससे दोनों के बीच संघर्ष की स्थिति उत्पन्न हो गयी थी। इसके बावजूद 1976 तक संविधान के इस प्रावधान को कायम रखा गया परन्तु 42वें संविधान संशोधन द्वारा अनुच्छेद 74(1) में संशोधन करके यह व्यवस्था दी गयी कि राष्ट्रपति मंत्रिपरिषद की सलाह के अनुसार ही कार्य करेगा और इस प्रकार राष्ट्रपति को मंत्रिपरिषद की सलाह के अनुसार कार्य करने के लिए बाध्य कर दिया गया, किन्तु 44वें संविधान संशोधन द्वारा अनुच्छेद 74(1) में यह व्यवस्था कर दी गयी कि यदि राष्ट्रपति को मंत्रिपरिद द्वारा कोई सलाह दी जाती है, तो यह मंत्रिपरिषद को दी गयी सलाह पर पुनर्विचार करने के लिए कह सकता है। इस प्रकार मंत्रिपरिषद द्वारा पुनर्विचार के बाद दी गयी सलाह पर राष्ट्रपति कार्य करने के लिए बाध्य है।

उपराष्ट्रपति

अनुच्छेद 63 के अनुसार भारत के संविधान में एक उपराष्ट्रपति की व्यवस्था की गई है, जो आवश्यकता पड़ने पर अंतरिम काल के लिए राष्ट्रपति का कार्यभार

संभाल सकता है। भारत का उपराष्ट्रपति राज्यसभा का पदेन सदस्य होता है और अन्य कोई लाभ का पद धारण नहीं करता।

उपराष्ट्रपति की योग्यता—अनुच्छेद 66 (3) के अनुसार उपराष्ट्रपति पद के लिए निम्न योग्यताएँ निर्धारित की गई हैं—

(i) राज्यसभा का सदस्य निर्वाचित होने के योग्य हो,

(ii) संसद के किसी सदन या राज्य विधान मण्डलों में से किसी सदन का सदस्य न हो।

इसका आशय यह नहीं है कि संसद या राज्य विधान मण्डलों का सदस्य उपराष्ट्रपति नहीं हो सकता बल्कि इसका तात्पर्य यह है कि यदि कोई व्यक्ति उपराष्ट्रपति पद के लिए निर्वाचित किया जाता है, और संसद या राज्य विधानमण्डलों में से किसी सदन का सदस्य है, तो उसे इस सदस्यता का त्याग करना पड़ता है।

(iii) भारत सरकार के या किसी राज्य की सरकार के अधीन अथवा उक्त सरकारों में से किसी के नियन्त्रण में किसी स्थानीय या अन्य प्राधिकारी के अधीन लाभ का पद न धारण करता हो।

(iv) भारत का नागरिक हो,

(v) 35 वर्ष की आयु पूरी कर चुका हो।

उपराष्ट्रपति का निर्वाचन—अनुच्छेद 66(1) के अनुसार संसद के दोनों सदनों के कुल सदस्य एक संयुक्त अधिवेशन में उपराष्ट्रपति का चुनाव करते हैं।

राज्य विधानमंडल के सदस्य इसमें भाग नहीं लेते हैं। यह निर्वाचन आनुपातिक प्रतिनिधित्व पद्धति के अनुसार एकल संक्रमणीय मत तथा गुप्त मतदान द्वारा होगा। उपराष्ट्रपति पद के लिए अभ्यर्थी का नाम 20 मतदाताओं द्वारा प्रस्तावित और 20 मतदाताओं द्वारा समर्थित होना आवश्यक है। साथ ही अभ्यर्थियों द्वारा 15,000 रुपये की जमानत राशि जमा करना आवश्यक होता है।

उपराष्ट्रपति के निर्वाचन से सम्बन्धित विवाद—अनुच्छेद 71 के अनुसार सर्वोच्च न्यायालय द्वारा उपराष्ट्रपति के निर्वाचन से सम्बन्धित किसी विवाद का निर्णय किया जाता है। यदि निर्वाचित उपराष्ट्रपति के पद ग्रहण के बाद उच्चतम न्यायालय द्वारा उपराष्ट्रपति के निर्वाचन को अवैध घोषित किया जाता है, तो पद पर रहते हुए उपराष्ट्रपति द्वारा किये गये कार्य को अवैध नहीं माना जाएगा।

पदावधि—उपराष्ट्रपति अपने पद ग्रहण की तिथि से पाँच वर्ष तक अपने पद पर बना रहेगा और यदि उसका उत्तराधिकारी इस पाँच वर्ष की अवधि के दौरान नहीं

चुना जाता है, तो वह तब तक अपने पद पर बना रहेगा, जब तक उसका उत्तराधिकारी निर्वाचित होकर पद ग्रहण नहीं कर लेता। निम्नवत् प्रक्रिया द्वारा उपराष्ट्रपति स्वयं अपने पद से हट सकता है या हटाया जा सकता है।

(i) राष्ट्रपति को अपना त्याग पत्र देकर।

(ii) राज्य सभा द्वारा संकल्प पारित करके—उपराष्ट्रपति को पदच्युत करने के लिए संकल्प राज्य सभा में पेश किया जाता है लेकिन उसके पहले उसकी सूचना उन्हें 14 दिन पूर्व देनी आवश्यक है। राज्यसभा में संकल्प पारित होने के बाद उसे अनुमोदन के लिए लोकसभा को भेजा जाता है। यदि लोकसभा संकल्प को अनुमोदित कर देती है, तो उपराष्ट्रपति को पद से हटा दिया जाता है। कार्यवाहक राष्ट्रपति के रूप में कार्य करने की स्थिति में उपराष्ट्रपति को महाभियोग द्वारा केवल उसी प्रक्रिया के तहत हटाया जा सकेगा जिस प्रक्रिया से संविधान में राष्ट्रपति पर महाभियोग स्थापित करने का प्रावधान है।

पुनर्निवाचन के लिए पात्रता—जो व्यक्ति उपराष्ट्रपति पद की आवश्यक योग्यता को धारण करता है, वह एक से अधिक कार्यकाल के लिए निर्वाचित किया जा सकता है। लेकिन डा. सर्वपल्ली राधाकृष्णन के दो बार निर्वाचित किए जाने के बाद अब यह सामान्य परम्परा बन गयी है कि किसी व्यक्ति को एक बार ही उपराष्ट्रपति पद के लिए निर्वाचित किया जाय।

शपथ—अनुच्छेद 69 के अनुसार उपराष्ट्रपति अपना पद ग्रहण करने के पूर्व राष्ट्रपति अथवा उसके द्वारा इस प्रयोजन के लिए नियुक्त किसी व्यक्ति के समक्ष शपथ लेता है तथा शपथ पत्र पर हस्ताक्षर करता है।

उपराष्ट्रपति का शपथ पत्र का प्रारूप निम्नलिखित रूप में निर्धारित होता है—

"मैं, अमुक ईश्वर की शपथ लेता हूँ, सत्य निष्ठा से प्रतिज्ञाण करता हूँ कि मैं विधि द्वारा स्थापित भारत के संविधान के प्रति सच्ची श्रद्धा और निष्ठा रखूंगा तथा जिस पद को मैं ग्रहण करने वाला हूँ उसके कर्त्तव्यों को श्रद्धापूर्वक निर्वहन करूँगा।

उपराष्ट्रपति के पद की रिक्ति को भरने के लिए निर्वाचन करने का समय तथा आकस्मिक रिक्ति को भरने के लिए निर्वाचित व्यक्ति की पदावधि—अनुच्छेद 68 के अनुसार उपराष्ट्रपति की पदावधि की समाप्ति से हुई रिक्ति को भरने के लिए निर्वाचन पदावधि की समाप्ति से पूर्व किया जाएगा तथा उपराष्ट्रपति की मृत्यु, पदत्याग या पद से हटाये जाने या अन्य कारण से हुई उसके पद में रिक्ति को भरने

के लिए निर्वाचित व्यक्ति अपने पद ग्रहण की तारीख से पाँच वर्ष की पूरी अवधि तक पद धारण करने का हकदार होगा। पदावधि के दौरान उपराष्ट्रपति की मृत्यु हो जाने की स्थिति में रिक्त हुए पद को कार्यवाहक उपराष्ट्रपति के द्वारा भरे जाने संबंधी कोई संवैधानिक व्यवस्था नहीं है। इस प्रकार ऐसी स्थिति में उपराष्ट्रपति का पद केवल निर्वाचन के द्वारा ही भरा जाएगा।

वेतन एवं भत्ते—अनुच्छेद 97 के अनुसार उपराष्ट्रपति अपने पद का वेतन ग्रहण नहीं करता है बल्कि राज्यसभा के सभापति के रूप में अपना वेतन ग्रहण करता है। वर्तमान समय में राज्यसभा के सभापति का वेतन 40,000 रु. है। इस वेतन के अतिरिक्त उपराष्ट्रपति को बिना किराए का सुसज्जित मकान आवास के लिए दिया जाता है। राज्यसभा के सभापति के रूप में उपराष्ट्रपति के वेतन या भत्ते में उसकी पदावधि के दौरान कभी न हीं की जा सकती। पदावधि के दौरान मृत्यु होने की स्थिति में उपराष्ट्रपति को पारिवारिक पेंशन, आवास और चिकित्सा सुविधाएँ प्राप्त हैं। उपराष्ट्रपति के निधन अथवा सेवानिवृत्ति की स्थिति में पत्नी अथवा पति को पेंशन प्राप्त होगी। 20 दिसम्बर, 1999 को संसद ने उपराष्ट्रपति की पेंशन में वृद्धि हेतु विधेयक पारित कर इसे 6250 रुपये प्रतिमाह से बढ़ाकर 20,000 रुपये प्रतिमाह कर दिया। साथ ही सेवानिवृत्त उपराष्ट्रपति को कार्यालय खर्च के लिए मिलने वाली राशि को भी 6000 रुपये से बढ़ाकर 12,000 रुपये प्रतिवर्ष कर दिया गया। ध्यातव्य है कि 1997 से पूर्व उपराष्ट्रपति को सेवा निवृत्ति के पश्चात् पेंशन का प्रावधान नहीं था। 1997 से ही उपराष्ट्रपति को 6250 रुपये प्रतिमाह पेंशन का प्रावधान किया गया था।

उपराष्ट्रपति की कार्य एवं शक्तियाँ—भारतीय संविधान के तहत उपराष्ट्रपति को निम्नलिखित कार्य तथा शक्तियाँ प्रदान की गयी हैं—

(i) कार्यवाहक राष्ट्रपति के रूप में कार्य—अनुच्छेद 65 के अनुसार राष्ट्रपति की मृत्यु या उसके उसके द्वारा त्यागपत्र दे देने या महाभियोग प्रक्रिया के अनुसार उसके पदमुक्त होने या उसकी अनुपस्थिति के कारण जब राष्ट्रपति का पद रिक्त हो जाता है, तब उपराष्ट्रपति, राष्ट्रपति के कर्त्तव्यों का निर्वहन करता है तथा राष्ट्रपति की शक्तियों का प्रयोग करता है। जब उपराष्ट्रपति, राष्ट्रपति के कृत्यों का निर्वहन कर रहा होता है, तब वह ऐसी उपलब्धियों, भत्तों और विशेषाधिकारों का हकदार होता है, जिनका हकदार राष्ट्रपति होता है। उपराष्ट्रपति जब राष्ट्रपति के रूप में कार्य करता है या राष्ट्रपति के कृत्यों का निर्वहन करता है, उस अवधि के दौरान वह राज्य सभा के कर्त्तव्यों का पालन नहीं करेगा।

(ii) संप्रेषण का कार्य—भारत का राष्ट्रपति अपना त्यागपत्र उपराष्ट्रपति को देता है। जब उपराष्ट्रपति, राष्ट्रपति का त्यागपत्र प्राप्त करे, तो उसका कर्त्तव्य बनता है कि वह राष्ट्रपति के त्यागपत्र की सूचना लोकसभा के अध्यक्ष को दे।

(iii) राज्यसभा के सभापति के रूप में—अनुच्छेद 64 में दी गयी व्यवस्था के अनुसार उपराष्ट्रपति राज्यसभा का पदेन सभापति होता है। राज्यसभा का सभापति होने के नाते उपराष्ट्रपति निम्न कार्य संपादित करता है—

(क) वह राज्यसभा द्वारा पारित विधेयकों पर हस्ताक्षर करता है।

(ख) वह सदन में असंसदीय भाषा के प्रयोग को रोकता है तथा यह आदेश दे सकता है कि असंसदीय भाषा को अभिलेख से निकाल दिया जाय।

(ग) उसको यह निर्णय करने की शक्ति प्राप्त है कि कौनसा प्रश्न सदन में पूछने योग्य है।

(घ) वह राज्यसभा के विशेषाधिकारों का उल्लंघन करने वाले व्यक्तियों को प्रताड़ित करता है।

(ङ) वह राज्यसभा के किसी सदस्य को सदन में भाषण देने की अनुज्ञा देता है तथा उसकी अनुज्ञा के बिना कोई भी सदस्य सदन में भाषण नहीं दे सकता।

(च) वह सदन में पेश किये गये विधेयकों पर विचार-विमर्श करवाता है। वह विचार-विमर्श के बाद मतदान कराता है तथा उसका परिणाम घोषित करता है।

(छ) वह राज्यसभा के कार्यों का संचालन करता है, राज्यसभा में अनुशासन बनाए रखता है तथा आज्ञा का अनुपालन न करने वाले सदस्यों को सदन से निष्कासित करवा सकता है।

(iv) अन्य कार्य—उपराष्ट्रपति को संविधान के द्वारा कोई औपचारिक कार्यपालिकीय शक्ति प्राप्त नहीं है, फिर भी व्यवहार में उसे मंत्रिमंडल के समस्त निर्णयों की सूचना प्रदान की जाती है। उपराष्ट्रपति विभिन्न राजकीय यात्राओं में राष्ट्र का प्रतिनिधित्व करता है। इन सबके अतिरिक्त उपराष्ट्रपति दिल्ली विश्वविद्यालय का पदेन कुलपति होता है।

प्रधानमंत्री

संविधान के अनुच्छेद 74 में यह प्रावधान किया गया है कि राष्ट्रपति को उसके कार्यों के सम्पादन में सहायता और परामर्श के लिए एक मंत्रिपरिषद होगी जिसका प्रधान प्रधानमंत्री होगा।

भारतीय संविधान के अनुसार प्रधानमंत्री का पद बहुत ही महत्त्वपूर्ण है क्योंकि प्रधानमंत्री ही संघ कार्यपालिका का प्रमुख होता है। अर्थात् इसे कैबिनेट की धुरी कहा जाता है। चूँकि भारत में ब्रिटेन के समान संसदीय शासन व्यवस्था को अंगीकार किया गया है, इसलिए प्रधानमंत्री पद का महत्त्व और अधिक हो गया है।

भारत के प्रधानमन्त्री—स्वतंत्र भारत के अब तक के प्रधानमंत्रियों तथा उनके कार्यकाल के नीचे दिया जा रहा है—

	प्रधानमंत्री	अवधि
1.	जवाहर लाल नेहरू	26-2-1950 - 27-5-1964
2.	गुलजारी लाल नन्दा (कार्यवाहक)	27-5-1964 - 9-6-1964
3.	लाल बहादुर शास्त्री	9-6-1964 - 11-1-1966
4.	गुलजारी लाल नन्दा (कार्यवाहक)	11-1-1966 - 24-1-1966
5.	श्रीमती इन्दिरा गाँधी	24-1-1966 - 24-3-1977
6.	मोरारजी देसाई	24-3-1977 - 28-7-1979
7.	चरण सिंह	28-7-1979 - 14-1-1980
8.	श्रीमती इन्दिरा गाँधी	14-1-1980 - 31-10-1984
9.	राजीव गाँधी	31-10-1984 - 1-12-1989
10.	विश्वनाथ प्रताप सिंह	1-12-1989 - 10-11-1990
11.	चन्द्रशेखर	10-11-1990 - 21-6-1991
12.	पी.वी. नरसिंह राव	21-6-1991 - 16-5-1996
13.	अटल बिहारी वाजपेयी	16-5-1996 - 1-6-1966
14.	एच.डी. देवगौड़ा	1-6-1996 - 21-4-1997
15.	इन्द्र कुमार गुजराल	21-4-1997 - 19-3-1998
16.	अटल बिहारी वाजपेयी	19-3-1998 - 13-10-1999
17.	अटल बिहारी वाजपेयी	13-10-1999 से 2004
18.	डॉ. मनमोहन सिंह	2004 से अब तक

इन प्रधानमंत्रियों में से 3 प्रधानमंत्री जवाहर लाल नेहरू, लाल बहादुर शास्त्री तथा श्रीमती इन्दिरा गाँधी की मृत्यु उनके कार्यकाल के दौरान हुई थी। जवाहर लाल नेहरू तथा लाल बहादुर शास्त्री की मृत्यु के बाद दो बार गुलजारी लाल नन्दा ने कार्यवाहक प्रधानमंत्री के रूप में कार्य किया था। चरण सिंह तथा अटल बिहारी वाजपेयी ऐसे प्रधानमंत्री थे, जिन्होंने लोकसभा में विश्वास का मत प्राप्त करने के पहले ही त्यागपत्र दे दिये थे, जबकि विश्वनाथ प्रताप सिंह तथा एच.डी. देवगौड़ा

ऐसे प्रधानमंत्री हैं, जो लोकसभा में विश्वास मत प्राप्त करने में असफल रहने के कारण त्याग पत्र दिये थे। जवाहर लाल नेहरू, इंदिरा गाँधी तथा अटल बिहारी वाजपेयी के बाद मनमोहन सिंह चौथे प्रधानमंत्री हैं जो लगातार दूसरी बार इस पद पर आसीन हुए हैं।

प्रधानमंत्री का चुनाव एवं नियुक्ति—इस संबंध में संविधान के अनुच्छेद 75 में केवल यह प्रावधान किया गया है कि प्रधानंत्री की नियुक्ति राष्ट्रपति करेगा। लेकिन इसका तात्पर्य यह नहीं है कि राष्ट्रपति अपने विवेकाधिकार से प्रधानमंत्री की नियुक्ति कर सकता है। सामान्य प्रथा यह है कि राष्ट्रपति उसी व्यक्ति को प्रधानमंत्री पद पर नियुक्त करता है, जो लोकसभा में बहुमत प्राप्त दल का नेता हो। जो व्यक्ति लोकसभा में बहुमत प्राप्त दल का नेता चुना जाता है, वह राष्ट्रपति से मिलकर सरकार बनाने का दावा करता है। इसके बाद उस व्यक्ति को प्रधानमंत्री पद पर नियुक्त करता है। यदि सामान्य चुनाव में कोई भी दल बहुमत नहीं प्राप्त करता, तो राष्ट्रपति लोकसभा में सबसे बड़े दल के नेता को या किसी ऐसे व्यक्ति, जिसे कई दलों का समर्थन प्राप्त हो, को प्रधानमंत्री पद पर नियुक्त करके उससे यह अपेक्षा करता है कि वह एक महीने में लोकसभा में मत परीक्षण के दौरान बहुमत सिद्ध करे।

जब कार्यरत मंत्रिपरिषद के विरुद्ध लोकसभा में अविश्वास प्रस्ताव पारित हो जाता है, तब मंत्रिपरिषद को त्यागपत्र देना पड़ता है। ऐसी स्थिति में राष्ट्रपति लोकसभा में विपक्ष के नेता को सरकार बनाने के लिए आमंत्रित करता है, लेकिन उसके इन्कार करने पर उस व्यक्ति को, जिसे कई दलों का समर्थन प्राप्त हो, सरकार बनाने के लिए आमंत्रित करता है और उन्हें निर्देश देता है कि सरकार के गठन के पश्चात् एक मास के भीतर अपना बहुमत सिद्ध करे 1979 में तत्कालीन प्रधानमंत्री मोरारजी देसाई के त्यागपत्र के बाद राष्ट्रपति लोकसभा में विपक्ष के नेता वाई.बी. चव्हाण को सरकार बनाने के लिए आमंत्रित किया था लेकिन उनके इन्कार करने पर कई दलों से समर्थन प्राप्त करने वाले चरण सिंह को सरकार बनाने के लिए आमंत्रित किया गया था।

योग्यता—भारतीय संविधान में प्रधानमंत्री की योग्यता के संबंध में कोई स्पष्ट प्रावधान नहीं किया गया है लेकिन इतना अवश्य कहा गया है कि (i) प्रधानमंत्री लोकसभा में बहुमत प्राप्त दल का नेता होगा। (ii) लोकसभा में बहुमत प्राप्त दल का नेता होने के लिए आवश्यक है कि नेता लोकसभा का सदस्य हो। इसलिए प्रधानमंत्री को लोकसभा का सदस्य होने की योग्यता रखनी चाहिए। (iii) यदि कोई

व्यक्ति, जो लोकसभा का सदस्य नहीं है, प्रधानमंत्री के पद पर नियुक्त किया जाता है, तो उसे छः मास के अन्तर्गत लोकसभा का सदस्य होना पड़ता है।

प्रधानमंत्री का कार्यकाल—सामान्यतया प्रधानमंत्री अपने पद ग्रहण की तिथि से लोकसभा के अगले चुनाव के बाद मन्त्रिमण्डल के गठन एक प्रधानमंत्री पद पर बना रहता है लेकिन इसके पहले भी वह (i) राष्ट्रपति को त्यागपत्र देकर पदमुक्त हो सकता है, या (ii) लोक सभा में अविश्वास प्रस्ताव पारित होने के कारण पद त्याग करता है, या (iii) राष्ट्रपति द्वारा बर्खास्त किया जा सकता है।

वेतन एवं भत्ते—समय-समय पर संसद द्वारा पारित वेतन व भत्ते संबंधी अधिनियम के अनुसार प्रधानमंत्री को वेतन मिलता है। साथ ही उन्हें मुफ्त आवास, यात्रा, चिकित्सा, टेलीफोन आदि की सुविधाएँ उपलब्ध करायी जाती हैं। भत्ते के रूप में प्रधानमंत्री को निर्वाचन क्षेत्र, आकस्मिक खर्च, अन्य खर्चे एवं डी.ए. आदि दिया जाता है।

अधिकार एवं कार्य—प्रधानमंत्री को प्रदान किए प्रमुख अधिकारों तथा कर्त्तव्यों पर नीचे प्रकाश निक्षेप किया जा रहा है—

(i) अनुच्छेद 74(1) के अनुसार प्रधानमंत्री मंत्रिमण्डल का प्रधान होता है और उसकी मृत्यु का त्यागपत्र से मन्त्रिमण्डल का विघटन हो जाता है।

(ii) अनुच्छेद 78 के अनुसार प्रधानमंत्री का यह कर्त्तव्य है कि वह संघ के कार्यकलाप के प्रशासन सम्बन्धी और विधान विषयक प्रस्थापनाओं की सूचना राष्ट्रपति को दे और यदि राष्ट्रपति किसी ऐसे विषय पर प्रधानमंत्री से सूचना मांगता है, तो प्रधानमंत्री राष्ट्रपति को सूचना देने के लिए बाध्य है।

(iii) अनुच्छेद 75(1) के अनुसार प्रधानमंत्री अपने मंत्रिमण्डल के अन्य सदस्यों को नियुक्त करने, मंत्रिमण्डल से बर्खास्त करने तथा मंत्रिमण्डल से उनके त्यागपत्र को स्वीकार करने की सिफारिश राष्ट्रपति से करता है।

(iv) प्रधानमंत्री मंत्रिमण्डल की बैठक की अध्यक्षता करता है।

(v) वह अपने मंत्रिमण्डल के सदस्यों को विभाग का आबंटन कर सकता है तथा किसी भी मंत्री को एक विभाग से दूसरे विभाग में अन्तरित कर सकता है।

उप-प्रधानमंत्री

उप-प्रधानमंत्री पद की कोई व्यवस्था भारतीय संविधान में नहीं की गई है।

इसके बावजूद समय-समय इस पद की व्यवस्था की जाती रही है। इस पद का अब तक 7 सृजन किया गया है। पहली बार इस पद का सृजन प्रथम लोकसभा के दौरान प्रधानमंत्री जवाहरलाल नेहरू द्वारा किया गया था। इस प्रकार सरदार बल्लभ भाई पटेल उप-प्रधानमंत्री पद को सुशोभित करने वाले प्रथम व्यक्ति थे। वे 1947-50 तक इस पद पर आसीन रहे। दूसरी बार पद का सृजन इंदिरा गाँधी के प्रधानमंत्रित्व काल में 1967-69 के दौरान किया गया जब मोरारजी देसाई को इसका दायित्व सौंपा गया। 1977 में जनता पार्टी की सरकार सत्ता में आयी तो दो उप-प्रधानमंत्री—चौधरी चरण सिंह और जगजीवन राम बनाये गये। जनता पार्टी से अलग होने के बाद जब चौधरी चरण सिंह ने कांग्रेस के समर्थन से अपनी सरकार बनायी तब उन्होंने वाई. बी. चव्हाण को उप-प्रधानमंत्री नियुक्त किया। तब चह्वाण कांग्रेस छोड़कर चौधरी चरण सिंह के साथ आ गये थे। इसी प्रकार 1989 में वी.पी. सिंह सरकार में और 1990 में चंद्रशेखर सरकार में चौधरी देवीलाल को उप-प्रधानमंत्री पद पर आसीन किया गया था। इसी क्रम में जून, 2002 में प्रधानमंत्री अटल बिहारी वाजपेयी ने गृहमंत्री लालकृष्ण आडवाणी को उप-प्रधानमंत्री पद का दायित्व सौंपा।

संघीय मन्त्रिपरिषद का गठन—इसका गठन प्रधानमंत्री की सलाह पर राष्ट्रपति द्वारा किया जाता है। मन्त्रिमण्डल का गठन कैबिनेट स्तर के मन्त्रियों से होता है। मूल संविधान में 'कैबिनेट' शब्द का उल्लेख नहीं किया गया था। परंतु बाद में 44वें संविधान संशोधन (1978) के द्वारा अनुच्छेद 352 के तहत 'कैबिनेट' शब्द को सम्मिलित कर लिया गया। जब मन्त्रिमण्डल के सदस्यों को उनके कार्यों में सहायता देने के लिए राज्यमंत्री व उपमंत्री की भी व्यवस्था की गई।

संघ के मंत्रालय एवं विभाग

संघ मंत्रालय में अनेक विभाग हैं, जिनकी संख्या समयानुसार परिवर्तित होती रहती है। 15 अगस्त 1947 को संघ मंत्रालयों की संख्या 18 थी, जिसे 2 1 दिसम्बर, 2001 को बढ़ाकर 50 कर दिया गया। ये मंत्रालय तथा इनके विभाग निम्न प्रकार हैं—

1. **पर्यावरण तथा वन मंत्रालय**
   पर्यावरण, वन तथा वन्य जीव विभाग
2. **कोयला और खान मंत्रालय**
   (क) कोयला विभाग
   (ख) खान विभाग

3. **खाद्य, उपभोक्ता मामले और सार्वजनिक वितरण मंत्रालय**
   (क) खाद्य और सार्वजनिक वितरण विभाग
   (ख) उपभोक्ता मामले विभाग
4. **वाणिज्य और उद्योग मंत्रालय**
   (क) वाणिज्य विभाग
   (ख) औद्योगिक नीति और संवर्द्धन विभाग
   (ग) सूचना प्रौद्योगिकी विभाग
5. **कृषि मंत्रालय**
   (क) कृषि तथा सहकारिता विभाग
   (ख) कृषि अनुसन्धान और शिक्षा विभाग
   (ग) पशुपालन और डेयरी विभाग
6. **रक्षा मंत्रालय**
   (क) रक्षा विभाग
   (ख) रक्षा उत्पादन तथा आपूर्ति विभाग
7. **संचार मंत्रालय**
   (क) डाक विभाग
   (ख) दूर संचार विभाग
   (ग) दूरसंचार सेवा विभाग
8. **स्वास्थ्य एवं परिवार कल्याण मंत्रालय**
   (क) स्वास्थ्य विभाग
   (ख) परिवार कल्याण विभाग
   (ग) भारतीय चिकित्सा पद्धति एवं होमियोपैथी विभाग
9. **विदेश मन्त्रालय**
10. **गृह मन्त्रालय**
   (क) आन्तरिक सुरक्षा विभाग
   (ख) राज्य विभाग
   (ग) राजभाषा विभाग
   (घ) गृह विभाग
   (ङ) जम्मू-कश्मीर विभाग
11. **मानव संसाधन विकास मंत्रालय**
   (क) प्रारंभिक शिक्षा और साक्षरता विभाग

(ख) माध्यमिक शिक्षा और उच्चतर शिक्षा विभाग
(ग) महिला और बाल विकास विभाग

12. वित्त मन्त्रालय
(क) आर्थिक कार्य विभाग
(ख) व्यय विभाग
(ग) राजस्व विभाग

13. भारी उद्योग और लोक उद्यम मंत्रालय
(क) भारी उद्योग विभाग
(ख) लोक उद्यम विभाग

14. श्रम मंत्रालय

15. सूचना और प्रसारण मंत्रालय

16. विधि, न्याय और कंपनी कार्य मंत्रालय
(क) विधि कार्य विभाग
(ख) विधायी विभाग
(ग) न्याय विभाग
(घ) कंपनी कार्य विभाग

17. शहरी विकास और गरीबी उपशमन मंत्रालय
(क) शहरी विकास विभाग
(ख) शहरी रोजगार और गरीबी उपशमन विभाग

18. अन्तरिक्ष विभाग

19. सांख्यिकी और कार्यक्रम कार्यान्वयन मंत्रालय

20. जनजाति कार्य मंत्रालय

21. युवा कार्यक्रम और खेल मंत्रालय

22. मन्त्रिमण्डल सचिवालय

23. राष्ट्रपति का सचिवालय

24. प्रधानमंत्री का सचिवालय

25. जल संसाधन मंत्रालय

26. परमाणु ऊर्जा विभाग

27. कृषि एवं ग्रामीण उद्योग मंत्रालय

28. महासागर विकास विभाग

29. विनिवेश मंत्रालय

30. संसदीय कार्य मंत्रालय

31. योजना आयोग

32. कार्मिक, सार्वजनिक शिकायत तथा पेंशन मंत्रालय

(क) कार्मिक तथा प्रशिक्षण विभाग

(ख) प्रशासनिक सुधार तथा सार्वजनिक शिकायत विभाग

(ग) पेंशन तथा पेंशनभोगी कल्याण विभाग

33. सड़क परिवहन और राजमार्ग मंत्रालय

34. रेल मंत्रालय

35. विद्युत मंत्रालय

36. पेट्रोलियम तथा प्राकृतिक गैस मंत्रालय

37 योजना मंत्रालय

38. इस्पात मंत्रालय

39. नागर विमानन मंत्रालय

40. खाद्य प्रसंस्करण उद्योग मंत्रालय

41. सामाजिक न्याय और अधिकारिता मंत्रालय

42. लघु उद्योग मंत्रालय

43. उत्तर पूर्वी क्षेत्र विकास विभाग

44. अपारंपरिक ऊर्जा स्रोत मंत्रालय

45. पोत परिवहन मंत्रालय

46. रसायन और उर्वरक मंत्रालय

(क) रसायन और पेट्रो-रसायन विभाग

(ख) उर्वरक विभाग

47. ग्रामीण विकास मंत्रालय

(क) ग्रामीण विकास विभाग

(ख) भूमि संसाधन विभाग

(ग) पेयजल आपूर्ति विभाग

48. विभाग और प्रौद्योगिकी मंत्रालय

(क) विज्ञान और प्रौद्योगिकी विभाग

(ख) विज्ञान तथा औद्योगिक अनुसन्धान विभाग

(ग) बायो-टैक्नोलॉजी विभाग

49. पर्यटन और संस्कृति मंत्रालय

(क) पर्यटन विभाग

(ख) संस्कृतिक विभाग

50. वस्त्र मंत्रालय

मंत्रियों का वर्गीकरण

संविधान मंत्रिमण्डल में सिर्फ मंत्रियों का उल्लेख करता है। कार्य की सुविधा के लिए मंत्रियों को तीन श्रेणी में विभाजित किया जाता है–

(क) कैबिनेट स्तर का मन्त्री,

(ख) राज्य स्तर का मंत्री तथा

(ग) उपमंत्री।

कैबिनेट स्तर का मंत्री अपने विभाग का अध्यक्ष होता है तथा उसकी सहायता के लिए राज्यमंत्री तथा उपमंत्री की नियुक्ति की जाती है। राज्यमंत्री को किसी विभाग का प्रभार स्वतन्त्र रूप से सौंपा जा सकता है। सरकार की नीति का निर्णय मन्त्रिमण्डल द्वारा किया जाता है लेकिन किसी विभाग के राज्यमंत्री को विशेष आमंत्रित के रूप में नीति निर्धारण कार्यवाही में सम्मिलित किया जा सकता है। मंत्रिपरिषद में उन्हीं व्यक्तियों को शामिल किया जाता है, जो संसद के सदस्य होते हैं। लेकिन संसद सदस्य न होने वाले व्यक्ति को भी मंत्रिपरिषद में शामिल किया जाता है। यदि ऐसे व्यक्ति को मंत्रिपरिषद में शामिल किया जाता है, तो उसे 6 माह के अंदर संसद के किसी सदन का सदस्य निर्वाचित होना पड़ता है। परन्तु संविधान में यह व्यवस्था नहीं दी गयी है कि ऐसा व्यक्ति इस्तीफा देकर पुनः मंत्रिपरिषद का सदस्य बन सकता है या नहीं। सरकार ने इस अस्पष्ट प्रावधान का लाभ उठाते हुए उस व्यक्ति को पुनः मंत्रिपरिषद में शामिल कर लेते थे। अब 16 अगस्त, 2001 को सर्वोच्च न्यायालय ने एक महत्वपूर्ण निर्णय देते हुए व्यवस्था दी कि विधायिका का सदस्य निर्वाचित हुए बिना कोई व्यक्ति छह महीने से अधिक मंत्री पद धारण नहीं कर सकता। यदि इस व्यक्ति को छह महीने के बाद विधायिका के उसी सत्र में मंत्री पद पर दोबारा बहाल किया जाता है तो आवश्यक है कि वह चुनाव जीत कर सदन का सदस्य बने। यदि मंत्री पद पर आसीन गैर निर्वाचित व्यक्ति दिये गये छह महीने की अवधि में चुनाव जीतने में असफल रहता है और उस व्यक्ति को दोबारा मंत्री पद पर बहाल किया जाता है तो यह संविधान के अनुच्छेद 164(1) और 164(4) की योजना और भावना पर आघात जैसी होगा।

कार्य–संघ मंत्रिमण्डल में ही संघ कार्यपालिका की वास्तविक शक्ति निहित

है तथा राष्ट्रपति संघ मंत्रिमण्डल की सलाह के अनुसार अपनी शक्तियों का प्रयोग करता है। मंत्रिमण्डल देश के प्रशासन, आर्थिक सुधार, सुरक्षा तथा विदेशी राज्यों के सम्बन्ध में नीति का निर्धारण करता है और मन्त्रिमण्डल द्वारा निर्धारित नीति के अनुसार ही संघ का शासन संचालित होता है।

मंत्रिपरिषद का सामूहिक तथा व्यक्तिगत उत्तरदायित्व—संघ मंत्रिपरिषद सामूहिक रूप से लोकसभा के प्रति उत्तरदायी होती है तथा मन्त्रिपरिषद का प्रत्येक सदस्य मंत्रिमण्डल के निर्णय के लिए उत्तरदायी होता है। इसके अतिरिक्त मन्त्री अपने विभाग के अधिकारियों के कार्यों के लिए भी संसद के प्रति उत्तरदायी होता है। कोई भी मन्त्री अपने विभाग के कार्यों के दायित्व से अधिकारियों पर दोष लगाकर बच नहीं सकता। मन्त्री के विभाग के मामलों के सम्बन्ध में संसद में उससे प्रश्न पूछा जा सकता है, जिसका उत्तर मंत्री को देना पड़ता है लेकिन कभी कभी वह लोकहित अथवा गोपनीयता के आधार पर उत्तर देने से इन्कार कर सकता है। इस प्रकार किसी मन्त्री का दोहरा उत्तरदायित्व है। अपने विभाग के लिए वह व्यक्तिगत रूप से उत्तरदायी है, जिसके अन्य मन्त्रियों के विभागों के लिए अन्य मन्त्रियों के साथ सामूहिक रूप से उत्तरदायी है।

मंत्रिपरिषद का कार्यकाल—मंत्रिपरिषद तब तक अपने पद पर बना रहता है, जब तक उसे लोकसभा में बहुमत प्राप्त रहता है तथा लोकसभा के नये चुनाव के बाद नये मन्त्रिमण्डल का गठन नहीं हो जाता। मंत्रिमण्डल का कोई सदस्य प्रधान मंत्री के साथ मतभेद होने के कारण त्यागपत्र दे सकता है या प्रधानमंत्री राष्ट्रपति से सिफारिश कर उसे बर्खास्त करवा सकता है। यदि कोई मंत्री संसद का सदस्य नहीं रह जाता, तो उसे त्यागपत्र देना पड़ता है। लेकिन कोई मंत्री संसद का सदस्य न होते हुए भी मंत्री पद पर रह सकता है बशर्ते वह 6 महीने के भीतर संसद के किसी सदन का सदस्य बन जाए। यदि मंत्रिपरिषद लोकसभा में विश्वास का मत प्राप्त करने में असफल रहने के बावजूद त्यागपत्र नहीं देती, उसे राष्ट्रपति बर्खास्त कर सकता है।

भारत का नियंत्रक एवं महालेखा परीक्षक

भारत सरकार में महान्यायवादी के बाद दूसरा महत्त्वपूर्ण पद नियंत्रक एवं महालेखा परीक्षक का है, जो संघ तथा राज्यों के सभी वित्तीय प्रणाली का नियंत्रण करता है। भारतीय संविधान के अनुच्छेद 148-151 में इसका विस्तृत विवरण है। यह भारत की संपरीक्षा और लेखा प्रणालियों का निष्पक्ष प्रधान होता है। इसकी

निष्पक्षता को सुनिश्चित करने के लिए संविधान में निम्नलिखित प्रावधान किये गए हैं–

(i) इसे संसद के दोनों सदनों के समावेश पद साबित कदाचार तथा असमर्थता के आधार पर ही हटाया जा सकेगा,

(ii) इसकी सेवा-शर्तों का निर्धारण संसद द्वारा किया जाता है।

नियुक्ति–संघ मंत्रिमण्डल के परामर्श पर नियंत्रक एवं महालेखा परीक्षक की नियुक्ति की जाती है तथा यह अपना पद ग्रहण करने के पूर्व राष्ट्रपति या उनके द्वारा नियुक्त किसी व्यक्ति के समक्ष पद और गोपनीयता की शपथ लेता है।

पदावधि एवं सेवा की अन्य शर्तें–संविधान में स्पष्ट प्रावधान किया गया है कि नियंत्रक महालेखा परीक्षक की पदावधि एवं सेवा शर्तों का निर्धारण संसद ने 1953 में नियंत्रक एवं महालेखा परीक्षक (सेवा की शर्तें) अधिनियम, 1953 पारित किया है, जिसमें 1976 में सशोधन करके निम्नलिखित प्रावधान किये गये हैं : (i) नियंत्रक एवं महालेखा परीक्षक को उसके पद ग्रहण की तिथि से 6 वर्ष की अवधि के लिए नियुक्त किया जाएगा, लेकिन, वह (क) यदि अपनी पदावधि को पूरा करने के पहले ही 65 वर्ष की आयु पूरी कर लेता है, तो वह पदमुक्त हो जाता है, (ख) वह किसी भी समय राष्ट्रपति को अपना त्यागपत्र दे सकता है, (ii) उसका वेतन उच्चतम न्यायालय के न्यायाधीश के समान होगा, जो इस समय 30,000 रु. प्रतिमाह है, (iii) सेवा मुक्त होने पर उसे 1,50,000 रु. वार्षिक पेंशन देय है। (iv) सेवा मुक्त होने के बाद वह भारत सरकार के अधीन कोई लाभ का पद नहीं धारण करेगा, (v) उसका वेतन भारत की संचित निधि से दिया जाएगा। (vi) इसके वेतन व भत्तों को आर्थिक आपातकाल की स्थिति के अतिरिक्त इनके सेवाकाल को कम नहीं किया जा सकता है।

कार्य और शक्तियाँ–भारत के नियंत्रक एवं महालेखा परीक्षक के कार्य तथा शक्तियाँ निम्न प्रकार हैं–

1. वह भारत तथा प्रत्येक राज्य और प्रत्येक संघ राज्यक्षेत्र की संचित निधि से किये जाने वाले सभी व्यय की संपरीक्षा करेगा तथा इस सम्बन्ध में यह प्रतिवेदन देगा कि क्या कोई ऐसा व्यय विधि के अनुसार नहीं किया गया है,
2. वह संघ तथा अनुसार राज्यों की आकस्मिक निधि तथा सार्वजनिक लेखाओं के लिए किये जाने वाले सभी व्यय की संपरीक्षा करेगा तथा उन पर प्रतिवेदन करेगा,

3. वह संघ या राज्य के विभिन्न विभागों द्वारा किये गये सभी व्यापार तथा विनिमय के लाभ तथा हानि लेखाओं की संपरीक्षा करेगा तथा उन पर प्रतिवेदन देगा,
4. वह संघ और प्रत्येक राज्य की आय और व्यय की संपरीक्षा करेगा, जिससे उसका यह समाधान हो जाय कि राज्य के निर्धारण, संग्रहण तथा समुचित आंबटन हेतु पर्याप्त जाँच करने के लिए उचित प्रक्रिया तथा नियम का निर्माण किया गया है,
5. वह निम्नलिखित निकायों तथा निगमों की प्राप्ति और व्यय की संपरीक्षा करेगा, तथा उस पर प्रतिवेदन देगा
   (क) संघ और राज्य के राजस्वों से पर्याप्त रूप से वित्तपोषित सभी निकायों की,
   (ख) सरकारी कम्पनियों की।

प्रतिवेदन—भारत का नियंत्रक एवं महालेखा परीक्षक प्रतिवर्ष अपनी संपरीक्षा प्रतिवेदन राष्ट्रपति के माध्यम से संसद को प्रस्तुत करता है। किसी राज्य के लेखा संबंधी नियंत्रक एवं महालेखा परीक्षक के प्रतिवेदन राज्यपाल को प्रस्तुत किये जाते हैं जो उसे राज्य विधानसभा के समक्ष रखवाता है।

भारत का महान्यायवादी

अनुच्छेद 76 (1) के अनुसार भारत का राष्ट्रपति उच्चतम न्यायालय का न्यायाधीश नियुक्त होने के योग्य किसी व्यक्ति को भारत का महान्यायवादी नियुक्त करेगा। भारत के महान्यायवादी के पद को संविधान में विशेष स्थान दिया गया है। यह भारत का सर्वप्रथम विधिक अधिकारी होता है।

महान्यायवादी का चुनाव—संविधान के अनुच्छेद 76 के अनुसार भारत के महान्यायवादी की नियुक्ति किया जाएगा। लेकिन राष्ट्रपति महान्यायवादी की नियुक्ति संघ मन्त्रिमण्डल की सलाह पर करता है।

योग्यता—महान्यायवादी के पद पर उसी व्यक्ति को नियुक्त किया जाएगा, जो उच्चतम न्यायालय के न्यायाधीश होने की योग्यता रखता हो।

पदावधि एवं वेतन—भारत का महान्यायवादी तब तक अपने पद पर बना रहता है, जब तक राष्ट्रपति चाहता है। महान्यायवादी के वेतन को निर्धारित करने की शक्ति राष्ट्रपति में निहित है। राष्ट्रपति ने महान्यायवादी का वेतन 9000/- रु. प्रतिमास निर्धारित किया है।

कार्य का अधिकार—महान्यायवादी भारत सरकार का सर्वप्रथम विधि अधिकारी है और इस रूप में वह निम्नलिखित कार्य करता है—

(i) भारत सरकार को विधि सम्बन्धी ऐसे विषयों पर सलाह देना और विधिक स्वरूप के ऐसे अन्य कर्तव्यों का पालन करना, जो राष्ट्रपति समय-समय पर उसको निर्देशित करे या सौंपे।

(ii) उन कर्त्तव्यों का निर्वहन करना, जो भारतीय संविधान द्वारा या तत्समय प्रवृत्त किसी अन्य विधि द्वारा या उसके अधीन उसे प्रदान किया गया हो।

महान्यायवादी को यह अधिकार होता है कि वह संसद के किसी सदन में संसद की संयुक्त बैठक में और संसद की किसी समिति में, जिसमें उसका नाम सदस्य के रूप में दिया गया हो, बोले और उसकी कार्यवाही में भाग ले, लेकिन उसे मत देने का अधिकार नहीं है। ऐसे समय में उसे संसद में एक सदस्य के समस्त विशेषाधिकारों और विमुक्तियों का भी अधिकार होगा। ब्रिटेन के समान ही महान्यायवादी मंत्रिमण्डल का सदस्य नहीं होता है। इसके अतिरिक्त उसे अपने कर्त्तव्यों के पालन में किसी भी न्यायालय में सुनवाई का अधिकार होगा। महान्यायवादी को उसके निजी प्रैक्टिस पर रोक स्थापित नहीं की गई है लेकिन वह भारत सरकार के विरुद्ध न तो सलाह दे सकता है और न ही उसके विरुद्ध वकालत कर सकता है। सोलिसिटर जनरल की नियुक्ति महान्यायवादी की सहायता के लिए की जाती है।

3

राज्य सरकार : अधिकार एवं कर्त्तव्य

भारत के संविधान के अनुच्छेद-1 में भारत को 'राज्यों का संघ' कहा गया है। केन्द्र में जिस प्रकार राष्ट्रपति कार्यपालिका का प्रमुख (अध्यक्ष) होता है उसी प्रकार राज्यों में राज्यपाल, राज्य की कार्यपालिका का अध्यक्ष होता है। भारत में केवल जम्मू-कश्मीर को छोड़कर शेष सभी राज्यों में लगभग वैसी ही शासन व्यवस्था अपनाई गई है जैसी केन्द्र में अर्थात् संसदीय शासन व्यवस्था राज्य की कार्यपालिका में राज्यपाल और एक मंत्रिपरिषद होती है। आमतौर पर राज्यपाल अपनी शक्तियों का उपयोग मुख्यमंत्री व मंत्रिमंडल की सलाह से करता है जो कि राज्य विधानमंडल के प्रति उत्तरदायी है।

राज्यपाल

भारतीय संविधान के भाग 6 में राज्य शासन के लिए प्रावधान है। यह प्रावधान जम्मू-कश्मीर को छोड़कर सभी राज्यों के लिए लागू होता है। जम्मू-कश्मीर की विशेष स्थिति के कारण उसके लिए अलग संविधान है। संघ की तरह राज्य की भी शासन पद्धति संसदीय है। राज्य की कार्यपालिका का प्रमुख राज्यपाल होता है, जो मंत्रिपरिषद की सलाह के अनुसार कार्य करता है। कुछ मामलों में राज्यपाल को विवेकाधिकार दिया गया है, ऐसे मामलों में वह मत्रिपरिषद की सलाह के बिना कार्य करता है।

राज्यपाल पद के लिए योग्यता—अनुच्छेद 157 के अनुसार राज्यपाल पद पर चयनित होने के लिए दावेदार में निम्नवत् अर्हताएँ होती हैं—

1. वह राज्य विधान सभा का सदस्य चुने जाने योग्य हो
2. वह राज्य सरकार या केन्द्र सरकार या इन राज्यों के नियंत्रण के अधीन किसी सार्वजनिक उपक्रम मं लाभ के पद पर न हो,
3. वह भारत का नागरिक हो,
4. वह 35 वर्ष की आयु पूरी कर चुका हो।

राज्यपाल की नियुक्ति—जिस प्रकार संघ की कार्यपालिका का प्रधान राष्ट्रपति होता है उसी प्रकार राज्य की कार्यपालिका का प्रधान राज्यपाल होता है। संविधान के अनुच्छेद 155 के अनुसार राज्यपाल की नियुक्ति राष्ट्रपति द्वारा प्रत्यक्ष रूप से की जाएगी किन्तु वास्तव में राज्यपाल की नियुक्ति राष्ट्रपति द्वारा प्रधानमंत्री की सिफारिश पर की जाती है। राज्यपाल की नियुक्ति के सम्बन्ध दो बातें लगभग अनिवार्य हो चुकी हैं, प्रथम, किसी व्यक्ति को उस राज्य का राज्यपाल नहीं नियुक्त किया जाएगा, जिसका वह निवासी है तथा द्वितीय, राज्यपाल की नियुक्ति से पहले सम्बन्धित राज्य के मुख्यमंत्री से विचार-विमर्श किया जाएगा। यह प्रथा 1950 से 1967 तक अपनायी गयी लेकिन 1967 के चुनावों में जब कुछ राज्यों में गैर कांग्रेसी सरकारों का गठन हुआ, तब दूसरी प्रथा को समाप्त कर दिया गया और मुख्यमंत्री से विचार-विमर्श किए बिना राज्यपाल की नियुक्ति की जाने लगी।

राज्यपाल के सम्बन्ध में प्रशासनिक सुधार आयोग की सिफारिशें

राज्यपाल की नियुक्ति के सम्बन्ध में प्रशासनिक सुधार आयोग की सिफारिशें निम्नांकित हैं—

1. जब कोई मंत्रिमण्डल किसी बड़े नीति निर्माण सम्बन्धी विषय पर सदन में पराजित हो जाता है और यदि हारने वाला मुख्यमंत्री राज्यसभा भंग करने की सलाह देता है, ताकि वह मतदाताओं से निर्णय ले सके, तो राज्यपाल को उसकी सलाह मान लेनी चाहिए। अन्य मामलों में वह स्वविवेक का प्रयोग कर सकता है।
2. राज्यपाल की नियुक्ति से पूर्व मुख्यमंत्री से परामर्श की परम्परा एक स्वस्थ परम्परा है, जिसे बनी रहनी चाहिए।
3. जब भी राज्यपाल के पास यह विश्वास करने का कारण हो कि मंत्रिमण्डल का विधानसभा में बहुमत नहीं रहा है, तो इसका अन्तिम निर्णय उसे विधानसभा का सत्र बुलाकर मंत्रिमण्डल के समर्थन को देखकर करना चाहिए। सदन में मंत्रिमण्डल का बहुमत की स्थिति में न होने के कारण

यदि मुख्यमंत्री राज्यपाल को सत्र बुलाने का परामर्श न दे रहा हो तो ऐसी स्थिति में राज्यपाल को विधान सभा का सत्र बुलाने में सक्षम होना चाहिए।

4. राज्यपाल को न केवल अनुच्छेद 167 के प्रावधान के अनुकूल सूचना प्राप्त करनी चाहिए, बल्कि अपने संवैधानिक उत्तरदायित्वों को प्रभावी तौर पर पूरा करने के लिए ऐसा करना चाहिए।
5. राज्यपाल को राष्ट्रपति के पास पाक्षिक रिपोर्ट भेजने के साथ ही, जब भी आवश्यकता हो, तदर्थ रिपोर्ट भेजनी चाहिए। राष्ट्रपति को भेजी जाने वाली रिपोर्ट बनाते समय राज्यपाल को स्वविवेक और स्वनिर्णय के आधार पर काम करना चाहिए। इसी प्रकार राष्ट्रपति के विचारार्थ विधेयकों को सुरक्षित रखने के विषय पर भी स्वनिर्णय का प्रयोग करना चाहिए।
6. राज्यपालों के द्वारा किस प्रकार स्वविवेक की शक्तियों का प्रयोग किया जाए, इस विषय में निर्देश-संकेतों को केन्द्र की स्वीकृति पर राष्ट्रपति के नाम से जारी किया जाना चाहिए। उन्हें संसद के दोनों के समक्ष रखा जाना चाहिए।
7. ऐसे व्यक्ति को राज्यपाल नियुक्त किया जाना चाहिए, जिसका सार्वजनिक जीवन और प्रशासन के विषय में लम्बा अनुभव हो और जिसका दलीय पूर्वाग्रहों के ऊपर उठने की क्षमता में विश्वास हो। अपने कार्यकाल की समाप्ति पर दूसरी बार राज्यपाल पद के लिए अर्हत नहीं समझा जाना चाहिए। सेवानिवृत्त होने के बाद न्यायाधीशों को राज्यपाल नहीं बनाया जाना चाहिए, लेकिन एक न्यायाधीश, जो सेवानिवृत्त होने के बाद सार्वजनिक जीवन में प्रवेश करता है और विधायक बन जाता है अथवा निर्वाचित पद पर है, तो उसे राज्यपाल की नियुक्ति के लिए योग्य नहीं मानना चाहिए।

भगवान सहाय समिति

सन् 1970 में जम्मू-कश्मीर के तत्कालीन राज्यपाल भगवान सहाय की अध्यक्षता में 5 सदस्यों की समिति गठित की गयी। समिति के अन्य सदस्य थे—बी. गोपाल रेड्डी, अलीयावर जंग, विश्वनाथन तथा एम.एम. धवन। पाँच सदस्यीय समिति द्वारा की गयी प्रमुख सिफारिशें निम्नवत् हैं—

1. यदि विधानसभा का विश्वास प्राप्त करने के विषय में कोई मुख्यमंत्री

विधानसभा का अधिवेशन बुलाने से इन्कार करता है, तो राज्यपाल मंत्रिमण्डल को बर्खास्त कर सकता है।

2. मन्त्रिमण्डल को विधानसभा में बहुमत प्राप्त है या नहीं, इसका निर्धारण विधानसभा द्वारा किया जाना चाहिए। यदि कोई मुख्यमंत्री विधानसभा द्वारा बहुमत के प्रश्न को निर्धारित करने से इन्कार करता है, तो यह माना जाना चाहिए कि मंत्रिमण्डल को बहुमत प्राप्त नहीं है
3. यदि मुख्यमंत्री के त्यागपत्र या बर्खास्तगी के बाद राज्य में वैकल्पिक सरकार बनने की सम्भावना न हो, तो राज्यपाल के पास राष्ट्रपति को विधानसभा भंग करने की रिपोर्ट देनी चाहिए।
4. राष्ट्रपति सचिवालय में एक विशेष कक्ष की स्थापना की जानी चाहिए और इस कक्ष द्वारा विभिन्न राज्यों में समय-समय पर घटित होने वाली राजनीतिक और संवैधानिक घटनाओं के सम्बन्ध में आधिकारिक सूचनाएँ एकत्र की जानी चाहिएँ। इस कक्ष को विशेष मामलों के सम्बन्ध में राष्ट्रपति की अनुमति से समस्त जानकारी राज्यपाल को दी जानी चाहिए, जिससे राज्यपाल को किसी निर्णय में आसानी हो।
5. यदि कई दलों के गठबन्धन सरकार का कोई भागीदार दल मुख्यमंत्री से मतभेद होने के कारण सरकार से अपना समर्थन वापस ले लेता है, तो यह आवश्यक नहीं है कि मुख्यमंत्री त्यागपत्र दे, लेकिन यदि मुख्यमंत्री के विधानसभा के सम्बन्ध में सन्देह उत्पन्न होता है, तो उससे यह आशा की जाती है कि राज्यपाल से परामर्श करके यथासम्भव शीघ्र विधानसभा का अधिवेशन बुलाए और विधानसभा में अपना बहुमत साबित करे।
6. राज्यपाल अपने राज्य का अध्यक्ष होता है, न कि राष्ट्रपति का अभिकर्त्ता और संविधान द्वारा राज्यपाल के कर्त्तव्य को निर्धारित किया गया है।
7. मुख्यमंत्री की शपथ उस व्यक्ति को नहीं दिलानी चाहिए जो विधान सभा का सदस्य न हो या विधान सभा का मनोनीत सदस्य हो।

सरकारिया आयोग की सिफारिशें

न्यायमूर्ति श्री आर.एस. सरकारिया की अध्यक्षता में गठित इस आयोग में निम्नलिखित सिफारिशें की हैं—

1. राज्यपाल के रूप में नियुक्त किये जाने वाले व्यक्ति को राज्य, जिसमें वह

नियुक्त किया जाय, के बाहर का व्यक्ति होना चाहिए तथा उसे राज्य की राजनीति में रुचि नहीं रखनी चाहिए।

2. उसे ऐसा व्यक्ति होना चाहिए, जो सामान्य रूप से या विशेष रूप से नियुक्त किये जाने के पहले राजनीति में सक्रिय भाग न ले रहा हो।
3. राज्यपाल का चयन करते समय अल्पसंख्यक वर्ग के व्यक्तियों को समुचित अवसर दिया जाना चाहिए।
4. किसी ऐसे व्यक्ति को ऐसे किसी राज्य के राज्यपाल के रूप में नियुक्त नहीं किया जाना चाहिए, जो केन्द्र में सत्तारूढ़ दल का सदस्य हो, जिसमें शासन किसी अन्य दल द्वारा चलाया जा रहा हो।
5. राज्यपाल के रूप में किसी व्यक्ति का चयन करते समय राज्य के मुख्यमंत्री के प्रभावी सलाह लेने की प्रक्रिया को संविधान में शामिल किया जाना चाहिए।
6. यदि राज्य सरकार विधानसभा में अपना बहुमत खो देती है, तो राज्यपाल, को सबसे बड़े विरोधी दल को सरकार बनाने का आमंत्रण देना चाहिए और उसे विधानसभा में बहुमत साबित करने का निर्देश देना चाहिए। यदि सबसे बड़ा दल सरकार गठित करने की स्थिति में न हो, तो राज्यपाल को राज्य में राष्ट्रपति शासन लागू करने की सिफारिश करनी चाहिए।
7. यदि राजनीतिक कारणों से किसी राज्य की संवैधानिक व्यवस्था टूट रही हो, तो राज्यपाल को यह देखना चाहिए क्या उस राज्य में विधानसभा में बहुमत वाली सरकार का गठन हो सकता है।
8. यदि नीति सम्बन्धी किसी प्रश्न पर राज्य की सरकार विधानसभा में पराजित हो जाती है, तो शीघ्र चुनाव कराये जा सकने की स्थिति में राज्यपाल को चुनाव तक पुराने मंत्रिमण्डल को कार्यकारी सरकार के रूप में कार्य करते रहने देना चाहिए।

राजमन्नार समिति की सिफारिशें

इस समिति की प्रमुख सिफारिशें निम्नलिखित हैं—

1. राज्यपाल की नियुक्ति सदैव राज्य मंत्रिमण्डल से परामर्श करके की जानी चाहिए तथा इसके लिए सदैव वैकल्पिक व्यवस्था यह हो सकती है कि राज्यपाल की नियुक्ति इस प्रयोजन के लिए गठित एक उच्च शक्ति प्राप्त संगठन की सलाह के आधार पर की जाय।

2. संविधान में शामिल इस प्रावधान को तत्काल निकाल दिया जाना चाहिए कि मंत्रिमण्डल राज्यपाल के प्रसाद पर्यन्त पद पर रहेगा।
3. संविधान में विशेष रूप से निम्नलिखित निर्देशों को शामिल करना चाहिए—
   (i) यदि मुख्यमंत्री किसी मंत्री को बर्खास्त करने की सलाह राज्यपाल को देता है, तो उसे मुख्यमंत्री की सलाह मान लेनी चाहिए।
   (ii) यदि राज्यपाल को यह प्रतीत होता है कि मुख्यमंत्री ने विधानसभा में बहुमत खो दिया है, तो राज्यपाल को तत्काल विधानसभा का अधिवेशन बुलाकर मुख्यमंत्री को बहुमत साबित करने का निर्देश देना चाहिए। यदि मुख्यमंत्री बहुमत साबित करने में असफल रहता है, तो राज्यपाल को मुख्यमंत्री को बर्खास्त कर देना चाहिए।
   (iii) राज्यपाल को राज्य विधानसभा में बहुमत प्राप्त दल के नेता को मुख्यमंत्री नियुक्त करना चाहिए।
   (iv) विधान सभा में किसी दल का स्पष्ट बहुमत न होने पर राज्यपाल को विधान सभा का अधिवेशन बुलाकर मुख्यमंत्री नियुक्त किए जाने वाले व्यक्ति का चयन करना चाहिए।
4. संविधान में विशेष प्रावधान शामिल किया जाना चाहिए, जो राष्ट्रपति को राज्यपालों के लिए निर्देश देने का अधिकार प्रदान करे। ये लिखित निर्देश उन मामलों के विषय में दिशा-निर्देश करेंगे, जिनमें राज्यपाल को केन्द्र सरकार से परामर्श करना चाहिए अथवा जिनमें केन्द्र सरकार उसे निर्देश दे सकती है। राज्यपाल के कार्य करने वाले क्षेत्रों को भी सैद्धान्तिक आधार पर स्पष्ट किया जाना चाहिए। इन कार्यों में राज्य के प्रमुख के रूप में राज्यपाल की संवैधानिक शक्तियों के क्रियान्वयन का अवसर शामिल है।
5. उस व्यक्ति को दूसरी बार राज्यपाल पद के लिए आयोग्य घोषित कर दिया जाना चाहिए जो एक बार राज्यपाल पद पर कार्य कर चुका है। राज्यपाल को अपने कार्यकाल में पद से तब तक नहीं हटाया जाना चाहिए, जब तक उच्चतम न्यायालय द्वारा जाँच के बाद उसके द्वारा दुर्व्यवहार या उसकी अक्षमता न साबित हो जाय।

राज्यपाल का कार्यकाल—भारतीय संविधान के अनुच्छेद 156 में यह प्रावधान किया गया है कि पद ग्रहण के बाद 5 वर्ष की अवधिपूर्ण करने के बाद भी नए उत्तराधिकारी के चयन तक राज्यपाल अपने पद पर बना रहेगा। जब राज्यपाल पाँच

वर्ष की अवधि की समाप्ति के बाद पद पर रहता है, तब वह प्रतिदिन के वेतन के आधार पर पद पर रहता है। ऐसे कई उदाहरण हैं, जब राज्यपाल अपने उत्तराधिकारी की नियुक्ति न किए जाने के कारण अपने पद पर बने रहे हैं। इन उदाहरणों में हरियाणा के राज्यपाल बी. एन. चक्रवर्ती का उदाहरण महत्वपूर्ण है क्योंकि ये अपनी पदावधि के समापन के बाद उत्तराधिकारी की नियुक्ति न होने के कारण 3 वर्ष तक प्रतिदिन के वेतन के आधार पर पद पर बने रहे थे।

इन स्थितियों के अलावा भी राज्यपाल द्वारा किए जाने वाले कार्यों से राज्य में यदि संवैधानिक व्यवस्था विफल होती है तो राज्यपाल अपनी पदावधि की समाप्ति के पूर्व राष्ट्रपति को त्यागपत्र देकर अपना पद छोड़ सकता है या राष्ट्रपति उसे कार्यमुक्त कर सकते हैं। यथा : 1980 में तमिलनाडु के राज्यपाल प्रभुदास पटवारी तथा 1981 में राजस्थान एम. एम. थामस को राष्ट्रपति ने बर्खास्त कर दिया था। इसके अतिरिक्त कई बार राज्यपालों को त्यागपत्र देने के लिए विवश किया गया है या उनसे त्यागपत्र माँग लिया गया है।

राज्यपालों द्वारा शपथ ग्रहण—भारतीय संविधान के अनुच्छेद 159 के अन्तर्गत राज्यपाल को सम्बन्धित राज्य के उच्च न्यायालय का मुख्य न्यायाधीश पद एवं गोपनीयता की शपथ दिलाता है कि वह राज्यपाल का कार्यपालन श्रद्धापूर्वक करेगा तथा राज्यों की सेवा एवं कल्याण में लगा रहेगा।

राज्यपालों का वेतन एवं भत्ते—राज्यपाल को 36,000 रु. प्रतिमाह वेतन मिलता है तथा वह ऐसे भत्ते का भी हकदार है, जिसे संसद द्वारा नियत किया जाए। इसके अतिरिक्त उसे रहने के लिए सरकारी निवास मिलता है, जिसके लिए उसे किराया नहीं देना पड़ता। यदि दो या दो से अधिक राज्यों का एक ही राज्यपाल हो, तब उसे दोनों राज्यपालों का वेतन उस अनुपात में दिया जाएगा, जैसा कि राष्ट्रपति निर्धारित करे।

राज्यपालों का स्थानान्तरण—संविधान में राज्यपालों के स्थानान्तरण के लिए कोई व्यवस्था नहीं है लेकिन राज्यपालों का स्थानान्तरण किया जाता है और यह कुछ हद तक प्रथा बन गयी है। सन् 1998 में तत्कालीन केन्द्र सरकार ने बिहार के राज्यपाल डा. ए. आर. किदवई को स्थानांतरित कर पश्चिम बंगाल का राज्यपाल नियुक्त किया था।

राज्य की उन्मुक्तियाँ तथा विशेषाधिकार—भारतीय संविधान में राज्यपाल को निम्नांकित विशेषाधिकार तथा उन्मुक्तियाँ प्रदान की गयी हैं—

1. राज्यपाल का पद ग्रहण करने से पूर्व या के पश्चात् उसके द्वारा व्यक्तिगत क्षमता में किए गए कार्य के सम्बन्ध में कोई सिविल कार्यवाही करने के पहले उसे दो मास पूर्व सूचना देनी पड़ती है।
2. जब वह पद पर आरूढ़ हो, तब उसकी गिरफ्तारी या कारावास के लिए किसी भी न्यायालय से कोई आदेशिका जारी नहीं की जा सकती।
3. वह अपने पद की शक्तियों के प्रयोग तथा कर्तव्यों के पालन के लिए किसी न्यायालय के प्रति उत्तरदायी नहीं है।
4. राज्यपाल की पदावधि के दौरान उसके विरुद्ध किसी भी न्यायालय में किसी भी प्रकार की आपराधिक कार्यवाही नहीं प्रारम्भ की जा सकती।

राज्यपाल की शक्तियाँ तथा कार्य

भारतीय संविधान के अन्तर्गत राज्यपाल की निम्नांकित शक्तियाँ तथा कार्य हैं—

1. कार्यपालिका सम्बन्धी कार्य—भारतीय संविधान के अनुच्छेद 154 में वर्णित राज्यपाल के कार्यपालिका सम्बन्धी कार्यों को नीचे वर्णित किया जा रहा है—

(i) राज्यपाल राज्य के विश्वविद्यालयों का कुलाधिपति होता है तथा उप-कुलपतियों को भी नियुक्त करता है।

(ii) जब राज्य का प्रशासन संवैधानिक तन्त्र के अनुसार न चलाया जा सके, तो राज्यपाल राष्ट्रपति से राज्य में राष्ट्रपति शासन लागू कर दिया जाता है, तब राज्यपाल केन्द्र सरकार के अभिकर्ता के रूप में राज्य का प्रशासन चलाता है।

(iii) राज्यपाल को यह अधिकार है कि वह राज्य के प्रशासन के सम्बन्ध में मुख्यमंत्री से सूचना प्राप्त करे।

(iv) राज्यपाल, राज्य के उच्च अधिकारियों, जैसे महाधिवक्ता, राज्य लोक सेवा आयोग के अध्यक्ष तथा सदस्यों की नियुक्ति करता है तथा राज्य के उच्च न्यायालय में न्यायाधीशों की नियुक्ति के सम्बन्ध में राष्ट्रपति को परामर्श देता है।

(v) राज्यपाल राज्य सरकार के प्रशासन का अध्यक्ष है तथा राज्य की कार्यपालिका सम्बन्धी शक्ति का प्रयोग वह अपने अधीनस्थ प्राधिकारियों के माध्यम से कराता है। वह सरकार की कार्यवाही सम्बन्धी नियम बनाता है तथा मन्त्रियों में कार्यों का विभाजन करता है।

(vi) राज्यपाल, मुख्यमंत्री तथा मुख्यमंत्री की सलाह से उसके मंत्रिपरिषद के सदस्यों को नियुक्त करता है तथा उन्हें पद एवं गोपनीयता की शपथ दिलाता है।

2. विधायी अधिकार—अनुच्छेद 174 में राज्यपाल को निम्नवत् विधायी शक्तियाँ प्रदान की गयी हैं—

(i) राज्य विधानसभा में धन विधेयक तभी पेश किया जाता है, जब राज्यपाल ने विधेयक पेश करने के लिए अपनी अनुमति दे दी हो।

(ii) विभिन्न आयोगों, उच्च तथा स्वायत्त संस्थाओं के वार्षिक प्रतिवेदन राज्यपाल को सौंपे जाते हैं और वह उन्हें विचारार्थ राज्य विधानसभा के समक्ष प्रस्तुत करता है।

(iii) वह सामान्य आम चुनाव के बाद प्रारम्भ होने वाले तथा प्रत्येक वर्ष के प्रथम विधानमण्डल के प्रथम सत्र को सम्बोधित करता है तथा सदनों को अपना संदेश भी भेज सकता है।

(iv) यदि राज्य विधानसभा के किसी सदस्य की अयोग्यता का प्रश्न उत्पन्न होता है, तो अयोग्यता सम्बन्धी विवाद का निर्धारण राज्यपाल चुनाव आयोग से परामर्श करता है।

(v) वह राज्य विधान मण्डल के सत्र को आहूत कर सकता है, स्थगित कर सकता है तथा राज्य विधानसभा को भंग कर सकता है।

(vi) यदि राज्यपाल को ऐसा प्रतीत हो, कि राज्य विधानसभा में आंग्ल-भारतीय समुदाय का प्रतिनिधित्व नहीं है, तो वह आंग्ल-भारतीय के एक व्यक्ति को राज्यविधान सभा के सदस्य के रूप में मनोनीत कर सकता है। वह राज्य विधान परिषद की कुल सदस्य संख्या के सदस्य के एक छठे भाग के लिए सदस्यों, जिनका विज्ञान, साहित्य, कला, समाज सेवा, सहकारी आन्दोलन आदि के क्षेत्र में विशेष ज्ञान, अनुभव या योगदान हो, की नियुक्ति कर सकता है।

(vii) राज्यपाल को यह अधिकार प्राप्त है कि वह धन विधेयक के अतिरिक्त किसी भी विधायक को जिसे वह लोकहित के लिए अनिवार्य समझे विधान सभा में पुनर्विचार के लिए भेज सकता है तथा राज्य विधान मण्डल द्वारा विधेयक को पुनः पारित किए जाने पर वह उस पर अपनी सम्मति देने के लिए बाध्य है।

(viii) राज्यपाल को यह संवैधानिक अधिकार है कि वह राष्ट्रपति के विचारार्थ निम्नवत् विशिष्ट विधेयकों को सुरक्षित रख सकता है–

(ix) वह राज्य विधान मण्डल द्वारा पारित किसी विधेयक पर हस्ताक्षर करता है और राज्यपाल के हस्ताक्षर के बाद ही विधेयक अधिनियम के रूप प्रवृत्त होता है।

(क) व्यक्तिगत सम्पत्ति के अनिवार्य अधिग्रहण से सम्बन्धित विधेयक,

(ख) उच्च न्यायालय के क्षेत्राधिकार में कमी से सम्बन्धित विधेयक तथा

(ग) संसद द्वारा निर्मित कानून के अधीन आवश्यक घोषित वस्तु पर करारोपण से सम्बन्धित विधेयक।

(घ) अन्य कोई विधेयक, जिसके कारण केन्द्रीय सरकार या अन्य राज्यों की सरकार से विवाद होने की सम्भावना हो,

(ङ) समवर्ती सूची में उल्लिखित विषयों से सम्बन्धित विधेयक (जब संसद द्वारा निर्मित कानून से संघर्ष की सम्भावना हो),

3. वित्तीय अधिकार–भारतीय संविधान द्वारा राज्यपाल को निम्नांकित वित्तीय अधिकार प्रदान किये गए हैं–

(i) भारतीय संविधान के अनुच्छेद 202 के अनुसार राज्यपाल राज्य के वित्तमंत्री के माध्यम से राज्य विधानसभा में राज्य का वार्षिक बजट पेश कराता है।

(ii) किसी प्रकार के अनुदान की माँग को या करों के प्रस्ताव को राज्यपाल के अनुमोदन से विधानसभा में पेश किया जाता है।

(iii) अनुच्छेद 161 (1) के अनुसार राज्यपाल की सिफारिश के बिना राज्य विधानसभा में धन विधेयक को पेश नहीं किया जा सकता।

(iv) अनुच्छेद 203 (3) के अनुसार राज्य की आकस्मिक निधि के व्यय राज्यपाल की अनुमति के बिना नहीं किया जा सकता।

4. अध्यादेश जारी करने की शक्ति–भारतीय संविधान के अनुच्छेद 213 के अनुसार जब राज्य विधान मण्डल या राज्य विधानसभा सत्र में न हो तथा संविधान की सातवीं अनुसूची में अन्तर्विष्ट राज्यसूची में वर्णित विषयों में से किसी विषय पर कानून बनाना आवश्यक हो, तब राज्यपाल मंत्रिपरिषद की सलाह पर अध्यादेश जारी कर सकता है। इस प्रकार जारी किया गया अध्यादेश केवल 6 मास तक प्रभावी रहता है और 6 मास की अवधि के समापन के पूर्व ही राज्य विधानमण्डल या राज्य विधानसभा का सत्र प्रारम्भ हो जाय, तो अध्यादेश को 6 सप्ताह के अन्दर

विधानमण्डल या विधानसभा द्वारा अनुमोदित किया जाना चाहिए और यदि 6 सप्ताह के अन्दर अनुमोदित नहीं किया जाता है, तो अध्यादेश निष्प्रभावी हो जाएगा। जिन विधेयकों पर राज्यपाल अनुमति देने के पूर्व उन्हें राष्ट्रपति के विचारार्थ आरक्षित रखता है, उन विधेयकों से सम्बन्धित विषय पर राज्यपाल अध्यादेश नहीं जारी कर सकता।

5. न्यायिक अधिकार—भारतीय संविधान के तहत राज्यपाल को निम्नांकित न्यायिक अधिकार प्रदान किये गए हैं—

(i) वह न्यायालय द्वारा दोषसिद्ध किये गये अपराधियों को क्षमा करने, उनके दण्ड को कम करने या निलम्बन करने या विलम्बित करने की शक्ति रखता है, लेकिन इस शक्ति का प्रयोग उसके द्वारा उसी सीमा तक किया जा सकता है, जिस सीमा तक राज्य की कार्यपालिका शक्ति का विस्तार है (अनुच्छेद 161)।

(ii) वह जिला न्यायाधीशों और अन्य न्यायिक अधिकारियों की नियुक्ति, स्थानान्तरण तथा पदोन्नति से सम्बन्धित मामलों से का निर्णय करता है। राज्यपाल इस शक्ति का प्रयोग उच्च न्यायालय के परामर्श से करता है (अनुच्छेद 233)।

6. विवेकाधिकार—भारतीय संविधान के तहत राज्यपाल को निम्नलिखित विवेकाधिकार प्राप्त हैं—

(i) मंत्रिपरिषद को भंग करना—संविधान में राज्यपाल को यह अधिकार प्रदान किया गया है कि वह निम्नलिखित स्थितियों में मंत्रिपरिषद को भंग कर सकता है—

(क) जब किसी स्वतन्त्र अधिकरण ने जाँच के पश्चात् मुख्यमंत्री को भ्रष्टाचार में आलिप्त होना पाया हो।

(ख) जब मंत्रिपरिषद संविधान के प्रावधानों के अनुसार कार्य न कर रहा हो या मंत्रिपरिषद की नीतियों से राष्ट्र का अहित सम्भाव्य हो या केन्द्र से संघर्ष होने की सम्भावना हो।

(ग) जब मंत्रिपरिषद के विरुद्ध विधानसभा अविश्वास प्रस्ताव पारित कर दे और मंत्रिपरिषद त्यागपत्र न दे।

(घ) जब राज्यपाल को विश्वास हो जाय, कि मंत्रिपरिषद का विधानसभा में बहुमत नहीं रह गया है।

(ii) मुख्यमंत्री की नियुक्ति—राज्य कार्यपालिका का प्रमुख होने के नाते

राज्यपाल को राज्य कार्यपालिका की शक्ति प्राप्त है, जिसका प्रयोग वह अपने अधीनस्थ प्राधिकाारियों के माध्यम से करता है। यहाँ अधीनस्थ प्राधिकारियों का तात्पर्य मंत्रिपरिषद से है। मंत्रिपरिषद का अध्यक्ष मुख्यमंत्री होता है, जिसकी नियुक्ति राज्यपाल करता है। मुख्यमंत्री की सलाह पर राज्यपाल मंत्रिपरिषद के अन्य सदस्यों की भी नियुक्ति करता है। सामान्यतः राज्यपाल उसी व्यक्ति को मुख्यमंत्री नियुक्त करता है, जो विधानसभा में बहुमत प्राप्त दल का नेता हो या जिसे बहुमत प्राप्त करने के लिए कई दलों का समर्थन प्राप्त हो।

लेकिन, यदि विधानसभा में किसी भी दल को स्पष्ट बहुमत प्राप्त न हो तथा किसी भी व्यक्ति को कई दलों का समर्थन प्राप्त न हो या कई दलों के गठबन्धन ने मिलकर चुनाव में बहुमत प्राप्त न किया हो, तो राज्यपाल मुख्यमंत्री को नियुक्त करने में अपने विवेक का प्रयोग करता है। राज्यपालों द्वारा मुख्यमंत्री को नियुक्त करने में प्रयोग किये गये विवेकाधिकार से इस विवेकाधिकार के सम्बन्ध में निम्नलिखित दो सिद्धान्तों का विकास हुआ है–

(क) **अनुमान लगाने का सिद्धान्त**–इस सिद्धान्त के अनुसार जब आम चुनाव में किसी भी राजनैतिक दल को विधानसभा में पूर्ण बहुमत नहीं मिलता, तब राज्यपाल अनुमान लगाता है कि किस दल का नेता स्थायी सरकार का गठन कर सकता है और इसके आधार पर यह निर्णय करता है कि किस नेता को मंत्रिमंण्डल बनाने के लिए आमंत्रित किया जाय। इस सिद्धान्त का प्रयोग 1954 में ट्रावनकोर कोचीन, 1957 तथा 1955 में केरल, 1967 में उत्तर प्रदेश तथा राजस्थान, 1969 में बिहार, 1971 में उड़ीसा तथा पश्चिम बंगाल, 1974 में नागालैंड, 1975 में गुजरात, 1978 में महाराष्ट्र और 1982 में कर्नाटक में किया गया। राज्यपाल अनुमान लगाने में लिस्ट पद्धति तथा परेड पद्धति को अपनाते हैं।

(ख) **अनुमान न लगाने का सिद्धान्त**–सन् 1952 में सर्वप्रथम अनुमान लगाने के सिद्धान्त का मद्रास के राज्यपाल प्रकाशा द्वारा किए जाने के कारण इसे प्रकाशा सिद्धान्त कहते हैं। इस सिद्धान्त के अनुसार जब आम चुनाव में किसी भी दल को बहुमत नहीं प्राप्त होता, तब राज्यपाल विधानसभा के सबसे बड़े दल के नेता को मुख्यमंत्री

नियुक्त करता है। इस सिद्धान्त का प्रयोग 1952 में मद्रास, पेप्सू तथा ट्रावनकोर कोचीन में, 1957 में उड़ीसा में, 1967 में राजस्थान में, 1974 में पाण्डिचेरी में, 1982 में हरियाणा में तथा 1988 में तमिलनाडु में किया गया था।

राज्यपाल जब विधानसभा में बहुमत न प्राप्त करने वाले व्यक्ति या किसी दल के नेता को मुख्यमंत्री पद पर नियुक्त करता है, तो उसे निश्चित समय के अन्दर विधानसभा में बहुमत साबित करने का अवसर देता है। यदि निश्चित समय के अन्दर मुख्यमंत्री बहुमत सिद्ध करने में असफल रहता है, तो राज्यपाल उसे बर्खास्त कर सकता है।

(iii) **मुख्यमंत्री को अभियोजित करने की अनुमति देना**—राज्यपाल कार्यरत या भूतपूर्व मुख्यमंत्री के विरुद्ध वैधानिक कार्यवाही करने की अनुमति दे सकता है, यदि वह भ्रष्टाचार या किसी षड्यन्त्र या आपराधिक कार्य में संलग्न हो।

(iv) **विधानसभा का अधिवेशन बुलाना**—यद्यपि मुख्यमंत्री के परामर्श पर राज्यपाल अधिवेशन आहूत करता है, परन्तु विशेष परिस्थितियों में वह बिना किसी परामर्श के भी अधिवेशन आहूत करने का अधिकार रखता है।

(v) **विधानसभा भंग करना**—सामान्यतः राज्यपाल मुख्यमंत्री की सलाह पर ही विधानसभा को भंग करता है, लेकिन कुछ विशेष परिस्थितियों में वह मुख्यमंत्री की सलाह के बिना भी विधानसभा को भंग कर सकता है।

सारणी पद्धति—राज्यपालों द्वारा लिस्ट पद्धति का अनुसरण तब किया गया, जब मुख्यमंत्री पद के एक से अधिक दावेदार थे। ऐसी स्थिति में राज्यपाल दावेदारों से अपने समर्थकों की सूची पेश करने के लिए कहे और यदि किसी विधायक का नाम एक से अधिक सूचियों में पाया जाए, तो राज्यपाल द्वारा उस विधायक का साक्षात्कार लिया जाना चाहिए। उदाहरणार्थ 1967 में विश्वनाथ दास ने उत्तर प्रदेश में, हुकुम सिंह ने राजस्थान में, 1974 में बी. के. नेहरू ने नागालैंड में तथा 1978 में सादिक अली में महाराष्ट्र में इस पद्धति का प्रयोग किया था। लेकिन कुछ राज्यपालों ने इस पद्धति का प्रयोग नहीं किया है। उदाहरणार्थ 1969 तथा 1970 में बिहार में नित्यानन्द कानूनगो तथा 1984 में आन्ध्र प्रदेश में रामलाल ने लिस्ट पद्धति का अनुसरण नहीं किया।

परेड पद्धति—परेड पद्धति के अनुसार मुख्यमंत्री पद के दावेदार अपने समर्थकों

की परेड राज्यपाल के समक्ष करवाते हैं और परेड में शामिल विधायकों के आधार पर राज्यपाल मुख्यमंत्री की नियुक्ति करता है। इस पद्धति का सबसे पहला प्रयोग 1970 में पंजाब में किया गया। इसके बाद इस पद्धति का प्रयोग 1974 में मणिपुर में, 1978 में बम्बई में तथा 1984 में जम्मू-कश्मीर में किया गया।

मुख्यमंत्री

जिस प्रकार केन्द्र में राष्ट्रपति को संवैधानिक अध्यक्ष बनाया गया है परन्तु वास्तविक शक्तियाँ प्रधानमंत्री में निहित हैं, उसी प्रकार राज्य में राज्यपाल संवैधानिक प्रमुख है परन्तु वास्तविक प्रधान मुख्यमंत्री होता है। मुख्यमंत्री बहुमत दल का नेता होता है। राज्य की सम्पूर्ण शासन उसी के संकेत के माध्यम से चलाया जाता है, वह राज्य शासन का कप्तान है।

नियुक्ति—भारत विभिन्न राज्यों का एक संगठन है। इसमें प्रत्येक राज्य की शासन व्यवस्था के कुशल संचालन के लिए मुख्यमंत्री की नियुक्ति की जाती है। यह चुनाव प्रक्रिया लोकतांत्रिक प्रणाली पर आधारित होती है। सामान्यतया राज्यपाल किसी नेता को मुख्यमंत्री पद की शपथ तब दिलाता है जब उसके दल को स्पष्ट बहुमत मिलता हो या वह अन्य सहयोगी दलों के माध्यम से पद के निश्चित मानक को पूरा करता हो। यदि दल विधान सभा में स्पष्ट बहुमत प्राप्त करता है तो उसे उस दल के नेता को मुख्यमंत्री के रूप में शपथ दिलाना राज्यपाल की विवशता होती है। यदि मुख्यमंत्री अपने दल के आन्तरिक मतभेदों के कारण त्यागपत्र देता है, तो दल के नये निर्वाचित नेता को मुख्यमंत्री पद पर नियुक्त किया जाता है। चुनाव में किसी पक्ष के बहुमत न प्राप्त करने की स्थिति में या मुख्यमंत्री की बर्खास्तगी की स्थिति में राज्यपाल अपने विवेक से मुख्यमंत्री की नियुक्ति करता है और उसे नियत समय के अन्दर विधानसभा में बहुमत सिद्ध करने को कहता है।

मुख्यमंत्री पद की योग्यता—भारतीय संविधान में मुख्यमंत्री पद के लिए संविधान में कोई योग्यता विहित नहीं की गयी है लेकिन मुख्यमंत्री के लिए यह आवश्यक है कि वह राज्य विधानसभा का सदस्य हो। इस प्रकार मुख्यमंत्री में राज्य विधानसभा के सदस्य की योग्यता होनी चाहिए। राज्य विधानसभा का सदस्य न होने वाला व्यक्ति भी मुख्यमंत्री के पद पर नियुक्त किया जा सकता है, लेकिन इसके लिए आवश्यक है कि वह 6 मास के भीतर राज्य विधानसभा सदस्य निर्वाचित हो जाय। 21 सितम्बर, 2001 को सर्वोच्च न्यायालय के एक निर्णय के अनुसार किसी सज़ायाफ्ता को मुख्यमंत्री पद के लिए अयोग्य माना जाएगा।

मुख्यमंत्री के अधिकार एवं शक्तियाँ—भारतीय संविधान के अन्तर्गत मुख्यमंत्री के अधिकार एवं शक्तियाँ निम्नांकित हैं।

1. वह राष्ट्रीय विकास परिषद में राज्य का प्रतिनिधित्व करता है।
2. वह राज्यपाल को विधानसभा भंग करने की सलाह देता है।
3. वह राज्यपाल को राज्य के प्रशासन तथा विधायन सम्बन्धी सभी प्रस्तावों की जानकारी देता है।
4. यदि मंत्रिपरिषद के किसी सदस्य ने किसी विषय पर अकेले निर्णय लिया है, तो राज्यपाल के कहने पर उस निर्णय को मंत्रिपरिषद के समक्ष विचारार्थ रख सकता है।
5. मुख्यमंत्री मंत्रिपरिषद की बैठक की अध्यक्षता करता है तथा सामूहिक उत्तरदायित्व के सिद्धान्त का पालन करता है। यदि मंत्रिपरिषद का कोई सदस्य मन्त्रिपरिषद की नीतियों में भिन्न मत रखता है, तो मुख्यमंत्री उसे त्यागपत्र देने के लिए कह सकता है या राज्यपाल से उसे बर्खास्त करने की सिफारिश कर सकता है।
6. वह राज्य के शासन का वास्तविक अध्यक्ष है और इस रूप में वह अपने मन्त्रियों तथा संसदीय सचिवों के चयन, उनके विभागों के वितरण तथा पदमुक्ति और लोक सेवा आयोग के अध्यक्ष तथा अन्य सदस्यों एवं महाधिवक्ता और अन्य महत्वपूर्ण पदाधिकारियों की नियुक्ति के लिए राज्यपाल को परामर्श देता है।
7. राज्य में असैनिक पदाधिकारियों के स्थानान्तरण के आदेश मुख्यमंत्री के आदेश पर जारी किये जाते हैं तथा वह राज्य की नीति के सम्बन्धित विषयों के सम्बन्ध में निर्णय करता है।

पद—विधानसभा में बहुमत प्राप्त रहने तक मुख्यमंत्री अपने पद पर आसीन रहता है। अतः जैसे ही उसका विधानसभा में बहुमत समाप्त हो जाता है, उसे त्याग-पत्र दे देना चाहिए। यदि वह त्यागपत्र नहीं देता है, तो राज्यपाल उसे बर्खास्त कर सकता है। ये परिस्थितियाँ निम्नवत् हैं—

1. यदि राज्यपाल मुख्यमंत्री को विधानसभा का अधिवेशन बुलाने तथा उसमें बहुमत सिद्ध करने की सलाह दे और यदि राज्यपाल द्वारा निर्धारित अवधि के भीतर मुख्यमंत्री विधानसभा का अधिवेशन बुलाने के लिए तैयार न हो, तो राज्यपाल मुख्यमंत्री को बर्खास्त कर सकता है।

2. यदि राज्यपाल अनुच्छेद 356 के अधीन राष्ट्रपति को यह रिपोर्ट दे कि राज्य का शासन संविधान के अनुसार नहीं चलाया जा सकता या राष्ट्रपति को अन्य स्त्रोतों से यह समाधान हो जाय कि राज्य का शासन संविधान के प्रावधानों के अनुसार नहीं चलाया जा सकता तो, राष्ट्रपति मुख्यमंत्री को बर्खास्त करके राज्य का शासन चलाने का निर्देश राज्यपाल को दे सकता है।
3. जब मुख्यमंत्री के विरुद्ध राज्य विधानसभा में अविश्वास प्रस्ताव पारित हो जाय और मुख्यमंत्री त्यागपत्र देने से इन्कार कर दे, तब राज्यपाल मुख्यंमत्री को बर्खास्त कर सकता है।

मन्त्रिपरिषद का गठन—मंत्रिपरिषद का गठन मुख्यमन्त्री की सलाह पर राज्यपाल करता है। राज्य विधान परिषद या विधान सभा की सदस्यता मंत्रिपरिषद में शामिल होने की अनिवार्य शर्त है लेकिन विशेष परिस्थिति में मन्त्रिपरिषद में ऐसे व्यक्तियों को भी शामिल किया जा सकता है, जो राज्य विधानसभा या विधान परिषद का सदस्य न हो। इस प्रकार नियुक्त किये गये मंत्रिपरिषद के सदस्य को विधानसभा या विधान परिषद की सदस्यता 6 माह के भीतर ग्रहण करना अनिवार्य है। यदि 6 माह के अंदर वह विधानसभा या परिषद का सदस्य नहीं बन जाता है, तो उसके पद ग्रहण की तिथि से 6 माह की समाप्ति पर स्वतः उसका मंत्री पद रहना समाप्त हो जाता है, परन्तु संविधान में यह व्यवस्था नहीं दी गयी है कि ऐसा व्यक्ति इस्तीफा देकर पुनः मंत्रिपरिषद का सदस्य बन सकता है या नहीं। सरकार ने इस अस्पष्ट प्रावधान का लाभ उठाते हुए उस व्यक्ति को पुनः मंत्रिपरिषद में शामिल कर लेते थे। अब 16 अगस्त, 2001 को सर्वोच्च न्यायालय ने एक महत्वपूर्ण निर्णय देते हुए व्यवस्था दी है कि विधायिका का सदस्य निर्वाचित हुए बिना कोई व्यक्ति छह महीने से अधिक मंत्री पद धारण नहीं कर सकता। यदि इस व्यक्ति को छह महीने के बाद विधायिका के उसी सत्र में मंत्री पद पर दोबारा बहाल किया जाता है तो आवश्यक है कि वह चुनाव जीत कर सदन का सदस्य बने। यदि मंत्री पद पर आसीन गैर निर्वाचित व्यक्ति 6 महीने की अवधि में चुनाव नहीं जीत पाता है और उस व्यक्ति को दोबारा मंत्री पद पर बहाल किया जाता है तो यह संविधान के अनुच्छेद 164(1) और 164 (4) की योजना और भावना पर आघात जैसा होगा व लोकतंत्र की हत्या करना होगा।

मंत्रिपरिषद की अवधि—मंत्रिपरिषद तब तक कार्यरत रहती है, जब तक मुख्यमंत्री पद पर बना रहता है। मुख्यमंत्री के त्यागपत्र देने या बर्खास्त होने से मंत्रिपरिषद का स्वतः विघटन हो जाता है।

4

भारतीय राजनीतिक संस्कृति

भारतीय शासन एवं संविधान उन आधार तत्वों पर आधारित है जिनसे भारतीय संविधान अभिप्रेरित हुआ है तथा उन नीतियों से है जिन पर यह संविधान और शासन प्रणाली आधारित है। भारतीय शासन व्यवस्था के उन आधार तत्वों का वर्णन संविधान की प्रस्तावना में किया गया जो अंतिम रूप से संविधान सभा द्वारा 26 नवम्बर, 1949 को पारित हुआ। प्रत्येक देश की राजनीतिक संस्कृति तथा व्यवस्था भिन्न-भिन्न होती है। भारतीय राजनीतिक व्यवस्था एवं संस्कृति के प्रमुख लक्षणों में संपूर्ण प्रभुत्व संपन्न, लोकतांत्रिक गणराज्य समाजवाद, धर्मनिरपेक्षता, न्याय, स्वतंत्रता, समानता बंधुत्व, व्यक्तिगत अस्मिता तथा राष्ट्रीय एकता एवं अखण्डता शामिल हैं।

भारतीय संस्कृति बहुत प्राचीन है एवं इसके मूल्य मूलतः परंपरागत भारत से लिए गए हैं। भारत की राजनीतिक संस्कृति विभिन्नताओं से भरपूर है। शुरू में भारतीय समाज छोटी-मोटी राजनीतिक रियासतों में विभक्त था व इन पर राजाओं का अधिकार था। ब्रिटिश शासन की स्थापना के पश्चात् अंग्रेजों ने व इन राजनीतिक रियासतों पर अपना प्रभुत्व जमाना आरम्भ कर दिया। भारत में प्रारंभिक काल से ही ग्राम स्वराज्य की प्राचीन व्यवस्था लागू थी। अंग्रेज सरकार ने भी उसे भारत में प्रतिस्थापित किया। स्वतंत्रता प्राप्ति के प्रारम्भिक भारत में प्रजातांत्रिक सरकार की स्थापना हुई। इसने प्रजातांत्रिक मूल्यों को अपनाया। इसलिए स्वाभाविक रूप से यहाँ अनेक राजनीतिक दलों की स्थापना हुई। पश्चात् नागरिक को इन राजनीतिक दलों की सदस्यता ग्रहण करने या उनका समर्थन करने की स्वतंत्रता है। विभिन्न राजनीतिक दलों की नीतियाँ, सिद्धांत एवं दृष्टिकोण पृथक्-पृथक् हैं। भारतीय संस्कृति में राजनीतिक विविधता पाई जाती है लेकिन फिर भी एकता स्थापित है।

विविधता में एकता भारतीय राजनीतिक संस्कृति की विशेषता है। यहाँ हमेशा से केन्द्र में स्थायी एवं शक्तिशाली सरकारें रही हैं तथा राज्य सरकारें उनसे परस्पर संबंधित रही हैं। लोकसभा तथा विधानसभा के सभी प्रतिनिधि वयस्क मताधिकार के द्वारा चुने जाते रहे हैं। सभी वयस्क चुनाव लड़ने के अधिकारी हैं। हालाँकि बहुत से लोग भारतीय राजनीतिक संस्कृति की यह कहकर आलोचना करते हैं कि वर्ण तथा जाति पर आधारित भारतीय समाज प्रजातांत्रिक व्यवस्था के लिए अनुपयुक्त है। किन्तु ऐसा कहना उचित नहीं प्रतीत होता है। भारतीय संस्कृति को परंपरा एवं आधुनिकता का अनुपम मिश्रण कहा जा सकता है। अतः इसका अस्तित्व कायम है तथा सदैव कायम रहेगा, ऐसी अपेक्षा की जाती है।

भारतीय राजव्यवस्था के अन्तर्गत शासन का स्वरूप क्या है, शासन का ध्येय क्या है, नीति-निर्माण किस प्रकार होता है, कौनसे ऐसे तत्व हैं जो नीतियों के निर्माण को प्रभावित करते हैं, राज-कार्यों में जनता की हिस्सेदारी किस सीमा तक है और जनता के मूल्य, दृष्टिकोण और चरित्र का स्वरूप क्या है। भारतीय राजनीतिक व्यवस्था में पुरातन सांस्कृतिक मूल्यों की जगह है। इसमें समतावादी मूल्यों को महत्त्व प्रदान किया जाता है। जब भारत का संविधान प्रारूप तैयार हो रहा था उसी समय स्वतंत्रता, समानता, सामाजिक न्याय एवं धर्मनिरपेक्षता आदि विचारों को उसकी प्रस्तावना में बड़े आदर्श से प्रतिस्थापित किया गया है। माईनर वीनर (Miner Winer) एवं माटिस जोंस (Matis Jones) आदि महत्त्वपूर्ण विचारकों ने भारत के राजनीतिक संस्कृति के बारे में अपने विचार प्रकट किये हैं। इन विद्वानों ने नये परिवेश में राजनीतिक संस्कृति को विश्लेषित करने का प्रयत्न किए हैं। माइनर वीनर (Miner Winer) के अनुसार भारत में दो प्रकार की राजनीतिक संस्कृतियाँ देखी जा सकती हैं जो निम्नवत् हैं–

(a) विशिष्ट वर्गीय राजनीतिक संस्कृति,

(b) जन-राजनीतिक संस्कृति।

वीनर के अनुसार भारत में विशिष्ट वर्गीय राजनीतिक संस्कृति है। यह संस्कृति राज्यों तथा राष्ट्रों की राजधानियों में देखने को मिलती है। इस संस्कृति के अन्तर्गत समाज के सदस्य राष्ट्रीय राजनीतिक गतिविधियों में हमेशा रुचि लेते रहते हैं। इसके अतिरिक्त वह राजनीतिक रूप से अत्यधिक क्रियाशील एवं सक्रिय रहते हैं। इस तरह की राजनीतिक संस्कृति में कुछ विशेष वर्गों या व्यक्तियों का ही आधिपत्य होता है। इनके आस-पास विशिष्ट वर्गीय राजनीतिक संस्कृति मंडराती रहती है। वीनर का मानना है कि इस विशिष्ट वर्ग में ऐसे लोग हैं जो उच्च शिक्षा ग्रहण किए हुए रहते

हैं एवं जिनका दृष्टिकोण राष्ट्रीय तथा अन्तर्राष्ट्रीय होता है जो अधिक पश्चिमोभिमुख हैं एवं धर्मनिरपेक्षता के आदर्शों के पक्षधर होते हैं। वीनर (Winer) ने विशिष्ट वर्गीय राजनीतिक संस्कृति में निम्न व्यक्तियों को रखा है– (i) संसद के सदस्य, (ii) योजना आयोग के सदस्य, (iii) राष्ट्रीय स्तर के नेता, एवं (iv) प्रशासकीय पदाधिकारी को रखा है।

वीनर (Winer) के आधार पर इस प्रकार की संस्कृति को अभिजनात्मक राजनीतिक संस्कृति का भी नाम दिया है। भारत को आजाद कराने में इन विशिष्ट व्यक्तियों का सक्रिय सहयोग था।

वीनर के अनुसार दूसरी तरह की भारतीय संस्कृति जन-राजनीतिक संस्कृति है। जन-राजनीतिक संस्कृति का आशय सर्वसाधारण की राजनीतिक क्रियाओं में भाग लेने या शासन के प्रति सचेत रहने या सर्वसाधारण जनता का राजनीतिक गतिविधियों में भाग लेने से है। वीनर (Winer) ने भारत में इस संस्कृति का उदय 1947 से माना है। यह संस्कृति ज्यादातर ग्रामीण क्षेत्रों से उभरती है तथा स्थानीय स्तर से होते हुए विकसित होकर जिला स्तर तक पहुँचती है तथा वहाँ से राज्य की राजनीति में प्रवेश करती है। वीनर महोदय का मानना है कि स्वतंत्र भारत में स्वतंत्र संविधान बन जाने से इस प्रकार की संस्कृति में बढ़ोत्तरी होती है। इसके द्वारा जन-सामान्य को भी राज्य की राजनीति में भाग लेने का मौका प्राप्त हुआ। वयस्क मताधिकार का प्रावधान किया गया। लोगों को विभिन्न राजनीतिक संस्थाओं में प्रवेश मिलने लगा। ऐसे लोगों की राजनीतिक आस्था, विश्वास, दृष्टिकोण, मूल्य एवं राजनीतिक ज्ञान विशिष्ट वर्गों के लोगों से अलग होता है। इस संस्कृति में मजदूर, व्यवसायी, किसान, दलित वर्ग, अल्पसंख्यक, कमजोर वर्ग तथा शिल्पकार आदि सभी वर्गों के लोगों के सांस्कृतिक दृष्टिकोणों एवं व्यवहारों को सम्मिलित किया जाता है। वीनर ने इस तरह की संस्कृति के उदय के निम्नलिखित कारण माने हैं–

(i) सत्ता का विकेन्द्रीकरण,
(ii) सत्ता का जनतंत्रीकरण,
(iii) सरकार के कार्यों में अत्यधिक विस्तार।

स्वाधीनता के पश्चात् सरकार के कामों में व्यापक विस्तार हुआ। भारत में राज्य के कार्य क्षेत्रों में भी अत्यधिक उन्नति हुई। आंतरिक शासन की स्थापना से लेकर बाहरी आक्रमणों से रक्षा का भार सरकारों को सौंपा गया। इसके अतिरिक्त छोटी-मोटी सेवाओं के संचालन का भार भी राज्यों पर डाला गया। इसलिए राज्य के कार्य क्षेत्र

के विस्तार से जनसाधारण जनता राज्य से अत्यधिक जुड़ने का प्रयत्न करने लगी। इस प्रकार यह ज्ञात होता चलता है कि सरकार के कार्यों में अत्यधिक वृद्धि हुई।

वीनर (Winer) ने जन-राजनीतिक संस्कृति के उत्पत्ति का दूसरा कारण सत्ता का विकेन्द्रीकरण (Decentralisation of Power) है। भारतीय संविधान ने संघात्मक शासन प्रणाली की स्थापना के द्वारा केंद्र तथा राज्य सरकारों में सत्ता का स्पष्ट विभाजन किया। इसके साथ ही स्थानीय स्तर तक सत्ता को पहुँचाने के लिए एवं सत्ता में जनता की भागीदारी को बढ़ाने के लिए भी सरकार ने अनेक नियम बनाए हैं। परिणामतः सत्ता एवं राजनीति गाँव एवं कस्बों तक पहुँच गई। इन सभी से लोगों ने अपना संबंध बनाया व लोगों में राजनीतिक चेतना का विकास हुआ। सत्ता के विकेंद्रीकरण की कुछ संस्थाएँ आज भी काफी प्रचलित हैं। इनमें ग्राम पंचायतें, जनपद पंचायतें, जिला परिषद्, नगर पालिका, नगर निगम एवं ग्राम समितियों आदि को समाहित किया गया है। इन संस्थाओं को कुछ शक्तियाँ एवं अधिकार प्राप्त होते हैं। इन संस्थाओं के पदाधिकारी चुनकर या मनोनयन के माध्यम से इस स्तर तक आते हैं। इस प्रकार यह ज्ञात होता है कि सत्ता के विकेंद्रीकरण के कारण जन-राजनीतिक संस्कृति का बहुत अधिक विस्तार हुआ है।

वीनर महोदय ने जनतंत्रीकरण को जन-राजनीतिक संस्कृति की उत्पत्ति का तीसरा कारण माना है। वर्तमान समय में नयी राजनीतिक संस्थाओं के संगठन एवं निर्वाचन में जनतंत्रात्मक विधि को अपनाया जाता है। वर्तमान में वह समय नहीं रह गया है जब सत्ता राजा-महाराजाओं तथा सामंतों तक सीमित थी। आज सत्ता का जनतंत्रीकरण हो गया है। आज भारत एक विशाल प्रजातंत्र है। पहले जनता की भागीदारी बहुत कम हुआ करती थी। भारत जैसे विकासशील देश के लिए प्रजातंत्रात्मक शासन व्यवस्था बहुत ही उपयुक्त है। प्रजातंत्र जनता का, जनता के लिए एवं जनता द्वारा चुनी हुई सरकार को कहा जाता है। यही वजह है कि प्रजातंत्रात्मक शासन प्रणाली में सरकार एवं सरकार के बाहर जो भी व्यक्ति होते हैं उनका महत्त्व समान रूप से होता है।

वीनर के अनुसार विशिष्ट वर्ग की राजनीतिक संस्कृति जनराजनीतिक संस्कृति से एकदम भिन्न है। हालाँकि विशिष्ट वर्ग इस उभरती हुई राजनीतिक संस्कृति के खिलाफ है। विभिन्न राजनीतिक दल अपने स्वार्थवश जन-साधारण संस्कृति का दुरुपयोग करने में संलग्न रहते हैं किन्तु फिर भी यह आवश्यक प्रतीत होता है। आज भारतीय राजनीतिक संस्कृति में लगातार परिवर्तन हो रहा है। इसके स्थान पर नयी राजनीतिक संस्कृति पनप रही है। यह कहा जाए कि भारत की राजनीतिक संस्कृति

एक मिश्रित संस्कृति है तो इसमें कोई अतिशयोक्ति नहीं होगी। इसमें परंपरावाद तथा आधुनिकता का सम्मिश्रण पाया जाता है। वर्तमान में भारतीय राजनीतिक संस्कृति का एक सकारात्मक नवीन परिदृश्य सर्वत्र देखने को मिलता है। पारदर्शिता, सूचना के अधिकार, सिटीजन चार्टर, मानवतावादी विचार, मानवाधिकार आयोग का गठन, समतावादी दृष्टिकोण, महिला आयोग का गठन, दलित, कमजोर तथा निम्न वर्गों को आरक्षण, ग्राम सभा तथा ग्राम न्यायालय आदि का पनपना निश्चित रूप से भारतीय राजनीतिक संस्कृति का एक सकारात्मक नयी परिदृश्य कहा जा सकता है।

राजनीतिक संस्कृति के आधार

राजनीतिक संस्कृति के भी कुछ आधार होते हैं जिनके आधार पर उसकी प्रकृति का निर्माण होता है। राजनीतिक संस्कृति चाहे किसी भी रूप में क्यों न हो, उसके पीछे कुछ आधार छिपे होते हैं। राजनीतिक संस्कृति के प्रमुख आधार को निम्न बिन्दुओं के तहत संक्षिप्त प्रकाश डाला गया है—

(1) ऐतिहासिक आधार—यह वर्तमान को अतीत का परिणाम माना जाता है। किसी भी देश की राजनीतिक संस्कृति का मुख्य आधार उसका इतिहास होता है। विकासशील देशों के अर्न्तगत सांस्कृतिक विविधताएँ इसी आधार पर समझी जाती हैं। अपनी संपूर्ण राज्य शक्ति के प्रयोग के बावजूद वियतनाम तथा चीन जैसे देश स्वयं को अतीत के प्रभाव से स्वतंत्र नहीं कर पाए हैं। अतः राजनीतिक संस्कृति को निर्मित करने वाला प्रमुख आधार संबंधित राजनीतिक व्यवस्था का इतिहास तथा अतीत कहा जा सकता है। उदाहरणार्थ फ्रांसीसी राज्य क्रांति से उत्पन्न व्यवस्थाओं को दिया जा सकता है। 1789 के फ्रांसीसी राज्य क्रांति ने एक झटके में वहाँ की राजनीतिक व्यवस्था को जड़ से उखाड़कर फेंक दिया। परिणामतः वहाँ 16 बार संविधान का निर्माण करना पड़ा। साथ ही 12 वर्षों में 24 बार मंत्रिमंडल परिवर्तन हुआ। इससे यह ज्ञात होता है कि राजनीतिक संस्कृति के आधार में उस राजनीतिक समाज का अतीत या इतिहास महत्त्वपूर्ण भूमिका अदा करता है। कोई भी राजनीतिक समाज स्वयं को अपने देश के एतिहासिक राजनीतिक व्यवस्था से एकदम पृथक् कर राजनीतिक विकास नहीं कर सकता है। इस तरह यह पता चलता है कि राजनीतिक संस्कृति का एक मुख्य आधार ऐतिहासिक आधार है।

(2) भौगोलिक आधार—इसका राजनीतिक संस्कृति के निर्माण में विशिष्ट योगदान रहता है। संसार में जिनेवा एक ऐसा स्थान है जहाँ अधिकतर राजनीतिक

सम्मेलन आयोजित होते रहे हैं। जिनेवा विश्व जगत् के लगभग बीच में स्थित है व वहाँ की जलवायु सभी जगहों की अपेक्षा अनुकूल है। अतः वहाँ स्वाभाविक रूप से राजनीतिक सरगर्मियों में वृद्धि होती हैं। इसी प्रकार संयुक्त राज्य अमेरिका के असीम सीमांत के बारे में कहा जाता है कि उसने सजातीय भिन्नताओं के बावजूद स्वतंत्र सामंतवादी राजनीतिक मूल्यों की रचना की किन्तु उसके पास प्राकृतिक संसाधनों की भी प्रचुरता थी। इसलिए वह शत्रु पड़ोसियों से सुरक्षित था। पश्चिमी जर्मनी के निवासी संघीय गणतंत्र की उपलब्धता राजनीतिक संरचनाओं को इसलिए स्वीकार करते हैं क्योंकि वे भौगोलिक दृष्टि से रूस एवं अमेरिका द्वारा निर्देशित अंतर्राष्ट्रीय गठबंधनों के मध्य स्थित हैं। वे इस बात से अवगत हैं कि पश्चिमी जर्मनी की राजनीति में किसी भी प्रकार की अस्थिरता का परिणाम अन्तर्राष्ट्रीय तनाव में बढ़ोत्तरी कर सकता है। इस प्रकार स्पष्ट होता है कि किसी भी देश का भौगोलिक तथ्य या आधार उस देश की राजनीतिक संस्कृति का निर्धारक कारक होती है।

(3) **सामाजिक-आर्थिक आधार**—राजनीतिक संस्कृति को गति प्रदान करने में इसका विशिष्ट योगदान रहता है। जिस समाज में सामाजिक संरचनाएँ अलग-अलग होती हैं वहाँ की राजनीतिक व्यवस्था में भिन्न-भिन्न अभिवृत्तियाँ जन्म लेती हैं। परिणामतः ऐसे समाजों की राजनीतिक संस्कृतियों में उप-राजनीतिक संस्कृतियाँ पनपती हैं। किसी भी देश की राजनीतिक संस्कृति उस देश के भाषावाद, क्षेत्रवाद, संप्रदायवाद एवं जातिवाद आदि विभिन्न कारकों से प्रभावित होती है। भारतीय सामाजिक संरचना में विभिन्न भाषा-भाषी, धर्म एवं संप्रदाय के लोग निवास करते हैं। यही कारण है कि यहाँ धर्मनिरपेक्ष लोकतांत्रिक शासन प्रणाली जैसी संस्कृति का महत्त्व बढ़ गया। इसी प्रकार औद्योगिक एवं नगरीय समाजों में जिन्हें जटिल समाज कहा जाता है, संचार एवं यातायात के साधनों की अधिकता होती है। साथ ही वहाँ शिक्षा का स्तर उच्च होता है जिससे विभिन्न गुटों एवं दबाव समूहों की संख्या में वृद्धि होती है। फलस्वरूप सरकार की नीतियों में लोगों का स्पष्ट प्रभाव दृष्टिगोचर होता है। ग्रामीण कृषक समाज जिसे सरल समाज कहा जाता है, के लोगों में सरकार की निर्णयकारी प्रक्रिया में भाग लेने की क्षमता कम होती है। इसी प्रकार जिस राजनीतिक समाज में जातियों का महत्त्व होता है वहाँ जातिगत राजनीतिक समीकरण का बोलबाला पाया जाता है। जहाँ पर अनेक धर्मों की मान्यताएँ प्रचलित रहती हैं एवं उनका विशेष महत्त्व रहता है वहाँ पर राजनीति में नवीन राजनीतिक दलों का प्रादुर्भाव होता है। इन राजनीतिक दलों में हिंदू महासभा, मुस्लिम लीग तथा अकाली दल आदि राजनीतिक दलों का उदय राजनीतिक पटल पर होता है।

(4) सामान्य-संस्कृति का आधार—इसे व्यापक अवधारणा कहा जा सकता है जबकि राजनीतिक संस्कृति उसका एक छोटा भाग है। किसी समाज विशेष की राजनीतिक संस्कृति सामान्य संस्कृति पर आधारित होती है। आश्रितता के बावजूद राजनीतिक संस्कृति अपनी विशिष्ट स्वायत्तता बनाए रखती है। विकासशील देशों में कुछ गड़बड़ियाँ इसलिए स्पष्ट नजर आती हैं क्योंकि वहाँ आधुनिक राजनीतिक संस्कृति ऊपर से लाद दी जाती है। ऐसी आधुनिक राजनीतिक संस्कृति समाज के जरिये पोषित नहीं हो पाती है। अतः उसका प्रभावी होना संभव नहीं हो पाता है। इससे विकासशील देशों में राजनीतिक व्यवहार के सुनिश्चित प्रतिमान विकसित नहीं हो पाते हैं व इन देशों में राजनीतिक अस्थायित्व एवं क्रांतियों का बोलबाला रहने लगता है। इस प्रकार यह कहा जा सकता है कि राजनीतिक संस्कृति की प्रकृति का निर्धारण सामान्य संस्कृति के तत्त्वों पर अधिक आधारित नहीं है।

(5) विचारधाराओं का आधार—आधुनिक समाज को विचारधाराओं का समाज कहा जा सकता है। इतिहास इस बात का साक्षी है कि विभिन्न विचारधाराओं ने समय-समय पर राजनीतिक संस्कृति को प्रभावित किया है। इन विचारधाराओं में निरन्तर टकराव भी होता रहा है। आधुनिक समय में विचारधाराओं के विभिन्न संप्रदायों की स्थापना हो गई है। विभिन्न विचारक अपने-अपने विचारों को सिद्धांत रूप में परिवर्तित करके नयी परिस्थितियों के निर्माण में मददगार होते हैं। इन विचारधाराओं का प्रभाव तात्कालिक राजनीतिक व्यवस्था पर पड़ता है। ऐसे भी अनेक देश हैं जिनमें लेनिनवादी, मार्क्सवादी एवं माओवादी आदि विभिन्न राजनीतिक दल राजनीतिक समाज में उभरकर सामने आए हैं जिसे एक नयी संस्कृति का अंग कहा जा सकता है। भारत में गाँधीवादी विचारधारा एवं गाँधीवादी समाज के सिद्धांत के आधार पर ही राजनीतिक संस्कृति का जन्म हुआ है। सत्ता का विकेंद्रीकरण या रामराज्य की कल्पना भारतीय राजनीति में गाँधीवादी विचारधारा की देन कही जा सकती है। इस तरह अगर देखा जाए तो संपूर्ण राजनीतिक व्यवस्था में विचारधाराओं का समय-समय पर अपना एक भिन्न महत्त्व रहा है। उसी के अनुरूप विभिन्न देशों की राजनीतिक संस्कृति भी पुष्पित एवं पल्लवित होती रही है।

इन सब कारकों के अलावा भी ऐसे बहुत से कारक है जो राजनीतिक संस्कृतियों के निर्माण में सहायक साबित होते हैं। इन कारकों में धर्म, संपत्ति, वर्ग, जनसंख्या, प्राकृतिक संसाधन एवं बौद्धिक स्तर आदि प्रमुख हैं। इसके अलावा राजनीतिक पर्यावरण भी राजनीतिक संस्कृति के निर्माण में बहुत अधिक सहायक है।

राजनीतिक संस्कृति के आयाम

राजनीतिक व्यवस्था व संस्कृति एक सामाजिक संस्था है जो किसी देश के शासन से संव्यवहार करती है और लोगों से इसका संबंध प्रकट करती है। राजनीतिक संस्कृति के आयामों की चर्चा विद्वानों ने की है। एलेन बाल (Allen Ball) ने राजनीतिक संस्कृति के दो आयामों की चर्चा की है जो निम्नलिखित है–

(i) राजनीतिक संस्कृति के प्रति लोगों की धारणा।

(ii) निर्णयकारी प्रक्रिया में भाग लेकर उसे प्रमाणित करना।

आल्मण्ड एवं वर्बा (Almond and Verba) ने राजनीतिक संस्कृति के निम्नलिखित आयामों पर प्रकाश डाला है–

1. राष्ट्रीय अभिज्ञान,
2. शासन निर्गतों के बारे में आस्थाएँ,
3. अपने साथी नागरिकों के साथ अभिज्ञान,
4. निर्णयकारिता के बारे में आस्थाएँ।

(1) राष्ट्रीय अभिज्ञान–इससे अभिप्राय लोगों के विश्वासों व इस बात से है कि किस सीमा तक वे स्वयं को राष्ट्र, राज्य या समूह का सदस्य समझते हैं। अगर कोई नागरिक स्वयं बंगाली, पंजाबी या मुसलमान मानता है या इसके पहले वह स्वयं को भारतीय समझता है। राष्ट्रीय व्यवहार को भी विशेष प्रकार प्रदान करने में राष्ट्रीय अभिज्ञान सहायक सिद्ध होता है। सिडनी वर्बा के मतानुसार संपूर्ण जनता राष्ट्र के प्रति गर्व एकात्म्य या सम्मान रखे, ऐसा कदापि संभव नहीं होता है। किन्तु अगर एकात्म्य का अभाव होता है तो राजनीतिक संस्कृति में दरार पड़ने की पुष्टि माना जाता है। उदाहरणार्थ इसी आयाम की कमी में पाकिस्तान का विखंडन हो गया एवं नये बंगलादेश का निर्माण हुआ। राष्ट्रीय अभिज्ञान के माध्यम से राष्ट्रीय बुद्धिजीवियों एवं विशिष्ट वर्गों की गतिविधियों को अर्थ प्रदान किया जाता है एवं राजनीतिक व्यवस्था को एक सूत्र में पिरोया जाता है।

(2) आयाम शासन निर्गतों के बारे में आस्थाएँ–वर्तमान समय में कोई भी राजनीतिक दल या सरकार सभी को संतुष्ट नहीं कर सकती है फिर भी जनता की अधिकतर माँगों का उचित रूप में रूपांतरण हो जाने पर राजनीतिक संस्कृति में विभाजन करने वाली शक्तियों का प्रवेश नहीं हो पाता है। यदि सरकारी निर्गतों से व्यक्ति के हितों को पूरा नहीं किया जाता है। तब व्यक्ति राजनीतिक दृष्टिकोण से उदासीन या निष्क्रिय हो जाता है। इसके प्रतिकूल जिन लोगों के हितों की पूर्ति सरकारी निर्गतों से होती है, देश राजनीतिक क्रिया-कलापों में सक्रिय भूमिका अदा

करते हैं। इसलिए सरकारी तंत्र द्वारा अधिकतम लाभ अधिकतम लोगों को प्राप्त हो, ऐसी उम्मीद या आस्था जब लोगों में व्याप्त हो जाती है तो राजनीतिक विकास को नयी दिशा मिलती है।

(3) आयाम अपने साथी नागरिकों के साथ अभिज्ञान—यह इस बात पर आधारित होती है कि किसी समाज के सादृश्य अपने साथी सादृश्यों के संबंध में या विषय में कैसा विचार रखते हैं या एक-दूसरे में कितनी आस्था रखते हैं तथा कितना निर्भर रहते हैं। जिस राजनीतिक व्यवस्था में विभिन्नताओं के बावजूद लोग एक-दूसरे के साथ मिल-जुलकर रहते हैं तो यह माना जाता है कि उस राजनीतिक संस्कृति में विघटनकारी प्रवृत्तियाँ नहीं पाई जाती हैं। यह राष्ट्रीय एकता का प्रतीक माना जाता है। भारतीय समाज इसका ज्वलंत उदाहरण है। यहाँ अनेकता में एकता उपस्थित है। राजनीतिक व्यवस्था में अंदरूनी विषमताएँ के साथ-साथ कुछ सीमाएँ भी होती हैं।

(4) आयाम निर्णयकारिता के बारे में आस्थाएँ—प्रत्येक समाज में राजनीतिक निर्णय कुछ ही व्यक्तियों द्वारा लिये जाते हैं। लोकतंत्र में निर्णय करने वालों के बारे में दो विशेषताएँ होती हैं। प्रथम, निर्णायक जनप्रतिनिधि होते हैं। दूसरे, निर्णय करने वाले अपने हर निर्णय के बारे में जनता के प्रति जिम्मेदार होते हैं। राजनीतिक संस्कृति का यह आयाम अन्य आयामों जैसा ही महत्त्वपूर्ण होता है। इस आयाम के माध्यम से जनता के मन में इस भावना का विकास होता है कि वह भी शासनतंत्र का एक अभिन्न अंग है।

राजनीतिक संस्कृति का वर्गीकरण

राजनीतिक संस्कृति में ऐसे तरीके भी शामिल होते हैं जिनके अन्तर्गत शासक चुने या निर्वाचित होते हैं, सरकारों का निर्माण होता है तथा राजनीतिक निर्णय लिये जाते हैं। विभिन्न देशों की राजनीतिक व्यवस्थाएँ अलग-अलग होती हैं। अतः इनकी संस्कृतियों में भिन्नता पाई जाना भी स्वाभाविक है। राजनीतिक सहभागिता तथा राजनीतिक असहभागिता के आधार पर राजनीतिक संस्कृति के प्रकारों को निरूपित किया गया है। विभिन्न विद्वानों ने विभिन्न आधारों पर राजनीतिक संस्कृति के प्रकारों की चर्चा की है जो निम्नवत् हैं—

संख्या तथा शक्ति के आधार पर राजनीतिक संस्कृति को निम्न वर्गों में बांटा जा सकता है—

1. **जन-राजनीतिक संस्कृति**—जन-राजनीतिक संस्कृति आम जनता की राजनीतिक शक्ति कहलाती है।

2. **संभ्रांतजन राजनीतिक संस्कृति**—संभ्रांतजन राजनीतिक संस्कृति वह संस्कृति कहलाती है जो संभ्रांतजनों की होती है।

आल्मण्ड एवं वर्बा (Almond and Verba) ने राजनीतिक संस्कृति के निम्नलिखित प्रकारों की चर्चा की है—

1. अमिश्रित या विशुद्ध राजनीतिक संस्कृति,
2. मिश्रित राजनीतिक संस्कृति।

1. *अमिश्रित या विशुद्ध राजनीतिक संस्कृति*

यह उस संस्कृति को कहा जाता है जो पूर्ण रूप से शुद्ध होती है। इसमें किसी प्रकार का मिश्रण नहीं होता है। **आल्मण्ड एवं वर्बा** ने इसके तीन उप-प्रकारों की चर्चा की है जो निम्नलिखित हैं—

(i) संकीर्ण राजनीतिक संस्कृति—यह अमिश्रित अथवा विशुद्ध राजनीतिक संस्कृति का प्रथम प्रकार है। संकीर्ण राजनीतिक संस्कृति वह संस्कृति कहलाती है जिसमें राजनीतिक व्यवस्था के प्रति लोगों में संकीर्ण या संकुचित धारणाएँ विद्यमान होती जाती हैं। यह परंपरागत समाजों में अधिकतर दृष्टिगत होता है। इस प्रकार के समाजों में राजनीतिक समाजीकरण का नितांत अभाव पाया जाता है। इसमें व्यक्तियों के प्रति संज्ञानात्मक अभिमुखन की कमी पायी जाती है। लोगों का स्वभाव सरल एवं संकुचित होता है। ऐसी व्यवस्था में रहने वाले लोगों का लगाव अपने परिवार, गाँव, पड़ोस या समूहों तक सीमित या संकुचित रहता है। वे अपने पारिवारिक जिम्मेदारियों में ही उलझे रहते हैं। राजनीति से उनका कोई लेना-देना नहीं रहता है। ऐसे राजनीतिक समाज में रहने वाले व्यक्ति की राजनीति में कोई पूछ नहीं होती है। इस तरह के समाज राजनीतिक दृष्टिकोण से काफी पिछड़े हुए हैं। वहाँ की सरकारें परंपरागत रूप से वंशानुगत चलती हैं। ऐसे समाजों में श्रम-विभाजन एवं विशेषीकरण का अभाव पाया जाता है। साथ ही ऐसे समाजों में सामाजिक, आर्थिक, धार्मिक एवं राजनीतिक समान क्रियाओं का संचालन एक व्यक्ति या समान रूप से होता रहता है। इस तरह के समाजों में शासक ही सभी तरह के उत्तरदायित्वों का निर्वहन करते हैं। लोग राजनीति से अलग रहना ही पसंद करते हैं। इस प्रकार की राजनीतिक संस्कृति आजादी से हल पाई जाती थी जब राज्य व्यवस्था छोटी-छोटी रियासतों में बंटी थी।

(ii) पराधीन राजनीतिक संस्कृति—यह अमिश्रित अथवा विशुद्ध राजनीतिक संस्कृति का दूसरा प्रकार है। इस प्रकार की संस्कृति में राजनीति के प्रति लोगों का अभिमुखीकरण तो होता है किन्तु पूर्ण राजनीतिक सहभागिता नहीं होती है। यह

प्रक्रियाओं एवं स्वयं के प्रति राजनीतिक अभिनेता के रूप में उनका भावात्मक या अनुरागात्मक या मूल्यात्मक अभिमुख कहा जा सकता है। यहाँ एक राजनीतिक कार्यकर्ता के रूप में व्यक्तियों की स्थिति सक्रिय नहीं होती है। इस तरह की संस्कृति में लोग यह जानने की कोशिश करते हैं कि सरकार क्या है? सरकार लोगों के लिए क्या कर रही है, इसके प्रति वे सचेत रहते हैं किन्तु सरकार को क्या करना चाहिए एवं क्या नहीं करना चाहिए इससे उनका कोई मतलब नहीं रहता है। सरकार उनके हित में काम करती है या नहीं इससे उनका कोई वास्ता नहीं रहता। इस व्यवस्था में लोग राजनीतिक व्यवस्था के निर्गतों से प्रत्यक्ष संबंध रखते हैं। अर्थात् इस तरह की संस्कृति में सरकार लोगों को कच्चे माल के रूप में प्रयोग करती है। चूँकि इस तरह की राजनीतिक संस्कृति में लोगों की राजनीतिक अभिरुचि बहुत ही सीमित होती है इसलिए उनकी राजनीतिक सक्रियता अधिक नहीं होती है। इसलिए राजनीतिक सहभागिता भी नगण्य होती है। इस संस्कृति में लोग राजनीति से उदासीन नहीं होते हैं। इस प्रकार यह कहा जा सकता है कि पराधीन राजनीतिक संस्कृति में न तो राजनीति से पूर्ण रूप से उदासीनता होती है तथा न ही पूर्णतया सहभागिता होती है।

(iii) सहभागी राजनीतिक संस्कृति—यह विशुद्ध अमिश्रित राजनीतिक संस्कृति का तीसरा प्रकार है। वर्तमान राजनीतिक व्यवस्था में इस प्रकार की संस्कृति में लगातार वृद्धि हो रही है। विशेषकर प्रजातांत्रिक व्यवस्था वाले समाजों में इसे और अधिक गति मिली है। यह ऐसी राजनीतिक व्यवस्था वाला समाज होता है जहाँ अधिकांश सदस्य राजनीति में उच्च कोटि की सहभागिता स्थापित करते हैं। यहाँ व्यक्तियों में संज्ञानात्मक अभिमुखन के साथ-साथ अनुरागात्मक तथा मूल्यांकनात्मक अभिमुखन भी उच्चतर होता है। यही वजह है कि सभी लोगों की राजनीतिक क्रियाओं में सहभागिता होती है। ऐसी संस्कृति सिर्फ विकसित देशों में होती है। फलस्वरूप वहाँ के लोगों को अधिक अवसर मिलता है। इस प्रकार की संस्कृति वाले समाजों में व्यक्ति अपनी राजनीतिक सहभागिता के प्रति पूर्ण रूप से सजग रहता है। साथ ही इस तरह की संस्कृति वाले समाजों में राजनीतिक समाजीकरण की प्रक्रिया भी उच्चतर श्रेणी की होती है जिससे लोगों का राजनीति के प्रति सकारात्मक दृष्टिकोण सुनिश्चित होता है। ऐसे समाजों में राजनीतिक विशिष्टीकरण में वृद्धि होती है, एवं अपनी कर्त्तव्य निभाते हुए एक सक्रिय राजनीतिक कार्यकर्ता आजीवन इसमें संलग्न रहता है तथा वह सदैव राजनीतिक गतिविधियों में पूरी तरह संलिप्त रहता है।

2. मिश्रित राजनीतिक संस्कृति

यह उस संस्कृति को कहा जाता है जो पूर्ण रूप से विशुद्ध नहीं होती है, अर्थात् उसमें कुछ-न-कुछ मिश्रण होता है। **आल्मण्ड** ने इसके निम्नलिखित प्रकारों का उल्लेख किया है–

(i) संकीर्ण-पराधीन राजनीतिक संस्कृति–यह मिश्रित राजनीतिक संस्कृति का प्रथम प्रकार है। यह राजनीतिक संस्कृति संकीर्ण राजनीतिक संस्कृति एवं पराधीन राजनीतिक संस्कृति का मिला-जुला रूप होता है। इसमें व्यक्ति को सरकार की विभिन्न भूमिकाओं की जानकारी होती है। परन्तु वह शासन की नीतियों को प्रभावित नहीं कर पाता है। इसमें वह समाज का एक प्रतिष्ठित नागरिक होता है।

(ii) पराधीन-सहभागी राजनीतिक संस्कृति–यह मिश्रित राजनीतिक संस्कृति का दूसरा प्रकार है इसमें कुछ नागरिक उच्च स्तर का राजनीतिक अवबोधन रखते हैं व सक्रिय होते हैं। किन्तु शेष व्यक्ति सापेक्षिक दृष्टि से निष्क्रिय होते हैं। हालाँकि व्यक्ति यह जानते हैं कि राजनीतिक व्यवस्था में उसे सहभागी बनना चाहिए किन्तु चाहते हुए भी वह शासन निर्णय की प्रक्रिया में नहीं पहुँच पाते हैं तथा जो पहुँच भी पाते हैं उन्हें अवसर नहीं मिल पाता। ऐसी संस्कृति वाले राजनीतिक समाज में व्यक्ति राजनीति के प्रति सहभागिता के प्रयास में सदैव लगा रहता है।

(iii) संकीर्ण-सहभागी राजनीतिक संस्कृति–यह मिश्रित राजनीतिक संस्कृति का तीसरा प्रकार है। इस तरह की संस्कृति वाले समाजों में निर्गत तथा निवेशों वाली संस्थाएँ पाई जाती हैं। निवेश संस्थाएँ अधिकतर स्थान विशेष से जुड़ी होती हैं, यथा–जाति संघ एवं जनजातियों का समूह आदि। निर्गत संस्थाएँ अधिक विकसित अवस्था में राजनीतिक व्यवस्था में भूमिका निर्वहन करती हैं। इस तरह की राजनीतिक संस्कृति में विभिन्न दबाव समूहों, विभिन्न तरह के हित समूहों एवं संकुचित समूहों का दबाव हमेशा निर्गत तथा निवेश संस्थाओं पर रहता है।

(iv) नागरिक राजनीतिक संस्कृति–यह मिश्रित राजनीतिक संस्कृति का चौथा प्रकार नागरिक राजनीतिक संस्कृति है। इसे जन-संस्कृति भी कहा जाता है। यह राजनीतिक संस्कृति के सभी तीन आदर्श प्रतिमानों की विशेषताओं को सम्मिलित करता है। यह एक साथ निदेशात्मक तथा सहमत, सहभागी एवं निष्क्रिय अभिवृत्तियों के संश्लेषण का प्रतिनिधित्व करता है। इस राजनीतिक संस्कृति में एक ओर प्रजाभावी अभिमुखन, राज-अभिजन की पर्याप्त अभिक्रम तथा स्वतंत्रता के साथ कार्य करने की आज्ञा प्रदान करते हैं तो दूसरी ओर सहभागी अभिमुखन राजनीतिक अभिजनों को लोकप्रिय वरीयताओं के अधीन काम करने के लिए बाध्य करते हैं।

5

भारतीय सरकार की सर्वोच्च संस्था संसद

भारतीय संविधान ने देश की शासन प्रणाली के रूप में संसदीय शासन व्यवस्था को चुना है। इस शासन व्यवस्था में विधायिका एवं कार्यपालिका का सुन्दर समन्वय होता है। इसमें कार्यपालिका शक्ति विधानमण्डल के जनता द्वारा प्रत्यक्ष रूप से निर्वाचित और बहुमत दल के सदस्य समूह के हाथों में निहित होती है। यह शक्ति उनके पास तभी तक रहती है, जब तक कि उन्हें विधानमण्डल में निर्वाचित सदन में बहुमत प्राप्त है। भारतीय संविधान के अन्तर्गत संघीय विधानमंडल को संसद की संज्ञा प्रदान की गई है।

भारत का संसद भवन

सन् 1927 में भारतीय संसद भवन की स्थापना की गयी थी। इस भवन का शिलान्यास 12 फरवरी, 1921 को ड्यूक ऑफ कनाट ने किया था तथा इसे तैयार होने में 6 वर्ष लगे थे। संसद भवन का उद्घाटन 18 फरवरी,1927 को भारत के तत्कालीन गर्वनर जनरल लार्ड इरविन ने किया था। इसकी परिकल्पना सर एडविन लुटिन्स और सर हर्बर्ट बेकर ने की थी, जिसे साकार रूप देने में 83 लाख रुपये व्यय किये गये थे। संसद भवन वस्तुतः एक गोलाकार भवन है जिसके केन्द्र में एक केन्द्रीय कक्ष स्थित है। 98 फुट व्यास वाले गोलाकार केन्द्रीय कक्ष का गुंबद विश्व के भव्य गुंबदों में से एक है। 15 अगस्त, 1947 को अंग्रजों ने इसी कक्ष में भारत को सत्ता हस्तांतरित की थी। इस केन्द्रीय कक्ष के तीन ओर राज्यसभा, लोकसभा, और लाइब्रेरी हाल स्थित हैं। इन तीनों कक्षों और बाग के चारों ओर चार मंजिला

गोल भवन निर्मित है जिसमें मंत्रियों, संसदीय समितियों, दलीय कार्यालय और प्रेस के लिए कमरों की व्यवस्था है। लोकसभा कक्ष का आकार अंग्रेजी के यू (U) के समान है जिसमें मंच पर अध्यक्ष के बैठने का स्थान निर्धारित है। अध्यक्ष के आसान के दायीं ओर सत्ताधारी दल और बायीं ओर विपक्षी दलों के बैठने की व्यवस्था है। लोकसभाध्यक्ष के मंच के नीचे लोकसभा के सेक्रेटरी जनरल की मेज के ठीक आगे एक विशाल मेज, जिसे 'टेबल ऑफ द हाऊस' कहा जाता है, होती है। इसी मेज पर समस्त दस्तावेज रखे जाते हैं तथा इसके चारों ओर वरिष्ठ अधिकारियों की कुर्सियाँ लगी होती हैं। टेबल ऑफ द हाऊस के चारों ओर के खाली स्थान 'वेल ऑफ द हाऊस' कहलाता है। लाल पत्थरों की चारदीवारी और 12 विशाल लौह द्वारों से सुरक्षित संसद भवन स्थापत्य कला का सर्वोच्च उदाहरण है।

राज्यसभा

राज्यसभा अपने नाम के अनुरूप राज्यों की परिषद है। इसे उच्च सदन कहा जाता है। यह अपरोक्ष रूप से जनता का प्रतिनिधित्व करती है।

गठन

राज्यसभा का पहली बार गठन 3 अप्रैल, 1952 को किया गया था। इसकी पहली बैठक 13 मई, 1952 को हुई थी। 23 अगस्त, 1954 को सभापति ने सदन में घोषणा की कि 'काउंसिल ऑफ स्टेट्स' को अब राज्यसभा के नाम से जाना जाएगा। संविधान के अनुच्छेद 80 के अनुसार राज्यसभा का गठन 250 सदस्यों द्वारा होगा, इनमें से 12 सदस्य राष्ट्रपति द्वारा नामनिदेशित किये जाते हैं तथा शेष 238 का चुनाव राज्य तथा संघ राज्यक्षेत्रों की विधान सभाओं द्वारा किया जाता है। राज्यसभा में राज्यों तथा संघ राज्यक्षेत्रों की विधान सभाओं के सदस्यों द्वारा किया जाता है। राज्यसभा में राज्यों तथा संघ राज्यक्षेत्रों की विधान सभाओं के लिए आंबटित स्थान को संविधान की चौथी अनुसूची में अन्तर्विष्ट किया गया है। इस अनुसूची में केवल 233 स्थानों के सम्बन्ध में उल्लेख किया गया है, जिससे स्पष्ट होता है कि वर्तमान समय में राज्यसभा की प्रभावी संख्या 245 (राष्ट्रपति द्वारा नामित सदस्यों सहित) है। वे 12 सदस्य जिन्हें राष्ट्रपति द्वारा राज्यसभा के लिए नामनिर्देशित किये जाते हैं, उन्हें साहित्य, विज्ञान, कला तथा समाज सेवा के क्षेत्र में विशेष ज्ञान या व्यावहारिक अनुभव होना चाहिए।

परोक्ष चुनाव—राज्यसभा (उच्च सदन) के सदस्यों के चुनाव अप्रत्यक्ष तरीके

से होता है। राज्यों के प्रतिनिधियों का चुनाव राज्यों की विधानसभा के सदस्यों द्वारा आनुपातिक प्रतिनिधित्व पद्धति के अनुसार एकल संक्रमणीय मत द्वारा किया जाता है तथा संघराज्य क्षेत्रों के प्रतिनिधियों का चुनाव उस ढंग से किया जाता है, जिसे संसद विधि बनाकर विहित करे। राज्यसभा में केवल दो संघ राज्यक्षेत्रों यथा राष्ट्रीय राजधानी राज्य क्षेत्र दिल्ली तथा पाण्डिचेरी, के लिए स्थानों का आवंटन किया गया है। इन राज्य क्षेत्रों को आबंटन में राज्यसभा के स्थानों को भरने के लिए निर्वाचकगणों को गठित करने के सम्बन्ध में लोक प्रतिनिधित्व अधिनियम, 1950 की धारा 27-क में संसद द्वारा उस ढंग को विहित किया गया है, जिसके द्वारा राज्यसभा के सदस्यों को निर्वाचित किया जाएगा। इस धारा के अनुसार पाण्डिचेरी संघ राज्यक्षेत्र के लिए आबंटित स्थान को इस संघ राज्य क्षेत्र के विधान सभा के सदस्यों द्वारा चुने गये व्यक्ति से भरा जाएगा तथा दिल्ली के सम्बद्ध दिल्ली संघ राज्यक्षेत्र के राज्यक्षेत्र के राज्यसभा सदस्य का चुनाव महानगर के परिषद के निर्वाचित सदस्यों द्वारा किया जाएगा। लेकिन दिल्ली में विधानसभा के गठन के बाद स्थिति में परिवर्तन हो गया है। अक्टूबर 2003 में नई दिल्ली में सम्पन्न एक सर्वदलीय बैठक में जन-प्रतिनिधित्व (संशोधन) अधिनियम 2003 के अंतर्गत राज्यसभा चुनाओं के लिए नियमों एवं विनियमों का अनुमोदन किया गया। नए नियमों एवं विनियमों के अनुसार राज्य सभा चुनावों में मतदान जहाँ दो चरणों में होगा वहीं विधायकों द्वारा मतदान दलगत निर्देशों के अनुसार करना होगा।

राज्य सभा का कार्यकाल—भारतीय संविधान के अनुच्छेद 83(1) के अनुसार, राज्यसभा एक स्थायी सदन है अर्थात् यह कभी विघटित नहीं होता, इसके सदस्य 6 वर्ष के लिए चुने जाते हैं। इसके सदस्यों में से एक-तिहाई सदस्यों के स्थानों को भरने के लिए प्रत्येक दूसरे वर्ष चुनाव होता है। यदि कोई सदस्य त्यागपत्र दे देता है या उसकी आकस्मिक मृत्यु के कारण कोई स्थान रिक्त होता है। उपयुक्त में चुना गया सदस्य केवल उस समय तक, यदि उपचुनाव में चुना गया सदस्य बना रहता है, जिस समय तक, यदि उपचुनाव न होगा। राज्यसभा के सदस्य राज्यसभा के सभापति को अपना त्यागपत्र किसी समय देकर सदस्यता से मुक्त हो सकते हैं।

राज्यों और संघ राज्यक्षेत्रों का राज्यसभा में प्रतिनिधित्व

राज्य	स्थानों की संख्या
1. जम्मू-कश्मीर	4
2. नागालैण्ड	1

3.	हिमाचल प्रदेश	3
4.	मणिपुर	1
5.	त्रिपुरा	1
6.	मेघालय	1
7.	सिक्किम	1
8.	मिजोरम	1
9.	अरुणाचल प्रदेश	1
10.	दिल्ली	3
11.	पाण्डिचेरी	1
12.	आन्ध्रप्रदेश	18
13.	असम	7
14.	बिहार	16
15.	झारखण्ड	6
16.	गोवा	1
17.	गुजरात	11
18.	हरियाणा	5
19.	केरल	9
20.	मध्य प्रदेश	11
21.	छत्तीसगढ़	5
22.	तमिलनाडु	18
23.	महाराष्ट्र	19
24.	कर्नाटक	12
25.	उड़ीसा	10
26.	पंजाब	7
27.	राजस्थान	10
28.	उत्तर प्रदेश	31
29.	उत्तराखंड	3
30.	पश्चिम बंगाल	16
	कुल	**233**

राज्य सभा का अधिवेशन—राज्यसभा का एक वर्ष में दो अधिवेशन होता

है। लेकिन इसके अधिवेशन की अन्तिम बैठक तथा आगामी अधिवेशन की प्रयत्न बैठक के लिए नियत तिथि के बीच 6 माह का अन्तर नहीं होना चाहिए। सामान्यतया राज्यसभा का अधिवेशन तभी बुलाया जाता है, जब लोकसभा का अधिवेशन बुलाया जाता है, परन्तु संविधान के अनुच्छेद 352, 356 तथा 360 के अधीन आपात काल की घोषणा के बाद तब राज्य सभा का विशेष अधिवेशन बुलाया जा सकता है, जब लोकसभा का विघटन हो गया है। उदाहरणार्थ 1977 में लोकसभा के विघटन के कारण तमिलनाडु तथा नागालैण्ड में राष्ट्रपति शासन को बढ़ाने के लिए राज्यसभा का विशेष अधिवेशन बुलाया गया था।

पदाधिकारी—संसद के प्रत्येक सदन का अपना सभापतित्व करने वाला अधिकारी और सचिव तथा अन्य कर्मचारी होते हैं। राज्यसभा के निम्न पदाधिकारी होते हैं—

सभापति—संविधान के अनुच्छेद 89 के अनुसार उपराष्ट्रपति राज्यसभा का पदेन सभापति होता है। यह राज्यसभा की कार्यवाही के संचालन तथा सदन में अनुशासन बनाये रखने के लिए उत्तरादायी होता है। सभापति राज्यसभा के नये सदस्यों को पद की शपथ दिलाता है। उपराष्ट्रपति द्वारा कार्यकारी राष्ट्रपति के रूप में कर्तव्यों के निर्वहन के दौरान राज्यसभा के सभापति के रूप में उपसभापति द्वारा दायित्वों का निर्वहन किया जाता है।

(ii) उपसभापति—राज्यसभा अपने सदस्यों में से किसी को अपना उपसभापति चुनेगी और जब उपसभापति का यह पद रिक्त होता है, तब राज्यसभा किसी अन्य सदस्य को अपना उपसभापति चुनेगी। इस प्रकार चुना गया उपसभापति सभापति की अनुपस्थिति में उसके कार्यों का निर्वाह करता है। 14 मई, 2002 को संसद द्वारा पारित विधेयक के अनुसार उपसभापति को केन्द्रीय राज्य मंत्री के समान भत्ता देने का प्रावधान किया गया है। उप सभापति निम्नलिखित स्थिति में अपना पद रिक्त कर सकता है—

(क) जब यह राज्यसभा का सदस्य न रह जाय,

(ख) जब वह सभापति को अपना त्यागपत्र दे दे,

(ग) जब तक वह राज्यसभा के तत्कालीन समस्त सदस्यों के लेकिन ऐसा कोई संकल्प तब तक प्रस्तावित नहीं किया जाएगा, जब तक कि इस संकल्प को प्रस्तावित करने के आशय की कम से कम चौदह दिन पूर्व सूचना न दे दी गई हो।

(iii) अन्य व्यक्ति—जब सभापति तथा उपसभापति दोनों अनुपस्थित हों, तो

राज्यसभा का वह सदस्य करेगा, जिसे राष्ट्रपति नाम निर्देशित करे और राज्यसभा की बैठक में वह व्यक्ति सभापति के कार्यों का निर्वाह करेगो, जिसे राज्यसभा की प्रक्रिया के नियमों द्वारा या राज्यसभा द्वारा अवधारित किया जाय।

राज्यसभा के कार्य तथा शक्तियाँ

भारतीय संविधान द्वारा राज्यसभा तथा लोकसभा को अधिकतर मामलों में समान शक्ति प्रदान की गयी है (जिनका उल्लेख संसद के कार्य तथा शक्तियों में किया जाएगा), लेकिन कुछ मामलों में राज्यसभा तथा कुछ मामलों में लोकसभा को अधिक शक्तियाँ प्रदान की गयी हैं। राज्य सभा के कार्य एवं शक्तियाँ निम्नलिखित हैं–

(i) राज्य सूची में दिए गए विषयों पर कानून बनाने का अधिकार–भारतीय संविधान के अनुच्छेद 249 के अनुसार यदि राज्यसभा उपस्थित तथा मतदान करने वाले सदस्यों के दो-तिहाई बहुमत से यह संकल्प पारित कर दे कि राष्ट्रीय हित में यह आवश्यक है कि संसद राज्य सूची में वर्णित किसी विषय के सम्बन्ध में कानून बनाये, तो संसद को उस विषय के सम्बन्ध में केवल कानून बनाने का अधिकार मिल जाता है। इस प्रकार बनाया गया कानून केवल एक वर्ष के समय को और एक वर्ष तक के लिए बढ़ा सकती है तथा बारबार संकल्प पारित करके इस अवधि को असीमित कर सकती है। राज्यसभा ने इस अधिकार का अब तक दो बार प्रयोग किया है–

पहली बार 1952 में–1952 में राज्यसभा ने संकल्प पारित करके संसद को व्यापार, वाणिज्य, उत्पादन, वस्तुओं का उपलब्धि तथा विवरण के सम्बन्ध में कानून बनाने का अधिकार दिया था।

दूसरी बार 1986 में–1986 में राज्यसभा ने संकल्प पारित करके संसद का अन्तर्राष्ट्रीय सीमा के साथ सुरक्षा क्षेत्र की व्यवस्था करने के सम्बन्ध में कानून बनाने का अधिकार दिया था।

(ii) सदस्यों के स्थान को रिक्त करना–राज्यसभा का अधिवेशन चल रहा हो, तब राज्यसभा अपने सदस्यों को अधिवेशन से अनुपस्थित होने की आज्ञा देती है लेकिन यदि राज्यसभा का कोई सदस्य सदन की आज्ञा के बिना साठ दिन तक उसके सभी अधिवेशनों में अनुपस्थित रहे, तो राज्यसभा उसके स्थान को रिक्त घोषित करती है परन्तु साठ दिन की अवधि की संगणना करने में किसी अवधि को शामिल नहीं किया जाएगा, जिसके दौरान सत्र का अधिवेशन न हो रहा या

अधिवेशन लगातार चार से अधिक दिनों के लिए स्थगित रहा हो। उदाहरणार्थ 1976 में सुब्रामण्यम स्वामी का स्थान रिक्त घोषित कर दिया गया था क्योंकि वे राज्यसभा की आज्ञा के बिना कई दिन तक इसकी सभी बैठकों में अनुपस्थित रहे थे।

(iii) अखिल भारतीय सेवाओं की व्यवस्था—संविधान के अनुच्छेद 312 (1) के अधीन यह प्रावधान किया गया है कि राज्यसभा अपने उपस्थित तथा मतदान करने वाले सदस्यों के दो-तिहाई बहुमत से यह संकल्प पारित कर दे कि राष्ट्रीय हित में यह आवश्यक है कि संघ और राज्यों के लिए सम्मिलित एक या अधिक अखिल भारतीय सेवाओं का सृजन किया जाय तो संसद को ऐसा अधिकार मिल जाता है। इस शक्ति का प्रयोग राज्य सभा **1961 में**—भारतीय इन्जीनियर्स सेवा, भारतीय वन सेवा, भारतीय चिकित्सा सेवा तथा **1965 में**—भारतीय कृषि सेवा, भारतीय वन सेवा, भारतीय चिकित्सा सेवा।

लोकसभा

संसद का दूसरा सदन लोकसभा है, इसे निम्न सदन कहा जाता है एवं इसका निर्वाचन राज्यसभा के विपरीत जनता वयस्क मताधिकार के आधार पर प्रत्यक्ष रूप से करती है।

लोक सभा का गठन—17 अप्रैल, 1952 को पहली लोकसभा का गठन हुआ था। इसकी पहली बैठक 13 मई, 1952 को हुई थी। लोकसभा के गठन के सम्बन्ध में संविधान के दो अनुच्छेदों, यथा 81 तथा 331वें द्वारा सदस्यों की संख्या 500 निर्धारित की गयी थी, परंतु बाद में इसमें वृद्धि की गयी। 31वें संविधान संशोधन, 1974 के द्वारा लोकसभा की अधिकतम सदस्य संख्या 547 निश्चित की गयी। वर्तमान में गोवा, दमन और दीव पुनर्गठन अधिनियम, 1987 द्वारा यह अभिनिर्धारित किया गया कि लोकसभा की अधिकतम सदस्य संख्या 552 हो सकती है। अनुच्छेद 81 (i) (क) तथा (ख) के अनुसार लोकसभा का गठन राज्यों में प्रादेशिक निर्वाचन क्षेत्रों से प्रत्यक्ष निर्वाचन द्वारा चुने हुए 530 से अधिक न होने वाले सदस्यों तथा संघ राज्य क्षेत्रों का प्रतिनिधित्व करने वाले 20 से अधिक न होने वाली जनसंख्या द्वारा निर्वाचित 550 सदस्य हो सकते हैं। अनुच्छेद 331 में यदि राष्ट्रपति की राय में लोकसभा में आंग्ल-भारतीय समुदाय को पर्याप्त प्रतिनिधित्व न मिला हो, तो वह आंग्ल-भारतीय समुदाय के दो व्यक्तियों को लोकसभा के लिए नामनिर्देशित कर सकता है। अतः लोकसभा की अधिकतम सदस्य संख्या 552 हो सकती है। यह संख्या लोकसभा के सदस्यों की सैद्धान्तिक गणना है और व्यवहारतः वर्तमान समय

में लोकसभा की प्रभावी संख्या 530 (राज्यों के प्रतिनिधि) + 13 (संघ राज्य क्षेत्रों के प्रतिनिधि) + 2 राष्ट्रपति द्वारा नाम निर्देशित) = 545 है।

लोकसभा में स्थानों का आवंटन

वर्षनामांकन	जिनका परीक्षण किया गया	उम्मीदवारों की संख्या	नामांकन जो रदद् हुए	नामांकन जो स्वीकृत हुए	चुनाव लड़ने वाले

राज्य/संघ राज्य क्षेत्र का नाम	कुल स्थान	अनुसूचित जाति के लिए आरक्षित स्थान	अनुसूचित जनजाति के लिए आरक्षित स्थान	प्रत्येक निर्वाचन क्षेत्र में व्यय की अधिकतम सीमा (रूपये में) राज्य
1. आन्ध्र प्रदेश	42	6	2	4,50,000 (1,50,000)
2. अरुणाचल प्रदेश	2	-	-	1,50,000 (50,000)
3. असम	14	1	2	-
4. बिहार	40	7	-	4,15,000 (1,30,000)
5. झारखण्ड	14	1	6	4,50,000 (1,50,000)
6. गोवा	2	-	6	-
7. गुजरात	26	2	-	1,90,000 (50,000)
8. हरियाणा	10	2	4	4,50,000 (1,30,000)
9. हिमाचल प्रदेश	4	1	4	4,50,000 (1,50,000)
10. जम्मू-कश्मीर	6	-	-	4,15,000 (1,30,000)
11. कर्नाटक	28	4	-	3,75,000 (130,000)
12. केरल	20	2	-	4,50,000 (1,50,000)
13. मध्य प्रदेश	29	4	-	4,50,000 (130,000)
14. छत्तीसगढ़	11	2	-	-
15. महारष्ट्र	48	3	-	4,50,000 (1,50,000)
16. मणिपुर	2	-	5	3,75,000 (1,00,000)
17. मेघालय	2	-	4	3,00,000 (70,000)
18. मिजोरम	1	-	4	1,90,000 (50,000)
19. नगालैण्ड	1	-	1	4,15,000 (1,00,000)
20. उड़ीसा	21	3	-	4,50,000 (1,50,000)

21. पंजाब	13	3	1	4,50,000 (1,50,000)
22. राजस्थान	25	4	-	4,50,000 (1,50,000)
23. सिक्किम	1	-	5	1,50,000 (1,50,000)
24. तमिलनाडु	39	7	-	4,50,000 (1,50,000)
25. त्रिपुरा	2	-	3	4,15,000 (1,00,000)
26. उत्तर प्रदेश	80	17	-	4,50,000 (1,50,000)
27. उत्तरांचल	5	1	-	- -
28. पश्चिम बंगाल	42	8	2	4,50,000 (1,50,000)
संघ राज्य क्षेत्र				
1. अंडमान तथा निकोबार	1	-	-	1,15,000 (50,000)
2. चंडीगढ़	1	-	1	1,90,000 (50,000)
3. दादरा और नागर हवेली	1	-	-	95,000 (20,000)
4. दिल्ली	7	-	-	4,15,000 (1,00,000)
5. दमन और दीव	1	-	-	95,000 (50,000)
6. लक्षद्वीप	1	1	1	60,000 (20,000)
7. पाण्डिचेरी	1	-	-	3,00,000 (70,000)

* चुनाव में व्यय की यह अधिकतम सीमा निर्वाचन का संचालन नियम, 1961 द्वारा विहित की गयी है, जिसे 21 अक्टूबर, 1994 को जारी अधिसूचना द्वारा संशोधित किया गया है। कोष्टक में 6 सितम्बर, 1984 को निर्धारित व्यय की अधिकतम सीमा का विवरण है।

लोकसभा का निर्वाचन

निर्वाचन	निर्वाचन का समय	कुल स्थान, जिनके लिए निर्वाचन हुआ	महिलाओं का प्रतिनिधित्व (प्रतिशत)	निर्वाचन के उपरान्त सबसे बड़ा दल
पहला	1951-52	489	22(4.4)	364 (कांग्रेस)
दूसरा	1956-1956-1957	494	27(5.4)	371(कांग्रेस)
तीसरा	1962(फरवरी)	494	34(6.7)	361(कांग्रेस)
चौथा	1967(फरवरी)	520	31(5.9)	283(कांग्रेस)
पाँचवाँ	1971(जनवरी)	518	22(4.2)	350(कांग्रेस) (मध्यावधि)

छठवाँ	1977(मार्च)	542	19(3.4)	296(जनता पार्टी)
सातवाँ	1980(जनवरी)	542	28(5.1)	353[कांग्रेस(इ)] (मध्यावधि)
आठवाँ	1984(दिसम्बर)	508	44(8.1)	401[कांग्रेस(इ)]
नौवाँ	1989(नवम्बर)	523	27(5.2)	193[कांग्रेस(इ)]
दसवाँ	1991(मई-जून)	516	39(7.4)	224[कांग्रेस(इ)]
ग्यारहवाँ	1996(अप्रैल-मई)	537	36(6.6)	161(भा.ज.पा)
बारहवीं	1998(फर-मार्च)	537	43(7.9)	181(भा.ज.पा)
तेरहवीं	1999(सित-अक्टू)	543	47(8.6)	182(भा.ज.पा)

ब्रिटिश भारत के लोकसभाध्यक्ष

नाम	कार्यकाल
1. सर फेडरिक व्हाइट	3-2-1921 से 23-8-1925
2. विट्ठल भाई जे. पटेल	24-8-1925 से 28-4-1930
3. मोहम्मद याकूब	9-7-1930 से 31-7-1930
4. इब्राहीम रहीमतुल्ला	17-1-1931 से 7-3-1933
5. सर सनमूखम चेट्टी	14-3-1933 से 31-12-1934
6. अब्दुर रहीम	24-1-1935 से 1-10-1945
7. गणेश वासुदेव मावलंकर	24-1-1946 से 14-8-1947

लोकसभाध्यक्ष

नाम	पदावधि
1. गणेश वासुदेव मावलंकर	15-5-1952 से 27-2-1956
2. एम.अनन्तशयनम् आयंगर	8-3-1956 से 10-5-1957
3. एम.अनन्तशयनम् आयंगर	11-5-1957 से 16-4-1962
4. हुकुम सिंह	17-4-19 62 से 16-3-1967
5. नीलम संजीव रेड्डी	17-3-1967 से 19-7-1969
6. डा. गुरदयाल सिंह ढिल्लो	8-8-1967 से 19-3-1971
7. डा. गुरदयाल सिंह ढिल्लो	22-3-1971 से 13-7-1977
8. बलीराम भगत	5-1-1976 से 25-3-1979
9. नीलम संजीव रेड्डी	26-3-1977 से 13-7-1977
10. के.एस.हेगड़े	21-7-1977 से 21-1-1980

11. डा. बलराम जाखड़	22-1-1980 से 15-1-1985
12. डा. बलराम जाखड़	16-1-1985 से 18-12-1989
13. रवि राय	19-12-1989 से 10-7-1991
14. शिवराज वी. पाटिल	10-7-1991 से 22-5-1996
15. पी. ए. संगमा	23-5-1996
16. जी. एम. सी. बालयोगी	24-3-1998 से 19-10-1999
17. जी. एम. सी. बालयोगी	22-10-1999 से 3-3-2002
18. मनोहर गजानन जोशी	10.5.2002 से 2004
19. सोमनाथ चटर्जी	
20. मीरा कुमार	

लोकसभाध्यक्ष का कार्यकाल—भारतीय संविधान के अनुसार लोकसभाध्यक्ष एक बार अध्यक्ष चुने जाने के बाद आगामी लोकसभा के गठन के बाद उसके प्रथम अधिवेशन की प्रथम बैठक तक अपने पद पर बना रहता है। निम्नवत् तीन प्रकार की स्थितियों में लोकसभाध्यक्ष अपने पद से अवमुक्त हो जाता है—

(क) यदि वह किसी कारण लोकसभा का सदस्य नहीं रह जाता,

(ख) यदि वह उपाध्यक्ष को अपना त्यागपत्र दे देता,

(ग) यदि वह लोकसभा के सदस्यों के बहुमत से पारित संकल्प द्वारा अपने पद से नहीं हटा दिया जाता। ऐसा कोई संकल्प लोकसभा में पेश करने की आशय की सूचना 14 दिन पूर्व दी जानी चाहिए। जब लोकसभा में ऐसे किसी संकल्प पर बहस होती है, तो लोकसभा की अध्यक्षता उपाध्यक्ष या उसकी अनुपस्थिति में अन्य व्यक्ति, जिसे लोकसभा की प्रक्रिया तथा कार्य संचालन नियम द्वारा निर्धारित किया जाता है, द्वारा की जाती है।

लोकसभा के प्रथम अध्यक्ष गणेश वासुदेव मावलंकर के विरुद्ध उन्हें पद से हटाने के लिए सर्वप्रथम 18 दिसंबर 1945 को प्रस्ताव लाया गया था। हालाँकि यह प्रस्ताव पारित नहीं हो सका था।

लोकसभाध्यक्ष का कार्य एवं शक्तियाँ

भारतीय संविधान के अनुसार लोक सभाध्यक्ष का कार्य एवं शक्तियाँ निम्नलिखित हैं—

(i) **निरीक्षण तथा भर्त्सना सम्बन्धी शक्तियां**—लोकसभाध्यक्ष के पास निरीक्षण एवं आलोचना शक्तियाँ भी होती हैं जो निम्नवत् हैं—

(क) संसदीय समितियों के अध्यक्षों को निर्देश देना,

(ख) सार्वजनिक हित में सदन या समिति को आवश्यक जानकारी प्रदान करने के लिए सरकार को निर्देश देना,

(ग) सदन में असंसदीय तथा अनावश्यक विचार-विमर्श को रोकना,

(घ) सदन के किसी सदस्य को असंसदीय व्यवहार के कारण निष्कासित करना अथवा उसे मार्शल द्वारा बाहर निकलवाना,

(ङ) स्थान में अव्यवस्था की स्थिति उत्पन्न होने पर सदन की कार्यवाही को स्थागित करना,

(च) सदन के सीमाक्षेत्र के अन्तर्गत सदन के किसी सदस्य की गिरफ्तारी या उसके विरुद्ध कार्यवाही करने की अनुमति देना,

(छ) सदन में पेश किए गए विशेषाधिकार हनन की अवमानना करने या उसके विशेषाधिकार हनन का आरोप लगाया गया है, उसके विरुद्ध गिरफ्तारी का आदेश जारी करना,

(ज) किसी व्यक्ति को सदन की अवमानना करने या उसके विशेषधिकार के उल्लंघन करने पर सदन द्वारा किये गये निर्णय को लागू करना,

(झ) संसदीय समितियों की अध्यक्षता करना,

(ञ) सदन में बोले गये असंसदीय तथा अश्लील सन्दर्भों को सदन की कार्यवाही से निकालना,

(ट) सदन में बोलने के लिए सदन के सदस्यों को अनुमति देना,

(ii) व्यवस्था सम्बन्धी शक्तियाँ—भारतीय संविधान द्वारा लोकसभाध्यक्ष को लोकसभा में व्यवस्था बनाये रखने के लिए निम्नलिखित शक्तियाँ प्राप्त हैं—

(क) प्रस्ताव, प्रतिवेदन और व्यस्वस्था के प्रश्नों को स्वीकार करना,

(ख) संविधान सम्बन्धी मामलों पर अपनी सम्मति देना,

(ग) सदस्यों को जानकारी प्रदान करने के लिए विचाराधीन महत्वपूर्ण विषयों की घोषणा करना,

(घ) किसी सदस्य को अपनी मातृभाषा में बोलने की अनुमति देना तथा उसके भाषण के हिन्दी और अंग्रेजी अनुवाद की व्यवस्था करना,

(ङ) गणपूर्ति के अभाव में सदन की बैठक स्थगित करना,

(च) सदन के नेता के अनुरोध पर सदन की गुप्त बैठक को आयोजित करने की स्वीकृति देना।

(छ) संविधान और सदन के प्रक्रिया सम्बन्धी नियमों की व्याख्या करना,
(ज) कार्यवाही संचालित करने के लिए सदन में व्यवस्था व मर्यादा बनाए रखना,
(झ) सदन की कार्यवाही के लिए समय का निर्धारण करना;
(ञ) मतदान में पक्ष तथा विपक्ष में बराबर मत पड़ने की स्थिति में निर्णायक मत (Casting vote) देना,
(ट) विवादास्पद विषयों पर मतदान कराना और निर्णय की घोषणा करना,
(ठ) मंत्रिपरिषद के किसी सदस्य को पदत्याग करने की स्थिति में उसे स्थान अपना वक्तव्य देने की अनुमति देना।

(iii) प्रशासनिक शक्तियाँ—लोकसभाध्यक्ष को भारतीय संविधान द्वारा निम्न प्रशासनिक शक्तियाँ प्राप्त हैं—
(क) लोकसभा की दर्शक दीर्घा और प्रेस दीर्घा पर नियन्त्रण रखना,
(ख) लोकसभा सदस्यों के लिए आवास तथा अन्य सुविधाओं की व्यवस्था करना,
(ग) लोकसभा तथा उसकी समितियों की बैठकों की व्यवस्था करना,
(घ) संसदीय कार्यवाही के अभिलेखों को सुरक्षित रखने की व्यवस्था करना,
(ङ) लोकसभा के सदस्यों तथा कर्मचारियों के जीवन और सदन की सम्पत्ति की सुरक्षा की उपयुक्त व्यवस्था करना,
(च) लोकसभा के सदस्यों का त्यागपत्र स्वीकार करना अथवा उसे इस आधार पर अस्वीकार करना कि त्यागपत्र विवशता के कारण दिया गया है,
(छ) लोकसभा के सचिवालय पर नियन्त्रण रखना।

(iv) विधायी तथा अन्य कार्य—भारतीय संविधान द्वारा लोकसभाध्यक्ष को निम्न विधायी तथा अन्य कार्य करने पड़ते हैं—
(क) दलबदल कानून का उल्लंघन करने वाले लोकसभा के सदस्यों को सदन की सदस्यता के अयोग्य निर्णीत करना।
(ख) कोई विधेयक धन विधेयक है या नहीं, इसका निर्णय करना,
(ग) लोकसभा तथा राज्यसभा की संयुक्त बैठक की अध्यक्षता करना,
(घ) भारत में विधायिकाओं के पीठासीन अधिकारियों के सम्मेलन करना,

(ङ) विदेश जाने वाले संसदीय शिष्टमण्डल के लिए सदस्यों को मनोनीत करना,

(च) अन्तर्राष्ट्रीय संघ में भारतीय संसदीय दल के नेता के रूप में कार्य करना,

(छ) लोकसभा द्वारा पारित विधेयक की स्पष्ट त्रुटियों को दूर करना,

(ज) लोकसभा द्वारा पारित विधेयक को प्रमाणित करना,

(झ) राष्ट्रपति तथा लोकसभा के बीच सम्पर्क सूत्र के रूप में कार्य करना।

उपाध्यक्ष—लोकसभा अर्थात् निम्न सदन में उपाध्यक्ष का चुनाव लोकसभा के सदस्यों द्वारा किया जाता है। उपाध्यक्ष के चुनाव में वही प्रक्रिया अपनायी जाती है, जो अध्यक्ष के चुनाव में अपनायी जाती है। उपाध्यक्ष तब तक अपने पद पर बना रहता है, जब तक वह सदन का सदस्य रहता है। वह लोकसभा अध्यक्ष को त्यागपत्र देकर अपना पद छोड़ सकता है, अपने पद से लोकसभा के सदस्यों द्वारा पारित संकल्प के आधार पर हटाया जा सकता है। उपाध्यक्ष को उसके पद से हटाने के लिए कोई संकल्प लोकसभा में पेश करने के 14 दिन पूर्व उसकी सूचना उसे दी जानी चाहिए।

लोकसभा की शक्तियाँ

भारतीय संविधान के अन्तर्गत लोकसभा यानी निम्न सदन को निम्न शक्तियाँ प्राप्त हैं—

(i) मंत्रिपरिषद पर नियंत्रण—मंत्रिपरिषद पर लोक सभा का नियंत्रण होता है, यदि लोकसभा मंत्रिपरिषद के विरुद्ध अविश्वास प्रस्ताव पारित कर दे, तो मंत्रिपरिषद को त्यागपत्र देना पड़ता है या राष्ट्रपति मंत्रिपरिषद को बर्खास्त कर देता है। अभी तक लोकसभा में केवल तीन बार मंत्रिपरिषद के विरुद्ध अविश्वास प्रस्ताव पारित हो सका है, हालाँकि इस तरह का प्रस्ताव कई बार पेश किया गया है। यदि लोकसभा सरकार द्वारा पेश किये गये बजट को नामंजूर कर दे या राष्ट्रपति के अभिभाषण के लिए उसके धन्यवाद प्रस्ताव को अस्वीकृत कर दे, तो भी मंत्रिपरिषद को त्यागपत्र देना पड़ता है।

(ii) अध्यक्ष तथा उपाध्यक्ष का निर्वाचन तथा उन्हें पद से अवमुक्त करना—लोकसभा के अध्यक्ष तथा उपाध्यक्ष को निर्वाचन करने तथा उन्हें पदमुक्त करने का अधिकार केवल लोकसभा के सदस्यों को प्रदान किया गया है। अध्यक्ष तथा उपाध्यक्ष को संकल्प पारित करके पदमुक्त किया जा सकता है।

(iii) राष्ट्रीय आपात की उद्घोषणा—भारतीय संविधान के अनुच्छेद 352 के तहत राष्ट्रपति द्वारा जारी राष्ट्रीय आपात की घोषणा को लोकसभा अस्वीकार कर सकती है। ऐसी नामंजूरी लोकसभा का विशेष अधिवेशन बुलाकर की जाती है। सदन का विशेष अधिवेशन लोकसभा अध्यक्ष, जब सदन का अधिवेशन चल रहा हो, या राष्ट्रपति, जब लोकसभा का अधिवेशन बुलाकर की जाती है। सदन का विशेष अधिवेशन लोकसभा अध्यक्ष, जब सदन का अधिवेशन न चल रहा हो, या राष्ट्रपति, जब लोकसभा का अधिवेशन न चल रहा हो, को सदन के 10% सदस्यों द्वारा 14 दिन पूर्व लिखित सूचना देकर बुलाया जा सकता है। ऐसी सूचना की प्राप्ति पर लोकसभा अध्यक्ष या राष्ट्रपति विशेष अधिवेशन बुलाने के लिए बाध्य हैं।

(iv) वित्त पर नियन्त्रण—वित्त पर लोकसभा का पूरी तरह नियंत्रण होता है तथा राज्य सभा को इस सम्बन्ध में बहुत सीमित अधिकार हैं। वित्त विधेयक लोकसभा में ही पेश किये जाते हैं। लोकसभा द्वारा पारित किये जाने पर जब उसे राज्यसभा को पेश/रोक सकती है और यदि राज्यसभा वित्त विधेयक को प्राप्त करके 14 दिन के अन्दर लोकसभा को नहीं भेजती, तो विधेयक को पारित माना जाता है। यदि राज्यसभा वित्त विधेयक में कोई संशोधन करती है, तो लोकसभा के विधेयक पर निर्भर है कि संशोधन को स्वीकार करे या अस्वीकार करे।

(v) सदन में रिक्त स्थान की घोषणा—यदि लोकसभा का कोई सदस्य लोकसभा की अनुमति के बिना सदन से 60 दिन तक अनुपस्थित रहे, तो लोकसभा उस स्थान को रिक्त घोषित कर सकती है, लेकिन इस 60 दिन अवधि की गणना करते समय उस अवधि को नहीं शामिल किया जाता, जब सदन का सत्र लगातार चार दिन तक स्थगित रहे या सदन का सत्रावसान रहे।

(vi) सदन से सदस्य को निष्कासित करना तथा सदस्य के निष्कासन को रद्द करना—यदि लोकसभा का कोई सदस्य अपने कार्यों से सदन की गरिमा का उल्लंघन करता है या सदन के विशेषधिकारों का उल्लंघन करता है, तो लोकसभा उस सदस्य को सदन से निष्कासित कर सकती है। 1993 तक लोकसभा ने अब तक इस अधिकार का केवल दो बार प्रयोग किया है। लोकसभा को सदस्य के निष्कासन को रद्द करने का भी अधिकार है।

(vii) जेल भेजने की शक्ति—विशेषाधिकारों का उल्लंघन करने वाले को जेल भेजने का अधिकार लोकसभा के पास सुरक्षित है। इस अधिकार का प्रयोग सबसे पहले 1977 में किया गया था, जब इन्द्रदेव सिंह को लोकसभा में पर्चे फेंकने के कारण तिहाड़ जेल भेजा गया था। जब श्रीमती इन्दिरा गाँधी को 1978 में लोकसभा

की सदस्यता से निष्कासित किया गया था, तब उन्हें भी संसद के अधिवेशन, जिसमें उन्हें निष्कासित किया गया था, तक के लिए जेल भेजा गया था।

(viii) नियम बनाने तथा निलम्बित करने की शक्ति—लोकसभा को सदन की कार्यवाही संचालित करने के लिए प्रक्रिया सम्बन्धी नियम बनाने की शक्ति प्राप्त है। साथ ही वह इन नियमों को निलम्बित भी कर सकती है।

संसद सदस्य की योग्यता—भारतीय संविधान के अनुच्छेद 84 के अनुसार संसद सदस्य बनने के लिए निम्न योग्यताएँ होनी चाहिएँ—

1. वह निर्वाचन आयोग द्वारा इस निमित्त प्राधिकृत किसी व्यक्ति के समक्ष तीसरी अनुसूची में दिए गए प्रारूप के अनुसार शपथ लेता है या प्रतिज्ञान करता है और उस पर हस्ताक्षर करता है।
2. उसे राज्यसभा की दशा में 30 वर्ष से कम तथा लोकसभा की स्थिति में 25 वर्ष से कम आयु का नहीं होना चाहिए।
3. वह भारत का नागरिक हो।
4. उसके पास ऐसी कोई अन्य अर्हता हो, जो संसद द्वारा बनायी गयी किसी विधि द्वारा विहित की गयी है। संसद ने लोक प्रतिनिधित्व अधिनियम, 1951 बनाकर निम्नलिखित शर्तें नियत की हैं :

(क) लोकसभा की सदस्यता के लिए अर्हता—इसके लिए यह अर्हता निश्चित की गयी है कि अनुसूचित जाति तथा अनुसूचित जनजाति के लिए आरक्षित स्थान की दशा में चुनाव में खड़े होने वाले व्यक्ति के लिए उसी जाति या जनजाति का होना चाहिए तथा सिक्किम राज्य के स्थान/स्थानों की स्थिति में चुनाव में खड़े होने वाले व्यक्तियों को सिक्किम का निर्वाचक होना चाहिए।

(ख) राज्यसभा की सदस्यता के लिए अर्हता—राज्यसभा में किसी राज्य या संघ राज्यक्षेत्र के प्रतिनिधि के रूप में वह व्यक्ति चुना जाएगा, जो उस राज्य या राज्यक्षेत्र के संसदीय निर्वाचन क्षेत्र का निर्वाचक हो। लेकिन इस प्रावधान की भावना का राजनीतिक दलों के नेताओं द्वारा उल्लंघन किया जाता रहा है क्योंकि किसी राज्य/संघ राज्यक्षेत्र से राज्यसभा का प्रतिनिधि चुने जाने के लिए राजनीतिक दल के सदस्य उस राज्य या संघ राज्य या संघ राज्यक्षेत्र के किसी संसदीय निर्वाचन क्षेत्र के निर्वाचक बन जाते हैं, जबकि वे उससे पहले उस राज्य या संघ राज्यक्षेत्र के किसी भी निर्वाचन क्षेत्र के निर्वाचक नहीं होते। ऐसे नेताओं को भ्रष्टाचार का दोषी माना जाना चाहिए तथा इन्हें सदैव के लिए संसद की सदस्यता के अयोग्य कर देना

चाहिए। निवर्तमान चुनाव आयुक्त टी. एन. शेषन ने इस सम्बन्ध में कड़े कदम उठाये थे।

संसद की सदस्यता समाप्ति के आधार—भारतीय संविधान के अनुच्छेद 102 के अनुसार कोई व्यक्ति संसद के किसी सदन का सदस्य चुने जाने के लिए और सदस्य होने के लिए निम्नलिखित आधार पर अयोग्य होगा :

(i) यदि वह भारत सरकार के या किसी राज्य की सरकार के अधीन कोई लाभ का पद धारण करता है, लेकिन यदि संसद ने विधि द्वारा किसी पद को धारण करने की छूट दी है, तो उस पद को धारण करने वाला व्यक्ति संसद की सदस्यता के लिए अयोग्य नहीं होगा,

(ii) यदि वह सक्षम न्यायालय द्वारा विकृतचित्त घोषित कर दिया गया है,

(iii) यदि वह अमुक्त दिवालिया है,

(iv) यदि वह भारत का नागरिक नहीं है या उसने किसी विदेशी राज्य की नागरिकता स्वेच्छा से अर्जित कर ली है या यदि वह किसी विदेशी राज्य के प्रति निष्ठा धारण करता है,

(v) यदि वह सक्षम न्यायालय द्वारा (संविधान की दसवीं अनुसूची) के अधीन संसद की सदस्यता के लिए अयोग्य ठहराया गया है,

(vi) यदि वह दलबदल कानून (संविधान की दसवीं अनुसूची) के अधीन संसद की सदस्यता के लिए अयोग्य ठहराया गया है,

(vii) यदि वह संसद द्वारा बनायी गयी किसी विधि के अधीन अयोग्य घोषित कर दिया गया है, संसद ने 1951 में लोक प्रतिनिधित्व अधिनियम, 1951 बनाकर निम्नलिखित आधार पर संसद को सदस्यता की समाप्त किया जा सकता है।

(क) जो कुछ अपराधों के लिए सक्षम न्यायालय द्वारा दोषी निर्णीत किया गया हो,

(ख) जो व्यक्ति भारत सरकार या किसी राज्य की सरकार के अधीन पद धारण करते हुए भ्रष्टाचार के कारण या राज्य के प्रति अभक्ति के कारण पदच्युत कर दिया गया हो,

(ग) जो भ्रष्ट आचरण का दोषी ठहराया गया हो,

(घ) जो सरकार के साथ अपने व्यापार या कारबार के अनुक्रम में सरकार को माल प्रदान करने के लिए या सरकार द्वारा किये जाने वाले किसी कार्य के लिए संविदा लिया हो,

(ङ) जो व्यक्ति किसी ऐसी कम्पनी या निगम का (सहकारी सोसाइटी से भिन्न) जिसकी पूँजी में सरकार का 25% या अधिक हिस्सा है, प्रबन्ध अभिकर्ता या सचिव है,

(च) जो व्यक्ति अपने चुनाव व्यय का लेखा दाखिल करने में असफल रहा है।

संसद सदस्यों की अयोग्यता से सम्बन्धित प्रश्न के औचित्य का निर्धारण—इसका निर्धारण राष्ट्रपति द्वारा किया जाता है। इस संबंध में राष्ट्रपति का निर्णय अन्तिम होता है तथा इस निर्णय के विरुद्ध न्यायालय में याचिका या अपील दाखिल नहीं की जा सकती। चुनाव आयोग की भी इसमें महत्त्वपूर्ण भूमिका राष्ट्रपति सदस्यों की अयोग्यता निर्धारण में चुनाव आयोग के अनुसार ही कार्य करता है। लेकिन संसद सदस्य के दलबदल के आधार पर संसद की सदस्यता के लिए अयोग्यता का निर्णय लोकसभा या राज्यसभा के सभापति, जैसी भी स्थिति हो, द्वारा किया जाता है।

संसद सदस्यों के लिए आचार संहिता—25 नवम्बर, 2001 को संपन्न सर्वदलीय राष्ट्रीय सम्मेलन में संसद एवं विधानसभाओं की मर्यादा बनाये रखने तथा इन सदनों में अनुशासनहीनता को रोकने के उद्देश्य से एक आचार संहिता का निर्माण किया गया है। इस आचार संहिता में संसद के सदस्यों के लिए निम्नलिखित महत्त्वपूर्ण बिन्दुओं को शामिल किया गया है—

(i) सदस्यों को अपने कर्तव्यों का सदैव ध्यान रखने चाहिए।

(ii) कोई सदस्य जब किसी मसले पर बोल रहा हो, तो अन्य सदस्यों को शोर-शराबा करके उसकी बात में व्यवधान नहीं पैदा करना चाहिए। किसी सदस्य के बोलने के समय टोकाटाकी करने से अन्य सदस्यों को बचने का प्रयास करना चाहिए।

(iii) सदन में किसी तरह की नारेबाजी नहीं की जानी चाहिए।

(iv) विरोध व्यक्त करने के लिए सदन में कोई दस्तावेज नहीं फाड़ा जाना चाहिए।

(v) प्रत्येक सदस्य को सदन को अपना विवरण (सम्पत्ति सम्बन्धी या अन्य) कार्यवाही प्रारम्भ होने के पूर्व देना।

(vi) राष्ट्रपति या राज्यपाल के अभिभाषण के समय सदन में एकजुटता, सम्मान और मर्यादा का परिचय दें।

(vii) प्रश्नकाल के दौरान सदन में अव्यवस्था का वातावरण न पैदा करना।

(viii) यदि किसी का व्यक्तिगत हित सार्वजनिक हित के आड़े आता है, तो उसे सार्वजनिक हित को तरजीह देनी चाहिए।

(ix) संसद विधानमण्डलों अथवा केन्द्रशासित प्रदेशों की विधान सभाओं के भीतर या उसके परिसर में कहीं पर भी सत्याग्रह अथवा धरने पर नहीं बैठना चाहिए।

(x) सदन की किसी भी समिति के सदस्यों को किसी सदस्य अथवा अन्य व्यक्ति द्वारा तब तक नहीं छापा जाना चाहिए जब तक वे सदन में पेश न कर दिए गए हों।

(xi) चर्चा के दौरान ऐसे किसी मामले अथवा तथ्य का ज़िक नहीं करना चाहिए, जो न्यायालय में लम्बित हो।

(xii) पीठ की बिना पूर्व अनुमति के सदस्यों को सदन में कोई बयान नहीं पढ़ना चाहिए।

(xiii) सदन की समितियों को किसी मामले के तथ्यों को जानने के लिए तब तक यात्रा पर नहीं जाना चाहिए जब तक कि यह बेहद जरूरी न हो।

(xiv) किसी संगठन से सम्बद्ध सदस्य उसके लिए सरकार के साथ किसी तरह का व्यापार न करें।

(xv) सदनों में सेल्यूलर फोन अथवा पेजर लेकर नहीं जाना चाहिए क्योंकि इससे गोपनीयता भंग होने की संभावना बनी रहती है।

(xvi) यदि कोई सदस्य किसी सरकारी दस्तावेज, कागज या रिपोर्ट के किसी गोपनीय मुद्दे का हवाला देना चाहता हो, तो उन्हें पहले इसकी सूचना अध्यक्ष को देनी चाहिए, ताकि वह इस पर उचित फैसला कर सके।

(xvii) बिना स्पीकर को नोटिस दिए किसी के खिलाफ किसी तरह का आरोप अथवा उसकी प्रतिष्ठा धूमिल करने वाली कोई बात नहीं कही जानी चाहिए।

(xviii) स्पीकर की व्यवस्था पर न तो कोई सवाल उठाया जाना चाहिए और न ही किसी तरह की टिप्पणी की जानी चाहिए।

(xix) अध्यक्ष द्वारा अनुमति दिए जाने के पूर्व सदस्यों को किसी मसले पर नहीं बोलना चाहिए।

(xx) स्थानीय अधिकारियों से चर्चा से पूर्व तो ऐसे टूर कतई नहीं आयोजित किए जाएँ।

(xxi) ऐसे किसी मामले में जिसमें सदस्य के हित परोक्ष या प्रत्यक्ष रूप से जुड़े हों किसी सरकारी अधिकारी अथवा मंत्री पर दबाव डालने का प्रयास न किया जाए।

(xxii) सदस्यों को अपनी किसी रिश्तेदार, परिचित की नौकरी या व्यापारिक सुविधा के लिए किसी सरकारी अधिकारी को पत्र नहीं लिखना चाहिए तथा प्रत्यक्ष या परोक्ष रूप में रुचि नहीं लेनी चाहिए।

(xxiii) ऐसा कोई लिटरेचर, प्रश्नावली, परचा, प्रेस विज्ञप्ति संसद या विधानमण्डल के परिसर में वितरित नहीं करें, जिसका सदन के कामकाज से मतलब न हो।

(xxiv) किसी भी तरह का हथियार लेकर सदन में न आएँ।

(xxv) सदन में किसी प्रकार का बैज लगाकर न आएँ।

(xxvi) सदन में कोई झण्डा, निशान या इसी तरह की अन्य वस्तु का प्रदर्शन न करें।

(xxvii) सदस्य को उपलब्ध कराए गए सरकारी आवास को वह किराए आदि पर न देकर उससे किसी तरह का आर्थिक लाभ वर्जित न करे।

इस आचार संहिता का उल्लंघन करने पर सम्बन्धित सदस्य के खिलाफ दण्डात्मक कार्यवाही की जा सकती है, इसमें उसको डाँट-फाटकार, निन्दा, सदन से बाहर करना आदि सम्भव है, इसके अलावा उनका सदन से स्वतः निलम्बन भी सम्भव है। इस प्रकार आचार संहिता संसद की गरिमा व मर्यादा बचाए रखने में सहायक हैं।

संसद का सत्र, स्थगन, सत्रावसान तथा विघटन—अनुच्छेद 85(1) के अनुसार राष्ट्रपति को दोनों सदनों को आहूत करने, सत्रावसान और लोकसभा का विघटन करने की शक्ति है। आहूत करने के बारे में संविधन ने राष्ट्रपति पर एक कर्तव्य अधिरोपित किया है वह यह है कि दोनों सदनों को ऐसे अंतराल पर आहूत करेगा कि एक सूत्र की अंतिम बैठक और उसके बाद के सत्र की प्रथम बैठक के लिए नियत तारीख के मध्य 6 महीने से अधिक का अन्तर नहीं होगा। इसका परिणाम यह है कि संसद की बैठक वर्ष में कम से कम दो बार होनी चाहिए और दोनों बैठकों के बीच छह मास से अधिक का समय नहीं होना चाहिए। दोनों बैठकों के बीच के समय को 'दीर्घावकाश' कहा जाता है। संसद के सदनों का स्थान लोकसभा अध्यक्ष तथा राज्यसभा के सभापति द्वारा किया जाता है। यह कुछ घंटे, दिन या सप्ताह की अवधि का हो सकता है।

लोकसभा के विघटन का प्रभाव—इससे प्रस्तुत तथा प्रस्तावित विधेयकों पर निम्नांकित प्रभाव पड़ते हैं—

(i) राज्यसभा में लम्बित विधेयक, जिसे लोकसभा ने पारित नहीं किया है, समाप्त हो जायेंगे लेकिन राज्यसभा में लम्बित विधेयक, जिसे लोकसभा ने पारित कर दिया है, समाप्त नहीं होंगे यदि राष्ट्रपति घोषणा कर देता है कि उस विधेयक के सम्बन्ध में दोनों सदनों की संयुक्त बैठक होगी।

(ii) लोकसभा के समक्ष लम्बित सभी विधेयक समाप्त हो जाते हैं और यदि इन विधेयकों को पारित करना है, तो उन्हें अगले लोकसभा के समक्ष पुनः पेश करना होगा।

संसद सदस्यों द्वारा स्थान की रिक्ति—भारतीय संविधान में तथा संसद द्वारा निर्मित लोक प्रतिनिधित्व अधिनियम, 1951 द्वारा संसद सदस्यों द्वारा स्थान की रिक्ति के संबंध में निम्नांकित प्रावधान हैं—

(i) यदि वह दलबदल कानून के अधीन लोकसभा के मामले में लोकसभाध्यक्ष द्वारा या राज्यसभा के मामले में उपराष्ट्रपति द्वारा अयोग्य ठहराया जाता है, तो उसका स्थान रिक्त हो जाता है।

(ii) कोई भी व्यक्ति संसद के दोनों सदनों का तथा संसद के किसी सदन और किसी राज्य के विधानमण्डलों में से किसी का सदस्य एक साथ नहीं हो सकता।

(iii) यदि कोई व्यक्ति संसद के दोनों सदनों के लिए चुना जाता है और दोनों सदनों में से किसी में अपना स्थान ग्रहण नहीं किया है, तो वह अपने चुने जाने की तिथि से 10 दिन के अन्दर आयोग के सचिव को लिखित सूचना देगा कि वह किस सदन का सदस्य बना रहना चाहता है। जिस सदन का वह सदस्य बना रहना चाहता है, उसके अतिरिक्त दूसरे सदन का उसका स्थान रिक्त हो जाएगा। यदि व्यक्ति चुनाव आयोग के सचिव को ऐसी सूचनाएँ नहीं देता, तो उसका राज्यसभा का स्थान स्वतः 10 दिन बाद समाप्त हो जाएगा।

(iv) यदि कोई व्यक्ति संसद के दोनों सदनों में से किसी में या राज्य के विधानमण्डल में से किसी के लिए एक स्थान से अधिक स्थान के लिए निर्वाचित हो जाता है, तो उस एक स्थान को छोड़कर अन्य स्थानों से 14 दिन के अन्दर त्यागपत्र दे देना चाहिए। यदि वह ऐसा नहीं करता, तो उसके सभी स्थान स्वतः रिक्त हो जायेंगे।

(v) यदि राष्ट्रपति उसे चुनाव आयोग की सलाह से संसद की सदस्यता के लिए अयोग्य ठहराता है, तो उसका स्थान रिक्त हो जाता है।

(vi) वह लोकसभा के मामले में लोकराभाध्यक्ष का अथवा राज्यसभा के गामले में उपराष्ट्रपति को त्यागपत्र देकर अपना स्थान रिक्त कर सकता है।

(vii) यदि कोई व्यक्ति संसद के किसी सदन का पहले सदस्य है और वह दूसरे सदन के लिए चुना जाता है, तो उसके चुनाव की तिथि के दिन उसकी उस सदन की सदस्यता समाप्त हो जाएगी, जिसका वह पहले सदस्य था।

संसद सदस्यों द्वारा शपथ ग्रहण—भारतीय संविधान के अनुरूप संसद के प्रत्येक सदस्य को राष्ट्रपति या उसके द्वारा मनोनीत किसी भी सदस्य के समक्ष शपथ ग्रहण करनी होती है। यदि किसी व्यक्ति ने संसद सदस्य के रूप में शपथ नहीं ग्रहण की है या संसद की सदस्यता के लिए अयोग्य घोषित किया गया है या संसद से निष्कासित कर दिया गया है, तो वह संसद की कार्यवाही में भाग नहीं ले सकता और यदि वह संसद की कार्यवाही में भाग लेता है, तो वह प्रत्येक दिन के लिए, जब वह संसद की कार्यवाही में भाग लेता है, 500 रु. के जुर्माने का दायी होगा।

संसद सदस्यों के वेतन और भत्ते—भारतीय संविधान के अनुच्छेद 106 के अनुसार संसद के दोनों सदन के सदस्य ऐसे वेतन और भत्ते, जिन्हें संसद समय-समय पर विधि द्वारा अवधारित करे और जब तक इस प्रकार उपबंध नहीं किया जाता है तब तक ऐसे भत्ते उन दरों और ऐसी शर्तों पर जो भारत डोमिनियन की संविधान सभा के सदस्यों को इस संविधान के प्रारंभ से ठीक पहले लागू थीं, प्राप्त करने के हकदार होंगे।

संसद के सदनों में गणपूर्ति—भारतीय संविधान ने वैधानिक विधि के लिए कुछ व्यवस्थाएँ निश्चित की हुई हैं। संसद के सदनों की कार्यवाही प्रारम्भ करने के लिए गणपूर्ति आवश्यक है। गणपूर्ति के लिए सदन के कुल सदस्यों के दसवें भाग (1/10) का सदन में उपस्थित रहना आवश्यक है। इस प्रकार वर्तमान में राज्यसभा और लोकसभा में गणपूर्ति क्रमशः 25 और 55 सदस्यों से होती है। यदि किसी समय संसद के किसी सदन की गणपूर्ति नहीं होती, तो अध्यक्ष या सभापति तब तक के लिए सदन की कार्यवाही को स्थगित कर सकता है, जब तक सदन की गणपूर्ति न हो जाय।

संसद का संयुक्त अधिवेशन—संसद का संयुक्त अधिवेशन निम्न स्थितियों में बुलाया जाता है—

(i) प्रत्येक वर्ष के प्रथम सत्र के आरम्भ में, उसमें भी राष्ट्रपति अपना अभिभाषण देता है।

(ii) लोकसभा के लिए प्रत्येक साधारण निर्वाचन के बाद प्रथम सत्र के आरम्भ में, इसमें राष्ट्रपति अपना अभिभाषण देता है।

(iii) यदि संसद के दोनों सदनों के बीच धन विधेयक को छोड़कर अन्य किसी विधेयक (जिसमें वित्त विधेयक सम्मिलित है) को पारित कराने को लेकर गतिरोध उत्पन्न हो गया हो। संविधान के अनुच्छेद 108 के तहत संसद के दोनों सदनों के बीच असहमति का हल ढूँढ़ने के लिए दोनों सदनों की संयुक्त बैठक का उपबंध है। यह असहमति इस प्रकार हो सकती है–

(क) यदि संसद का एक सदन किसी विधेयक को पारित करके दूसरे सदन को भेजता है और यदि दूसरा सदन उस विधेयक को अस्वीकार कर देता है, या (ख) दूसरे सदन द्वारा विधेयक में किये गये संशोधन से पहला सदन असहमत है, या (ग) दूसरा सदन विधेयक को 6 मास तक अपने पास रोके रहता है, तो राष्ट्रपति दोनों सदनों की संयुक्त बैठक को बुला सकता है।

संविधान के अनुच्छेद 108 के अनुसार राष्ट्रपति को संसद के दोनों सदनों की संयुक्त बैठक बुलाने का अधिकार है। संवैधानिक प्रावधानों के अनुसार राष्ट्रपति दोनों सदनों के बीच असहमति होने पर उनकी संयुक्त बैठक आहूत करने के अपने आशय की अधिसूचना देता है। यदि विधेयक लोकसभा को विघटन होने के कारण व्यपगत हो गया है, तो राष्ट्रपति ने संयुक्त बैठक करने के अपने आशय की अधिसूचना जारी कर दी है, तो लोकसभाा के पश्चात्वर्ती विघटन से संयुक्त बैठक में कोई बाधा नहीं आयेगी। ऐसी संयुक्त बैठक की अध्यक्षता लोकसभा का अध्यक्ष करता है।

अनुच्छेद 118(4) के अनुसार लोकसभा के अध्यक्ष की अनुपस्थिति में वह व्यक्ति पीठासीन होगा जो राष्ट्रपति बन बनायी गई प्रक्रिया के नियमों द्वारा अवधारित हो। यह नियम राज्यसभा के सभापति और लोकसभा के अध्यक्ष के परामर्श से बनाये जाएँगे। उपबंध के अनुसार, "संयुक्त बैठक में लोकसभा अध्यक्ष की अनुपस्थिति के दौरान लोकसभा का उपाध्यक्ष या यदि वह भी अनुपस्थित है तो राज्यसभा का उपसभापति या यदि वह भी अनुपस्थित है तो ऐसा अन्य व्यक्ति पीठासीन (अध्यक्ष) होगा, जो उस बैठक में उपस्थित सदस्यों द्वारा अवधारित किया जाये।"

लोकसभा का अध्यक्ष जो कि संयुक्त बैठक का पीठासीन होता है, ही संयुक्त

बैठक की प्रक्रिया ऐसे रूप, भेदों तथा परिवर्तनों के साथ लागू करता है जैसा वह आवश्यक अथवा उचित समझता है। लोकसभा का महासचिव प्रत्येक संयुक्त बैठक की कार्यवाही का संपूर्ण दस्तावेज तैयार करता है तथा उसे अध्यक्ष के निर्देशानुसार प्रकाशित करता है। संसद के संयुक्त अधिवेशन के लिए गणपूर्तित दोनों सदनों के सदस्यों की कुछ संख्या का 1/10वाँ भाग होती है। अनुच्छेद 108 द्वारा विहित संयुक्त बैठक की प्रक्रिया केवल सामान्य विधायन तक ही सीमित है, संविधान संशोधन (अनुच्छेद 368) विधेयक को प्रत्येक सदन द्वारा अलग-अलग विशेष बहुमत से पारित किया जाना आवश्यक होता है। देश के संसदीय इतिहास में अब तक केवल तीन बार किसी विवादित विधेयक को पारित करवाने के लिए संसद का संयुक्त अधिवेशन आहूत किया गया है। पहली बार संयुक्त अधिवेशन 1961 में प्रथम प्रधानमंत्री पं. जवाहरलाल नेहरू के काल में दहेज विरोधी अधिनियम को पारित कराने के लिए तथा दूसरी बार प्रधानमंत्री मोरारजी देसाई के कार्यकाल में 1978 में बैंकिंग सेवा आयोग विधेयक पर विचार करने हेतु आहूत किया गया था। तीसरी बार संसद का संयुक्त अधिवेशन 26 मार्च, 2002 को प्रधानमंत्री श्री अटल बिहारी वाजपेयी के कार्यकाल में बहुचर्चित एवं बहुविवादित आतंकवाद विरोधी विधेयक, 'पोटा' को पारित करने के लिए दोनों सदनों का संयुक्त अधिवेशन बुलाया गया था।

संसद के संयुकत अधिवेशन द्वारा पारित विधेयक

राज्य/संघ राज्य क्षेत्र का नाम	कुल स्थान	अनुसूचित जाति के लिए	अनुसूचित जनजाति के लिए	प्रत्येक निर्वाचन क्षेत्र में व्यय

	अधिवेशन	विधेयक पारित होने की तिथि	मत विभाजन /प्रस्ताव के पक्ष में	प्रस्ताव के विपक्ष में
1.	दहेज प्रतिबंध विधेयक, 1959	6 व 9 मई, 1961	192	230
2.	बैंकिंग सेवा आयोग विधेयक, 1977	16 मई, 1978	469	208

3.	आतंकवाद निवारक अध्यादेश (पोटा) 2002	26 मार्च, 2002	425	296

संसद में प्रयोग की जाने वाली भाषा—संविधान के अनुच्छेद 120 के अंतर्गत संविधान के भाग 17 में से किसी बात के होते हुए भी किन्तु अनुच्छेद 348 के उपबंधों के अधीन रहते हुए संसद की कार्यवाही अंग्रेजी या हिन्दी में होगी लेकिन लोकसभा अध्यक्ष या राज्यसभा का सभापति किसी सदस्य को उसकी मातृभाषा में बोलने की अनुमति दे सकता है।

संसद का कार्य शक्तियाँ

आधुनिक समय में संसद का कार्य सिर्फ कानून बनाने तक सीमित नहीं है। अपितु अब यह संस्था विभिन्न तरह के कृत्यों से दायित्वों का निर्वहन कर रही है। फिर भी संसद के प्रमुख कार्य एवं शक्तियाँ निम्नांकित हैं:—

(i) **कार्यपालिका सम्बन्धी शक्ति**—संसद सदस्यों में से ही सत्तापक्ष के सदस्यों से मंत्रिपरिषद का गठन किया जाता है। संसद सदस्य कई प्रस्तावों के माध्यम से मंत्रिपरिषद पर नियंत्रण रखते हैं तथा मंत्रिपरिषद को संसद (विशेषकर लोकसभा) के प्रति उत्तरदायी बनाये रखते हैं।

(ii) **विधि निर्माण की शक्ति**—भारतीय संविधान के अनुसार संसद राष्ट्रीय स्तर पर सर्वोच्च विधायी निकाय है। संसद को सातवीं अनुसूची के संघ सूची तथा समवर्ती सूची में अन्तर्विष्ट विषयों पर विधि निर्माण का पूर्ण अधिकार है लेकिन उसे जिन स्थितियों में कानून निर्माण का अधिकार है, वे निम्नलिखित हैं—

(क) जब राष्ट्रीय आपात या राज्य में आपात स्थिति प्रवर्तन में हो (अनुच्छेद 250),

(ख) जब दो या दो से अधिक राज्य के विधानमण्डल प्रस्ताव पारित करके संसद से विधि निर्माण का अनुरोध करें (अनुच्छेद 252)।

(ग) जब राज्यसभा दो-तिहाई बहुमत से प्रस्ताव पारित करके संसद से विधि निर्माण का अनुरोध करे (अनुच्छेद 249)।

(iii) **वित्तीय शक्ति**—संविधान के अनुसार अनुमानित प्राप्तियों एवं व्यय का वार्षिक विवरण सरकार द्वारा अनिवार्य रूप से प्रस्तुत किया जाता है। संसद को संघ के वित्त पर पूर्ण अधिकार है। प्राक्कलन समिति तथा लोक

लेखा समिति का गठन संसद द्वारा किया जाता है तथा भारत की संचित निधि पर संसद का पूर्ण नियन्त्रण होता है। संसद द्वारा निर्मित विधि के प्रावधानों के अनुसार ही भारत की संचित निधि से धन निकाला जा सकता है। यदि भारत के संचिवत कोष से धन निकालना होता है तो इसके लिए संसद विधि के प्रावधानों का अनुपालन करना होता है। संसद के समक्ष वार्षिक बजट पेश किया जाता है, जिसमें वर्ष के प्राक्कलित प्राप्तियों तथा व्ययों का विवरण होता है। उसके अतिरिक्त संसद को विनियोग विधेयक, अनुपूरक, अतिरिक्त या अधिक अनुदान, लेखानुदान, प्रत्यानुदान तथा अपवादानुदान के सम्बन्ध में पर्याप्त शक्ति है। कराधान प्रस्तावों को प्रवर्तित करने हेतु संसद को वित्त विधेयक पारित करने की शक्ति है।

(iv) **राज्यों से सम्बन्धित शक्ति**—संसद राज्यों की सीमाओं तथा नामों में परिवर्तन कर सकती है, नये राज्यों का गठन कर सकती है, राज्यों का विभाजन कर सकती है तथा कई राज्यों को मिलाकर एक राज्य बना सकती है। साथ ही किसी विद्यमान राज्य को किसी विद्यमान राज्य में मिला सकती है।

(v) **संविधान संशोधन की शक्ति**—अनुच्छेद 368 के अंतर्गत संविधान में संशोधन करने का अधिकार संसद को प्रदान किया गया है। संविधान के मूल स्वरूप को बनाए रखते हुए संसद संवैधानिक संशोधन कर सकता है।

(vi) **निर्वाचन सम्बन्धी कार्य**—संसद के निर्वाचित सदस्य राष्ट्रपति के निर्वाचन में भाग लेते हैं तथा संसद उपराष्ट्रपति को निर्वाचित करती है।

(vii) **महाभियोग की शक्ति**—अनुच्छेद 61 के अनुसार संसद को राष्ट्रपति तथा उच्चतम न्यायालय एवं उच्च न्यायालयों के न्यायाधीशों को महाभियोग प्रक्रिया के माध्यम से पदमुक्त करने का अधिकार है।

संसद में कानून निर्माण प्रक्रिया

संसद संविधान की सातवीं अनुसूची में वर्णित संघ सूची एवं समवर्ती सूची में उल्लिखित विषयों तथा अवशिष्ट विषयों से संबंधित कानूनों का निर्माण कर सकती है। जब तक कोई विधेयक संसद में पारित नहीं हो जाता अर्थात् उसे राष्ट्रपति का अनुमोदन प्राप्त नहीं होता तब उसे कानूनी शक्ति प्राप्त नहीं होती परन्तु राष्ट्रपति

के अनुमोदन के बाद यही प्रस्ताव कानून बन जाता है। संसद में पेश किये जाने वाले विधेयक और उसके पारित करने की प्रक्रिया के अनुसार विधेयक को निम्नलिखित भागों में विभाजित किया जा सकता है–

1. सरकारी विधेयक–अनुच्छेद 107 के अनुसार सरकारी विधेयक के सम्बन्ध में निम्नलिखित प्रक्रिया अपनायी जाती है–

(क) विधेयकों का प्रारूप निर्मित करना–जब सरकार के समक्ष कोई विधायी प्रस्ताव आता है, तब सम्बन्धित मंत्रालय उसके राजनीतिक, प्रशासनिक, वित्तीय तथा अन्य परिणामों की जाँच करता है और आवश्यकतानुसार अन्य मंत्रालयों से भी परामर्श लिया जाता है। प्रस्ताव के विधिक तथा संवैधानिक पहलुओं के सम्बन्ध में विधि मंत्रालय तथा महान्यायवादी से भी सलाह ली जाती है। प्रस्ताव के सभी पहलुओं की जाँच के बाद उसे अनुमोदन के लिए मंत्रिमण्डल के समक्ष रखा जाता है। मंत्रिमण्डल का अनुमोदन प्राप्त करने के बाद सरकारी प्ररूपकार, विभागीय विशेषज्ञ तथा अधिकारियों की सहायता से प्रस्ताव को विधेयक का रूप देते हैं। विधेयक के तैयार होने के बाद सम्बन्धित मंत्री विधेयक की दो प्रतियाँ भेजता है। जब महासचिव द्वारा विधेयक को पूर्ण पाया जाता है, तो उसे अध्यक्ष या सभापति द्वारा निश्चित की गयी तिथि को कार्यसूची में शामिल किया जाता है। विधेयक पेश किये जाने के दो दिन पूर्व विधेयक की प्रति सदस्यों को दी जानी चाहिए, ताकि वे उस पर अपने विचारों के सम्बन्ध में निश्चित हो सकें।

(ख) वाचन–किसी भी विधेयक का सदन में तीन बार वाचन होता है, जो निम्न प्रकार है–

(i) प्रथम वाचन–इसमें विधेयक पेश करने वाला मंत्री विधेयक पेश करने के कारणों तथा विधेयक के उद्देश्य को स्पष्ट करता है यह कार्य मंत्री द्वारा लोकसभाध्यक्ष या सभापति द्वारा नियत की गयी तिथि को उनकी अनुमति से किया जाता है। सामान्यतया जब विधेयक पेश किया जाता है, तब उस पर कोई चर्चा नहीं होती लेकिन जब विधेयक पेश करने के प्रस्ताव का इस आधार पर विरोध किया जाता है कि प्रस्तावित विधेयक संसद की विधायी क्षमता से बाहर है, तब पीठासीन अधिकारी उस पर विचार-विमर्श की अनुमति दे सकता है। ऐसी चर्चा में महान्यायवादी को भी भाग लेने का अधिकार भारतीय लोकतंत्र में दिया गया है।

(ii) द्वितीय वाचन–इसका बहुत अधिक महत्व है और इसमें विधेयक की विस्तृत एवं बारीकी से जांच की जाती है। द्वितीय वाचन विधेयक की वह अवस्था

है जिसमें विधेयक के खण्ड-उपखण्ड पर गम्भीरता से विचार किया जा सकता है। द्वितीय वाचन निम्नलिखित दो चरणों में पूरा किया जाता है–

(अ) प्रथम चरण–यह आन्तरिक विचारों से संबंधित होता है तथा आवश्यक होने पर विधेयक को प्रवर समिति या संयुक्त प्रवर समिति को सौंपा जाता है। प्रवर रामिति का गठन रांराद के उरा सदन से किया जाता है, जिसगें विधेयक पेश किया जाता है जबकि संयुक्त प्रवर समिति का गठन संसद के दोनों सदनों से किया जाता है, जिसमें लोकसभा तथा राज्यसभा के सदस्यों का अनुपात 2:1 का होता है। संयुक्त समिति का अध्यक्ष उस सदन के पीठासीन अधिकारी द्वारा नामजद किया जाता है, जिसमें विधेयक पेश होता है। प्रवर या संयुक्त प्रवर समिति विधेयक के खण्ड-उपखण्ड पर बहुत सावधानी से विचार करती है और यह जाँच करती है कि विधेयक से प्रवर्तित या विद्यमान कानून का उल्लंघन न हो तथा उसमें प्रक्रिया सम्बन्धी कोई त्रुटि न रह जाय। समिति जाँच कार्यवाही के दौरान विशेषज्ञों का या ऐसे संघों या सरकारी निकायों का साक्ष्य ले सकती है, जो उस विधेयक में अभिरुचि रखते हों।

यदि प्रवर/संयुक्त प्रवर समिति में उस पर सहमति होती है कि विधेयक पर सामान्य व्यक्तियों की राय जानने के लिए परिचालित किया जाए, तो सदन, जिसमें विधेयक पेश किया गया होता है, का सचिवालय सभी राज्यों की सरकारों तथा संघ राज्य क्षेत्रों की सरकारों को पत्र भेजकर उनसे अनुरोध करता है कि वे विधेयक से सम्बद्ध स्थानीय निकायों, संघों, व्यक्तियों या संस्थाओं की राय जानने हेतु अपने राजपत्र में विधेयक को प्रकाशित करें। विहित तिथि या तीन मास के अन्तर्गत राज्यों या संघ राज्य क्षेत्रों की सरकारों को प्रवर संयुक्त प्रवर समिति को विधेयक पर एकत्रित रायों को भेजना होता है। इसके बाद प्रवर/संयुक्त प्रवर समिति विधेयक के सम्बन्ध में अपना प्रतिवेदन देती है, तब प्रतिवेदन विधेयक को सदन में पेश किया जाता है। सदन में विचार-विमर्श के दौरान यदि यह प्रतीत हो कि विधेयक में कोई त्रुटि रह गयी है, तो विधेयक उस निर्देश के साथ प्रवर/संयुक्त प्रवर समिति को वापस भेजा जाता है कि वह विधेयक में उचित संशोधन का सुझाव दे। समिति द्वारा विधेयक में किये जाने वाले संशोधन की सिफारिश के बाद विधेयक पुनः सदन में पेश कर उस पर विस्तृत बहस होती है।

(ब) द्वितीय चरण–प्रवर/संयुक्त प्रवर समिति द्वारा प्रतिवेदित विधेयक को स्वीकार करने के बाद विधेयक के खण्डों एवं उपखण्डों पर सदन द्वारा विचार प्रारम्भ होता है। इसी विचारण के दौरान सदन के सदस्यों द्वारा विधेयक में संशोधन पेश

किये जाते हैं। कोई भी संशोधन तभी विधेयक के अंग बनते हैं जब उन्हें स्वीकृति प्रदान कर दी जाती है।

(iii) तृतीय वाचन—जब विधेयक के सभी खण्डों तथा उपखण्डों पर, संशोधन सहित, सदन द्वारा विचार-विमर्श कर लिया जाता है, और सदन द्वारा उसे स्वीकार कर लिया जाता है, तब विधेयक पेश करने वाला मंत्री यह प्रस्ताव करता है कि विधेयक को पारित किया जाय। इस प्रस्ताव पर विधेयक को स्वीकार किये जाने या अस्वीकार किए जाने के सम्बन्ध में तर्क पेश किये जाते हैं। इसके बाद या तो विधेयक को ध्वनि मत से पारित कर दिया जाता है या उस पर मतदान होता है। बहुमत ही विधेयक के पारित होने का आधार होता है।

(ग) दूसरे सदन को विधेयक भेजा जाना—एक सदन में विधेयक पारित होने के पश्चात् इसे दूसरे सदन में भेजा जाता है कि वह भी विधयेक को पारित कर दे। यदि दूसरा सदन विधेयक को पारित कर दे, तो उसे राष्ट्रपति की सहमति के लिए भेजा जाता है।

दूसरे सदन में गतिरोध उत्पन्न होना और संसद के दोनों सदनों की संयुक्त बैठक—अनुच्छेद 108 के अनुसार राष्ट्रपति को संसद के दोनों सदनों की संयुक्त बैठक बुलाने का अधिकार है। जब विधेयक को एक सदन द्वारा पारित करके दूसरे सदन को भेजा जाता है, तब विधेयक के सम्बन्ध में गतिरोध उत्पन्न हो सकता है, यदि दूसरे सदन द्वारा निम्नलिखित में से कोई कार्यवाही की जाती है—

(i) वह पहले सदन द्वारा पारित विधेयक को पूर्णतया अस्वीकार कर दे, या

(ii) वह विधेयक को संशोधन सहित पारित करे। जब विधेयक संशोधन सहित पारित किया जाता है, तो विधेयक को पहले सदन के पास वापस भेजा जाता है। पहले सदन में संशोधन पटल पर रखा जाता है। यदि पहला सदन संशोधन से सहमत हो जाता है, तब विधेयक को दोनों सदनों द्वारा पारित माना जाता है। यदि पहला सदन संशोधन से सहमत नहीं होता, तो विधेयक को फिर दूसरे सदन को भेजा जाता है ओर यदि दूसरा सदन संशोधन पर जोर देता है, तो यह माना जाता है कि दोनों सदनों के बीच गतिरोध उत्पन्न हो गया है।

(iii) वह विधेयक को पारित करने की कार्यवाही नहीं करता और उसे छः मास तक अपने पास रोके रखता है। जब ऐसी स्थिति उत्पन्न हो, तब यह माना जाता है कि विधेयक के सम्बन्ध में गतिरोध उत्पन्न हो गया है।

दोनों सदनों की संयुक्त बैठक की अध्यक्षता लोकसभा का अध्यक्ष करता है तथा

बैठक पर लोकसभा की प्रक्रिया के नियम लागू होते हैं। संयुक्त बैठक में केवल ऐसे संशोधनों पर विचार किया जाता है, जो विधेयक को पारित करने में विलम्ब के कारण आवश्यक हो गये हों। संयुक्त बैठक में कोई निर्णय दोनों सदनों के उपस्थित और मतदान करने वाले कुछ सदस्यों के बहुमत द्वारा किया जाता है। वर्तमान समय तक विधेयक को पारित करने के सम्बन्ध में संसद की संयुक्त बैठक में दो-तीन बार विधेयक, यथा दहेज प्रतिषेध विधेयक, 1961, बैंककारी सेवक आयोग (निरसन) विधेयक, 1978 तथा आतंकवाद विरोधी विधेयक, 2002 पारित किये गये हैं।

(घ) राष्ट्रपति की स्वीकृति—जब कोई विधेयक दोनों सदनों द्वारा अलग-अलग या संयुक्त बैठक में पारित कर दिया जाता है, तो उस पर राष्ट्रपति द्वारा अनुमति के लिए उसे राष्ट्रपति के पास भेजा जाता है। राष्ट्रपति द्वारा अनुमति प्रदान करने के बाद वह विधयेक अधिनियम के रूप में प्रवृत्त हो जाता है। राष्ट्रपति अनुमति देने से इन्कार करके विधेयक को संसद के पास वापस भेज सकता है कि संसद के दोनों सदन उस पर पुनः विचार करें। यदि संसद के दोनों सदन विधेयक को पुनः पारित कर देते हैं, तो राष्ट्रपति उस पर अपनी अनुमति देने के लिए बाध्य है। यदि राष्ट्रपति न तो विधेयक पर अपनी अनुमति देता है और न तो उस पर पुनः विचार करने के लिए संसद के पास भेजता है, तो विधेयक का अन्त हो जाता है।

2. गैर सरकारी विधेयक—लोकसभा या राज्यसभा के किसी भी सदस्य द्वारा किसी भी सदन में पेश किये गए विधेयक को गैर सरकारी विधेयक कहते हैं। गैर सरकारी विधेयक को पेश करने के लिए प्रत्येक माह के प्रथम शुक्रवार को ढाई घंटे का समय नियत है। गैर सरकारी विधेयक संसद के किसी भी सदन में पेश किया जा सकता है। गैर सरकारी विधेयक को पेश करने के पहले अध्यक्ष या सभापति को एक माह पूर्व सूचना देनी पड़ती है। विधेयक एक मास पूर्व सदन के सचिवालय में जमा किया जाता है और विधेयक पेश करने के कारणों तथा विधेयक के उद्देश्य को भी शामिल किया जाता है।

संसद सचिवालय संविधान के अनुसार विधेयक की परीक्षा करता है तथा विधेयक के शब्दों को शुद्ध करने में विधेयक के प्रस्तावक की सहायता करता है। ऐसे विधेयक की जाँच एक समिति, अर्थात् सदस्यों के विधेयकों तथा संकल्पों सम्बन्धी समिति द्वारा की जाती है और केवल वही विधेयक पेश किये जाते हैं, जिसकी यह समिति सिफारिश करे। सामान्यतया इस विधेयक के पेश करने पर विरोध नहीं किया जाता लेकिन यदि विरोध किया जाता है, तो सदन का पीठासीन अधिकारी प्रस्ताव पेश करने वाले तथा प्रस्ताव का विरोध करने वाले सदस्य को

संक्षिप्त वक्तव्य की अनुमति दे सकता है और जरूरत पड़ने पर वोटिंग भी करायी जा सकती है। यदि बहुमत विधेयक को पेश करने के प्रति आशयित है, तो विधेयक को पेश किया जाता है और इस पारित करने तथा अधिनियम के रूप में प्रवर्तित करने के लिए सामान्य विधेयक के समान ही प्रक्रिया अपनाई जाती है।

3. धन विधेयक—अनुच्छेद 110 के अनुसार धन विधेयक को राष्ट्रपति की सहमति से लोकसभा में पेश किया जाता है। लोकसभा द्वारा पारित किये जाने के बाद इसे राज्यसभा में भेजा जाता है। जब राज्यसभा को विधेयक भेजा जाता है, तब उसके साथ लोकसभाध्यक्ष का यह प्रमाणपत्र संलग्न होता है कि वह विधेयक धन विधेयक ही है। लोकसभाध्यक्ष को ही यह निर्णीत करने की शक्ति है कि इस सम्बन्ध में बहुत कम अधिकार हैं। राज्यसभा, लोकसभा द्वारा पारित धन विधेयक में संशोधन नहीं कर सकती लेकिन उस सम्बन्ध में अपनी सिफारिश दे सकती है। अगर लोकसभा, राज्यसभा की किसी सिफारिश को स्वीकार करती है या अस्वीकार करती है, तो दोनों स्थिति में विधेयक को पारित किया गया माना जाएगा। इसके अतिरिक्त राज्यसभा धन विधेयक को अपने यहाँ 14 दिन से अधिक नहीं रोक सकती। यदि राज्यसभा धन विधेयक को 14 दिन से अधिक रोकती है, तो विधेयक को उसी रूप में पारित माना जाएगा, जिस रूप में लोकसभा ने पारित किया था।

भारतीय संविधान के अनुसार राष्ट्रपति धन विधेयक पर अपनी सहमति देने के लिए बाध्य है तथा उसे पुनर्विचार हेतु नहीं लौटा सकता है क्योंकि यह विधेयक उन्हीं की सम्मति से पेश किया जाता है।

किसी भी विधेयक को धन विधेयक तब कहा जाता है जब निम्नलिखित क्षेत्रों में कानून बनाने का प्रावधान हो—

(क) किसी कर का अधिरोपण, उत्पादन, परिहार, परिवर्तन या विनियमन,

(ख) भारत सरकार द्वारा धन उधार लेने का या कोई प्रत्याभूति देने का विनियम अथवा भारत सरकार द्वारा अपने ऊपर ली गयी या ली जाने वाली किन्हीं वित्तीय बाध्यताओं से सम्बन्धित विधि का संशोधन।

(ग) भारत की संचित निधि या आकस्मिक निधि की अभिरक्षा, ऐसी किसी निधि में धन जमा करना या उसमें से धन निकालना,

(घ) भारत की संचित निधि या भारत के लोक लेखा के मद में धन प्राप्त करना अथवा ऐसे धन की अभिरक्षा या उसका निर्गमन अथवा संघ या राज्य के लेखाओं की संपरीक्षा करना।

(ङ) भारत की संचित निधि में से धन का विनियोग,

(च) किसी व्यय को भारत की संचित निधि पर भारित व्यय घोषित करना या ऐसे किसी व्यय की धनराशि बढ़ाना।

4. विनियोग विधेयक—लोकसभा द्वारा पारित की गई व्यय की माँगों तथा संचित निधि में से किए जाने वाले व्ययों को एकत्रित करके विधेयक का रूप दिया जाता है जो विनियोग विधेयक कहलाता है। इस विधेयक को केवल लोकसभा में ही पेश किया जाता है। इस विधेयक पर विचार-विमर्श केवल उन्हीं मदों तक सीमित होता है, जिन्हें अनुदानों और आगणनों के विचार-विमर्श में शामिल न किया गया हो। विनियोग विधेयक के पूर्व लोकसभा ने जिन अनुदानों को स्वीकार कर लिया हो। उन पर न तो कोई संशोधन पेश किया जा सकता है और न ही अनुदान के लक्ष्य को बदला जा सकता है तथा न ही उस धनराशि में परिवर्तन किया जा सकता है, इस विधेयक को लोकसभा द्वारा पारित करने के पश्चात् इसे राज्यसभा को भेजा जाता है। राज्यसभा विनियोग विधेयक को अपने यहाँ 14 दिनों से अधिक रोक नहीं सकती और न ही उसमें कोई संशोधन कर सकती है। इस संदर्भ में राज्यसभा को केवल सिफारिश करने की शक्ति प्राप्त है।

उपरोक्त संदर्भ में राज्यसभा को केवल सिफारिश करने की शक्ति प्राप्त है, किन्तु यह लोकसभा पर निर्भर करता है कि वह राज्यसभा की सिफारिश को स्वीकार करे या न करे। इसके बाद विधेयक को पारित मान करके राष्ट्रपति की सहमति के लिए भेजा जाता है।

5. वित्त विधेयक—साधारणतया वित्त विधेयक ऐसे विधेयक को कहते हैं जो आय व व्यय से संबंधित है। संविधान का अनुच्छेद 112 वित्त विधेयक को परिभाषित करता है। जिन वित्तीय प्रस्तावों को सरकार आगामी वर्ष के लिए सदन में प्रस्तुत करती है, उन वित्तीय प्रस्तावों को मिलाकर वित्त विधेयक की रचना होती है। इस प्रकार जब धन विधेयक में कानूनी प्रावधान जोड़ दिये जाते हैं तो उसे वित्त विधेयक कहा जाता है। इस विधेयक को सिर्फ लोकसभा में पेश किया जाता है। वित्त विधेयक को पारित करने में तथा अधिनियमित करने में उसी प्रक्रिया का अनुसरण किया जाता है, जिसका अनुसरण धन विधेयक तथा विनियोग विधेयक के सम्बन्ध में किया जाता है।

भारत की संचित निधि का उपयोग—भारत की संचित निधि से निम्नवत् व्यय होता है—

(i) राज्यसभा के सभापति, उपसभापति तथा लोकसभा के अध्यक्ष एवं उपाध्यक्ष के वेतन तथा भत्ते,

(ii) राष्ट्रपति का वेतन, भत्ते तथा उसके पद से सम्बन्धित अन्य व्यय,

(iii) उच्चतम न्यायालय और उच्च न्यायालयों के न्यायाधीशों, भारत के नियन्त्रक-महालेखा परीक्षक के वेतन, भत्ते तथा पेंशन,

(iv) ऐसे भारत में ऋण का भार, जिनका दायित्व भारत सरकार पर है। ऐसे भार में ऋण का ब्याज, निक्षेप निधि भार, मोचन भार तथा उधार लेने और ऋण सेवा एवं ऋण मोचन से सम्बन्धित अन्य व्यय शामिल हैं।

(v) संविधान द्वारा या संसद द्वारा भारित घोषित किया गया कोई अन्य व्यय।

(vi) किसी न्यायालय या मध्यस्थ या अधिकरण के निर्णय, आज्ञप्ति या पंचाट भुगतान के लिए अपेक्षित कोई धनराशि।

भारत की संचित निधि से किये जाने वाले व्यय से सम्बन्धित प्राक्कलन संसद में मतदान के लिए पेश नहीं किये जायेंगे किन्तु संसद को मतदान के लिए व्ययों के प्रत्येक मद पर विचार-विमर्श का अधिकार होगा। अन्य व्यय से सम्बन्धित व्यय लोकसभा के समक्ष अनुदान की माँग के रूप में पेश किये जाते हैं। लोकसभा किसी माँग को स्वीकार कर सकती है, कम कर सकती है या अस्वीकार कर सकती है। अनुदान की माँग को राष्ट्रपति की सिफारिश के बाद ही लोकसभा में पेश किया जा सकता है।

प्रमुख अनुदान—प्रमुख अनुदानों का उल्लेख नीचे किया जा रहा है—

अनुपूरक अनुदान—जब विनियोग विधेयक द्वारा किसी विशेष सेवा पर चालू वर्ष के दौरान व्यय किये जाने के लिए प्राधिकृत धनराशि अपर्याप्त मानी जाती है या वार्षिक बजट में उल्लिखित किसी सेवा पर व्यय की आवश्यकता उत्पन्न होती है, तो राष्ट्रपति संसद के समक्ष अनुदान माँग पेश करवाता है और इसे पारित करने के लिए वही प्रक्रिया अपनायी जाती है, जो विनियोग विधेयक के लिए अपनायी जाती है।

लेखानुदान—विनियोग विधेयक को पारित करने के पहले, जब सरकार को धन की आवश्यकता होती है, तब लोकसभा लेखानुदान के माध्यम से सरकार के व्यय के लिए अग्रिम धनराशि की व्यवस्था करती है।

अधिक अनुदान—जब किसी वित्तीय वर्ष के दौरान किसी सेवा पर उस वर्ष और उस सेवा के लिए अनुदान की गयी रकम से कोई अधिक धन व्यय हो गया है, तो राष्ट्रपति लोकसभा में अधिक अनुदान की माँग रखवाता है।

संसद में चर्चा पर प्रतिबंध—संसद में उच्चतम न्यायालय या उच्च न्यायालयों के किसी न्यायाधीश के अपने कर्तव्य पालन में किये गये आचरण पर चर्चा नहीं

की जा सकती सिवाय उस स्थिति के जब न्यायाधीश को हटाने के लिए प्रस्ताव पर विचार-विमर्श हो रहा हो (अनुच्छेद 121)।

न्यायालयों द्वारा संसद की कार्यवाहियों की जाँच न किया जाना—न्यायालय संसद की कार्यवाही पर न तो जाँच कर सकेंगे और न तो संसद का कोई सदस्य या अधिकारी अपनी शक्यों के प्रयोग के विषय में न्यायालय की अधिकारिता के अधीन होगा।

संसद के विपक्षी दल

किसी लोकतांत्रिक देश में जितना महत्व सरकार का होता है उतना ही सशक्त विपक्ष का होना अति आवश्यक है। वह सरकार ही जन विरोधी नीतियों की आलोचना कर वैकल्पिक नीति प्रस्तुत करता है तथा जनतंत्र को सुरक्षित रखता है। स्वतन्त्रता प्राप्ति के पहले से ही भारत में कई दल थे, जो स्वतन्त्रता प्राप्ति के बाद सत्ताधारी दल (कांग्रेस) तथा विपक्षी दल (अन्य दल) के रूप में तिभाजित टो गये। प्रथम आम चुनाव (1952) के पहले कुछ नये दलों का गठन हुआ, जिनमें से कुछ तो कांग्रेस से ही अलग होकर गठिन किये गये थे जबकि एक नये दल के रूप में जनसंघ अस्तित्व में आया था। सन् 1969 के पूर्व किसी भी नेता को विपक्ष के नेता के रूप में मान्यता नहीं मिली।

संसद में विपक्ष का नेता—भारतीय लोकतंत्र में संसद के दोनों सदनों में विपक्ष के नेता को वैधानिक मान्यता प्राप्त है। 1 नवंबर, 1977 से लागू एक पृथक् कानून के अंतर्गत उन्हें वेतन तथा कुछ उपयुक्त सुविधाएँ प्रदान की जाती हैं। जिस दल की सदस्य संख्या सदन के कुल सदस्यों के दसवें भाग के बराबर या उससे अधिक होती है। सबसे पहले 1969 में संगठन कांग्रेस के राम सुभग सिंह को लोकसभा गं विपक्ष के नेता के रूप में मान्यता मिली और इसके बाद 1977 में कांग्रेस के यशवंत राव बलवन्त राव चव्हाण को लोकसभा में तथा कमलापति त्रिपाठी को राज्यसभा में विपक्ष नेता के रूप में मान्यता दी गयी। इसके बाद कांग्रेस का विभाजन हुआ, फलस्वरूप सी. एस. स्टीफन विपक्ष के नेता के रूप में लोकसभा में प्रतिस्थापित किये गये। 1979 में जब चरण सिंह को कांग्रेस (आई.) ने अपना समर्थन देकर प्रधानमंत्री पद पर आसीन करवाया, तब लोकसभा में जगजीवन राम ने विपक्ष के नेता के रूप में मान्यता प्राप्त की। 1980 के चुनाव तथा 1984 के चुनाव में किसी भी विरोधी राजनीतिक दल को इतना स्थान प्राप्त नहीं हुआ कि उसके नेता को विपक्ष का नेता माना जाय। 1989 के आम चुनाव में राजीव गाँधी

तथा बाद में लालकृष्ण आडवानी विपक्ष के नेता बने। 1991 के आम चुनाव के बाद भारतीय जनता पार्टी के लालकृष्ण आडवाणी विपक्ष के नेता बने। सन् 1994 में अटल बिहारी वाजपेयी लोकसभा में विपक्ष के मान्यता प्राप्त नेता बने। इसके बाद 1996 के आम चुनाव के बाद तेरह दिनों तक प्रधानमंत्री का पद धारण करने के बाद त्यागपत्र देकर अटल बिहारी वाजपेयी विपक्ष के नेता बने। 1998 में 12वीं लोकसभा के गठन के बाद भाजपा तथा उसके सहयोगी दलों द्वारा सत्ता प्राप्त करने के बाद कांग्रेस के नेता शरद पवार विपक्ष के नेता बने। वर्तमान समय में विपक्ष की नेता श्रीमति सुषमा स्वराज हैं।

राज्यसभा में अब तक जिन नेताओं को विपक्ष के नेता के रूप में मान्यता दी गयी है, वे हैं–(1) कमलापति त्रिपाठी (कांग्रेस), (2) पी. शिवशंकर (कांग्रेस) (3) एस. जयपाल रेड्डी (जनता दल) तथा (4) सिकन्दर बख्त (भारतीय जनता पार्टी) तथा वर्तमान में अरुण जेटली राज्यसभा में विपक्ष के नेता हैं।

संसदीय विशेषाधिकार

इसका अभिप्राय ऐसे अधिकारों तथा उन्मुक्तियों से हैं, जो संसद या राज्य विधानमण्डल के प्रत्येक सदन, उसके सदस्यों तथा समितियों को सामूहिक रूप से तथा व्यक्तिगत रूप से प्राप्त होता है। संसदीय विशेषाधिकार का उद्देश्य संसद या राज्य विधानमण्डल की स्वतन्त्रता, प्राधिकार तथा गरिमा की रक्षा करना है। संविधान के अनुच्छेद 105 तथा 194 में संसदीय विशेषाधिकार के सम्बन्ध में प्रावधान किया गया है। इन अनुध्च्छेदों के परिशीलन से संसद के दो प्रकार के विशेषाधिकार स्पष्ट होते हैं–

प्रथम, सदस्यों द्वारा व्यक्तिगत रूप से प्रयोग किये जाने वाले अधिकार–संसद तथा राज्य विधानमण्डल के अधिवेशन के दौरान तथा राज्य विधानमण्डलों के सदस्यों को निम्न विशेषाधिकार प्राप्त हैं–

(क) साक्षी के रूप में उपस्थिति से छूट–संसद या राज्य विधानमण्डल के अधिवेशन के दौरान सदस्या को सम्बन्धित सदन के अध्यक्ष या सभापति की अनुमति के बिना किसी न्यायालय के समक्ष साक्षी के रूप में उपस्थित होने के लिए बाध्य नहीं किया जा सकता।

(ख) भाषण की स्वतन्त्रता–संसद या राज्य विधानमण्डलों के सदस्यों को सम्बन्धित सदन तथा समितियों में भाषण करने की पूर्ण स्वतन्त्रता है और ऐसे भाषण के लिए उनके विरुद्ध कोई कार्यवाही नहीं की जा सकती, लेकिन सदस्य सदन

में उच्चतम न्यायालय या उच्च न्यायालयों के न्यायाधीशों के विरुद्ध तब तक कोई टिप्पणी नहीं कर सकते, जब तक उनके विरुद्ध महाभियोग के प्रस्ताव पर विचार विमर्श न हो रहा हो।

(ग) गिरफ्तारी से छूट—संसद या राज्य विधानमण्डलों के सदस्यों को संसद या राज्य विधानमण्डल के अधिवेशन के दौरान तथा अधिवेशन के 40 दिन पहले या बाद की अवधि के दौरान गिरफ्तारी से छूट प्राप्त है, लेकिन यह छूट केवल सिविल मामलों में प्राप्त है न कि आपराधिक मामलों में। सदस्यों की गिरफ्तारी के पूर्व सम्बन्धित सदन के अध्यक्ष या सभापति को सूचना दी जाती है।

द्वितीय, सदस्यों का सामूहिक अधिकार—संसद या राज्य विधान मण्डलों को निम्नलिखित विशेषाधिकार प्राप्त हैं, जिनका प्रयोग सामूहिक रूप से या सदन द्वारा किया जा सकता है—

(i) सदन की कार्यवाहियों को प्रकाशित करने तथा अन्य को प्रकाशित करने से रोकने का अधिकार,

(ii) जो व्यक्ति सदन का सदस्य न हो, उसे सदन से निकालने का अधिकार,

(iii) सदन के आन्तरिक मामलों को विनियमित करने तथा सदन के भीतर उत्पन्न होने वाले मामलों को निपटाने का अधिकार

(iv) सदन के सदस्यों तथा बाहरी व्यक्तियों को इन विशेषाधिकारों को भंग करने के लिए दण्डित करने का अधिकार,

(v) सदन की कार्यवाही को न्यायालय द्वारा जाँच किये जाने से रोकने का अधिकार,

(vi) किसी सदस्य की गिरफ्तारी, नजरबंदी, दोषसिद्धि, कारावास तथा रिहाई के सम्बन्ध में सूचना प्राप्त करने का अधिकार।

(vii) सम्बद्ध सदन के अध्यक्ष की आज्ञा के बिना सदन के परिसर में गिरफ्तारी तथा किसी कानूनी आदेशिका की तामिली को रोकने का अधिकार,

(viii) सदन की किसी गोपनीय बैठक की कार्यवाहियों तथा निर्णयों को प्रकट करने पर रोक संबंधी अधिकार,

(ix) साक्षियों को अपस्थित होने के लिए बाध्य करने तथा पत्र एवं दस्तावेज मांगने का अधिकार,

(x) किसी संसदीय समिति के समक्ष दिये गये साक्ष्य और उसके प्रतिवेदन एवं कार्यवाहियों को तब तक प्रकाशित करने से रोकने का अधिकार, जब तक उन्हें सम्बद्ध सदन के पटल पर नहीं रख दिया जाता।

संसदीय समितियों का गठन व उनके प्रकार

समिति का गठन—संसद के दोनों सदन के सदस्यों को समिति गठित करने का अधिकार है। जब लोकसभा के सदस्यों से किसी समिति का गठन हो, या सदस्य लोकसभा के अध्यक्ष द्वारा नामजद किये जाते हैं। या लोकसभा के सदस्यों द्वारा चुने जाते हैं और जब राज्यसभा के सदस्यों से समिति का गठन होता है तब या तो सभापति द्वारा सदस्य नामजद किये जाते हैं या सदस्यों द्वारा चुने जाते हैं। समिति के किसी सदस्य की सदस्यता का इतना अधिक वैयक्तिक, आर्थिक या प्रत्यक्ष हित है कि समिति द्वारा विचारणीय विषयों पर प्रतिकूल प्रभाव पड़ सकता है। समिति का गठन निश्चित अवधि के लिए किया जाता है और उसके सदस्य समिति के बने रहने तक सदस्य बने रहते हैं लेकिन निश्चित अवधि से पहले भी कोई सदस्य इस्तीफा दे सकता है।

संसदीय समितियों के प्रकार—भारतीय संविधान में निम्नांकित संसदीय कार्य समितियों की व्यवस्था की गई है—

1. स्थायी समिति—ये वे समितियाँ हैं, जो प्रत्येक वर्ष या समय-समय पर नियमित रूप से सदन द्वारा निर्वाचित या अध्यक्ष अथवा सभापति द्वारा मनोनीत की जाती हैं। ऐसी समितियाँ स्थायी प्रकृति की होती हैं। स्थायी समितियों को उसके कृत्यों के आधार पर निम्नलिखित रूप में वर्गीकृत किया जा सकता है—

(क) वित्तीय समितियाँ—संसद की वित्तीय समितियाँ निम्नलिखित हैं—

(i) लोक लेखा समिति—प्राक्कलन समिति की "जुड़वाँ बहन" के रूप में ज्ञात इस समिति में 22 सदस्य होते हैं, जिनमें से 15 सदस्य लोकसभा के सदस्यों द्वारा तथा 7 सदस्य राज्य सभा के सदस्यों द्वारा चुने जाते हैं। 1967 से स्थापित प्रथा के अनुसार इस समिति के अध्यक्ष के रूप में विपक्ष के किसी सदस्य को नियुक्त किया जाता है। लोक लेखा समिति के चार कार्य हैं जो निम्नवत् हैं—

(अ) भारत सरकार के व्यय के लिए सदन द्वारा प्रदान की गयी राशियों का विनियोग दर्शाने वाले लेखाओं की जाँच करना। इसका उद्देश्य यह सुनिश्चित करना होता है कि क्या धन संसद द्वारा प्राधिकृत रूप से खर्च किया गया है और उसी प्रयोजन के लिए खर्च किया गया है जिस प्रयोजन के लिए दिया गया था।

(ब) समिति राष्ट्र के वित्तीय मामलों के संचालन में अपव्यय, भ्रष्टाचार, अकुशलता या कार्य-चालन में कमी के किसी प्रमाण की भी खोज करती है।

(स) यदि किसी वित्तीय वर्ष के दौरान किसी सेवा पर उसके प्रयोजन के लिए सदन द्वारा प्रदान की गयी धनराशि से अतिरिक्त धनराशि को व्यय किया गया हो, तो समिति उन परिस्थितियों की जाँच करती है, जिनके कारण ऐसा अतिरिक्त व्यय करना पड़ा है और इस सम्बन्ध में ऐसी सिफारिश करती है, जिसे वह उचित समझे।

(द) भारत के नियंत्रक-महालेखा परीक्षक द्वारा दी गयी लेखा परीक्षण सम्बन्धी प्रतिवेदनों की जाँच करना।

(ii) लोकसभा की प्राक्कलन समिति—इस समिति में लोकसभा के 30 सदस्य होते हैं और इसमें राज्यसभा के सदस्यों को शामिल नहीं किया जाता। इस समिति को "स्थायी मितव्ययिता समिति" भी कहा जाता है। यह समिति सरकारी अपव्यय को रोकने की सिफारिश करती है। समिति के सदस्यों का चुनाव प्रत्येक वर्ष आनुपातिक प्रतिनिधित्व के अनुसार एकल संक्रमणीय मत के माध्यम से एक वर्ष के लिए किया जाता है। स्थायी मितव्ययिता समिति द्वारा किए जाने वाले कार्य निम्नवत हैं—

(अ) बजट अनुमानों की जाँच कर यह बताना कि क्या उसमें शामिल नीति से मितव्ययिता, संगठन में सुधार, कार्य कुशलता या प्रशासनिक सुधार किये जा सकते हैं।

(ब) वह यह सिफारिश करे कि प्रशासन में कुशलता एवं मितव्ययिता लाने के लिए किस वैकल्पिक नीति को स्वीकार किया जा सकता है।

(स) वह यह जाँच करे कि क्या बजट अनुमानों में शामिल नीति की सीमाओं में रहकर धन ठीक ढंग से लगाया गया है।

(द) वह यह सिफारिश करे कि संसद के समक्ष बजट अनुमान किस रूप में पेश किए जाएँ।

(iii) सरकारी उपक्रमों सम्बन्धी समिति—इस समिति का गठन 22 सदस्यों द्वारा किया जाता है, जिनमें से 15 लोकसभा से तथा 7 राज्यसभा से निर्वाचित होते हैं। समिति का अध्यक्ष लोकसभा अध्यक्ष द्वारा उन सदस्यों में से नामजद किया जाता है, जो उस समिति के सदस्य चुने गये होते हैं। सरकारी उपक्रम समिति निम्नवत् कार्य करती हैं—

(अ) सरकारी उपक्रमों के प्रतिवेदनों और लेखाओं की और उन पर नियंत्रक-महालेखा परीक्षक के प्रतिवेदनों की जाँच करना।

(ब) सरकारी उपक्रमों की स्वायत्तता और कार्यकुशलता के सन्दर्भ में यह जाँच

करना कि क्या सरकारी उपक्रमों के कार्य व्यापार सिद्धान्तों और विवेकपूर्ण वाणिज्यिक प्रथाओं के अनुसार चलाये जाते हैं।

(स) ऐसे विषयों की जाँच करना, जो सदन या अध्यक्ष द्वारा निर्दिष्ट किये जाएँ।

(ख) विषयगत समितियाँ—इन समितियों की सिफारिश सन् 1989 में लोकसभा यानी निम्न सदन की नियम समिति ने की थी। फलस्वरूप इस सिफारिश के अनुसरणा में तीन समितियों की स्थापना की गयी थी। 1991 में नियम समिति ने पुनः यह सिफारिश की कि सरकार के सभी विभागों के लिए विषयगत समिति की स्थापना की जाय, जिससे कोई भी क्षेत्र संसदीय जाँच के क्षेत्र से बाहर न हो। 1989 की सिफारिश के आधार पर निम्नलिखित तीन विषयगत समितियों का गठन किया गया था। इन समितियों का गठन 22 सदस्यों द्वारा होता है, जिनमें से 15 लोकसभाध्यक्ष द्वारा लोकसभा से तथा 7 राज्यसभा के सभापति द्वारा मनोनीत किये जाते हैं। मंत्रिपरिषद का कोई भी सदस्य इन समितियों का सदस्य नहीं हो सकता। इन समितियों के अध्यक्षों की नियुक्ति लोकसभा अध्यक्ष द्वारा की जाती है लेकिन अध्यक्ष का चयन इसके सदस्यों में से ही किया जा सकता है। विषयगत समितियों के अन्तर्गत रखे बन कृषि समिति, पर्यावरण समिति और वन एवं विज्ञान तथा प्रौद्योगिकी समिति है जिनका उल्लेख नीचे किया जा रहा है—

(i) पर्यावरण और वन समिति—इस समिति का कार्य उन सभी मामलों की जाँच करना है, जो पर्यावरण और वन मंत्रालय के अधीन आते हों या इन मंत्रालयों के अधीन आने वाले विषयों से सम्बन्धित हों। यह पर्यावरण और वन सम्पदा के सर्वेक्षण और सुरक्षा के लिए सिफारिश भी कर सकती है।

(ii) विज्ञान और प्रौद्योगिकी समिति—यह समिति विज्ञान और प्रौद्योगिक मंत्रालय, इससे सम्बन्धित विभागों, संगठनों तथा इनसे सम्बन्धित मामलों पर विचार विमर्श कर सकती है और नयी-नयी वैज्ञानिक और तकनीकी प्रक्रियाओं के अधिकतम प्रयोग और आधुनिकीकरण द्वारा देश के आर्थिक विकास के लिए उचित सिफारिश कर सकती है।

(iii) कृषि समिति—यह समिति कृषि मंत्रालय के कार्य क्षेत्रों की समीक्षा करती है तथा यह समिति कृषि से सम्बन्धित अन्य मंत्रालयों तथा विभागों के अधीन आने वाले विषयों पर भी विचार कर सकती है। इसके अतिरिक्त कृषि उद्योगों के सर्वांगीण विकास द्वारा देश की आर्थिक प्रगति में सक्षम योगदान देने के लिए आवश्यक सिफारिश भी कर सकती है।

नवीन समितियों का गठन—सन् 1991 में लोकसभा की नियम समिति द्वारा की गयी सिफारिश के आधार पर भारत में 17 संसदीय समितियों को गठित किया गया है। इन समितियों का उद्घाटन उपराष्ट्रपति के. आर. नारायणन द्वारा 31 मार्च, 1993 को किया गया। इन समितियों का गठन विभिन्न मंत्रालयों की बजट माँगों, उनकी वार्षिक रिपोर्टों, विधेयकों और सरकार की दीर्घकालिक नीतियों पर विचार करने के लिए किया गया है। ये समितियां सरकार के कामकाज की गहन समीक्षा करेंगी, जिससे संसद के प्रति सरकार का उत्तरदायित्व बना रहे। गठित की जाने वाली इन समितियों में से प्रत्येक में कुल 45 सदस्य होंगे, जिनमें से 30 सदस्य लोकसभा से और 15 सदस्य राज्यसभा से होंगे। इन समितियों के सदस्य एक वर्ष के लिए मनोनीत किये जायेंगे और इसके लिए प्रत्येक राजनीतिक दल के नेता अपने सदस्य का नाम पीठासीन अधिकारी को देंगे। समिति के अध्यक्ष की नियुक्ति पीठासीन अधिकारी करेगा और सदन में विभिन्न राजनीतिक दलों के सदस्यों की संख्या के अनुपात में उसके दल के सदस्यों को समिति में सम्मिलित किया जाता है।

(ग) सदन की समितियाँ—सदन की समितियों में कार्यमंत्रणा समिति, गैर-सरकारी सदस्यों की विधायक समिति, सभा की बैठकों में अनुपस्थिति सम्बन्धी समिति तथा नियम समिति सम्मिलित हैं।

(घ) जाँच समितियाँ—संसद की जाँच समितियाँ निम्नांकित हैं—

(i) विशेषाधिकार समिति—इस समिति का गठन संसद के किसी सदन या किसी सदन के किसी सदस्य के विशेषाधिकार के भंग होने की स्थिति में किया जाता है। संसद के दोनों सदनों में अध्यक्ष या सभापति द्वारा प्रति वर्ष विशेषाधिकार समिति का गठन किया जाता है। लोकसभा की विशेषाधिकार समिति में 15 सदस्य तथा राज्यसभा की विशेषाधिकार समिति में 10 सदस्य होते हैं। समिति को गठित करते समय विभिन्न दलों तथा गुटों को उनकी संख्या के अनुपात में प्रतिनिधित्व दिया जाता है। विशेषाधिकार के उल्लंघन के मामलों की जाँच करके समिति उस पर अपनी रिपोर्ट देती है और उसकी रिपोर्ट के दोषी व्यक्ति को सजा दी जाती है।

(ii) याचिका समिति—संसद के दोनों सदनों में याचिका समिति का गठन किया जाता है। लोकसभा की याचिका समिति में सदन के 15 सदस्य तथा राज्यसस्भा की याचिका समिति में सदन के 10 सदस्य शामिल किये जाते हैं।

इस समिति के निम्नलिखित कार्य हैं—

(अ) विभिन्न व्यक्तियों से और संघों से प्राप्त पत्रों एवं तारों सहित उन

अभ्यावेदनों पर विचार करती है, जो याचिका सम्बन्धी नियम के अधीन न आते हों और इनके उचित निबटारे के लिए निर्देश देती है।

(ब) प्रत्येक ऐसी याचिका की जाँच करना, जो सदन में पेश किये जाने के पश्चात् समिति को निर्दिष्ट की जाती है।

(स) सदन में पेश की गयी तथा समिति को निर्दिष्ट की गई याचिका पर यह अपनी रिपोर्ट पेश करती है।

(द) समिति या तो समीक्षाधीन विशिष्ट मामले में या भविष्य में ऐसे मामलों की रोकथाम के लिए उपचारात्मक सुझाव देती है।

(ड.) छानबीन समितियाँ—समिति में सरकारी आश्वासन सम्बन्धी समिति, सभा प्रपत्र सम्बन्धी समिति तथा अनुसूचित जाति एवं जनजाति सम्बन्धी समिति आती हैं।

(च) सेवायें उपलब्ध कराने वाली समितियाँ—इन समितियों में सामान्य प्रयोजन समिति, आवास समिति, ग्रन्थालय समिति, संसद सदस्यों के वेतन तथा भत्तों से सम्बन्धी समितियाँ हैं।

2. तदर्थ समितियाँ—इस समिति में निम्नांकित संवर्गों को रख सकते हैं—

(क) किसी विशिष्ट मामले की जाँच करने तथा प्रतिवेदन देने के लिए समिति—अध्यक्ष या सभापति द्वारा किसी विशिष्ट मामले की जाँच करने तथा उस पर प्रतिवेदन देने के लिए अलग से समिति का गठन किया जा सकता है। इस प्रकार की समिति संयुक्त भी हो सकती है। जब संयुक्त संसदीय समिति का गठन होता है, तब इसमें 45 सदस्य (30 लोकसभा के तथा 15 राज्यसभा के) सदस्य और अलग समिति के गठन पर इसमें सम्बन्धित सदन के 30 सदस्य होते हैं। इस प्रकार की समिति का गठन सर्वप्रथम 1951 में मुद्‌गल के आचरण की जाँच करने के लिए गठित की गयी थी। इस प्रकार गठित दूसरी समितियों में रेलवे अभिसमय समिति, लाभ के पदों सम्बन्धी संयुक्त संसदीय समिति, बोफोर्स मामले पर संयुक्त संसदीय समिति तथा प्रतिभूति घोटाला जाँच संयुक्त संसदीय समिति प्रमुख हैं।

(ख) प्रवर/संयुक्त प्रवर समिति—संयुक्त प्रवर समिति विधेयकों की समीक्षा करने के लिए लोक सभा तथा राज्य सभा की पृथक-पृथक् समितियों का गठन है। दोनों सदनों द्वारा अलग-अलग गठित की जाने वाली समिति में सम्बन्धित सदन के 30-30 सदस्य शामिल किये जाते हैं। जब विधेयकों की समीक्षा के लिए दोनों सदनों द्वारा संयुक्त रूप से समिति का गठन किया जाता है, तो इसे संयुक्त प्रवर

समिति कहा जाता है। संयुक्त प्रवर समिति में 45 सदस्य होते हैं, जिसनें से 30 सदस्य लोकसभा के तथा 15 राज्यसभा के होते हैं।

संसद में प्रश्नकाल तथा शून्यकाल

प्रश्नकाल—संसदीय लोकतंत्र में इसका अभिप्राय उस अवधि से है, जिसमें संसद सदस्यों द्वारा लोक महत्व के किसी मामले पर जानकारी प्राप्त करने के लिए मंत्रिपरिषद से प्रश्न पूछे जाते हैं। यह समय संसद के दोनों सदनों में प्रत्येक बैठक (प्रतिदिन) के प्रारम्भ में एक घंटे का होता है। प्रश्नकाल के दौरान भारत सरकार से सम्बन्धित मामले उठाये जाते हैं और सार्वजनिक समस्याओं को ध्यान में लाया जाता है, जिससे किसी स्थिति का सामना करने के लिए, लोगों की शिकायतें दूर करने के लिए या किसी प्रशासनिक त्रुटि को दूर करने के लिए सरकार कार्यवाही करे।

विभिन्न प्रकार के प्रश्न—संसद में सदस्यों द्वारा पूछे जाने वाले प्रश्न निम्नांकित प्रकार के होते हैं :—

(i) तारांकित प्रश्न—तारांकित प्रश्न वे प्रश्न हैं जो सदन में पूछे जाते हैं तथा इनके उत्तर देने की विधि भी मौखिक होती है। इनके साथ अनुपूरक प्रश्न भी पूछे जाते हैं।

(ii) अतारांकित प्रश्न—जब संसद सदस्य अपने प्रश्नों का उत्तर लिखित रूप में चाहता है, उन्हें अतारांकित प्रश्न कहा जाता है। इन प्रश्नों का उत्तर सदन में देने का प्रावधान नहीं है, साथ ही साथ इनके साथ अनुपूरक प्रश्न भी नहीं पूछे जा सकते।

(iii) अल्प सूचना प्रश्न—जो प्रश्न अविलम्बीय लोक महत्व का हो तथा जिन्हे साधारण प्रश्न के लिए निर्धारित 10 दिन की अवधि से कम समय में सूचना देकर पूछा जा सकता है, वे अल्प सूचना प्रश्न कहलाते हैं।

(iv) गैर सरकारी सदस्यों से पूछे जाने वाले प्रश्न—संसद में मंत्रिपरिषद के सदस्यों के अतिरिक्त अन्य सदस्यों, जिन्हें गैर सरकारी सदस्य कहा जाता है, से भी प्रश्न पूछे जा सकते हैं, जब प्रश्न का विषय किसी ऐसे विधेयक या संकल्प अथवा सदन के कार्य के किसी अन्य विषय से सम्बन्धित हो, जिनके लिए वह सदस्य उत्तरदायी रहा हो।

आधे घंटे की चर्चा—सदन में प्रश्नों के दिये गये उत्तर से उत्पन्न होने वाले मामलों पर चर्चा लोकसभा में सप्ताह में तीन दिन, यथा, सोमवार, बुधवार तथा शुक्रवार को, बैठक के अन्तिम आधे घंटे में की जा सकती है। राज्यसभा में ऐसी

चर्चा किसी दिन, जिसे सभापति नियत करे, सामान्यतः 5 बजे से 5.30 बजे के बीच की जा सकती है। ऐसी चर्चा का विषय पर्याप्त लोक महत्व का होना चाहिए तथा विषय हाल के किसी तारांकित, अतारांकित या अल्प सूचना का प्रश्न रहा हो और जिसके उत्तर के किसी तथ्यात्मक मामले का स्पष्टीकरण आवश्यक हो। ऐसी चर्चा को उठाने की सूचना कम से कम तीन दिन पूर्व दी जानी चाहिए।

शून्य काल—लोकसभा तथा राज्यसभा में प्रश्न काल के ठीक बाद के समय को शून्य काल कहा जाता है। यह 12 बजे प्रारम्भ होता है और एक बजे तक चलता है। शून्य काल का लोकसभा या राज्यसभा की प्रक्रिया तथा संचालन नियम में कोई उल्लेख नहीं है। इस काल, अर्थात् 12 बजे से 1 तक के समय को शून्यकाल का नाम समाचार पत्रों द्वारा दिया गया है। इस काल के दौरान सदस्य जिन अविलम्बनीय महत्व के प्रश्नों को पूछते हैं उस पर वे यथाशीघ्र कार्यविधि की अपेक्षा करते हैं।

संसद में मामले उठाने की प्रक्रिया

आधे घंटे की चर्चा को छोड़कर संसद में किसी प्रश्न को पूछकर उसका उत्तर पाने में कम से कम 10 दिन का समय लगता है, जिस कारण किसी अविलम्बनीय या सार्वजनिक महत्व के मामलों को उठाने की प्रक्रिया के सम्बन्ध में संसद के दोनों सदनों की प्रक्रिया तथा संचालन के नियमों में दो प्रकार के मामलों का उल्लेख है और उनको संसद में उठने की कई प्रक्रियायें विहित हैं, जो इस प्रकार हैं—

1. सार्वजनिक रुचि के मामलों पर चर्चाएँ उठाने के लिए विभिन्न प्रस्ताव—संसद में सार्वजनिक रुचि के मामलों पर निम्नलिखित प्रस्तावों के माध्यम से चर्चा उठायी जाती है—

(क) मूल प्रस्ताव—यह स्वयं में सम्पूर्ण प्रस्ताव होता है, जो सदन के अनुमोदन के लिए पेश किया जाता है। मूल प्रस्ताव को इस तरह से बनाया जाता है कि उससे सदन के फैसले की अभिव्यक्ति हो सके। निम्नलिखित प्रस्ताव मूल प्रस्ताव होते हैं—

(i) **धन्यवाद प्रस्ताव**—संसदीय प्रणाली में आम चुनाव के पश्चात् जब नई सरकार स्थापित होती है तब राष्ट्राध्यक्ष अर्थात् राष्ट्रपति संसद में अपना अभिभाषण देता है जिसमें वह सरकार की नीतियों और कार्यक्रमों का सांकेतिक उल्लेख करता है। सरकार की ओर से उसके बाद राष्ट्रपति के प्रति धन्यवाद प्रदान करने के लिए संसद मं धन्यवाद प्रस्ताव लाया जाता है। यह प्रस्ताव सदन का सरकार की

नीतियों में विश्वास का प्रतीक है, परन्तु यह तभी सम्भव है जब यह प्रस्ताव पारित हो जाय।

(ii) **अविश्वास प्रस्ताव**—इसके माध्यम से सदन का कोई सदस्य मंत्रिपरिषद में अपना अविश्वास व्यक्त करता है और यदि यह प्रस्ताव पारित कर दिया जाता है, तो मंत्रिपरिषद को त्यागपत्र देना पड़ता है।

(iii) लोकसभा के अध्यक्ष, उपाध्यक्ष के या राज्यसभा के उपसभापति के निर्वाचन के लिए या हटाने के लिए प्रस्ताव।

(iv) **विशेषाधिकार प्रस्ताव**—यह प्रस्ताव संसद के किसी सदस्य द्वारा पेश किया जाता है, जब उसे यह प्रतीत हो कि मंत्रिपरिषद के किसी सदस्य ने संसद में झूठा तथ्य प्रस्तुत करके सदन के विशेषाधिकार का उल्लंघन किया है।

(ख) प्रतिस्थापन प्रस्ताव—यह किसी अन्य प्रश्न पर विचार-विमर्श के दौरान पेश किया जाता है। कोई सदस्य किसी विधेयक पर विचार करने के प्रस्ताव के सम्बन्ध में प्रतिस्थापन प्रस्ताव पेश कर सकता है।

(ग) संशोधन प्रस्ताव—संशोधन प्रस्ताव का उद्देश्य मूल प्रस्ताव में परिवर्तन करना है।

(घ) अनियत दिन वाले प्रस्ताव—जिस प्रस्ताव को अध्यक्ष द्वारा अस्वीकार कर दिया जाता है लेकिन उस प्रस्ताव पर विचार-विमर्श के लिए कोई समय नियत नहीं किया जाता, उसे अनियत दिन वाला प्रस्ताव कहा जाता है।

(ड) स्थानापन्न प्रस्ताव—जो प्रस्ताव मूल प्रस्ताव के स्थान पर और उसके विकल्प के रूप में पेश किये जाते हैं, उन्हें स्थानापन्न प्रस्ताव कहा जाता है। मूल प्रस्ताव को पेश करने के पहले स्थानापन्न प्रस्ताव को पेश किया जाता है।

(च) अनुषंगी प्रस्ताव—इस प्रस्ताव को विभिन्न प्रकार के कार्यों के अगली कार्यवाही के लिए नियमित उपाय के रूप में पेश किया जाता है।

2. अविलम्बनीय लोक महत्व के मामलों को उठाने की प्रक्रिया—जिन मामलों पर संसद तथा सरकार द्वारा तुरन्त ध्यान दिये जाने की अपेक्षा की जाती है, उन्हें उठाने के लिए निम्नलिखित प्रक्रिया का अनुसरण किया जाता है—

(क) स्थगन प्रस्ताव—सदन में इसे पेश करने का मुख्य उद्देश्य किसी अविलम्नीय लोक महत्व के मामले की ओर सदन का ध्यान आकर्षित करना है। जब

इस प्रस्ताव को स्वीकार कर लिया जाता है, तब सदन अविलम्बनीय लोक महत्व के निश्चित मामले पर चर्चा करने के लिए सदन का नियमित कार्य रोक देता है। इस प्रस्ताव को पेश करने के लिए निम्नलिखित तत्व आवश्यक हैं—

(i) मामले में विलम्ब किया जाना उचित न हो,

(ii) मामला लोक महत्व का हो,

(iii) मामले का स्वरूप निश्चित हो, तथा

(iv) मामले का आधार तथ्यात्मक हो।

देश की राजनीतिक स्थिति, अराजकता, बेरोजगारी, रेल दुर्घटनाएँ, मिलों का बन्द हो जाना, सामान्य अन्तर्राष्ट्रीय स्थिति आदि स्थगन प्रस्ताव के लिए महत्वपूर्ण हैं। जो सदस्य स्थगन प्रस्ताव पेश करना चाहता है, उसे प्रस्ताव पेश करने के दिन 10 बजे सुबह प्रस्ताव की सूचना अध्यक्ष/सभापति, सम्बन्धित मंत्री तथा महासचिव को देनी चाहिए। यदि अध्यक्ष को समाधान हो जाय कि वह मामला नियमानुकूल है, तो वह प्रस्ताव पेश करने की अनुमति देता है। प्रश्न काल की समाप्ति के बाद सदन की अनुमति से प्रस्ताव पेश किया जाता है और ऐसे प्रस्ताव पर विचार-विमर्श 4 बर्ज से लेकर 6.30 बजे तक होता है। इसे सरकार के विरुद्ध निन्दा प्रस्ताव भी कहा जाता है।

(ख) **ध्यानाकर्षण प्रस्ताव**—इसके माध्यम से सदन का कोई सदस्य अध्यक्ष/सभापति की अनुमति से अविलम्बनीय लोक महत्व के किसी मामले की ओर किसी मंत्री का ध्यान आकर्षित करता है कि वह उस मामले पर एक संक्षिप्त वक्तव्य दे। मंत्री ऐसे प्रस्ताव पर या तो तुरन्त वक्तव्य दे सकता है या किसी अन्य तिथि को वक्तव्य देने के लिए समय की माँग कर सकता है। इस प्रस्ताव के मुख्य स्त्रोत दैनिक समाचार पत्र होते हैं तथा कभी-कभी वे किसी सदस्य की निजी जानकारी के आधार पर या उसके अपने निर्वाचकों के साथ हुए पत्र व्यवहार के आधार पर दी जा सकती है। यह प्रस्ताव 10 बजे लिखित रूप में दिया जाता है। सन् 1954 में इस प्रस्ताव से सम्बंधित नियम बनाए गये।

(ग) **अल्पकालीन चर्चायें**—गैर सरकारी सदस्य अविलम्बनीय लोक महत्व के मामले को सदन के ध्यान में लाने के लिए अल्पकालीन चर्चा उठा सकता है। सन् 1953 से इसकी प्रथा शुरू की गयी। इस चर्चा को उठाने के लिए

मामले का संक्षेप में उल्लेख करते हुए और उसके कारणों की स्पष्ट व्याख्या करते हुए सदस्य, जो चर्चा उठाना चाहता है, द्वारा महासचिव को सूचना देनी होती है। ऐसी सूचना पर दो अन्य सदस्यों के भी हस्ताक्षर होने चाहिएँ। इस चर्चा की स्वीकार्यता के सम्बन्ध में अध्यक्ष/सभापति निर्णय करता है और यदि उसका समाधान हो जाता है कि मामला अविलम्बनीय तथा पर्याप्त महत्व का है और उस पर चर्चा के लिए शीघ्र कोई अवसर उपलब्ध नहीं है, तो वह सूचना को स्वीकार कर सकता है। ऐसी चर्चा के लिए सप्ताह में दो दिन का समय नियत किया जा सकता है, जो कार्य मंत्रणा समिति की सिफारिश पर की जाती है। सामान्यतया ऐसी चर्चा मंगलवार तथा गुरुवार को होती है।

(घ) **नियम 184**—संसद में नियम 184 के तहत बहस आम जनहित के मामले में किया जाता है। संविधान की धारा 355 के मद्देनजर नियम 184 के तहत राज्यों के मसले पर भी चर्चा हो सकती है।

(ड) **नियम 377**—जो मामले व्यवस्था के प्रश्न नहीं होते या जो प्रश्नों, अल्प सूचना प्रश्नों, ध्यानाकर्षण प्रस्तावों आदि से सम्बन्धित नियमों के अधीन नहीं उठाये जाते, वे नियम 377 के अधीन उठाये जाते हैं। जो सदस्य इस नियम के अधीन मामला उठाना चाहता है, वह संक्षेप में उन मुद्दों, जिन्हें वह उठाना चाहता है, के साथ उसके उठाने के कारणों की लिखित सूचना महासचिव को देता है। मामला नियम 377 के अधीन उठाये योग्य है या नहीं, इसका निर्णय अध्यक्ष करता है। इसके अन्तर्गत लोक महत्व के मामलों तथा सदस्य के निर्वाचन क्षेत्र से सम्बन्धित मामलों को उठाया जाता है। नियम 377 के अधीन सबसे पहले मामला 14 मई, 1966 को उठाया गया था।

6

राज्य विधानमण्डल

भारतीय सांविधान के अनुच्छेद 168 के तहत प्रत्येक राज्य के लिए एक-एक विधानमंडल की व्यवस्था की गयी है राज्य विधानमंडल के उच्च सदन को विधानपरिषद् तथा निम्न सदन को विधान सभा कहा जाता है। यह विधानमंडल अलग-अलग प्रांतों में अलग-अलग बनायी गयी हैं। 5 राज्यों, अर्थात् बिहार, कर्नाटक, महाराष्ट्र, उत्तर प्रदेश तथा जम्मू एवं कश्मीर में विधानमण्डल का गठन राज्यपाल + विधानसभा + विधानपरिषद से होता है। इसके अतिरिक्त शेष राज्यों में विधानमण्डल का गठन राज्यपाल + विधानसभा से होता है।

विधान परिषद

विधान परिषद् की व्यवस्था का उल्लेख भारतीय संविधान के अनुच्छेद 169 में किया गया है। अभी तक भारत के केवल पाँच राज्यों में विधान परिषद की स्थापनाा की गयी है। संसद को यह अधिकार दिया गया है कि वह किसी राज्य में विधान परिषद का सृजन करने के लिए कानून बना सकती है। ऐसा कानून संसद तभी बना सकती है, जब राज्य विधानसभा पूर्ण बहुमत से तथा उपस्थित एवं मतदान करने वाले सदस्यों के दो-तिहाई बहुमत से विधान परिषद को सृजित करने या समाप्त करने का प्रस्ताव पारित करके संसद को भेजे। संसद राज्य विधानसभा के प्रस्तावों पर इस शक्ति का प्रयोग करके 1969 में पंजाब तथा पश्चिमी बंगाल, 1985 में आन्ध्र प्रदेश तथा 1986 में तमिलनाडु की विधान परिषदों को समाप्त कर दिया है। इसके अतिरिक्त सातवें संविधान संशोधन द्वारा यह व्यवस्था की गयी थी कि मध्य प्रदेश में विधान परिषद का गठन किया जाएगा, परंतु वर्तमान समय तक मध्य प्रदेश में विधान परिषद का गठन नहीं किया गया है।

राज्य विधानपरिषद का गठन—इसे राज्य विधानमण्डल का उच्च सदन कहा जाता है। इसकी सदस्य संख्या विधानसभा की सदस्य संख्या के एक-तिहाई से अधिक नहीं होगी किन्तु जम्मू-कश्मीर को छोड़कर विधान परिषद के सदस्यों की संख्या 40 से कम नहीं होगी। जम्मू कश्मीर में विधानपरिषद के सदस्यों की संख्या 36 है। राज्य विधानपरिषद के निर्वाचन क्षेत्रों का परिसीमन राष्ट्रपति द्वारा किया जाता है। वह आदेश पारित करके राज्य विधानपरिषद के निर्वाचन क्षेत्र को आबंटन में मिले स्थानों की संख्या को अवधारित करता है। राष्ट्रपति द्वारा समय-समय पर आदेश जारी करके विभिन्न प्रान्तों की विधानपरिषदों के लिए भिन्न-भिन्न स्थान नियत किया गया है।

विधान परिषद के सदस्यों का चुनाव—इस सम्बन्ध में संविधान के अनुच्छेद 171 (3) में प्रावधान किया गया है, इसमें परिषद् के सदस्यों के चुनाव में निम्नवत् प्रक्रियाएँ अपनाई जाएँगी—

(i) राज्य विधान परिषद के एक-तिहाई सदस्य उस राज्य की नगर पालिकाओं, जिला परिषदों तथा अन्य ऐसे स्थानीय प्राधिकारियों, जिन्हें संसद विधि द्वारा विनिर्दिष्ट करे, के सदस्यों से मिलकर बनने वाले निर्वाचक मण्डलों द्वारा निर्वाचित किये जाते हैं। संसद ने विधि द्वारा जिन स्थानीय प्राधिकारियों के सदस्यों को विधान परिषद के सदस्यों के चुनने के लिए निर्वाचक मण्डल में शामिल किया है, उन्हें नीचे दिया जा रहा है—

बिहार— (1) नगर पालिकाएँ, (2) जिला परिषद, (3) छावनी परिषद, (4) अधिसूचित क्षेत्र समितियाँ, (5) जिला परिषदें और पंचायत समितियाँ।

मध्य प्रदेश—(1) नगर पालिकाएँ, (2) जनपद सभाएँ, (3) मण्डल पंचायतें, (4) छावनी परिषद, (5) अधिसूचित क्षेत्र समितियाँ, (6) नगर क्षेत्र समितियाँ।

महाराष्ट्र—(1) नगर पालिकाएँ, (2) छावनी परिषद तथा (3) जिला परिषद।

कर्नाटक—(1) नगर पालिकाएँ (2) मण्डल पंचायतें, (3) छावनी परिषद, (4) अधिसूचित क्षेत्र समितियाँ तथा (5) जिला परिषद।

उत्तर प्रदेश—(1) नगर पालिकाएँ, (2) जिला परिषदें, (जिनके अन्तर्गत अन्तरिम जिला परिषदें भी आती हैं), (3) छाबवनी परिषद, (4) नगर क्षेत्र समितियाँ (5) अधिसूचित क्षेत्र समितियाँ, और (6) क्षेत्र समितियाँ।

(ii) परिषद के कुल सदस्यों में से 1/2 सदस्य विश्वविद्यालयों के कम से कम तीन वर्ष पुराने स्नातकों या उनके समान योग्यता रखने वाले राज्य के निवासियों द्वारा चुने जाएँगे।

(iii) परिषद के एक-तिहाई सदस्य राज्य विधान सभा के सदस्यों द्वारा चुने जाते हैं।

(iv) परिषद के कुल सदस्यों में से 1/2 सदस्य राज्य की माध्यमिक शिक्षण संस्थाओं तथा उससे उच्च स्तर की शिक्षा संस्थाओं में कम से कम तीन वर्ष के पुराने शिक्षकों द्वारा चुने जाएँगे।

(v) शेष अर्थात् विधान परिषद के कुल सदस्यों में से 1/6 राज्यपाल द्वारा मनोनीत किये जाएँगे। राज्यपाल विधान परिषद में राज्य के उन व्यक्तियों को मनोनीत करेगा, जो साहित्य, विज्ञान, कला, सहकारी आन्दोलन और समाजसेवा में विशेष ज्ञान या व्यावहारिक अनुभव रखते हों।

अर्हता—विधान परिषद के सदस्य के लिए दावेदार में निम्नवत् अर्हता होनी चाहिए—

(क) भारत का नागरिक हो,

(ख) कम से कम तीस वर्ष की आयु पूरी कर चुका हो, तथा

(ग) संसद द्वारा निश्चित की गयी योग्यता धारण करता हो,

संसद ने राज्य विधान परिषद की सदस्यता के लिए लोक प्रतिनिधित्व अधिनियम, 1951 द्वारा निम्नलिखित अर्हताएँ निश्चित की हैं—

(i) राज्य विधान परिषद का सदस्य चुने जाने के लिए किसी व्यक्ति को उस राज्य के किसी विधानसभा के निर्वाचन क्षेत्र का निर्वाचक होना चाहिए।

(ii) राज्यपाल द्वारा राज्य विधान परिषद में कोई व्यक्ति तभी मनोनीत किया जाएगा, जब वह उस राज्य में मामूली तौर से निवासी हो।

अयोग्यता—विधान परिषद् की सदस्यता संविधान के अनुच्छेद 191 में वर्णित निम्नांकित अयोग्यताओं के कारण समाप्त हो जाती है—

(क) जो भारत का नागरिक नहीं है।

(ख) जो संसद द्वारा बनाई गई विधि के अधीन अयोग्य घोषित कर दिया गया है।

(ग) जो भारत सरकार या किसी राज्य सरकार के अधीन लाभ के पदों को धारण करता है, लेकिन जिन पदों को धारण करने की संसद ने छूट दी हो, उन पदों को धारण करने वाला व्यक्ति सदस्य हो सकता है।

(घ) जो सक्षम न्यायालय द्वारा विकृतचित्त घोषित कर दिया गया हो।

(ङ) जो घोषित दिवालिया हो।

पदाधिकारी—विधान पग्षिद के सदस्य अपने सदस्यों में से सदन के कार्य संचालन के लिए सभापति तथा उपसभापति का चुनाव करते हैं। सभापति तथा उपसभापति तब तक अपने पद पर बने रहते हैं, जब तक वे सदन के सदस्य रहते हैं। इसके पहले भी सभापति उपसभापति को या उपसभापति सभापति को त्यागपत्र देकर पदमुक्त हो सकते हैं। इसके अतिरिक्त ये सदन के बहुमत द्वारा पारित प्रस्ताव से हटाये जाने का प्रस्ताव पेश करने के पहले उन्हें 14 दिन पूर्व सूचना दी जानी चाहिए। जिसके विरुद्ध हटाने का प्रस्ताव पेश किया गया हो, वह उस समय सदन की कार्यवाही का संचालन नहीं करता, जब हटाने के प्रस्ताव पर विचार-विमर्श किया जा रहा हो।

कार्यकाल—विधानपरिषद चूँकि राज्य विधानसभा का उच्च सदन होता है इसलिए राज्यसभा की तरह इसका भी कभी विघटन नहीं होता है। इसके एक-तिहाई सदस्य प्रति दूसरे वर्ष पदमुक्त हो जाते हैं तथा पदमुक्त होने वाले सदस्यों का चुनाव तिहित ढंग से किया जाता है।

गणपूर्ति तथा बैठक—विधान परिषद की गणपूर्ति तभी होती है, जब उसके सदस्यों में से कम से कम 10 प्रतिशत सदन में उपस्थित हों, किन्तु यह संख्या 10 से कम नहीं होनी चाहिए। विधान परिषद की कम से कम दो बैठकें वर्ष में होनी चाहिएँ तथा इन दोनों बैठकों के बीच 6 माह का अन्तराल नहीं होना चाहिए।

विधानसभा

विधानसभा राज्य विधानमंडल का निम्न सदन कहा जाता है। इसके सदस्यों का चुनाव लोकसभा की तरह प्रत्यक्ष रूप से जनता करती है।

विधान सभा का गठन—भारतीय संविधान के अनुच्छेद 170 के अनुसार वयस्क मतदाताओं द्वारा राज्य विधान सभा के सदस्य चयनित होते हैं। जिनसे विधान सभा का गठन होता है। राज्य विधान सभा की सदस्यता के सम्बन्ध में विभिन्न राज्यों की विधानसभाओं के सम्बन्ध में भिन्नता है। संविधान में स्पष्ट किया गया है कि राज्य की विधानसभा के सदस्यों की संख्या 500 से अधिक और 60 से कम नहीं होगी जबकि सिक्किम, अरुणाचल प्रदेश, गोवा की विधानसभाओं के सदस्यों की संख्या 30 और मिजोरम विधानसभा के सदस्यों की संख्या 40 से कम नहीं हो सकती। प्रत्येक जनगणना के बाद विधानसभा के निर्वाचन क्षेत्रों का निर्धारण परिसीमन आयोग द्वारा किया जाता है। 1951, 1961 तथा 1971 की जनगणना बाद **परिसीमन** आयोग का गठन किया गया था, लेकिन संविधान के 42वें संविधान

संशोधन द्वारा यह प्रावधान किया गया था कि चुनाव क्षेत्रों का नया निर्धारण 2001 की जनगणना के आंकड़ों के प्रकाशन के बाद किया जाएगा।

90वाँ संविधान (संशोधन) अधिनियम 2001 के अनुसार यह परिसीमन 2026 तक स्थगित कर दिया गया है। विधानसभा के लिए निर्वाचन क्षेत्रों का निर्धारण करते समय इस बात का ध्यान रखा जाता है कि प्रत्येक निर्वाचन क्षेत्र की जनसंख्या का उसको आबंटित स्थानों की संख्या से अनुपात बराबर हो। जम्मू-कश्मीर में विधानसभा सदस्यों की संख्या 100 है, लेकिन 24 चुनाव क्षेत्र पाकिस्तान द्वारा अधिगृहीत क्षेत्र में हैं। 1974 के परिसीमन आयोग द्वारा विधानसभा के क्षेत्रों को निर्धारित किया गया है। यदि राज्य के राज्यपाल को यह प्रतीत हो कि किसी राज्य की विधानसभा में आंग्ल-भारतीय समुदाय को पर्याप्त प्रतिनिधित्व नहीं मिला है, तो वह विधानसभा में इस समुदाय के एक प्रतिनिधि को मनोनीत कर सकता है।

विधानसभा का कार्यकाल—भारतीय संविधान में प्रत्येक राज्यों (सिर्फ जम्मू-कश्मीर को छोड़कर) की विधान सभा का कार्यकाल 5 वर्ष निर्धारित है, जबकि जम्मू-कश्मीर विधान सभा के लिए 6 वर्ष निर्धारित है। विधानसभा की अवधि उस तिथि से प्रारम्भ होती है, जिस तिथि को उसकी पहली बैठक होती है। पाँच वर्ष की अवधि की समाप्ति के पूर्व भी विधानसभा का विघटन किया जा सकता है। राज्य में राष्ट्रपति शासन लागू होने की स्थिति में विधानसभा को विघटित किया जा सकता है। राज्य विधानसभा का विघटन उसके गठन के बाद किसी समय भी किया जा सकता है, इसके लिए यह आवश्यक नहीं है राज्य विधानसभा की बैठक हुई हो। चूँकि राज्य विधानसभा का गठन उसी समय हो जाता है, जब चुनाव आयुक्त द्वारा निर्वाचित सदस्यों के नाम सरकारी गजट में प्रकाशित कर दिये जाते हैं, इसलिए विघटन इसकी पहली बैठक होने के पूर्व भी किया जा सकता है।

अर्हता—भारतीय संविधान अनुच्छेद 173 के अनुसार विधानसभा की सदस्यता के लिए संविधान द्वारा वही योग्यता विहित है, जो लोकसभा के सदस्यों के लिए निर्धारित है—

(i) वह भारत का नागरिक हो,

(ii) वह 25 वर्ष की आयु पूरी कर चुका हो,

(iii) वह भारत सरकार या किसी राज्य सरकार के अधीन लाभ के पद पर न हो, तथा

(iv) संसद द्वारा बनाई गई किसी विधि के अधीन राज्य विधानसभा का सदस्य चुने जाने के अयोग्य न हो अर्थात् दिवालिया एवं पागल न हो।

पदाधिकारी—राज्य विधानसभा के सदस्य विधानसभा की कार्यवाही को सही ढंग से संचालित करने के लिए अपने में से अध्यक्ष तथा उपाध्यक्ष का चयन करते हैं। अध्यक्ष अगली विधान सभा के गठन की प्रक्रिया शुरू होने तक अपने पद पर बना रहता है, यदि उसने त्यागपत्र नहीं दे दिया है। अध्यक्ष तथा उपाध्यक्ष विधानसभा का सदस्य न रहने की स्थिति में अपना पद छोड़ देते हैं। इन्हें विधानसभा द्वारा पारित प्रस्ताव पर पद से हटाया जा सकता है लेकिन ऐसा कोई प्रस्ताव पेश करने के 14 दिन पूर्व उन्हें प्रस्ताव के सम्बन्ध में सूचना दी जानी चाहिए। जब अध्यक्ष या उपाध्यक्ष के हटाने के प्रस्ताव पर सदन में विचार किया जा रहा हो, तब सदन की अध्यक्षता उस पदाधिकारी द्वारा नहीं की जा सकती, जिसके विरुद्ध प्रस्ताव पर विचार हो रहा हो। अध्यक्ष, उपाध्यक्ष को तथा उपाध्यक्ष, अध्यक्ष को त्यागपत्र सौंपकर अपना पदत्याग सकते हैं।

वेतन—संसद द्वारा विधानसभा के अध्यक्ष का वेतन तथा भत्ता का निर्धारण होता है।

राज्य विधानमण्डल की शक्तियाँ

इसकी प्रमुख शक्तियों का निम्नांकित बिंदुओं के तहत उल्लेख किया गया है—

(1) कार्यपालिका पर नियन्त्रण—कार्यपालिका, अर्थात् मंत्रिपरिषद विधानसभा के प्रति उत्तरदायी है। विधानसभा अविश्वास प्रस्ताव पारित करके मंत्रिपरिषद को त्यागपत्र देने के लिए बाध्य कर सकती है। मंत्रिपरिषद् या कार्यपालिका पर नियंत्रक रखने के लिए राज्य विधान सभा पर विधान मण्डल जिन प्रक्रियाओं को अपनाता है उन्हें नीचे स्पष्ट किया जा रहा है—

(i) आय-व्यय या बजट सम्बन्धी विचार-विमर्श के दौरान विधानसभा या विधान परिषद के सदस्य सार्वजनिक कठिनाइयों को भी सदन के समक्ष प्रस्तुत कर सकते हैं।

(ii) विधानसभा या विधान परिषद के सत्र के दौरान मंत्रिपरिषद के सदस्यों द्वारा प्रशासन में किये जा रहे भ्रष्टाचार के मामलों को प्रकाश में लाया जाता है।

(iii) विधानसभा सरकार की धन सम्बन्धी माँगों में कमी करके या मंत्रि परिषद के विरुद्ध अविश्वास प्रस्ताव पारित करके मंत्रि परिषद को अपदस्थ कर सकती है।

(iv) विधानसभा या विधान परिषद के सदस्य प्रश्न और पूरक प्रश्न पूछकर मंत्रियों से जानकारी प्राप्त कर सकते हैं।

(2) विधायी शक्ति—भारतीय संविधान की सातवीं अनुसूची की राज्य सूची में वर्णित विषयों पर राज्य विधानमंडल को कानून बनाने का अधिकार है। इसके अतिरिक्त विधानमण्डल समवर्ती सूची में वर्णित विषयों पर भी कानून बना सकता है, लेकिन यदि समवर्ती सूची में वर्णिय विषयों पर संसद तथा विधानमण्डल द्वारा कानून बनाया जाता है और दोनों कानूनों में विरोध हो, तो विधानमण्डल द्वारा निर्मित कानून उस मात्रा तक शून्य होगा, जहाँ तक वह संसद के कानून के विरुद्ध है। लेकिन यदि विधानमण्डल द्वारा समवर्ती सूची के विषयों पर पारित विधेयक राष्ट्रपति की सहमति के लिए आरक्षित रखा जाता है और उस पर राष्ट्रपति अपनी सम्मति दे देता है, तो वह कानून अवैध नहीं होगा, भले ही वह संसद द्वारा उस विषय पर पारित कानून के खिलाफ हो।

धन विधेयक के सम्बन्ध में प्रक्रिया—राज्य विधानमण्डल के निम्न सदन अर्थात् विधानसभा में धन विधेयक प्रस्तुत किया जा सकता है। जब धन विधेयक विधानसभा द्वारा पारित कर दिया जाता है, तो उसे विधान परिषद को भेजा जाता है और विधान परिषद को विधेयक की प्राप्ति की तिथि से 14 दिन के अन्दर विधेयक को अपनी सिफारिशों सहित विधान सभा को वापस करना पड़ता है। विधानसथा को यह अधिकार है कि वह परिषद की सिफारिशों को स्वीकार करे या अस्वीकार करे और जो भी निर्णय विधानसभा का होगा, वह अन्तिम होगा। यदि विधान परिषद धन विधेयक को अपने पास 14 दिन से अधिक रखे रहती है, तो 14 दिन के बाद विधयेक को पारित मान लिया जाएगा। यदि यह प्रश्न उत्पन्न होता है कि कोई विधेयक धन विधेयक है या नहीं, तो इसका निर्णय विधानसभा अध्यक्षा करता है।

सामान्य विधेयक के सम्बन्ध में प्रक्रिया—विधान सभा में पेश किया गया सामान्य विधेयक पारित होने के बाद विधान परिषद को भेजा जाता है। यदि विधान परिषद विधानसभा द्वारा पारित विधेयक को अस्वीकृत कर देती है, या 3 माह से अधिक की अवधि तक अपने पास रोके रखती है, या विधेयक में ऐसा कोई संशोधन करती है, तो विधेयक को वापस राज्य विधानसभा को भेजा जाता है। जब राज्य विधानसभा विधेयक को पुनः विधान परिषद द्वारा किये गये संशोधन सहित या रहित पारित कर देता है, तब विधेयक को पुनः अस्वीकृत कर देती है, या 30 दिन से अधिक ही अवधि तक रोके रखती है, या पुनः विधेयक में संशोधन करती है, तो

विधेयक को उसी प्रकार पारित माना जाता है, जिस प्रकार विधानसभा ने पारित किया है।

इससे स्पष्ट होता है कि विधान परिषद किसी विधेयक को अधिक से अधिक 90 दिन तक अपने पास रख सकती है। इसी प्रकार जब कोई विधेयक विधान परिषद में पेश किया जाता है और उसे परिषद द्वारा पारित करके विधानसभा को भेजा जाता है, तो विधानसभा उसमें संशोधन कर सकती है और विधानसभा द्वारा संशोधित रूप में ही विधेयक का पारित माना जाता है। अतः सामान्य विधेयक के सम्बन्ध में विधानसभा की शक्ति विधानसभा की शक्ति विधान परिषद से अधिक है और दोनों के मध्य गतिरोध होने की स्थिति में संयुक्त अधिवेशन का कोई प्रावधान संविधान में नहीं है।

(4) चुनाव सम्बन्धी शक्ति—विधान परिषद अपने लिए सिर्फ सभापति या उपसभापति का ही चुनाव कर सकती है। इसके विपरीत विधानसभा को चुनाव के लिए गठित निर्वाचक मण्डल के सदस्य होते हैं तथा राष्ट्रपति का चुनाव करते हैं। विधानसभा के सदस्य राज्य विधान परिषद के एक-तिहाई सदस्यों का चुनाव करते हैं तथा अपने अध्यक्ष और उपाध्यक्ष का चुनाव करते हैं।

(3) अध्यक्ष, उपाध्यक्ष, सभापति तथा उपसभापति को पदमुक्त करने की शक्ति—राज्य विधान मण्डल के निम्न सदन यानी विधानसभा अपने अध्यक्ष तथा उपाध्यक्ष को पद से हटा सकती है, लेकिन ऐसा करने के लिए आवश्यक है कि विधानसभा समस्त सदस्यों के बहुमत से प्रस्ताव पारित करे। लेकिन ऐसा प्रस्ताव पेश करने के 14 दिन पूर्व अध्यक्ष या उपाध्यक्ष, जिसको हटाने का प्रस्ताव किया जाय, को सूचना देनी चाहिए। परन्तु विशेष परिस्थितियों में बिना किसी सूचना के भी पदमुक्त किया जा सकता है

संविधान के अनुच्छेद 370 की व्याख्या :

370—जम्मू-कश्मीर राज्य के सम्बन्ध में अस्थायी उपबन्ध—इस संविधान में किसी बात के होते हुए भी, अनुच्छेद 238 के उपबन्ध जम्मू-कश्मीर राज्य के सम्बन्ध में लागू नहीं होंगे। उक्त राज्य के लिए विधि बनाने की संसद की शक्ति। संघ सूची और समवर्ती सूची के उन विषयों तक सीमित होगी, जिनको राष्ट्रपति उस राज्य की सरकार से परामर्श करके, उन विषयों के तत्स्थानी घोषित कर दे जो भारत डोमिनियम में उस राज्य के अधिमिलन को शासित करने वाले अधिमिलन पत्र में ऐसे विषयों के रूप में विनिर्दिष्ट हैं, जिनके सम्बन्ध में डोमिनियम विधान मण्डल उस राज्य के लिए विधि बना सकता है, और उक्त सूचियों के उन अन्य विषयों तक

सीमित होगी जो राष्ट्रपति उस राज्य की सरकार की सहमति से, आदेश द्वारा विनिर्दिष्ट करे।

अनुच्छेद 370 का स्पष्टीकरण—इस अनुच्छेद के प्रयोजनों के लिए, उस राज्य की सरकार से वह व्यक्ति अभिप्रेत है, जिसे राष्ट्रपति से, जम्मू-कश्मीर के महाराजा की 5 मार्च, 1948 की उद्घोषणा के अधीन तत्समय, पदस्थ मंत्रि परिपषद की सलाह पर कार्य करने वाले जम्मू-कश्मीर के महाराजा के रूप में तत्समय मान्यता प्राप्त थी, अनुच्छेद 1 और इस अनुच्छेद के उपबन्ध उस राज्य के सम्बन्ध में लागू होंगे, इस संविधान के ऐसे अन्य उपबन्ध ऐसे अपवादों और उपांतरणों के अधीन रहते हुए, जो राष्ट्रपति द्वारा विनिर्दिष्ट करे, उस राज्य के सम्बन्ध में लागू होंगे, परन्तु ऐसा कोई आदेश, जो उपखण्ड (ख) के पैरा (i) में निर्दिष्ट राज्य के अधिमिलन पत्र में विनिर्दिष्ट विषयों से सम्बन्धित है, उस सरकार की सहमति से ही किया जाएगा अन्यथा नहीं।

यदि खण्ड (i) के उपखण्ड (ii) में या उस खण्ड के उपखण्ड (घ) के दूसरे परन्तुक में निर्दिष्ट उस राज्य की सरकार की सहमति, उस राज्य का संविधान बनाने के प्रयोजन के लिए संविधान सभा के बुलाने जाने से पहले दी जाए, तो उसे ऐसी संविधान सभा के समक्ष ऐसे विनिश्चय के लिए रखा जाएगा, जो वह उस पर करे।

इस अनुच्छेद के पूर्वगामी उपबन्धों में किसी बात के होते हुए भी, राष्ट्रपति लोक अधिसूचना द्वारा घोषणा कर सकेगा कि यह अनुच्छेद प्रवर्तन में नहीं रहेगा या ऐसे अपवादों और उपांतरणों सहित ही और ऐसी तारीख से, प्रवर्तन में रहेगा, जो वह विनिर्दिष्ट करें, परन्तु राष्ट्रपति द्वारा ऐसी अधिसूचना निकाले जाने से पहले खण्ड (2) में निर्दिष्ट उस राज्य की संविधान सभा की सिफारिश आवश्यक होगी।

(5) स्थगन तथा सदस्यता समाप्ति की शक्ति—राज्य विधानमण्डल को यह अधिकार है कि वे अपने सदस्यों को सदन की अवहेलना करने पर निलम्बित कर सकते हैं या सदन से बाहर निकाल सकते हैं। राज्य विधानसभाओं में यह अब प्रतिदिन की घटना हो गयी, जब सदस्य को या सदस्यों को सदन की सदस्यता से निलम्बित कर दिया जाता है। इसके अतिरिक्त राज्य विधानमण्डल अपने सदस्य को दुर्व्यवहार के लिए सदन से निष्कासित भी कर सकते हैं। उदाहरणार्थ 1975 में हरद्वारी लाल को हरियाणा विधानसभा से तथा 1978 में सुरेश सेठ को मध्य प्रदेश विधानसभा से निकाल दिया गया था। अपने निष्कासन के विरुद्ध इन सदस्यों द्वारा दाखिल किये गये वाद में पंजाब एवं हरियाणा उच्च न्यायालय ने निर्णय दिया था कि विधानसभा अपने सदस्य को निष्कासित नहीं कर सकती जबकि इसके विरुद्ध

मध्य प्रदेश उच्च न्यायालय ने निर्णय दिया था कि विधानसभा अपने सदस्य को निष्कासित कर सकती है। इसके अतिरिक्त यदि राज्य विधानमण्डल का कोई सदस्य अपने सदन की आज्ञा के बिना सदन के सत्र से लगातार 60 दिन तक अनुपस्थित रहता है, तो सदन उसे निष्कासित करके उसके स्थान को रिक्त घोषित कर सकती है।

(6) संविधान में संशोधन—संविधान संशोधन का अधिकार संसद के पास है लेकिन वह सभी संशोधन स्वयं नहीं कर सकती। इसलिए राज्य विधान मण्डल की संशोधन प्रक्रिया में भाग लेते हैं। इन अनुच्छेदों में संसद द्वारा किया गया संशोधन तभी वैध माना जाएगा, जब राज्यों में से आधे से अधिक को विधानसभा या विधान मण्डल उस संशोधन का अनुसमर्थन कर दे।

राज्य विधानमण्डल की शक्तियों पर प्रतिबन्ध—राज्य विधान मण्डल की शक्तियाँ स्वच्छंद न हों इसके लिए इस पर संविधान द्वारा निम्नलिखित प्रतिबंध भी लागू किए गए हैं—

(क) राष्ट्रपति की पूर्व अनुमति के बिना राज्य विधानमण्डल राज्य सूची के कुछ विषयों पर विधि का निर्माण नहीं कर सकते। उदाहरणार्थ, अन्तर्राज्यिका व्यापार या युक्तियुक्त निर्बन्धन अधिरोपित करने वाला कानून।

(ख) संघ की शक्तियों या उच्च न्यायालयों की अधिकारिता को प्रभावित करने वाले विधेयक राज्य विधानमण्डल पारित कर सकते हैं लेकिन इस विधेयक को राज्यपाल राष्ट्रपति की सम्मति के लिए आरक्षित कर सकते हैं और राष्ट्रपति की सम्मति के बाद ही ये विधेयक कानून के रूप में प्रवर्तित होते हैं।

(ग) राज्यसभा दो-तिहाई बहुमत से प्रस्ताव पारित करके संसद को राज्य सूची के किसी विषय पर कानून बनाने का अधिकार दे सकती है। जब संसद को ऐसा अधिकार दिया गया हो, तब राज्य विधानमण्डल उस विषय पर कानून नहीं बना सकते। राज्यसभा संसद को वह अधिकार एक राज्य या एक से अधिक राज्यों के सम्बन्ध में दे सकती है।

(घ) आपात काल के दौरान राज्य विधानमण्डल राज्य सूची के विषय पर कानून का निर्माण नहीं कर सकते और इस दौरान विधि निर्माण की शक्ति संसद में निहित हो जाती है।

(ड) राज्य विधानमण्डल संविधान की सातवीं अनुसूची की तृतीय सूची (समवर्ती सूची) में शामिल विषयों पर कानून का निर्माण कर सकते हैं।

लेकिन यदि इन विषयों पर संसद द्वारा भी विधि का निर्माण किया गया है और संसद द्वारा निर्मित विधि राज्य विधानमण्डल द्वारा निर्मित विधि के विरोध में है, तो राज्य विधानमण्डल द्वारा निर्मित विधि उस मात्रा तक शून्य होगी, जिस मात्रा तक वह संसद द्वारा निर्मित विधि के विरोध में है।

जम्मू-कश्मीर राज्य के सम्बन्ध में विशेष प्रावधान

भारत 15 अगस्त, 1947 को पूर्ण रूप से स्वाधीन हो गया लेकिन इस समय जम्मू-कश्मीर रियासत के प्रमुख हरि सिंह भारत या पाकिस्तान में विलय का निर्णय नहीं कर सके थे। पाकिस्तान ने जम्मू-कश्मीर पर आक्रमण कर दिया, फलस्वरूप हरि सिंह भारत में जम्मू-कश्मीर के विलय के अधिपत्र पर हस्ताक्षर कर कश्मीर को भारतीय संघ में शामिल करने की औपचारिक घोषणा कर दी। इस अधिपत्र में यह व्यवस्था की गयी थी कि जम्मू-कश्मीर के सम्बन्ध में भारत सरकार को प्रतिरक्षा, विदेशी मामलों तथा संचार के सम्बन्ध में अधिकार प्राप्त होगा।

जम्मू-कश्मीर की संवैधानिक स्थिति—भारतीय संविधान 26 फरवरी 1950 को लागू किया गया उस समय ही जम्मू-कश्मीर को संविधान के प्रथम अनुसूची के ख राज्यों के वर्ग में शामिल किया गया और संविधान के अनुच्छेद 370 के अधीन उसे विशेष प्रास्थिति प्रदान की गयी। यद्यपि प्रास्थिति के सम्बन्ध में कोई स्थायी व्यवस्था नहीं की जा सकी है। जब संविधान सभा में राज्यों के संविधान (जो वर्तमान संविधान के भाग 7 में शामिल है) पर विचार-विमर्श किया जा रहा था, तब जम्मू-कश्मीर के प्रधानमंत्री शेख अब्दुल्ला का कथन था कि जम्मू-कश्मीर की संविधान सभा राज्य के संविधान का निर्माण करेगी। शेख अब्दुल्ला के इस कथन को तत्कालीन उप प्रधान मंत्री तथा गृह मंत्री बल्लभ भाई पटेल ने स्वीकार कर लिया। पटेल ने यह भी कहा कि जम्मू-कश्मीर की समस्याओं को देखते हुए इस राज्य को विशेष प्रास्थिति प्रदान की जानी चाहिए। भारतीय संविधान में अनुच्छेद 370 के रूप में नवीन अनुच्छेद बनाकर जम्मू-कश्मीर को विशेष दर्जा दिया गया। इस संबंध में निम्नांकित तर्क दिये गये हैं—

(1) राज्य का कुछ भाग विद्रोहियों तथा शत्रुओं के कब्जे में है,

(2) जम्मू-कश्मीर की संविधान सभा राज्य के संविधान का निर्माण करेगी और वह यह निश्चित करेगी कि संघ की अधिकारिता राज्य के किन क्षेत्रों या विषयों पर होगी,

(3) भारत सरकार ने जम्मू-कश्मीर राज्य के निवासियों से उन्हें यह अवसर देने का वादा किया है वे यह निश्चित करने के लिए स्वतन्त्र होंगे कि वे भारत संघ में रहनाा चाहते हैं। या अलग होना चाहते हैं,
(4) जम्मू-कश्मीर का मामला संयुक्त राष्ट्र में है और यह कहना सम्भव नहीं है कि यह मामला संयुक्त राष्ट्र द्वारा कब निपटाया जाएगा,
(5) जम्मू-कश्मीर राज्य की सीमा में युद्ध चल रहा है,
(6) राज्य की स्थिति असामान्य है तथा असामान्य स्थिति को सामान्य करने में समय लगेगा,

अनुच्छेद 370 के सांविधिक प्रावधान–

भारतीय संविधान के अनुच्छेद 370 में निम्नांकित प्रावधान किये गये हैं–
(1) राष्ट्रपति राज्य की संविधान सभा की सिफारिश पर अनुच्छेद 370 को समाप्त कर सकता है या इसमें संशोधन कर सकता है।
(2) जम्मू-कश्मीर भारत के राज्य क्षेत्र का भाग है।
(3) भारतीय संविधान का कौनसा भाग जम्मू-कश्मीर को लागू होगा, इसका निर्णय राष्ट्रपति राज्य-सरकार के परामर्श से करेंगे।
(4) राज्य पर संसद का विधायी प्राधिकार संघ और समवर्ती सूची के उन्हीं मदों तक सीमित रहेगा, जो विलय पत्र में निर्दिष्ट है।

जम्मू-कश्मीर का संविधान निर्माण तथा संविधान का प्रवर्तन–

जम्मू-कश्मीर के राजा हरिसिंह ने जम्मू-कश्मीर के भारत में विलय की घोषणा की तो संविधान सभा में स्पष्ट रूप से घोषणा की गयी कि इसके लिए संविधान सभा भारत के भावी संविधान का निर्माण करे। इसके लिए राज्य के लोगों द्वारा संविधान सभा के सदस्यों का चुनाव किया गया और संविधान सभा का प्रथम अधिवेशन 30-10-1951 को हुआ। संविधान सभा के नवम्बर 1951 में जम्मू-कश्मीर संविधान (संशोधन) अधिनियम पारित किया, जिसके द्वारा जम्मू-कश्मीर के वंशानुगत प्रमुख के पद को समाप्त करके निर्वाचित सदर-ए-रियासत को राज्य का प्रमुख बनाया गया। सबसे पहले कर्णसिंह को पदारूढ़ किया गया। फरवरी, 1954 में संविधान सभा ने इस बात की पुष्टि की कि भारत संघ में जम्मू-कश्मीर का विलय अन्तिम है। संविधान सभा के इस कार्य के बाद राष्ट्रपति संविधान (जम्मू-कश्मीर को लागू होना) आदेश, 1954 जारी किये, जिसमें यह उल्लेख किया गया था कि संविधान

का कौनसा भाग जम्मू-कश्मीर पर लागू होगा। अक्टूबर, 1956 में संविधान सभा ने राज्य का स्थायी संविधान बनाने के लिए अनेक समितियाँ गठित कीं। संविधान की प्रारूप समिति ने संविधान का प्रारूप पेश किया, जिसे विचार-विमर्श के बाद 17 नवंबर 1952 को अंतिम रूप से स्वीकार कर लिया गया और 26 नवंबर 1957 को लागू कर दिया गया।

राज्य के संविधान के मुख्य प्रावधान—जम्मू-कश्मीर राज्य के संविधान के प्रमुख प्रावधान निम्नांकित हैं—

(i) जो व्यक्ति 14 मई, 1954 के पहले राज्य की प्रजा था और जो 1 मार्च, 1947 के पश्चात् उस राज्यक्षेत्र में, जो जब पाकिस्तान में है, निवास करने के पश्चात् राज्य में पुनः निवास करने की या स्थायी रूप से रहने की अनुज्ञा लेकर लौटता है और यह अनुज्ञा राज्य विधानमण्डल द्वारा बनायी गयी विधि द्वारा या उसके अधीन किसी प्राधिकृत अधिनियम द्वारा दी गयी है, तो ऐसे वापस आने पर वह राज्य का स्थायी निवासी हो जाएगा।

(ii) राज्य के लिए एक लोक सेवा आयोग होगा। आयोग और उसके अध्यक्ष की नियुक्ति राज्यपाल द्वारा की जाएगी।

(iii) राज्य विधान परिषद का गठन 36 सदस्यों से होगी। 11 सदस्य विधानसभा के सदस्यों द्वारा उन व्यक्तियों से चुने जाएँगे, जो जम्मू-कश्मीर राज्य के निवासी हैं। इस प्रकार निर्वाचित सदस्यों में से कम से कम एक लद्दाख तहसील का होगा और एक कारगिल तहसील का होगा। विधानसभा के सदस्यों द्वारा 11 सदस्य उन व्यक्तियों में से चुने जाएँगे जो जम्मू प्रान्त के निवासी हैं। शेष 14 व्यक्ति विभिन्न निर्वाचक मण्डलों, जैसे नगरपालिका और अन्य स्थानीय निकाय, द्वारा चुने जाएँगे।

(iv) सिविल सेवा का प्रत्येक या सिविल पद धारण करने वाला प्रत्येक व्यक्ति राज्यपाल के प्रसाद-पर्यन्त धारण करेगा।

(v) राज्य में एक उच्च न्यायालय होगा, जिसका गठन एक मुख्य न्यायाधीश तथा दो अन्य न्यायाधीशों द्वारा किया जाएगा। मुख्य न्यायाधीश की नियुक्ति राष्ट्रपति द्वारा भारत के मुख्य न्यायाधीश तथा राज्य के राज्यपाल से परामर्श करके की जाएगी तथा अन्य न्यायाधीशों की नियुक्ति करते समय राष्ट्रपति उक्त दोनों के साथ उच्च न्यायालय के मुख्य न्यायाधीश से भी परामर्श करेगा।

(vi) राज्य के संविधान का संशोधन विधानसभा में विधेयक पेश करके और उसे

प्रत्येक सदन द्वारा उस सदन के कुल सदस्यों के कम से कम दो-तिहाई बहुमत से पारित करके किया जाएगा किन्तु राज्य और भारत संघ के बीच सम्बन्ध, राज्य की विधायी और कार्यपालिका शक्ति का विस्तार या राज्य के सम्बन्ध में लागू भारत के संविधान के प्रावधानों के बारे में किसी प्रावधान में संशोधन या उपांतरण करने वाला विधेयक किसी सदन में पेश नहीं किया जाएगा।

(vii) राज्य की राजभाषा उर्दू होगी किन्तु जब तक विधानमण्डल विधि द्वारा अन्यथा प्रावधान न करे, तब तक राज्य के शासकीय प्रयोजनों के लिए अंग्रेजी का प्रयोग चलता रहेगा।

(viii) जम्मू-कश्मीर राज्य भारत का अविभाज्य अंग है।

(ix) जम्मू-कश्मीर राज्य का गठन उन सभी क्षेत्रों से मिलकर होता है, जो 15 अगस्त, 1947 को इस राज्य के शासक के अधीन था, अर्थात् जम्मू-कश्मीर के राज्यक्षेत्र में वह क्षेत्र भी सम्मिलित है, जो पाकिस्तान के अधीन है और जिसे पाकिस्तान शासक आजाद कश्मीर कहते हैं।

(x) जो व्यक्ति भारत का नागारिक है, उसे राज्य का स्थायी निवासी समझा जाएगा, यदि वह 14 मई, 1954 को राज्य राज्य का प्रजा था या राज्य में अचल सम्पत्ति अर्पित करके 14 मई, 1954 से कम से कम दस वर्ष पूर्व तक राज्य का सामान्य निवासी रहा है।

(xi) राज्य की कार्यपालिका और विधायी शक्ति का विस्तार सभी विषयों पर, सिवाय उन विषयों के, जिसके सम्बन्ध में विधि बनाने का अधिकार संसद को है।

(xii) राज्य विधानसभा में 100 सदस्य होंगे। विधानसभा में 24 स्थान राज्य के उन क्षेत्रों के लोगों द्वारा भरे जाने के लिए रिक्त रहेंगे, जो पाकिस्तान के अधीन हैं। विधानसभा में दो महिला सदस्य राज्यपाल द्वारा मनोनीत की जायेंगी।

जम्मू-कश्मीर पर भारतीय संविधान का प्रवर्तन—भारत के प्रथम नागरिक अर्थात् राष्ट्रपति ने 1950 ई. में अपने घोषणा में स्पष्ट किया कि जम्मू-कश्मीर को संविधान के अनुच्छेद 370 के तहत् विशेष दर्जा प्रदान किया गया है। इसमें यह प्रावधान किया गया था कि संसद प्रतिरक्षा, विदेश कार्य तथा संचार के विषय में जम्मू-कश्मीर के सम्बन्ध में कानून बना सकती है। उसके बाद जून 1952 में दिल्ली में भारत सरकार तथा जम्मू-कश्मीर के राज्य के बीच एक करार हुआ, जिसमें

जम्मू-कश्मीर राज्य की संविधान सभा के लम्बित रहने पर कुछ विषयों पर संघ को अधिकारिता प्रदान की गई। जम्मू-कश्मीर की संविधान सभा ने 1954 में राज्य के भारत में विलय की पुष्टि कर दी और इसके बाद राष्ट्रपति ने राज्य सरकार से परामर्श करके संविधान (जम्मू-कश्मीर को लागू होना) आदेश 1954 जारी किया, जो 14 मई, 1954 से लागू हुआ। इस आदेश में 1963, 1964, 1965, 1966, 1972, 1974, 1976 तथा 1986 में संशोधन किया गया है।

उपर्युक्त आदेशों में किए गए संवैधानिक प्रावधानों का विस्तृत उल्लेख नीचे निम्न बिंदुओं के अंतर्गत किया जा रहा है–

1. जम्मू-कश्मीर राज्य के सम्बन्ध में संसद का अधिकार–जम्मू-कश्मीर राज्य के सम्बन्ध में संसद को निम्नांकित अधिकार प्राप्त हैं–

(i) संसद राज्य के सम्बन्ध में सातवीं अनुसूची के संघ सूची में शामिल विषयों पर कानून बना सकती है।

(ii) संसद राज्य के अध्यर्पण या विलग होने के या भारत की प्रभुता या अखण्डता को नुकसान पहुँचाने वाले क्रियाकलापों को रोकने के लिए कानून बना सकती है।

(iii) संविधान के अनुच्छेद 249 के अधीन राज्यसभा दो-तिहाई बहुमत से संकल्प परित करके राष्ट्रीय हित में जम्मू-कश्मीर राज्य के सम्बन्ध में कानून बनाने का अधिकार संसद को दे सकती है।

2. संसद की अनधिकारिता तथा जम्मू-कश्मीर राज्य की स्वायत्तता– भारतीय संविधान के तहत संसद को विभिन्न राज्यों से कानून प्रक्रिया तथा प्रशासनिक व्यवस्था में संशोधन का अधिकार है परन्तु जम्मू-कश्मीर इन सबसे पृथक् व्यवस्था के अन्तर्गत आता है।

(i) राज्य के राज्यक्षेत्र के किसी भाग के व्ययन को प्रभावित करने वाले किसी अन्तर्राष्ट्रीय करार या सन्धि के सम्बन्ध में संसद कोई कानून नहीं बना सकती।

(ii) अनुच्छेद 360 के अधीन राष्ट्रपति द्वारा घोषित वित्तीय आपात जम्मू-कश्मीर पर लागू नहीं होगी।

(iii) संविधान की सातवीं अनुसूची के समवर्ती सूची में वर्णित विषयों पर जम्मू-कश्मीर के सम्बन्ध में संसद कानून नहीं बना सकती।

(iv) जम्मू-कश्मीर राज्य के नाम या राज्य क्षेत्र में परिवर्तन करने वाला कोई

विधेयक तब तक संसद में पेश नहीं किया जा सकता, जब तक राज्य विधानसभा की पूर्व सहमति न प्राप्त हो जाय।

(v) राष्ट्रपति द्वारा अनुच्छेद 352 के अधीन जारी की गई राष्ट्रीय आपात की घोषणा राज्य सरकार की सहमति के बिना उसा राज्य पर लागू नहीं होगी।

(vi) जब राज्य में संवैधानिक तन्त्र विफल होता, तो दो प्रकार की घोषणायें की जाती हैं, अर्थात्,

(क) राज्य के संविधान की धारा 92 के अधीन राज्यपाल शासन की घोषणा। जम्मू-कश्मीर में राज्यपाल शासन पहली बार 27 मार्च, 1977 को लागू किया गया था, जो 8 जुलाई, 1977 तक चला था। भारतीय संविधान के अनुच्छेद 356 के अधीन राष्ट्रपति शासन की घोषणा 7 सितम्बर, 1986 को लागू की गई थी। राज्यपाल राष्ट्रपति की पूर्व सहमति से ही राज्यपाल शासन की घोषणा कर सकता है तथा

(ख) भारतीय संविधान के अनुच्छेद 356 के अधीन राष्ट्रपति शासन की घोषणा कर सकता है।

(vii) भारत सरकार राज्य के व्ययन को प्रभावित करने वाला कोई निर्णय उस राज्य की सरकार की सहमति के बिना नहीं कर सकती।

3. संविधान का संशोधन—संसद द्वारा संविधान में किया गया संशोधन राष्ट्रपति द्वारा राज्य सरकार की सहमति से अनुच्छेद 370 (i) के अधीन घोषणा करने के पश्चात् राज्यों में लागू होता है।

4. मूल अधिकार और निदेशक तत्व—भारतीय संविधान के अनुच्छेद 19 में प्रत्याभूत मूल अधिकार को छोड़कर सभी मूल अधिकार जम्मू-कश्मीर में लागू हैं। इसके अतिरिक्त अनुच्छेद 35-क को जोड़कर राज्य के स्थायी निवासियों को नियोजन, सम्पत्ति के अर्जन और निवास के विशेष अधिकार दिये गये हैं। राज्य की नीति के निदेशक तत्व जम्मू-कश्मीर राज्य में लागू नहीं हैं।

संघ राज्य क्षेत्र (केन्द्र शासित प्रदेश) —भारत में वर्तमान समय में 7 संघ राज्य क्षेत्र अर्थात् केंद्र शासित प्रदेश हैं जिनके नाम इस प्रकार हैं—दिल्ली, चंड़ीगढ़ द्वीप समूह, दमन तथा द्वीप, दादरा और नगर हवेली, लक्षद्वीप।

संघ राज्यों का प्रशासन—यद्यपि संघ राज्य क्षेत्र—(केंद्र शासित प्रदेश) का प्रशासन संचालित करने का अधिकार भारतीय संविधान के अंतर्गत राष्ट्रपति को प्राप्त है परंतु राष्ट्रपति संघ राज्य क्षेत्रों का प्रशासन संचालित करने के लिए अपना

अभिकर्ता नियुक्त करता है या किसी राज्य के राज्यपाल को निकटस्थ संलग्न राज्य क्षेत्र का प्रशासक नियुक्त कर सकता है। राष्ट्रपति द्वारा नियुक्त प्रशासक संघ राज्य क्षेत्र का प्रशासन या तो संसद द्वारा निर्मित विधि के अनुसार या उस संघ राज्य क्षेत्र में विधानसभा है, तो विधानसभा द्वारा निर्मित विधि के अनुसार संचालित करता है। यदि किसी संघ राज्य क्षेत्र में विधानसभा के साथ मंत्रिपरिषद का भी गठन किया गया है, तो प्रशासन मंत्रिपरिषद से स्वतन्त्र होकर अपने कार्यों को करता है। भारत में कुल 7 संघ राज्य क्षेत्र हैं। इनमें दिल्ली, पांडिचेरी और अंडमान-निकोबार द्वीप समूह के प्रशासकों को उपराज्यपाल कहा जाता है, जबकि चंडीगढ़ का प्रशासक मुख्य आयुक्त के नाम से जाना जाता है। वर्तमान में पंजाब का राज्यपाल ही चंडीगढ़ का प्रशासक होता है। दादरा और नागर हवेली का प्रशासक दमन और दीव का कार्य भी देखता है जबकि लक्षद्वीप के लिए अलग प्रशासक की व्यवस्था है।

69वाँ संविधान संशोधन अधिनियम, 1991 के बाद 1 फरवरी, 1922 के केन्द्रशासित प्रदेश दिल्ली का नाम 'राष्ट्रीय राजधानी क्षेत्र दिल्ली' हो गया है। इस प्रकार राष्ट्रीय राजधानी क्षेत्र दिल्ली और संघ राज्य क्षेत्र पांडिचेरी की अपनी-अपनी विधानसभाएँ और मंत्रिपरिषद हैं।

संघ राज्य क्षेत्रों का प्रशासन संचालित करने वाले अधिकारियों के विभिन्न नाम

मुख्य आयुक्त – चण्डीगढ़

उप राज्यपाल – दिल्ली, दमन तथा दीव, पाण्डिचेरी और अण्डमान तथा निकोबार द्वीप समूह

प्रशासक– दादरा और नागर हवेली, लक्षद्वीप।

प्रशासक को अध्यादेश जारी करने की शक्ति–भारतीय संविधान द्वारा संघ राज्य क्षेत्र के प्रशासक को अध्यादेश जारी करने की शक्ति दी गयी है, लेकिन इस शक्ति का प्रयोग वह राष्ट्रपति की पूर्व अनुमति के बिना नहीं कर सकता है।

संघ राज्य क्षेत्र के लिए विधानसभा और मंत्रिपरिषद–मूल संविधान में संघ राज्य क्षेत्र के लिए विधानसभा तथा मंत्रिपरिषद के लिए व्यवस्था नहीं की गयी थी लेकिन 1962 में 14वें संविधान संशोधन द्वारा संसद को यह अधिकार दिया गया कि वह विधि बनाकर हिमाचल प्रदेश, मणिपुर, त्रिपुरा, गोवा, दमन तथा दीव, पाण्डिचेरी, मिजोरम तथा अरुणाचल प्रदेश के लिए विधानसभा तथा मंत्रिपरिषद का गठन कर सकती है। बाद में कई संविधान संशोधन करके हिमाचल प्रदेश, मणिपुर, त्रिपुरा, गोवा, मिजोरम तथा अरुणाचल प्रदेश को राज्य बना दिया गया। इस प्रकार

केवल पाण्डिचेरी ही संघ राज्य क्षेत्र बचा, जिसके लिए संसद विधि बनाकर विधानसभा तथा मंत्रि परिषद का गठन कर सकती थी। 60वें संविधान संशोधन द्वारा संसद को दिल्ली के लिए विधानसभा तथा मंत्रिपरिषद का गठन करने की शक्ति प्रदान की गयी।

अभी तक (2011) पाण्डिचेरी तथा दिल्ली संघ राज्य क्षेत्र में विधानसभा तथा मंत्रि परिषद का गठन किया गया है। राष्ट्रीय राजधानी क्षेत्र दिल्ली में अब 56 महानगर परिषद की सीटों के स्थान पर 70 सीटों वाली एक विधानसभा की व्यवस्था की गयी है। राष्ट्रीय राजधानी क्षेत्र दिल्ली सरकार अधिनियम, 1991 के तहत 70 सीटों में से 7 सीटें अनुसूचित जाति के लिए आरक्षित हैं। पांडिचेरी विधानसभा, संविधान की सातवीं अनुसूची की सूची-II और III में निहित, केन्द्रशासित प्रदेशों से संबद्ध मामलों के बारे में, जहाँ तक ये मामले केन्द्रशासित क्षेत्र पर लागू होते हैं, कानून बना सकती है। राष्ट्रीय राजधानी क्षेत्र दिल्ली की विधानसभा को भी संविधान की अनुसूची- II की प्रविष्टि 1, 2 और 18 को छोड़कर, ये सभी शक्तियाँ प्राप्त हैं। कुछ विशेष विधेयकों के लिए केन्द्र सरकार की अग्रिम मंजूरी लेना जरूरी है। केन्द्र शासित प्रदेश पांडिचेरी और राष्ट्रीय राजधानी क्षेत्र दिल्ली की विधान सभाएँ जो विधेयक पारित करती हैं उन पर राष्ट्रपति के विचार तथा अनुमोदन के लिए रोक लिया जाता है।

संघ राज्य क्षेत्र के सम्बन्ध में संसद की विधायी शक्ति तथा राष्ट्रपति की विनियम बनाने की शक्ति—संघ राज्य क्षेत्र के सम्बन्ध में विधि बनाने की अनन्य शक्ति संसद को प्राप्त है। संसद जब किसी संघ राज्य क्षेत्र के लिए विधानसभा या मंत्रिपरिषद के सम्बन्ध में विधि बनाती है, तब उस विधि में इसका उल्लेख रहता है कि विधानसभा राज्य सूची के किन विषयों पर विधि बना सकती है। वैसे संघ राज्य क्षेत्र की विधान सभाओं को राज्य सूची के कुल विषयों पर विधि बनाने का अधिकार प्राप्त नहीं है।

राष्ट्रपति की विनियम शक्ति—संघ राज्य क्षेत्र अण्डमान और निकोबार द्वीप समूह, लक्षद्वीप, दादरा और नागर हवेली, दमन और दीव आदि क्षेत्र में राष्ट्रपति विनियम बना सकता है। लेकिन यदि किसी संघ राज्य क्षेत्र के विधानसभा है, और विधानसभा विघटन की स्थिति में नहीं है, तो राष्ट्रपति विनियम नहीं बना सकता।

संघ राज्य क्षेत्रों के लिए उच्च न्यायालय—भारतीय संसद को यह अधिकार है कि वह किसी संघ राज्य क्षेत्र के लिए उच्च न्यायालय की स्थापना कर सकती है या किसी संघ राज्य क्षेत्र को किसी राज्य के उच्च न्यायालय की अधिकारिता के

अधीन रख सकती है। इस अधिकार का प्रयोग करके संसद ने 1966 में दिल्ली संघ राज्य क्षेत्र के लिए उच्च न्यायालय की स्थापना की है। अन्य संघ राज्य क्षेत्रों पर राज्यों के उच्च न्यायालय की अधिकारिता को विस्तारित किया है, जिसका विवरण निम्न प्रकार है—

संघ राज्य क्षेत्रों का उच्च न्यायालय

उच्च न्यायालय	संघ राज्य क्षेत्र
पंजाब तथा हरियाणा उच्च न्यायालय	चण्डीगढ़
केरल उच्च न्यायालय	लक्षद्वीप
कलकत्ता उच्च न्यायालय	अंडमान तथा निकोबार द्वीप समूह
मद्रास उच्च न्यायालय	पाण्डिचेरी
बम्बई उच्च न्यायालय	दमन और दीव तथा दादरा और नागर हवेली

अनुसूचित जाति और जनजाति क्षेत्रों का प्रशासन

अनुसूचित जाति और जनजाति क्षेत्रों के प्रशासन के संबंध में भारतीय संविधान की 5वीं तथा 6ठी अनुसूची में प्रावधान है। ये क्षेत्र राज्य या संघ राज्य क्षेत्र में से किसी में स्थित हो सकते हैं। संसद ने विधि बनाकर राष्ट्रपति को यह अधिकार दिया है कि राष्ट्रपति किसी भी क्षेत्र को अनुसूचित जाति और जनजाति क्षेत्र घोषित कर सकते हैं। संसद द्वारा प्रदत्त अधिकार के अनुसरण में राष्ट्रपति ने कुछ क्षेत्रों को अनुसूचित तथा जनजाति क्षेत्र घोषित किया है। ये क्षेत्र असम, मेघालय, त्रिपुरा तथा मिजोरम के अतिरिक्त अन्य राज्यों में स्थित हैं। संविधान की अनुसूची 6 में असम, मेघालय, त्रिपुरा तथा मिजोरम राज्य के अनुसूचित जनजाति क्षेत्र के प्रशासन के सम्बन्ध में प्रावधान किया गया है, जबकि अनुसूची 5 में इन चारों राज्यों के अतिरिक्त अन्य राज्यों के अधीन आने वाले अनुसूचित जाति तथा जनजाति के क्षेत्र के प्रशासन के सम्बन्ध में प्रावधान हैं। इन क्षेत्रों के उन प्रावधानों को नीचे स्पष्ट किया जा रहा है, जिसके अन्तर्गत जो प्रावधान किए जाते हैं वे निम्नांकित हैं—

संविधान की पाँचवीं अनुसूची में किया गया प्रावधान—इसमें असम, मेघालय, त्रिपुरा तथा मिजोरम राज्यों को अतिरिक्त अन्य राज्यों (आन्ध्र प्रदेश, बिहार, झारखंड, गुजरात, मध्य प्रदेश, छत्तीसगढ़ महाराष्ट्र, उड़ीसा तथा राजस्थान) के उन क्षेत्रों, जिन्हें राष्ट्रपति द्वारा अनुसूचित क्षेत्र होना घोषित किया गया है, के प्रशासन के सम्बन्ध में निम्नलिखित प्रावधान किया गया है—

(1) क्षेत्र के अनुसूचित जनजातियों के कल्याण और उन्नति से सम्बन्धित ऐसे विषयों पर सलाह देने के लिए, जिसके लिए राज्यपाल उसे निर्देश दे, जनजाति सलाहकार परिषदों का गठन किया जाएगा।

(2) राज्यपाल भूमि के आबंटन का और साहूकार के रूप में कारबार का विनियमन कर सकेगा।

(3) राज्यपाल यह निर्देश दे सकेगा कि संसद या राज्य के विधानमण्डल का कोई विधान उस क्षेत्र में लागू नहीं होगा या उपांतरित होकर लागू होगा।

(4) राज्यपाल अनुसूचित जनजातियों के सदस्यों द्वारा या उनमें भूमि के अन्तरण का प्रतिषेध कर सकेगा।

(5) संघ की कार्यपालिका शक्ति का विस्तार इन क्षेत्रों के प्रशासन के बारे में निर्देश देने तक होगा।

(6) जिस राज्य में अनुसूचित क्षेत्र है, उस राज्य का राज्यपाल राष्ट्रपति की अपेक्षा पर अनुसूचित क्षेत्रों के प्रशासन के सम्बन्ध में राष्ट्रपति को प्रतिवेदन देगा।

छठी अनुसूची में सांविधिक प्रावधान–

इसमें असम, मेघालय, त्रिपुरा तथा मिजोरम राज्य के उन क्षेत्रों, जिन्हें राष्ट्रपति ने अनुसूचित क्षेत्र होना घोषित किया है, के प्रशासन के सम्बन्ध में प्रावधान किया गया है। राष्ट्रपति की घोषणा द्वारा इन राज्यों में 9 क्षेत्रों को अनुसूचित क्षेत्र के रूप में घोषित किया गया है, इन क्षेत्रों में प्रशासन सम्बन्धी निम्नलिखित प्रावधान किये गये हैं–

(1) जिला परिषद तथा प्रादेशिक परिषद को भू राजस्व के निर्धारण तथा संग्रह करने की और कुछ विशेष करों को अधिरोपित करने की शक्ति होगी।

(2) राज्यपाल को यह अधिकार है कि वह जिला परिषद तथा प्रादेशिक परिषद को कुछ वाद या अपराध के विचारण की शक्ति भी दे सकता है।

(3) जिला परिषद तथा प्रादेशिक परिषद पृथक् निकाय होगा, जिसे कुछ विनिर्दिष्ट क्षेत्रों में विधि बनाने की शक्ति होगी, जैसे आरक्षित वन से भिन्न वनों के प्रबन्ध तथा सम्पत्ति का उत्तराधिकार, विवाह तथा सामाजिक रीति रिवाज के सम्बन्ध में।

(4) ये जनजाति क्षेत्र स्वशासी जिले के रूप में प्रशासित किये जायेंगे।

(5) इन क्षेत्रों में जिला परिषद तथा प्रादेशिक परिषदों का गठन किया जाएगा।

केन्द्र-राज्य सम्बन्ध

भारत में केन्द्र-राज्य सम्बन्ध का संचालन संविधान के अनुच्छेद 245-293 में निर्दिष्ट प्रावधानों के अनुसार होता है। भारतीय संविधान में केन्द्र तथा राज्य के मध्य विधायी, प्रशासनिक तथा वित्तीय शक्तियों का विभाजन किया गया है लेकिन न्यायपालिका को विभाजन की परिधि से बाहर रखा गया है। विधायी, प्रशासनिक तथा वित्तीय शक्तियों के विभाजन के सम्बन्ध में कुछ सीमायें विहित की गयी हैं, जिनका उल्लंघन न तो केन्द्र द्वारा किया जा सकता है, न ही राज्यों द्वारा। केन्द्र तथा राज्य के सम्बन्ध पर निम्नांकित बिंदुओं के अंतर्गत प्रकाश डाला जा रहा है—

1. विधायी सम्बन्ध—भारतीय संविधान के अनुच्छेद 245 में केंद्र-राज्य विधायी संबंधों का विश्लेषण किया गया है। संघात्मक शासन की मुख्य विशेषता संविधान में केन्द्र तथा राज्यों के बीच शक्तियों का स्पष्ट विभाजन किया जाना है। इस विभाजन का आधार यह होता है, कि राष्ट्रीय महत्व के मामलों को केन्द्र सरकार को दिया जाता है और स्थानीय मामलों को राज्य सरकार को दिया जाता है। जिन मामलों का विभाजन केन्द्र तथा राज्य के मध्य नहीं किया जाता है, उन्हें दोनों के अधिकार के अन्तर्गत रखा जाता है। जिन मामलों को न तो केन्द्र को और न तो राज्य को प्रदान किया जाता है और न ही दोनों के अधिकार के अन्तर्गत रखा जाता है, उन मामलों को या तो राज्य को प्रदान किया जाता है या केन्द्र को। भारतीय संविधान में वर्णित सातवीं अनुसूची में शामिल संघ सूची के विषयों पर केन्द्र सरकार को, राज्य सूची के विषयों पर राज्य को तथा समवर्ती सूची के विषयों पर केन्द्र तथा राज्य दोनों को और इन तीनों सूची में वर्णित विषयों, अर्थात् अवशिष्ट विषयों पर केन्द्र को अधिकार प्राप्त है।

राज्य सूची—इसमें उन विषयों को सम्मिलित किया गया है, जो स्थानीय महत्व के हैं तथा जिन पर कानून बनाने का एकमात्र अधिकार राज्य विधानमण्डल को है लेकिन कुछ विशेष परिस्थितियों में संसद भी इस सूची में शामिल विषयों पर कानून बना सकती है। एक सूची में शामिल विषयों की संख्या 61 है, जिनमें प्रमुख हैं—लोक सेवा, कृषि, वन, कारागार, भू-राजस्व, लोक व्यवस्था, पुलिस, लोक स्वास्थ्य, स्थानीय शासन, जेल, न्याय प्रशासन, क्रय, विक्रय, सिंचाई आदि।

संघ सूची या केन्द्र सूची—इस सूची में उन विषयों को सम्मिलित किया गया है, जो राष्ट्रीय महत्व के हैं तथा जिन पर कानून बनाने का एकमात्र अधिकार केन्द्रीय विधायिका, अर्थात् संसद को है। इस सूची में कुल 97 विषयों को शामिल किया

गया है, जिनमें से प्रमुख हैं—रक्षा, विदेशी मामले, युद्ध, अन्तर्राष्ट्रीय सन्धि, अणु शक्ति, सीमा शुल्क, निर्यात शुल्क, आयात शुल्क, बीमा, बैंकिंग, नागरिकता, जनगणना, विदेशी ऋण, डाक एवं तार, प्रसारण, टेलीफोन, विदेशी व्यापार, रेल तथा वायु एवं जल परिवहन आदि।

समवर्ती सूची—इसमें 52 विषयों को सम्मिलित किया गया है, जिन पर कानून बनाने का अधिकार संसद तथा राज्य विधानमण्डल दोनों को दिया गया है। यदि इस सूची में वर्णित विषयों पर संसद तथा राज्य विधानमण्डल दोनों द्वारा कानून बनाया जाता है, और यदि दोनों कानूनों में विरोध है, तो संसद द्वारा निर्मित कानून लागू होगा। इस सूची में— राष्ट्रीय जल मार्ग, परिवार नियोजन, जनसंख्या नियन्त्रण, समाचार पत्र, कारखाना, शिक्षा, आर्थिक तथा सामाजिक योजना आदि प्रमुख विषयों को सम्मिलित किया गया है।

अन्य विधायी शक्ति—जिन विषयों को संघ सूची, राज्य सूची और समवर्ती सूची में नहीं शामिल नहीं किया गया है, उन पर कानून बनाने का एकमात्र अधिकार संसद को प्रदान किया गया है। इस शक्ति के प्रयोग में संसद ऐसे विषयों पर कर लगाने के लिए कानून बना सकती है, जो विषय उक्त तीन सूचियों में से किसी में भी शामिल नहीं किये गये हैं।

राज्य सूची के विषयों पर संसद को कानून बनाने का अधिकार—संविधान में राज्य सूची के विषयों पर कानून बनाने का अधिकार राज्य के विधानमण्डल को दिया गया है, कुछ विशेष परिस्थितियों में संसद भी राज्य सूची के विषयों पर कानून बना सकती है। निम्नांकित स्थितियों में राज्य सूची के विषयों पर संसद को कानून बनाने का अधिकार दिया गया है—

(अ) **आपात कालीन स्थिति में संसद की शक्ति**—भारतीय संविधान के अनुच्छेद 250 के अनुसार राष्ट्रपति द्वारा राष्ट्रपति आपातकाल घोषित किये जाने की स्थिति में संसद को राज्य सूची में वर्णित विषयों पर कानून बनाने का अधिकार प्राप्त हो जाता है। लेकिन संसद द्वारा इस प्रकार राज्य सूची पर बनाया गया कानून आपातकाल की अवधि के समापन के 6 मास के बाद अप्रवर्तनीय हो जाता है।

(ब) **राज्यों की सहमति से विधि बनाने की संसद की शक्ति**—जब दो या दो से अधिक राज्यों के विधानमण्डल प्रस्ताव पारित करके संसद से यह अनुरोध करें कि वह राज्य सूची में वर्णित किसी विषय पर कानून का निर्माण करे, तब संसद राज्य सूची में वर्णित उन विषयों, जिन पर कानून

बनाने का अनुरोध किया गया है, पर अनुच्छेद 252 के तहत कानून बना सकती है, लेकिन संसद द्वारा इस प्रकार निर्मित कानून केवल उन राज्यों पर लागू होता है, जिनके विधानमण्डल कानून बनाने का अनुरोध करें। राज्य विधानमण्डलों द्वारा संविधान के प्रवर्तन के बाद अब तक केवल दो बार राज्य सूची वर्णित विषयों पर कानून बनाने का अधिकार दिया गया है– प्रथम पाँच राज्यों (मुम्बई, मध्य प्रदेश, मद्रास, उड़ीसा, पंजाब तथा उत्तर प्रदेश) द्वारा 1953 में सम्पदा शुल्क पर कानून बनाने के लिए। द्वितीय आठ राज्यों (आन्ध्र प्रदेश, मुम्बई, मद्रास, उड़ीसा, उत्तर प्रदेश, हैदराबाद, पेप्सू तथा सौराष्ट्र) द्वारा 1955 में पुरस्कार प्रतियोगिता पर कानून बनाने के लिए।

संसद द्वारा राज्यों के विधानमण्डलों के अनुरोध पर पारित कानून में संशोधन का अधिकार केवल संसद को है, न कि राज्य विधानमण्डलों को।

(स) **राष्ट्रीय हित में राज्य सूची के विषयों पर कानून बनाने की संसद की शक्ति**–भारतीय संविधान के अनुच्छेद 249 में यह प्रावधान किया गया है कि यदि राज्यसभा अपने-अपने उपस्थित तथा मतदान करने वाले सदस्यों के दो-तिहाई बहुमत से यह प्रस्ताव पारित कर दे कि राष्ट्रीय हित को ध्यान में रखकर संसद राज्य सूची में वर्णित विषयों पर कानून बनाये, तो संसद को राज्य सूची में वर्णित विषयों पर कानून बनाने की शक्ति प्राप्त हो जाती है। संसद द्वारा इस प्रकार निर्मित कानून एक वर्ष की अवधि के लिए प्रवर्तनीय होता है, लेकिन राज्यसभा एक वर्ष में पुनः प्रस्ताव पारित करके संसद द्वारा पारित कानून के प्रवर्तन की अवधि एक वर्ष या बार-बार कई वर्षों के लिए बढ़ा सकती है। व्यापार तथा वाणिज्य के संतुलन तथा समन्वय के लिए संसद ने इसका प्रयोग किया।

(द) **राष्ट्रपति शासन लागू होने की स्थिति में ससंद की शक्ति**– कई बार राज्य में संवैधानिक व्यवस्था के तहत् प्रशासनिक तंत्र विफल हो जाता है, ऐसे समय में संसद राज्य सूची के विषयों पर कानून ही नहीं बना सकती बल्कि राज्य विधान मण्डल की शक्तियों का प्रयोग भी कर सकती है, की जाने वाली शक्ति के प्रयोग का अधिकार प्रा'त हो जाता है। यदि संसद चाहे तो इस प्रकार राज्य विधानमण्डल की प्राप्त शक्ति के प्रयोग का अधिकार राष्ट्रपति को दे सकती है तथा राष्ट्रपति कुछ शर्तों के साथ इनके प्रयोग का अधिकार अन्य प्राधिकारी को दे सकता है। संसद या राष्ट्रपति

या किसी अन्य प्राधिकारी द्वारा राष्ट्रपति शासन के दौरान निर्मित कानून तब तक लागू रहते हैं जब तक विधान मण्डल उसे निरस्त न कर दे।

राज्य के विधायी मामलों पर केन्द्रीय नियन्त्रण—राज्य के विधायी मामलों पर केंद्र का नियंत्रण भी होता है। इसकी प्रक्रियाओं का उल्लेख नीचे किया जा रहा है—

(अ) **भारतीय राष्ट्रपति के विचार के लिए विधेयकों का आरक्षित किया जाना**—भारतीय संविधान में यह व्यवस्था की गयी है, कि राज्यपाल राज्य विधानसभा द्वारा पारित विधेयक पर अपनी सहमति देने के पूर्व उसे राष्ट्रपति के विचार के लिए आरक्षित रखे। जिस विधेयक में उच्च न्यायालय के अधिकार क्षेत्र में कमी करने का प्रावधान किया गया है, उसे राष्ट्रपति के विचार के लिए आरक्षित करना राज्यपाल का संवैधानिक दायित्व है। इसी तरह राज्य विधान मण्डल द्वारा समवर्ती सूची में वर्णित विषयों से सम्बन्धित विधेयक राज्यपाल राष्ट्रपति के विचार के लिए आरक्षित कर सकता है। इसके अतिरिक्त आपातकाल की उद्घोषणा के प्रवर्तन में रहने के दौरान राष्ट्रपति राज्यपाल को यह निर्देश दे सकता है कि राज्य के विधानमण्डल द्वारा पारित वित्तीय तथा साधारण विधेयक को उसकी अनुमति के लिए आरक्षित रखा जाय।

(ब) **राष्ट्रपति की पूर्व स्वीकृति के आधार पर विधि निर्माण**—राज्य सूची में कुछ ऐसे विषयों को शामिल किया गया है, जिन पर कानून का निर्माण के लिए राज्य विधानमण्डल में विधेयक पेश करने के पूर्व राष्ट्रपति की सहमति आवश्यक है। उदाहरण के लिए राज्य सूची में वर्णित व्यापार तथा वाणिज्य विषय पर कानून बनाने के लिए राज्य विधानमण्डल में विधेयक पेश करने के पूर्व उस विधेयक पर राष्ट्रपति की सहमति आवश्यक है।

(स) **विधेयक को राष्ट्रपति की अनुमति के लिए आरक्षित किये जाने पर प्रक्रिया**—जब राज्य विधानसभा द्वारा पारित विधेयक को राष्ट्रपति की अनुमति के लिए आरक्षित करके उसके सामने प्रस्तुत किया जाता है, तो उसके पास दो विकल्प मौजूद होते हैं। पहला यह कि ता यो वह विधेयक पर अपनी अनुमति प्रदान कर दे या दूसरा, यदि वह चाहे, तो उस विधेयक को अपनी टिप्पणी सहित विधानमण्डल के पास पुनर्विचार के लिए भेजा जाता है, तो राष्ट्रपति के पास उस विधेयक को छह मास के अन्दर वापस भेजा जाना चाहिए, चाहे विधेयक को राष्ट्रपति की टिप्पणी के अनुसार

संशोधित किया गया हो या नहीं। दूसरी बार विधेयक प्राप्त करने पर राष्ट्रपति उस पर अपनी सम्मति देने के लिए बाध्य नहीं है।

2. प्रशासन अथवा कार्यपालिक सम्बन्ध–केंद्र-राज्य प्रशासनिक संबंधों को भारतीय संविधान के अनुच्छेद 256-263 स्पष्ट करता है। संविधान में इस सिद्धान्त को मान्यता दी गयी है कि कार्यपालिका विधानपालिका की सहविस्तरी है अर्थात् जिस विषय पर संसद कानून बना सकती है, उस विषय पर केन्द्रीय कार्यपालिका का नियन्त्रण होगा और जिस पर राज्य का विधानमण्डल कानून बना सकता है, उस विषय पर राज्य की कार्यपालिका का नियन्त्रण रहता है। इस प्रकार संघ सूची के विषयों पर केन्द्र सरकार को तथा राज्य सूची के विषयों पर राज्य सरकार को प्रशासन करने की अधिकारिता है। संविधान की सातवीं अनुसूची में शामिल समवर्ती सूची के विषयों पर कार्यपालिका शक्ति राज्यों के पास है लेकिन इसके कुछ अपवाद भी हैं, जैसे जब संविधान ऐसे विषयों से सम्बन्धित विधि किसी कार्यपालिका शक्ति को केन्द्र सरकार में निहित करता है, जैसे भूमि अर्जन अधिनियम, 1894 तथा औद्योगिक विवाद अधिनियम, 1947 के अधीन इन अधिनियमों में अन्तर्विष्ट प्रावधानों को कार्यान्वित करने की शक्ति केन्द्र के पास है।

(i) **केन्द्र की प्रशासनिक शक्ति**–प्रशासन से सम्बन्धित केन्द्र के निर्देश की शक्तियों का उल्लेख नीचे किया जा रहा है–

(क) यह सुनिश्चित करने के लिए केन्द्र की कार्यपालिका शक्ति के प्रयोग में राज्य की कार्यपालिका शक्ति हस्तक्षेप नहीं करती।

(ख) राज्य द्वारा राष्ट्रीय या सैनिक महत्व के संचार साधनों के निर्माण तथा उन्हें बनाये रखे जाने को सुनिश्चित करने के लिए।

(ग) राज्य के सीमा क्षेत्र के अन्तर्गत रेलों के संरक्षण को सुनिश्चित करने के लिए।

(घ) अनुसूचित जनजातियों के कल्याण के लिए योजना बनाने तथा उसके क्रियान्वयन के लिए।

(ड) यह सुनिश्चित करने के लिए कि राज्य की सरकार संविधान के अनुसार संचालित की जाय।

(च) भाषाई अल्पसंख्यक वर्गों के बालकों को शिक्षा के प्राथमिक स्तर पर मातृभाषा में शिक्षा की पर्याप्त सुविधायें सुनिश्चित करने के लिए।

(छ) हिन्दी भाषा का विकास सुनिश्चित करने के लिए।

(ज) राज्य में प्रवर्तित केन्द्रीय विधि तथा विद्यमान विधियों के सम्यक् अनुपालन को सुनिश्चित करने के लिए।

(ii) केन्द्र के निर्देश को न मानने का प्रभाव—यदि राज्य सरकारें केन्द्र सरकार द्वारा दिए गए निर्देशें का पालन करने में असमर्थ रहती हैं, या पालन करने में उपेक्षा बरतती हैं, तो उन्हें केन्द्र सरकार की सलाह पर राष्ट्रपति द्वारा बर्खास्त किया जा सकता है। और राष्ट्रपति शासन लागू किया जा सकता है।

(iii) वित्तीय आपातकालीन स्थिति में—देश में आर्थिक संकट उत्पन्न होने पर केन्द्र राज्य सरकारों को निम्नांकित निर्देश देने का अधिकार रखता है—

(क) ऐसे वित्तीय सिद्धान्तों का पालन करने के लिए, जो निदेशों के अनुसार विनिर्दिष्ट किये जाएँ,

(ख) राज्य में सेवारत सभी या किसी वर्ग के व्यक्तियों, जिनके अन्तर्गत उच्च न्यायालय के न्यायाधीश भी हैं, के वेतन तथा भत्ते में कमी करने के लिए,

(ग) धन विधेयकों या ऐसे अन्य विधेयकों को राज्य विधान मण्डल द्वारा पारित किये जाने के बाद राष्ट्रपति के विचार के लिए आरक्षित करने के लिए।

3. वित्तीय सम्बन्ध—भारतीय संविधान का अनुच्छेद 264-291 में केन्द्र तथा राज्यों के मध्य राजस्व की विभाजन व्यवस्था का प्रावधान करता है। संविधान में यह प्रावधान है कि संसद संघ सूची में वर्णित विषयों पर कर अधिरोपित कर सकती है, जबकि राज्य विधानमण्डल राज्य सूची में वर्णित विषयों पर कर अधिरोपित कर सकता है।

संघ के प्रमुख राजस्व स्रोत—संघ को निम्न स्त्रोतों से राजस्व प्राप्त होता है—

निगम कर, सीमा शुल्क, निर्यात, शुल्क, कृषि भूमि को छोड़कर अन्य सम्पत्ति पर सम्पदा शुल्क, विदेशी ऋण, रेल, रिजर्व बैंक तथा शेयर बाजार।

राज्य के प्रमुख राजस्व स्त्रोत—राज्यों के प्रमुख राजस्व स्त्रोत हैं— व्यक्तिकर, कृषि भूमि पर कर, सम्पदा शुल्क, भूमि और भवनों पर कर, पशुओं तथा नौकायन पर कर, बिजली के उपयोग तथा विक्रय पर कर, वाहनों पर चुंनी आदि स्त्रोतों से राजस्व प्राप्त होता है।

संघ द्वारा लगाये गये तथा राज्य द्वारा वसूले जाने वाले कर—वसीयतों, विनिमय पत्रों, वचन पत्रों, हुण्डियों, चेकों आदि पर स्टाम्प शुल्क, दवा तथा मादक

द्रव्य पर कर तथा औषधि एवं प्रसाधन सामग्री पर संघ द्वारा लगाया जाता है लेकिन वसूली राज्यों द्वारा किये जाते हैं।

संघ द्वारा राज्यों में वितरित किये जाने वाले कर—संघ द्वारा राज्यों में निम्नलिखित कर वितरित किये जाते हैं—

(i) कृषि से भिन्न सम्पत्ति के सम्बन्ध में सम्पदा शुल्क।

(ii) समाचार पत्रों से भिन्न माल के क्रय या विक्रय अन्तर्राष्ट्रीय व्यापार या वाणिज्य के दौरान होता है।

(iii) समाचार पत्रों के क्रय या विक्रय पर और उनमें प्रकाशित विज्ञापनों पर कर।

(iv) माल के पोषण पर उस दशा में कर, जिसमे ऐसी घोषणा अन्तर्राज्यिक व्यापार या वाणिज्य के दौरान होती है।

(v) स्टाक एक्सचेन्जों तथा शेयर बाजारों के संव्यवहारों पर स्टाम्प शुल्क से भिन्न कर।

(vi) कृषि भूमि में भिन्न-सम्पत्ति के उत्तराधिकार के सम्बन्ध में शुल्क।

(vii) रेल, समुद्र, वायु मार्ग द्वारा ले जाये जाने वाले माल या यात्रियों पर सीमा कर।

(viii) रेल भाड़ों तथा माल भाड़ों पर कर।

सहायता अनुदान—यद्यपि संघ राज्यों को अनुदान राशि प्रदान करता है, परन्तु उस राज्य की आवश्यकता पूर्ति हेतु वह राशि पर्याप्त हो यह अनिवार्य नहीं है, परिणामस्वरूप संसद की संस्तुति पर राज्य को आवश्यकतानुसार धन देने के लिए निर्देशित नहीं करता विशेषकर राज्यों को जनजाति के क्षेत्रों के कल्याण के लिए अनुदान दिये जायेंगे, जिसमें इस सम्बन्ध में असम को दी जाने वाली विशेष मदद भी सम्मिलित है।

संघ तथा राज्य की ऋण ग्रहण शक्ति—भारतीय संविधान में यह प्रावधान है कि राज्य सरकार की प्रतिभूतियों पर वह केन्द्र सरकार विदेशों से ऋण ले सकती है। अतः राज्य की उधार लेने की निम्नांकित शक्तियाँ हैं—

(क) राज्य भारत के बाहर उधार नहीं ले सकते,

(ख) राज्य सरकार को अपने राजस्व की प्रतिभूति पर निम्नलिखित शर्तों के अधीन रहते हुए भारत के राज्य क्षेत्र के अन्तर्गत उधार लेने की शक्ति हैं—

(i) उन शर्तों के अधीन, जो राज्य विधानमण्डल विहित करता है,

(ii) यदि संघ में राज्य के किसी बकाया उधार की प्रत्याभूति दी है, तो संघ सरकार की सम्मति के बिना राज्य ऋण नहीं ले सकता।

केन्द्र-राज्य संबंधों पर गठित आयोग/समितियाँ

वर्तमान समय में केंद्र तथा सभी राज्यों के समान दलों की सरकार नहीं है। फलस्वरूप केंद्र तथा राज्यों के मध्य तनाव बढ़ गया है और राज्यों द्वारा माँग की गई है कि केन्द्र तथा राज्य के मध्य सम्बन्ध का पुनरीक्षण करने के लिए आयोग का गठन किया जाय। केन्द्र तथा राज्य के मध्य विवाद को सुलझाने के लिए अब तक मुख्यतः चार आयोग गठित किए गए हैं, जो इस प्रकार हैं–

प्रशासनिक सुधार आयोग (1970), राजमन्नार आयोग (1970), भगवान सहाय समिति (1971), सरकारिया आयोग (1987) (निर्दिष्ट वर्ष रिपोर्ट प्रस्तुत करने का वर्ष हैं) इसमें से प्रथम तीन आयोग/समिति की रिपोर्ट में की गई सिफारिशें अमान्य कर दी गई हैं, जबकि सरकारिया आयोग की सिफारिशों में से कुछ के स्वीकार करने की घोषणा की गई है।

1. राजमन्नार समिति–इस समिति की सिफारिशें केन्द्र तथा राज्यों के मध्य प्रशासनिक, विधायी तथा वित्तीय सम्बन्धों से सम्बन्धित हैं, जिनमें राज्यों की स्वायत्तता को प्रमुखता दी गई है। इसके अतिरिक्त इसकी सिफारिशों में न्यायपालिका, राज्यपाल तथा मुख्यमंत्री के बीच सम्बन्धों को भी शामिल किया गया है। समिति ने राज्यों के भू-प्रदेश, प्रादेशिक जल सीमा के अन्तर्गत समुद्र तल, केन्द्रीय कार्यपालिका आदि के सम्बन्धों में भी सिफारिशें की हैं।

2. प्रशासनिक सुधार आयोग–इस आयोग की सिफारिशें मुख्यतः राज्यपालों के क्रियाकलापों तथा मुख्यमंत्री और राज्य के राज्यपाल से सम्बन्धित रही हैं।

समिति की सिफारिशें–

(i) अवशिष्ट विषय या तो समाप्त कर दिए जाए अथवा उन्हें राज्यों को सौंप दिया जाना चाहिए।

(ii) एक अंतर्राष्ट्रीय परिषद का गठन किया जाना चाहिए।

(iii) अखिल भारतीय सेवाओं को समाप्त कर दिया जाना चाहिए।

इस समिति के अध्यक्ष पी. वी. राजमन्नार तथा सदस्यगण ए. एल. मुदालियर तथा पी. चेन्ना रेड्डी थे।

3. भगवान सहाय समिति–इस समिति ने केवल राज्यपालों तथा मुख्यमंत्रियों के सम्बन्ध में सिफारिश की थी।

4. सरकारिया आयोग– मार्च 1983 को न्यायमूर्ति रणजीत सिंह सरकारिया (आर. एस. सरकारिया) की अध्यक्षता में तीन सदस्यीय समिति का गठन किया गया था। इस समिति ने 1987 में अपनी रिपोर्ट केन्द्र सरकार को सौंप दी। 1600 पृष्ठीय रिपोर्ट में आयोग द्वारा की गई मुख्य सिफारिशें निम्नलिखित हैं–

(i) किसी राज्य के मुख्यमंत्री या पूर्व मंत्री के विरुद्ध पद के दुरुपयोग के आरोपों की जाँच के लिए आयोग की नियुक्ति के प्रस्ताव पर संसद के दोनों सदनों में उपस्थिति तथा मतदान करने वाले सदस्यों के बहुमत का समर्थन होना चाहिए।

(ii) देश की एकता तथा अखण्डता के लिए त्रिभाषा सूत्र को सभी राज्यों में लागू करने के लिए प्रभावी कदम उठाए जाने चाहिएँ।

(iii) केन्द्र-राज्य से सम्बन्धित संवैधानिक प्रावधान में कोई संशोधन न तो उचित है और न ही आवश्यक। देश की एकता तथा अखण्डता के लिए मजबूत केन्द्र अनिवार्य है।

(iv) राज्यों में राष्ट्रपति शासन को अन्तिम विकल्प के रूप में लागू किया जाना चाहिए। राज्यपाल को 5 वर्ष के लिए नियुक्त किया जाना चाहिए और बीच में इनका स्थानातरण नहीं करना चाहिए।

(v) केन्द्र तथा राज्यों के बीच निगम कर के उचित बंटवारे के लिए संविधान में संशोधन किया जाना चाहिए।

(vi) समवर्ती सूची में अन्तर्विष्ट विषयों के सम्बन्ध में केन्द्र सरकार तथा राज्यों की सरकारों के बीच विचार-विमर्श किया जाना चाहिए।

(vii) राज्यों को ऋण देने की पद्धति पर पुनर्विचार किया जाना चाहिए और केन्द्र द्वारा प्रायोजित परियोजनाओं की संख्या कम से कम रखी जानी चाहिए।

(viii) राज्यों में केन्द्रीय सुरक्षा बलों को तैनात करने में केन्द्र सरकार का पूरा अधिकार होना चाहिए तथा केन्द्र-राज्य की इच्छा के विरुद्ध भी केन्द्रीय सुरक्षा बलों को तैनात कर सकता है।

(ix) अभियांत्रिकी, चिकित्सा तथा शिक्षा के लिए अखिल भारतीय सेवा का गठन किया जाना चाहिए।

(x) योजना आयोग को स्वायत्तशासी संस्था बनाया जाए।

(xi) राष्ट्रीय विकास परिषद के नाम में परिवर्तन करके इसका नाम राष्ट्रीय एवं आर्थिक विकास परिषद करना चाहिए तथा इसे और अधिक प्रभावी बनाया जाना चाहिए, जिससे यह केन्द्र तथा राज्य सरकारों के बीच राजनीतिक स्तर की सर्वोच्च संस्था हो सके।

अन्तर्राज्यीय परिषद

भारतीय संविधान का अनुच्छेद 263 यह व्यवस्था करता है कि यदि राष्ट्रपति लोकहित में ऐसा करना आवश्यक समझता है तो वह किसी भी समय एक अंतर्राज्यीय परिषद् की स्थापना करता है।

परिषद का कार्य—अंतर्राज्यीय परिषद के निम्नांकित कार्य हैं—

(i) राज्यों के मध्य उत्पन्न विवादों की जाँच करना तथा उन्हें निपटाने के लिए सलाह देना,

(ii) कुछ या सभी राज्यों के अथवा संघ और एक या अधिक राज्यों के सामान्य हित से सम्बन्धित विषयों का अन्वेषण करने तथा उन पर विचार-विमर्श करना, और

(iii) इन विषयों तथा विशेषकर इनसे सम्बन्धित नीति एवं कार्य के बेहतर समन्वय के सम्बन्ध में सिफारिश करना।

गठन—अंतर्राज्यीय परिषद की स्थापना जून, 1900 में की गयी, यद्यपि इसके लिए राजनीतिक दलों तथा नेताओं द्वारा समय-समय पर माँग की जाती रही है, लेकिन सरकार इसके प्रति उदासीन रही। सरकार इस आधार पर इस परिषद के गठन से इन्कार करती रही कि राज्यों तथा केन्द्र एवं राज्यों की समस्याओं को हल करने के लिए राष्ट्रीय विकास परिषद तथा क्षेत्रीय परिषद है और इसके लिए कभी-कभी मुख्यमंत्रियों का सम्मेलन आयोजित होता है।

लेकिन 1990 में तत्कालीन प्रधानमंत्री ने अन्तर्राज्यीय परिषद के गठन की घोषणा की।

सचिवालय—अंतर्राज्यीय परिषद के लिए एक स्थाई सचिवालय स्थापित किया गया है। सचिवालय के पदाधिकारियों की नियुक्ति राष्ट्रपति द्वारा भी की जाएगी।

परिषद की बैठक तथा गणपूर्ति—अंतर्राज्यीय परिषद की तीन बैठकें प्रति वर्ष आयोजित होंगी तथा प्रधानमंत्री इन बैठकों की अध्यक्षता करेंगे। यदि किसी कारण प्रधानमंत्री परिषद की बैठक में उपस्थित होने में असमर्थ हों, तब कैबिनेट का वह मंत्री बैठक की अध्यक्षता करेगा, जिसे प्रधानमंत्री इस प्रयोजन से दायित्व सौंपे। जब परिषद की किसी बैठक में किसी विशेष विषय पर विचार-विमर्श किया जाना हो, तो सम्बन्धित मंत्री या उस राज्य मंत्री को, जिसके पास विभाग का स्वतंत्र प्रभार हो, विशेष रूप से शामिल होने के लिए कहा जा सकता है। परिषद की बैठक के लिए कम से कम 10 सदस्यों की उपस्थिति आवश्यक है, जिसमें अध्यक्ष भी शामिल है। अंतर्राष्ट्रीय परिषद की अब तक आठ बैठकें संपन्न हो चुकी हैं। आठवीं बैठक

27-28 अगस्त, 2003 को श्रीनगर में संपन्न हुआ। यह पहला अवसर था जब 1990 में गठित इस परिषद् की बैठक नई दिल्ली के बाहर हुई। इससे पूर्व परिषद की सातवीं बैठक 16 नवंबर 2001 को नई दिल्ली में आयोजित हुई थी। श्रीनगर में आयोजित आठवीं बैठक में राज्यों में राष्ट्रपति शासन लागू करने के मामले में अनुच्छेद 356 के दुरुपयोग को रोकने के लिए ठोस उपाय किए पर आम सहमति बनी।

अन्तर्राज्यीय परिषद की पहली बैठक 10 अक्टूबर, 1990 को हुई थी।

कार्य सूची—अंतर्राज्यीय परिषद् की बैठक में विचार किये जाने वाली विषयों की सूची खुद परिषद बनाएगी तथा विचाराधीन विषयों पर निर्णय सर्वसम्मति से किया जाएगा। इस सम्बन्ध में अध्यक्ष का निर्णय अन्तिम होगा।

वित्त आयोग

भारतीय संविधान के अनुच्छेद 280 में वित्त आयोग के गठन का प्रावधान किया गया है तथा इसका अधिकार राष्ट्रपति को दिया गया है। वित्त आयोग में राष्ट्रपति द्वारा एक अध्यक्ष तथा चार अन्य सदस्य नियुक्त किए जाएँगे। वित्त आयोग के अध्यक्ष तथा सदस्यों की योग्यता क्या होगी, इसका निर्धारण करने का अधिकार संसद को दिया गया है। संसद ने इनके लिए 1951 में वित्त आयोग अधिनियम, 1951 पारित किया, जिसे बाद में 1955 में संशोधित किया। इस अधिनियम के अनुसार वित्त आयोग का अध्यक्ष वह व्यक्ति होगा, जिसे सार्वजनिक मामलों में पर्याप्त अनुभव हो तथा चार सदस्य उच्च न्यायालय के न्यायाधीश होने योग्य व्यक्तियों या वित्तीय मामलों तथा प्रशासन में अनुभव प्राप्त अथवा अर्थशास्त्र के विशेषज्ञों में से नियुक्त किए जाएँगे। इस अधिनियम में यह भी प्रावधान किया गया है कि आयोग अपनी प्रक्रिया स्वयं निर्धारित करेगा तथा अपने कार्य के निष्पादन में एक असैनिक न्यायालय के अधिकारों का प्रयोग करेगा और आयोग अपने कार्यों को सम्पन्न करने के लिए किसी व्यक्ति से जानकारी प्राप्त करने के लिए उसे बुला सकता है। आयोग केन्द्र तथा राज्यों के वित्तीय सम्बन्धों के सम्बन्ध में सिफारिश करता है। आयोग द्वारा पेश की गई सिफारिशों को राष्ट्रपति संसद के पटल पर रखता है।

वित्त आयोग के कर्त्तव्य—भारतीय संविधान के तहत वित्त आयोग के निम्नांकित कर्तव्य हैं—

(i) भारत की संचित निधि में से राज्यों के राजस्व में सहायता अनुदान को शामिल करने वाले सिद्धान्तों के बारे में सिफारिश करना,

(ii) सुदृढ़ वित्तीय हित में राष्ट्रपति द्वारा आयोग को सौपें गए किसी अन्य विषय के बारे में सिफारिश करना।

(iii) केन्द्र और राज्य के मध्य करों के शुद्ध आगमों के वितरण के बारे में और राज्यों के बीच ऐसे आगमों के भाग के आबंटन के बारे में सिफारिश करना,

योजना आयोग

भारतीय संविधान में योजना आयोग का कहीं भी उल्लेख नहीं है। केंद्र-राज्य संबंधों को संचालित करने वाली तीसरी अनुसूची(समवर्ती सूची) की प्रविष्टि 20 में "आर्थिक और सामाजिक योजना" की एक प्रविष्टि है। इस प्रविष्टि का लाभ उठाकर केंद्र सरकार ने 1950 मंत्रिमंडल के एक प्रस्ताव द्वारा एक संविधान निकाय की स्थापना की जिसका नाम"योजना आयोग" है। इसके अध्यक्ष प्रधानमंत्री होते हैं।

योजना आयोग का दायित्व—योजना आयोग के निम्नलिखित दायित्व हैं:—

(1) योजना के प्रत्येक चरण के सफल क्रियान्वयन के लिए आवश्यकता तन्त्र का स्वरूप निश्चत करना।

(i) देश के भौतिक संसाधनों और जनशक्ति का अनुमान लगाना तथा राष्ट्र की आवश्यकताओं के अनुसार उन संसाधनों की वृद्धि की सम्भावनाओं का पता लगाना।

(ii) देश के संसाधनों के सन्तुलित उपयोग के लिए व्यापक प्रभावी योजना बनाना।

(iii) योजना के कार्यान्वयन के चरणों का निर्धारण तथा उनके लिए संसाधनों का नियमन करना।

(iv) देश के आर्थिक विकास में आने वाली बाधाओं की ओर संकेत करना तथा योजना के सफल क्रियान्वयन के लिए उपयुक्त परिस्थितियों का निर्धारण करना।

(v) समय-समय पर योजना की चरणवार प्रगति का अवलोकन तथा इस सम्बन्ध में आवश्यक उपायों की सिफारिश करना।

राष्ट्रीय विकास परिषद

सन् 1952 में इस परिषद् की स्थापना इसलिए की गई क्योंकि राज्यों तथा केन्द्रों के बीच शक्तियों के विभाजन को देखते हुए योजना तैयार करने में राज्यों

का भाग लेना अनिवार्य था, इस परिषद का अध्यक्ष प्रधानमंत्री होता है तथा सभी राज्यों के मुख्यमंत्री इसके पदेन सदस्य होते हैं।

परिषद की स्थापना के उद्देश्य–राष्ट्रीय विकास परिषद की स्थापना के निम्नलिखित उद्देश्य हैं–

(i) योजना आयोग की सहायता के लिए राष्ट्र के स्रोतों तथा परिश्रम को सुदृढ़ करना तथा उनको गतिशील बनाना,
(ii) सभी महत्त्वपूर्ण क्षेत्रों में समरूप आर्थिक नीतियों के अंगीकरण को प्रोत्साहित करना,
(iii) देश के सभी भागों के तीव्र तथा सन्तुलित विकास के लिए प्रयास करना।

परिषद के कार्य–राष्ट्रीय विकास परिषद के द्वारा किए जाने वाले प्रमुख कार्य निम्नलिखित हैं–

(i) राष्ट्रीय योजना की प्रगति पर समय-समय पर विचार करना,
(ii) राष्ट्रीय विकास को प्रभावित करने वाली आर्थिक तथा सामाजिक नीतियों सम्बन्धी विषयों पर विचार करना, तथा
(iii) राष्ट्रीय योजना के निर्धारित लक्ष्यों तथा उद्देश्यों की प्राप्ति के लिए सुझाव देना।

संघ तथा राज्य के अधीन सेवाएँ

भारतीय संविधान के अन्तर्गत संघ तथा राज्य के अधीन अखिल भारतीय सेवा, केन्द्रीय सेवा तथा राज्य सेवाएँ हैं।

लोक सेवाओं को संवैधानिक संरक्षण–प्रतिरक्षा सेवा के सदस्यों को छोड़कर भारतीय संविधान के अनुच्छेद 311 में लोक सेवकों के संरक्षण के सम्बन्ध में निम्नलिखित प्रावधान किए गए हैं, वे निम्नवत् हैं–

(i) कोई भी लोक सेवक नियुक्ति करने वाले प्राधिकारी के अधीनस्थ किसी प्राधिकारी द्वारा पद से नहीं हटाया जाएगा।
(ii) किसी भी लोक सेवक के विरुद्ध कोई पदच्युति का, हटाए जाने का या पदावनत किए जाने का आदेश तभी दिया जा सकेगा जब उसके विरुद्ध आरोपों के सम्बन्ध में उसे सुनवाई का युक्तियुक्त अवसर दिया गया हो।

7

भारतीय सरकार और संविधान संशोधन

भारत का संविधान विश्व का सबसे विशाल लिखित संविधान है जो कठोर होने के साथ-साथ लचीला भी है। संविधान एक जीवित और परिवर्तनशील प्रलेख है और देश और काल की बदलती हुई परिस्थितियों के अनुसार संविधान में संशोधन आवश्यक हो जाता है। भारतीय संविधान अपनी निराली संशोधन प्रक्रिया के फलस्वरूप नम्यता और अनम्यता का सामंजस्य उपस्थित करता है। संविधान में संशोधन की प्रक्रिया का वर्णन संविधान के भाग-20 अनुच्छेद 368 में किया गया है। इस अनुच्छेद के अनुसार भारतीय संविधान में संशोधन निम्न प्रकार से होता है–

1. साधारण बहुमत द्वारा संशोधन

भारतीय संविधान में कुछ ऐसे अनुच्छेद हैं, जिन्हें संसद साधारण बहुमत से संशोधित कर सकती है और संसद द्वारा इस प्रकार किए गए संशोधन को संविधान संशोधन नहीं माना जाता। उदाहरण के लिए, राज्यों के नामों तथा सीमाओं में परिवर्तन करने, राज्यों के क्षेत्र को कम करने या वृद्धि करने, राज्यों में विधान परिषदों को गठित करने या समाप्त करने, अनुच्छेद 2 में, जिसमें राष्ट्रपति, राज्यपाल, उच्चतम न्यायालय तथा उच्च न्यायालयों के न्यायाधीशों के वेतन में वृद्धि या कमी करने आदि के लिए किए जाने वाले संशोधन साधारण बहुमत से किए जाते हैं।

ऐसा संशोधन करने के लिए कोई विधेयक संसद के किसी भी सदन में पेश किया जा सकता है और एक सदन द्वारा पारित किए जाने पर उस विधेयक को दूसरे सदन को भेजा जाता है। दूसरे सदन द्वारा विधेयक को पारित करने पर उसे राष्ट्रपति की अनुमति के लिए भेजा जाता है और राष्ट्रपति द्वारा अनुमति प्राप्त कर लेने पर विधेयक अधिनियम के रूप में प्रवृत्त हो जाता है।

2. विशेष बहुमत द्वारा संशोधन

संसद के किसी भी सदन में संविधान संशोधन करने हेतु कोई विधेयक पेश किया जाता है। इस प्रकार पेश किए गए विधेयक को सदन द्वारा विशेष बहुमत से पारित किया जाना चाहिए। विशेष बहुमत से पारित किए जाने वाले विधेयक को दूसरे सदन को भेजा जाना चाहिए। जब दूसरा सदन भी विशेष बहुमत से विधेयक को पारित कर दे, तब उसे राष्ट्रपति की सम्मति के लिए भेजा जाता है। राष्ट्रपति की सम्मति प्राप्त करने पर विधेयक अधिनियम के रूप में प्रवर्तित हो जाता है।

विशेष बहुमत—इसका आशय ऐसे बहुमत से है, जो सदन की कुल सदस्य संख्या के 50 प्रतिशत तथा और मतदान करने वाले सदस्यों के दो-तिहाई से कम न हो। लेकिन कभी-कभी यह प्रश्न उत्पन्न होता है कि जब उपस्थित सदस्यों तथा मतदान में भाग लेने वाले सदस्यों की संख्या समान न हो, तो किसका दो-तिहाई बहुमत माना जाए। उदाहरण के लिए—यदि किसी बैठक में 480 सदस्य उपस्थित हों और मतदान में केवल 450 सदस्य ही भाग लें, ऐसी स्थिति में उपस्थित सदस्यों का दो-तिहाई 320 होगा, तब कौनसा बहुमत 320 को या 300 को युक्तियुक्त माना जाएगा। लोक सभा अध्यक्ष द्वारा ऐसे ही एक मामले में निर्णय दिया गया था कि उपस्थित सदस्यों का दो-तिहाई बहुमत अनिवार्य होना चाहिए।

कुल सदस्यों की संख्या—सदन में कुल सदस्यों की संख्या के बहुमत से संविधान संशोधन विधेयक पारित किया जाना चाहिए। सदन की कुल संख्या का तात्पर्य सदन की वास्तविक संख्या से नहीं है, बल्कि उस संख्या से है, जो संविधान में दी गई है या संवैधानिक प्राधिकारी द्वारा नियत की गई है। उदाहरणार्थ, जब 1955 में राज्य पुनर्गठन विधेयक को दो के मुकाबले 246 मतों से पारित कर दिया गया, तब लोकसभाध्यक्ष ने निर्णय दिया कि विधेयक को पारित किया गया नहीं माना जाएगा क्योंकि उस समय लोकसभा की कुल सदस्य संख्या 499 थी और विधेयक के पक्ष में 50% मत नहीं पड़े थे।

विशेष बहुमत का चरण—जब 1951 में प्रथम संविधान संशोधन पेश किया गया, तब यह प्रश्न उठाया गया था कि क्या विशेष बहुमत की आवश्यकता तब होती है, जब उस पर अन्तिम बार मतदान किया जाता या विधेयक को पारित करते समय प्रत्येक चरण पर विशेष बहुमत की आवश्यकता होती है। इस प्रश्न पर तत्कालीन लोकसभाध्यक्ष ने भारत के महान्यायवादी से विचार-विमर्श के बाद निर्णय दिया था

कि संविधान संशोधन विधेयक को पारित करने के लिए प्रत्येक चरण पर विशेष बहुमत की आवश्यकता होती है। इस प्रकार तभी से यह माना जाता है कि संविधान संशोधन विधेयक पेश करने के लिए भी उपस्थित तथा मतदान में भाग लेने वाले सदस्यों के दो-तिहाई बहुमत की आवश्यकता होती है और यह दो-तिहाई बहुमत सदन के कुल सदस्यों की संख्या के 50% अर्थात् आधे से कम नहीं होना चाहिए। उदाहरणार्थ, 1964 में 17वाँ संविधान संशोधन विधेयक, 1969 में 22वाँ संविधान संशोधन विधेयक, 1979 में 46वाँ संविधान संशोधन तथा 1989 में पंजाब में राष्ट्रपति शासन बढ़ाने से सम्बन्धित 75वाँ संविधान संशोधन विधेयक इसलिए पेश नहीं किया जा सका था क्योंकि इन्हें पेश करने के लिए 50% सदस्यों का समर्थन नहीं मिला था।

3. विशेष बहुमत तथा राज्यों के अनुमोदन से संविधान संशोधन

संविधान में कुछ विशेष प्रावधान हैं जो वास्तव में संघ एवं राज्यों दोनों से संबंधित हैं। राष्ट्रपति के निर्वाचन से सम्बन्धित निर्वाचक मण्डल तथा राष्ट्रपति की चुनाव प्रक्रिया, संघ तथा राज्यों की कार्यपालिका शक्ति का विस्तार, उच्चतम न्यायालय तथा उच्च न्यायालयों के गठन तथा क्षेत्राधिकार, सातवीं सूची में वर्णित सूचियों की प्रविधि, संसद में राज्यों का प्रतिनिधित्व तथा संविधान संशोधन के लिए संसद के विशेष बहुमत के साथ आधे से अधिक राज्यों की विधान सभाओं द्वारा अनुमोदित होनी चाहिए।

यह संशोधन करने के लिए कोई विधेयक संसद के किसी भी सदन में पेश किया जा सकता है और उस सदन द्वारा विशेष बहुमत से पारित करने के बाद दूसरे सदन को भेजा जाता है। दूसरे सदन द्वारा विशेष बहुमत से पारित करने के बाद इसे राज्यों को विधानसभाओं द्वारा अनुमोदित करने के लिए भेजा जाता है। जब राज्यों की विधानसभाओं द्वारा उसे अनुमोदित कर दिया जाता है, तब उसे राष्ट्रपति की सम्मति के लिए भेजा जाता है। राष्ट्रपति की सम्मति मिलने के बाद विधेयक अधिनियम के रूप में प्रवर्तित हो जाता है। उदाहरणार्थ-73वें संविधान संशोधन को लोकसभा ने 23 दिसम्बर, 1992 को पारित किया था। इसे राज्यों की विधान सभाओं को अनुमोदन के लिए भेजा गया और 17 राज्यों की विधानसभाओं द्वारा अनुमोदित किए जाने के बाद ही राष्ट्रपति ने 20 अप्रैल, 1993 को अपनी सम्मति दी। इस विधेयक को राज्यों की विधानसभाओं के अनुमोदन के लिए इसलिए भेजा गया था क्योंकि यह सातवीं अनुसूची की राज्य सूची में प्रविष्ट विषय से सम्बन्धित था।

प्रमुख संवैधानिक संशोधन : एक दृष्टि में

सन् 1950 से लेकर अब तक भारतीय संविधान में कई बार संशोधन किया जा चुका है जिनमें से कुछ प्रमुख संशोधन इस प्रकार हैं—

(1) संविधान प्रथम संशोधन अधिनियम, 1951—इस संशोधन अधिनियम द्वारा अनुच्छेद 15, 19, 85, 174, 176, 314, 342, 372 में संशोधन किए गए तथा दो नए अनुच्छेद 31-क तथा 31-ख और नवीं अनुसूची को संविधान में जोड़ा गया। इस निम्नलिखित संशोधन ऐसे संवैधानिक संशोधन हैं जो विशेष परिस्थितियों में किए गए—

(i) अनुच्छेद 15 (4) को जोड़कर सामाजिक तथा शैक्षणिक दृष्टि से पिछड़े हुए लोगों के सम्बन्ध में विशेष कानून निर्माण हेतु राज्य को अधिकार दिया गया।

(ii) अनुच्छेद 31-क को जोड़कर जमींदारी उन्मूलन को वैधानिकता प्रदान की तथा अनुच्छेद 31-ख जोड़कर यह प्रावधान किया गया कि संविधान की नवीं सूची में शामिल किए गए अधिनियमों की वैधानिकताओं को न्यायालय में चुनौती दी जा सकती है।

(iii) अनुच्छेद 19 (2) में संशोधन करके लोक व्यवस्था, विदेशी राज्यों से मैत्री सम्बन्ध तथा अपराध के उद्दीपन के आधार पर वाक् एवं अभिव्यक्ति की स्वतन्त्रता पर रोक लगाई गई।

(2) संविधान द्वितीय संशोधन अधिनियम, 1952—इस संशोधन अधिनियम द्वारा अनुच्छेद 81 (1) (ख) में संशोधन करके 1951 की जनगणना के आँकड़ों के आधार पर लोकसभा की अधिकतम संख्या निश्चित की गई।

(3) संविधान (तीसरा संशोधन) अधिनियम, 1954—इस अधिनियम द्वारा संविधान की सातवीं अनुसूची की तीसरी सूची (समवर्ती सूची) की प्रविष्टि 33 में विस्तार किया गया, जिससे आवश्यकता पड़ने पर संघ सरकार आवश्यक वस्तुओं के उत्पादन, आपूर्ति तथा वितरण के सम्बन्ध में कानून बना सके।

(4) संविधान चतुर्थ संशोधन अधिनियम, 1955—इस संशोधन द्वारा अनुच्छेद 31, 31-क तथा 305 में संशोधन करके यह व्यवस्था की गई कि यदि राज्य सार्वजनिक प्रयोजन के लिए कानून द्वारा किसी व्यक्तिगत सम्पत्ति के अर्जन के लिए प्रतिकर निर्धारण का अधिकार प्राधिकारी को प्रदान कर दे, तो प्राधिकारी द्वारा निर्धारित प्रतिकर को न्यायालय में चुनौती नहीं दी जा सकती।

(5) संविधान पाँचवाँ संशोधन अधिनियम, 1955—इस संविधान संशोधन द्वारा अनुच्छेद 3 में संशोधन करके यह व्यवस्था की गई कि राज्यों की सीमा में परिवर्ततन करने के सम्बन्ध में राज्य विधानसभा को अपनी राय प्रकट करने का जो अधिकार संविधान द्वारा प्रदत्त है, उसके बारे में विचार प्रकट करने का समय राष्ट्रपति द्वारा निश्चित कर दिया जाए और यदि राष्ट्रपति द्वारा निहित समय सीमा के अन्तर्गत राज्य विधानसभा अपनी राय न दे, तो संसद उस सम्बन्ध में कानून बना सकती है।

(6) संविधान छठा संशोधन अधिनियम, 1956—इसके द्वारा संविधान की सातवीं अनुसूची की प्रथम सूची (संघ सूची) में संशोधन करके एक नई प्रविष्टि, 92-क, को जोड़ा गया और इसके द्वारा केन्द्र के अन्तर्राज्यिक क्रय तथा विक्रय के सम्बन्ध में कानून बनाने का अधिकार दिया गया। इसके अतिरिक्त इस संशोधन द्वारा उच्चतम न्यायालय के न्यायाधीशों को उच्चतम न्यायालय में वकालत करने की अनुज्ञा दी गई।

(7) संविधान सातवाँ संशोधन अधिनियम 1956—इसके द्वारा संविधान की प्रथम अनुच्छेद सूची में संशोधन करके राज्यों को 14 राज्यों तथा 6 संघ राज्य क्षेत्रों में पुर्नगठित किया गया।

(8) संविधान आठवाँ संशोधन अधिनियम 1960—इस संशोधन द्वारा प्रावधान किया गया कि अनुच्छेद 334 में संशोधन करके अनुसूचित जातियों तथा जनजातियों के लिए लोकसभा तथा राज्यसभा, विधानसभाओं में आरक्षण की अवधि को 20 वर्ष तक के लिए बढ़ाया गया।

(9) संविधान नौवाँ संशोधन अधिनियम, 1960—इस संशोधन द्वारा भारत द्वारा भारत द्वारा पाकिस्तान के मध्य भूमि-हस्तान्तरण के लिए किए गए समझौते को कार्यान्वित करने के लिए भारत के भू-भाग को हस्तान्तरित करने का अधिकार दिया गया।

(10) संविधान दसवाँ संशोधन अधिनियम, 1961—इसके द्वारा दादरा तथा नागर हवेली नामक दोनों बस्तियों को भारत संघ ने संघ राज्य क्षेत्र के रूप में शामिल किया गया।

(11) संविधान ग्यारहवाँ संशोधन अधिनियम, 1961—इस संशोधन द्वारा प्रावधान किया गया कि— राष्ट्रपति या उपराष्ट्रपति के चुनाव को इस आधार पर चुनौती नहीं दी जा सकती कि निर्वाचक मण्डल अपूर्ण है, तथा उपराष्ट्रपति के चुनाव के लिए संसद के दोनों सदनों की संयुक्त बैठक बुलाना आवश्यक नहीं है।

(12) संविधान बारहवाँ संशोधन अधिनियम, 1962—इस संशोधन द्वारा गोवा, दमन तथा दीव को भारत का संघ राज्य क्षेत्र घोषित किया गया।

(13) संविधान तेरहवाँ संशोधन अधिनियम, 1962—इसके द्वारा नागालैंड को राज्य की श्रेणी में रखकर संविधान की प्रथम अनुसूची में शामिल किया गया तथा संविधान में अनुच्छेद 371-क अन्तःस्थापित करके नागालैण्ड के सम्बन्ध में विशेष प्रावधान किया गया।

(14) संविधान चौदहवाँ संशोधन अधिनियम, 1962—इसके द्वारा पाण्डिचेरी को भारत का अंग तथा संघ राज्य क्षेत्र में विधान सभा तथा मन्त्रि परिषद की स्थापना का अधिकार दिया गया और अनुच्छेद 239-क जोड़कर पाण्डिचेरी के लिए विधान सभा तथा मन्त्रिमण्डल के गठन हेतु प्रावधान किया गया।

(15) संविधान पन्द्रहवाँ संशोधन अधिनियम, 1963—इसके द्वारा उच्च न्यायालयों की अधिकारिता में वृद्धि की गई तथा उच्च न्यायालयों के न्यायाधीशों की सेवानिवृत्ति आयु को 60 से बढ़ाकर 62 वर्ष कर दिया गया।

(16) संविधान सोलहवाँ संशोधन अधिनियम, 1963—इस संशोधन में तीन तरह के प्रावधान किए गए—

(i) राज्य की सम्प्रभुता तथा एकता की रक्षा हेतु राज्य मूलाधिकारों पर युक्तियुक्त निर्बन्धन लगा सकते हैं।

(ii) किसी भी राज्य के भारत संघ से पृथक् होने तथा संघ को भंग करने के प्रयास को अवैध घोषित कर दिया गया, तथा

(iii) संसद तथा राज्य विधानमण्डल के सदस्यों को भारत की अखण्डता बनाए रखने के तथा प्रभुत्वसम्पन्नता की रक्षा की शपथ ग्रहण करनी होगी।

(17) संविधान सत्रहवाँ संशोधन अधिनियम, 1964—इसके द्वारा नवीं अनुसूची में 44 अधिनियम जोड़े गए तथा सम्पत्ति के अधिकार को स्पष्ट किया गया।

(18) संविधान अठारहवाँ संशोधन अधिनियम, 1966—इसके द्वारा अनुच्छेद 3-क को जोड़कर यह प्रावधान किया गया कि संसद किसी राज्य का या संघ राज्य क्षेत्र के एक भाग का गठन कर राकती है तथा पंजाब को पुनर्गठित करके पंजाब एवं हरियाणा राज्य तथा हिमाचल संघ राज्य क्षेत्र की स्थापना की गई।

(19) संविधान उन्नीसवाँ संशोधन अधिनियम, 1966—इसके द्वारा निर्वाचन न्यायाधिकरणों को समाप्त करके व्यवस्था की गई कि निर्वाचन संबंधी विवादों को सीधे उच्च न्यायालय में दाखिल किया जा सकता है।

(20) संविधान बीसवाँ संशोधन अधिनियम, 1966—इसके द्वारा जिला न्यायालयों में न्यायाधीशों की नियुक्ति तथा स्थानान्तरणों को वैधता प्रदान की गई तथा अनुच्छेद 233-क को जोड़ा गया।

(21) संविधान इक्कीसवाँ संशोधन अधिनियम, 1967—आठवीं अनुसूची में राजभाषा की सूची में सिन्धी भाषा को जोड़ा गया।

(22) संविधान बाइसवाँ संशोधन अधिनियम, 1969—इसके द्वारा मेघालय राज्य की स्थापना की गई तथा अनुच्छेद 244 क, 371-ख तथा 275 (1-ख) जोड़ा गया।

(23) संविधान तेईसवाँ संशोधन अधिनियम, 1970—इसके द्वारा अनुसूचित जातियों और अनुसूचित जनजातियों के लिए लोकसभा तथा विधानसभाओं में आरक्षण की अवधि को और दस वर्ष तक बढ़ाया गया।

(24) संविधान चौबीसवाँ संशोधन अधिनियम, 1971—इसके द्वारा अनुच्छेद 13 में खण्ड (4) को जोड़कर तथा अनुच्छेद 368 को संशोधित करके संसद को संविधान संशोधन का असीमित अधिकार दिया गया।

(25) संविधान पच्चीसवाँ संशोधन अधिनियम, 1971—इसके द्वारा अनुच्छेद 31 में खण्ड (2) का संशोधन किया गया तथा अनुच्छेद 31-ग जोड़ा गया।

(26) संविधान छब्बीसवाँ संशोधन अधिनियम, 1971—इसके द्वारा भूतपूर्व नरेशों के विशेषाधिकारों तथा प्रिवी पर्स के अधिकार को समाप्त किया गया।

(27) संविधान सत्ताईसवाँ संशोधन अधिनियम, 1971—सत्ताईसवें सवैधानिक संशोधन अधिनियम, 1971 का सम्बन्ध भारत के प्रमुख पूर्वी राज्यों— मेघालय, मणिपुर, त्रिपुरा एवं संघ राज्यों मिजोरम तथा अरुणाचल प्रदेश के गठन से है तथा मणिपुर राज्य के सम्बन्ध में विशेष प्रावधान किया गया और पूर्वोत्तर राज्यों तथा संघ राज्य क्षेत्रों के प्रशासन में सहयोग तथा समन्वय के लिए पूर्वोत्तर सीमान्त परिषद की स्थापना की गई।

(28) संविधान अट्ठाईसवाँ संशोधन अधिनियम, 1972—इस संशोधन द्वारा संसद को कुछ प्रशासनिक सेवाओं के अधिकारियों की सेवा शर्तों में परिवर्तन करने तथा उनकी सेवाओं को समाप्त करने का अधिकार दिया गया तथा भारतीय नागरिक सेवा के अधिकारियों के विशेषाधिकारों को समाप्त किया गया।

(29) संविधान उन्नतीसवाँ संशोधन अधिनियम, 1972—इस संविधान संशोधन द्वारा संविधान की 9वीं अनुसूची में कुछ अधिनियमों को जोड़ा गया।

(30) संविधान तीसवां **संशोधन अधिनियम, 1972**—इस संशोधन का

उद्देश्य अनुच्छेद 133 का संशोधन करके उसमें निर्धारित 20,000 रुपए की मूल्यांकन परीक्षा समाप्त करना तथा उसके स्थान पर सिविल कार्यवाही में उच्चतम न्यायालय में अपील की व्यवस्था करना है, जो केवल उच्च न्यायालय के इस प्रमाण-पत्र पर ही की जा सकेगी कि उस मामले में सामान्य महत्त्व की विधि का सारवान प्रश्न अंतर्ग्रस्त है और उच्च न्यायालय की राय में उस प्रश्न पर उच्चतम न्यायालय द्वारा निर्णय लिए जाने की आवश्यकता है।

(31) संविधान इकतीसवाँ संशोधन अधिनियम, 1973—इस संशोधन द्वारा 1971 की जनगणना के आधार पर लोक सभा की सदस्य संख्या 545 निश्चित की गई, जिनमें से 525 राज्यों की जनता द्वारा तथा 20 संघ राज्य क्षेत्रों की जनसंख्या द्वारा निर्वाचित किए जाएँगे और आंग्ल-भारतीय समुदाय के दो सदस्य राष्ट्रपति द्वारा नामजद किए जाएँगे।

(32) संविधान तैतीसवाँ संशोधन अधिनियम, 1974—इसके द्वारा संविधान के अनुच्छेद 101 तथा 191 में संशोधन करके यह व्यवस्था की गई कि संसद या राज्य विधान मण्डलों के सदस्यों से बलपूर्वक त्यागपत्र नहीं दिलवाया जा सकता।

(33) संविधान पैतीसवाँ संशोधन अधिनियम, 1974—इसके द्वारा सिक्किम को सह-राज्य का दर्जा प्रदान किया गया।

(34) संविधान छत्तीसवाँ संशोधन अधिनियम, 1975—इस संशोधन द्वारा सिक्किम को भारत के साथ मिला लिया गया और उसे भारत का बाईसवाँ राज्य बनाया गया।

(35) संविधान सैतीसवाँ संशोधन अधिनियम, 1975—संघ राज्य क्षेत्र अरुणाचल प्रदेश में विधानसभा तथा मन्त्रि परिषद के गठन की व्यवस्था की गई।

(36) संविधान अड़तीसवाँ संशोधन अधिनियम, 1975—इसके द्वारा यह व्यवस्था की गई कि राष्ट्रपति, राज्यपालों तथा उपराज्यपालों द्वारा घोषित आपात स्थिति वाले अध्यादेशों की वैधानिकता की जाँच न्यायालय नहीं कर सकते।

(37) संविधान उन्तालीसवाँ संशोधन अधिनियम, 1975—इस संशोधन द्वारा यह व्यवस्था की गई कि राष्ट्रपति, उपराष्ट्रपति, लोकसभाध्यक्ष तथा प्रधानमंत्री के निर्वाचन को न्यायालय में चुनौती नहीं दी जा सकती। इसे 44 वें संशोधन द्वारा समाप्त कर दिया गया है।

(38) संविधान चालीसवाँ संशोधन अधिनियम, 1976—इसके द्वारा नवीं अनुसूची में कुछ अधिनियमों को जोड़ा गया है।

(39) संविधान इकतालीसवाँ संशोधन अधिनियम, 1976—इसके द्वारा

अनुच्छेद 316 (2) में संशोधन करके राज्यों के लोक सेवा आयोगों के अध्यक्षों तथा सदस्यों के सेवानिवृत्ति की आयु 60 वर्ष से बढ़ाकर 62 वर्ष की गई।

(40) संविधान बयालीसवाँ संशोधन अधिनियम, 1976—बयालीसवाँ संवैधानिक संशोधन अधिनियम 1976 द्वारा जो परिवर्तन किए गए, वे निम्नवत् हैं—

(i) संविधान की उद्देशिका में "पंथ निरपेक्ष, समाजवादी तथा अखण्डता" शब्दों को जोड़ा गया।

(ii) अनुच्छेद 31-ग जोड़कर यह प्रावधान किया गया कि नीति निदेशक तत्त्वों को प्रभावी करने के लिए मूलाधिकार में संशोधन किया जा सकता है।

(iii) भाग 4-क तथा अनुच्छेद 51-क जोड़कर नागरिकों के 10 मूल कर्त्तव्यों का उल्लेख किया गया।

(iv) लोकसभा तथा विधानसभाओं के कार्यकाल में एक वर्ष की वृद्धि की गई।

(v) संसद द्वारा किए गए संविधान संशोधन को न्यायालय में चुनौती देने से वर्जित कर दिया गया।

(vi) केन्द्र को यह अधिकार दिया गया कि वह चाहे, तब राज्यों में केन्द्रीय सुरक्षा बलों को तैनात कर सकता है।

(vii) संसद को यह अधिकार दिया गया कि वह यह निर्धारण कर सकती है कि कौनसा पद लाभ का पद है।

(viii) यह प्रावधान किया गया कि संसद तथा राज्य विधानमण्डलों के लिए गणपूर्ति आवश्यक नहीं है।

(41) संविधान तैंतालीसवाँ संशोधन अधिनियम, 1977—इसके द्वारा 42वें संवैधानिक संशोधन की कुछ धाराओं को निरस्त किया गया।

(42) संविधान चवालीसवाँ संशोधन अधिनियम, 1978—इस संशोधन अधिनियम द्वारा निम्नलिखित प्रावधान किए गए—

(i) राष्ट्रपति को यह अधिकार दिया गया कि वह मंत्रिमण्डल की सलाह, जो उसे दी गई है, को पुनः मंत्रिमण्डल के विचारार्थ वापस भेज सकता है तथा पुनः दी गई सलाह को मानने के लिए बाध्य होगा।

(ii) राष्ट्रपति राष्ट्रीय आपात की उद्घोषणा तभी करेगा, जब उसे इसकी लिखित सूचना दी जाए।

(iii) राष्ट्रपति द्वारा घोषित आपात की उद्घोषणा का अनुमोदन संसद द्वारा एक मास के भीतर किया जाना चाहिए।

(iv) राष्ट्रीय आपात की उद्घोषणा 'आन्तरिक अशान्ति' के आधार पर नहीं की जा सकती बल्कि 'सशस्त्र विद्रोह' के कारण की जा सकती है।

(v) सम्पत्ति के मूलाधिकार को समाप्त करके इसे विधिक अधिकार बना दिया गया।

(vi) लोकसभा तथा राज्य विधानसभाओं की अवधि पुनः 5 वर्ष कर दी गई।

(vii) राष्ट्रपति के निर्वाचन सम्बन्धी विवाद को हल करने के लिए उच्चतम न्यायालय को अधिकार दिया गया।

(43) संविधान पैंतालीसवाँ संशोधन अधिनियम, 1980—इसके द्वारा लोकसभा तथा राज्य विधानसभाओं में अनुसूचित जातियों तथा जनजातियों के आरक्षण में दस वर्ष की वृद्धि की गई।

(44) संविधान छियालीसवाँ संशोधन अधिनियम, 1982—इसके द्वारा कुछ वस्तुओं के सम्बन्ध में बिक्रीकर की समान दरें और वसूली की एक समान व्यवस्था को अपनाया गया।

(45) संविधान सैंतालीसवाँ संशोधन अधिनियम, 1982—इसके द्वारा संविधान की नवीं अनुसूची में कुछ और अधिनियमों को जोड़ा गया।

(46) संविधान अड़तालीसवाँ संशोधन अधिनियम, 1984—इसके द्वारा संविधान के अनुच्छेद 356 (5) में परिवर्तन करके यह व्यवस्था की कि पंजाब में राष्ट्रपति शासन की अवधि को दो वर्ष तक बढ़ाया जा सकता है।

(47) संविधान उनचासवाँ संशोधन अधिनियम, 1984—इसके द्वारा अनुच्छेद 244 तथा पाँचवीं और छठी अनुसूची में संशोधन करके त्रिपुरा में स्वायत्तशासी जिला परिषद की स्थापना का प्रावधान किया गया।

(48) संविधान पचासवाँ संशोधन अधिनियम, 1984—इसके संशोधन द्वारा मेघालय, नागालैण्ड, अरुणाचल प्रदेश और मिजोरम की अनुसूचित जनजातियों को लोकसभा में आरक्षण प्रदान किया गया तथा नागालैण्ड और मेघालय की विधानसभाओं में जनजातियों के लिए आरक्षण की व्यवस्था की गई।

(49) संविधान इक्यावनवाँ संशोधन अधिनियम, 1984—इस संशोधन द्वारा मेघालय, नागालैण्ड, अरुणाचल प्रदेश और मिजोरम की अनुसूचित जनजातियों को लोकसभा में आरक्षण प्रदान किया गया तथा नागालैण्ड और मैघालय की विधानसभाओं में जनजातियों के लिए आरक्षण की व्यवस्था की गई।

(50) संविधान बावनवाँ संशोधन अधिनियम, 1985—इसके द्वारा संविधान

अनुच्छेद 101, 102, 190 तथा 192 में संशोधन करके तथा संविधान में दसवीं अनुसूची को जोड़कर दल-बदल को रोकने के लिए कानून बनाया गया।

(52) संविधान तिरेपनवाँ संशोधन अधिनियम, 1986—इसके द्वारा मिजोरम को राज्य की श्रेणी में रखा गया तथा अनुच्छेद 371-ज को जोड़कर अरुणाचल प्रदेश के लिए विशेष व्यवस्था की गई।

(53) संविधान चौवनवाँ संशोधन अधिनियम, 1986—इसके द्वारा उच्चतम न्यायालय तथा उच्च न्यायालयों के न्यायाधीशों के वेतन तथा सेवा शर्तों में सुधार किया गया।

(54) संविधान पचपनवाँ संशोधन अधिनियम, 1986—इसके द्वारा अरुणाचल प्रदेश को राज्य की श्रेणी में रखा गया तथा अनुच्छेद 371-ज को जोड़कर अरुणाचल प्रदेश के लिए विशेष व्यवस्था की गई।

(55) संविधान छप्पनवाँ संशोधन अधिनियम, 1987—इसके द्वारा गोवा को राज्य की श्रेणी में तथा दमन और दीव को गोवा से अलग करके संघ राज्य क्षेत्र की श्रेणी में रखा गया।

(56) संविधान सत्तावनवाँ संशोधन अधिनियम, 1984—इसके द्वारा मेघालय, मिजोरम, नागालैण्ड तथा अरुणाचल प्रदेश की विधानसभाओं में जनजातियों के लिए आरक्षण की व्यवस्था की गई।

(57) संविधान अठावनवाँ संशोधन अधिनियम, 1987—इसके द्वारा संविधान में अनुच्छेद 394-क जोड़कर संविधान के हिन्दी में प्राधिकृत पाठ को प्रकाशित करने की व्यवस्था की गई।

(58) संविधान उनसठवाँ संशोधन अधिनियम, 1988—इस संशोधन के द्वारा राज्यों में राष्ट्रपति शासन को 3 वर्ष तक बढ़ाने की व्यवस्था की गई।

(59) संविधान साठवाँ संशोधन अधिनियम, 1988—इसके द्वारा अनुच्छेद 276 में संशोधन करके नगरपालिकाओं द्वारा लगाए जाने वाले वृत्तिकार की अधिकतम सीमा 250 से बढ़ाकर 2500 रु. कर दी गई।

(60) संविधान इकसठवाँ संशोधन अधिनियम, 1989—इसके द्वारा अनुच्छेद 326 में संशोधन करके लोकसभा तथा राज्य विधानसभाओं के चुनाव में मतदान करने की न्यूनतम आयु 21 वर्ष से कम कर 18 वर्ष कर दी गई।

(61) संविधान बासठवाँ संशोधन अधिनियम, 1989—इसके द्वारा संविधान के 59वें संशोधन की व्यवस्था को समाप्त किया गया।

(62) संविधान तिरेसठवाँ संशोधन अधिनियम, 1990—इसके द्वारा पंजाब में राष्ट्रपति शासन में वृद्धि की गई।

(63) संविधान चौसठवाँ संशोधन अधिनियम, 1990—इसके द्वारा अनुच्छेद 338 में संशोधन करके अनुसूचित जाति तथा जनजाति आयोग के गठन की व्यवस्था की गई।

(64) संविधान पैंसठवाँ संशोधन अधिनियम, 1990—इसके द्वारा अनुच्छेद 338 में संशोधन करके अनुसूचित जाति तथा जनजाति आयोग के गठन की व्यवस्था की गई।

(67) संविधान छियासठवाँ संशोधन अधिनियम, 1990—इसके द्वारा संविधान की नौवीं अनुसूची में कुछ और अधिनियमों को जोड़ा गया।

(68) संविधान सड़सठवाँ संशोधन अधिनियम, 1990—इसके द्वारा अनुच्छेद 356 में संशोधन करके पंजाब में राष्ट्रपति शासन की अवधि 5 वर्ष तक बढ़ा दी गई।

(69) संविधान अड़सठवाँ संशोधन अधिनियम, 1991—इसके द्वारा अनुच्छेद 356 में संशोधन करके पंजाब में राष्ट्रपति शासन की अवधि 4 वर्ष तक बढ़ा दी गई।

(70) संविधान उनहत्तरवाँ संशोधन अधिनियम, 1991—इसके द्वारा अनुच्छेद 356 में संशोधन करके पंजाब में राष्ट्रपति शासन की अवधि 5 वर्ष तक बढ़ा दी गई।

(71) संविधान सत्तरवाँ संशोधन अधिनियम, 1991—इसके द्वारा दिल्ली तथा पाण्डिचेरी संघ राज्य क्षेत्रों के विधानसभाओं के सदस्यों को राष्ट्रपति के निर्वाचनमण्डल में शामिल करने का प्रावधान किया गया।

(72) संविधान इकहत्तरवाँ संशोधन अधिनियम, 1992—इसके द्वारा संविधान की आठवीं अनुसूची में 3 और भाषाओं मणिपुरी, नेपाली तथा कोंकणी को जोड़ा गया।

(73) संविधान बहत्तरवाँ संशोधन अधिनियम, 1992—इसके द्वारा संविधान में भाग 9 तथा अनुच्छेद 243-243-क और अनुसूची को जोड़कर सम्पूर्ण भारत में पंचायती राज की स्थापना का प्रावधान किया गया है।

(74) संविधान तिहत्तरवाँ संशोधन अधिनियम, 1993—इसके द्वारा संविधान में भाग 9 तथा अनुच्छेद 243-त, 243-यछ और बारहवीं अनुसूची जोड़कर नगरीय स्थानीय शासन को संवैधानिक संरक्षण प्रदान किया गया है।

(75) संविधान चौहत्तरवाँ संशोधन अधिनियम, 1993—इसके द्वारा संविधान में भाग 9-क, अनुच्छेद 243-त, 243-यछ और बारहवीं अनुसूची जोड़कर नगरीय स्थानीय शासन को संवैधानिक संरक्षण प्रदान किया गया है।

(76) संविधान पचहत्तरवाँ संशोधन अधिनियम, 1994—इसके द्वारा राज्य पर मकानों के रेंट से संबंधित ट्रिब्यूनलों के गठन की व्यवस्था की गई है।

(77) संविधान छियत्तरवाँ संशोधन अधिनियम, 1994—इसके द्वारा संविधान के नौवीं अनुसूची में तमिलनाडु बैकवर्ड क्लासेज, शिड्यूल कास्ट्स एंड शिड्यूल ट्राइब्स (रिजर्वेशन आफ सीट्स इन एजेकुशनल इंस्टीट्यूशंस एंड अपोयंटमेंट आफ पोस्ट्स फार सर्विसेज अंडर स्टेट एक्ट्स) 1993 को शामिल किया गया। इस संविधान संशोधन द्वारा तमिलनाडु में स्थित शिक्षण संस्थाओं तथा सरकारी नौकरियों में 69% आरक्षण की व्यवस्था की गई है। यह संशोधन अधिनियम 31 अगस्त 1994 को प्रभावी हुआ।

(78) संविधान सतहत्तरवाँ संशोधन अधिनियम, 1995—संविधान के अनुच्छेद 16, में एक नया उपखण्ड (4 क) जोड़कर एक उपबंध किया गया है जिसके अनुसार राज्य के अधीन सेवाओं में पदोन्नति के लिए अनुसूचित जाति/जनजाति को आरक्षण प्रदान किया जा सकेगा।

(79) संविधान अठहत्तरवाँ संशोधन अधिनियम, 1995—इसके द्वारा संविधान की नौवीं अनुसूची में भूमि सुधार से संबंधित 27 अतिरिक्त अधिनियम जोड़ दिए गए ताकि उन्हें मूल अधिकारों या अतिक्रमण करने के आधार पर अमान्य नहीं किया जा सके। इस प्रकार 9वीं अनुसूची में सम्मिलित अधिनियमों की कुल संख्या 284 हो गई है।

(80) संविधान उन्नासीवाँ संशोधन अधिनियम, 1999—इसके द्वारा संविधान के अनुच्छेद 330 में संशोधन कर 50 वर्ष के स्थान पर 60 वर्ष शब्द रखा गया है। इस प्रकार इस संशोधन के द्वारा अनुसूचित जाति और अनुसूचित जनजाति के लोगों के लिए लोकसभा व राज्य विधानसभाओं में आरक्षण की अवधि को 10 वर्ष के लिए और बढ़ा दिया गया है। अब यह व्यवस्था संविधान लागू होने की तिथि से 60 वर्ष अर्थात् 2010 तक बनी रहेगी।

(81) संविधान अस्सीवाँ संशोधन अधिनियम, 2000—यह संशोधन 10वें वित्त आयोग की सिफारिश के आधार पर किया गया है, जिसने कुछ केन्द्रीय करों तथा शुल्कों में से होने वाली आय में से राज्यों को 29% देने के लिए सिफारिश की है। इस संशोधन के द्वारा अनुच्छेद 269 के खण्ड (1) और (2) के स्थान पर नया खण्ड तथा अनुच्छेद 270 के स्थान पर नया अनुच्छेद रखा गया है जबकि अनुच्छेद 272 को समाप्त कर दिया गया है। ये संशोधान 1 अप्रैल, 1996 से लागू माना गया है।

(82) संविधान इक्कासीवाँ संशोधन अधिनियम, 2000—इस संशोधन के द्वारा अनुसूचित जाति एवं अनुसूचित जनजातियों तथा अन्य पिछड़े वर्गों के लिए सरकारी नौकरियों में आरक्षण की 50% की सीमा, जो उच्चतम न्यायालय द्वारा दी गयी थी, को समाप्त कर दिया गया है। इस प्रकार अब एक वर्ष में न भारी जाने वाली बकाया रिक्तियों को एक पृथक् वर्ग माना जाएगा और अगले वर्ष में भरा जाएगा भले ही उसकी सीमा 50% से अधिक हो। इसके लिए अनुच्छेद 16 में खण्ड (4 क) के बाद एक नया खण्ड (4 ख) जोड़ा गया है।

(83) संविधान बयासीवाँ संशोधन अधिनियम, 2000—इस संविधान संशोधन के द्वारा राज्यों को सरकारी नौकरियों में आरक्षित रिक्त स्थानों की भर्ती हेतु प्रोन्नतियों के मामलों में अनुसूचित जातियों एवं जनजातियों के अभ्यर्थियों के लिए न्यूनतम प्राप्तांकों में छूट प्रदान करने की अनुमति प्रदान की गई है। इससे पूर्व उच्चतम न्यायालय के एक निर्णय के परिणामस्वरूप 1997 में इस छूट को वापस ले लिया गया था।

(84) संविधान तिरासीवाँ संशोधन अधिनियम, 2000—इस संशोधन के तहत अरुणाचल प्रदेश को पंचायतीराज संस्थाओं में अनुसूचित जाति के लिए आरक्षण का प्रावधान न करने की छूट प्रदान की गई है। ध्यातव्य है कि अरुणाचल प्रदेश में कोई भी अनुसूचित जाति न होने के कारण उसे यह छूट प्रदान की गई है।

(85) संविधान चौरासीवाँ संशोधन अधिनियम, 2001—इस संशोधन द्वारा 42वें संविधान संशोधन अधिनियम, 1976 में निर्वाचन क्षेत्रों में परिसीमन पर लगे प्रतिबंध को समाप्त करने का प्रावधान किया गया है तथा 1991 की जनगणना के आधार पर राज्य के भीतर परिसीमन की अनुमति प्रदान की गई है, साथ ही संबंधित अनुच्छेदों के प्रावधान में भी संशोधन करते हुए लोकसभा एवं विधानसभा सीटों की संख्या निर्धारण पर लगे प्रतिबंध को 2000 से 2026 तक बढ़ा दिया गया है।

(86) संविधान पच्चासीवाँ संशोधन अधिनियम, 2001—इस संशोधन के द्वारा सरकारी नौकरियों में अनुसूचित जाति व अनुसूचित जनजाति के कर्मचारियों को पदोन्नति में आरक्षण की सुविधा उपलब्ध हो गई है। इस संशोधन के द्वारा संविधान के अनुच्छेद 16 (4)-ए में संशोधन करते हुए यह प्रावधान किया गया है कि अनुसूचित जाति व जनजाति के कर्मचारियों को 17 जून, 1995 से नियमानुसार पदोन्नति दी जाएगी।

8

भारतीय न्यायपालिका और सरकार में सम्बन्ध

न्यायपालिका भारतीय संघ के आधारभूत अंगों में से एक है। संघ के कार्य संचालन में इसकी महत्वपूर्ण भूमिका है। यह बात विधि के शासन पर आधारित लोकतंत्र पर और अधिक लागू होती है। प्राचीन समय से ही विधि और न्यायपालिका ने भारत की राज व्यवस्था में विशिष्ट भूमिका अदा की है। भारत में आधुनिक न्यायालयों की स्थापना अंग्रेजों ने की। सन् 1773 में ब्रिटिश संसद ने रेग्यूलेटिंग एक्ट पास किया जिसके द्वारा कलकत्ता स्थित फोर्ट विलियम में 'सुप्रीम कोर्ट ऑफ जुडिकेटर' की स्थापना की गई। भारत में न्यायपालिका की स्थापना करने का उद्देश्य प्रजातांत्रिक व्यवस्था में सभी को न्याय प्रदान करना तथा शक्तिशाली लोकतंत्र की स्थापना करना है। जिसमें शक्तियों का विभाजन न केवल कार्यात्मक दृष्टि से बल्कि भौगोलिक दृष्टि से भी किया गया है। कार्यात्मक दृष्टि से शक्ति का विभाजन विधायिका, कार्यपालिका तथा न्यायपालिका के बीच किया गया है।

भारतीय न्यायपालिका संविधान के रक्षक के रूप में

भारत में संविधान की सर्वोच्चता के सिद्धान्त को स्वीकार किया गया है। यहाँ पर संविधान को देश की मौलिक विधि माना जाता है और यह केन्द्र तथा राज्य सरकारों की राजनीतिक सत्ता का स्त्रोत तथा नागरिकों के अधिकारों एवं कर्तव्यों का निर्धारक है। उच्चतम न्यायालय संविधान का रक्षक है और यह सरकार द्वारा या किसी अन्य शक्ति द्वारा संविधान के प्रावधानों के उल्लंघन को रोकता है। भारत के

संविधान द्वारा उच्चतम न्यायालय तथा उच्च न्यायालयों को न्यायिक पुनर्विलोकन का अधिकार प्रदान किया गया है, जिसके द्वारा ये न्यायालय केन्द्र तथा राज्य सरकारों द्वारा बनाये गये कानूनों की संवैधानिकता का परीक्षण करते हैं।

यदि इस परीक्षण के परिणामस्वरूप कोई कानून, जो विधायिका द्वारा या कार्यपालिका द्वारा निर्मित हो, संविधान के किसी प्रावधान के विरुद्ध पाया जाता है, तो न्यायालय उसे अमान्य कर सकते हैं। इस प्रकार भारत में विधायिका का कार्यपालिका केवल उन्हीं विषयों पर कानून बना सकती हैं, जो संविधान द्वारा उन्हें सौंपे गये हैं और यदि वे इसके विपरीत कानून का निर्माण करते हैं, तो न्यायालय ऐसे कानून को असंवैधानिक निर्णीत कर उसको प्रवर्तित किये जाने से रोक सकती है।

भारत में स्वतन्त्र न्यायपालिका की स्थापना के कारण—भारत में स्वतंत्र न्यायपालिका की स्थापना करने के निम्नलिखित उद्देश्य थे—

(i) संविधान के भाग 3 में व्यक्तियों तथा नागरिकों को कुछ मूल अधिकार प्रत्याभूत किये गये हैं। विधायिका एवं कार्यपालिका पर यह प्रतिबन्ध अधिरोपित किया गया है कि वे ऐसा कानून न बनायें, जो मूलाधिकारों का उल्लंघन करें। स्वतन्त्र न्यायपालिका की स्थापना करके यह दायित्व उस पर सौंपा गया कि यदि राज्यों द्वारा मूलाधिकार का उल्लंघन किया जाता है, तो वह मूलाधिकारों को प्रवर्तित कराये। इस प्रकार न्यायपालिका मूलाधिकारों की रक्षक है।

(ii) भारत का संविधान लिखित है, जिसमें केन्द्र तथा राज्यों की सरकारों के मध्य शक्तियों का स्पष्ट विभाजन हुआ है। इस विभाजन को स्पष्ट करना स्वाभाविक है, जिसके लिए स्वतन्त्र न्यायपालिका की स्थापना करके संविधान की व्याख्या करने का अधिकार उसे दिया गया है।

(iii) भारतीय संविधान में केन्द्र तथा राज्यों के मध्य शक्तियों का स्पष्ट विभाजन किया गया है।, लेकिन इस दोनों के मध्य विवाद उत्पन्न हो सकते हैं। इन विवादों को न्यायिक ढंग से निबटाने के लिए स्वतन्त्र न्यायपालिका की आवश्यकता थी।

संवैधानिक व्यवस्था में न्यायपालिका—भारतीय संविधान में कुछ ऐसे प्रावधान किए गये हैं, जिससे न्यायाधीशों को विधानमण्डलों या कार्यपालिका के प्रत्यक्ष प्रभाव से मुक्त रखा जा सके। संविधान में न्यायपालिका की स्वतन्त्रता के लिए निम्नलिखित प्रावधान किये गये हैं—

(i) यद्यपि सर्वोच्च न्यायालय तथा उच्च न्यायालयों के न्यायाधीशों को राष्ट्रपति मंत्रिपरिषद की सलाह से नियुक्त करता है लेकिन इन न्यायालयों के न्यायाधीशों की नियुक्ति को राजनीति के क्षेत्र से अलग करके यह अपेक्षा की गयी है कि राष्ट्रपति न्यायाधीशों को नियुक्त करते समय भारत के मुख्य न्यायाधीश से परामर्श करें। 16 अक्टूबर, 1993 को उच्चतम न्यायालय द्वारा दिये गये निर्णयों के अनुसार न्यायाधीशों को नियुक्त करते समय राष्ट्रपति को भारत के मुख्य न्यायाधीश की राय को वरीयता देना चाहिए और यदि किसी कारण से भारत के मुख्य न्यायाधीश की राय को वरीयता न दी जाय, तो उस कारण की सूचना मुख्य न्यायाधीश को दी जानी चाहिए।

(ii) भारतीय संविधान में उच्चतम न्यायालय तथा उच्च न्यायालयों के न्यायाधीशों को नियुक्त करने का अधिकार राष्ट्रपति को दिया गया है, लेकिन न्यायाधीशों को पद से हटाने का अधिकार राष्ट्रपति को नहीं दिया गया है। संविधान के अनुसार इन न्यायालयों के किसी भी न्यायाधीश को राष्ट्रपति तब पदमुक्त नहीं कर सकता है, जब संसद के दोनों सदन अपने सदस्यों के बहुमत तथा उपस्थित एवं मतदान करने वाले सदस्यों के दो-तिहाई बहुमत के किसी न्यायाधीश को पदमुक्त करने का प्रस्ताव पारित कर दें। पदमुक्त करने की इस प्रक्रिया के कारण यह सम्भावना कम हो जाती है कि किसी न्यायाधीश को राजनीतिक कारणों या दलीय आधार पर आसानी से पदमुक्त किया जा सके।

(iii) भारतीय संविधान के अनुसार उच्चतम न्यायालय तथा उच्च न्यायालयों के न्यायाधीश पदमुक्त होने के बाद सरकार के अधीन किसी पद को ग्रहण नहीं कर सकते हैं या अधीनस्थ न्यायालयों में वकालत नहीं कर सकते हैं। पदमुक्त होने के बाद इस प्रकार के नियोजन की आशा से अप्रत्यक्ष रूप से न्यायाधीश की स्वतन्त्रता कम होती है और वह कार्यपालिका के असर में आ जाता है। लेकिन इस संवैधानिक प्रावधान का अधिकतर उल्लंघन किया गया है और पदमुक्त न्यायाधीशों को मंत्री, राज्यपाल, राजदूत, आयोगों के अध्यक्ष तथा विशेष न्यायाधिकरणों के अध्यक्ष पदों पर नियुक्त किया गया है। उदाहरण के लिए भूतपूर्व न्यायाधीश सी.सी. विश्वास को 1950 में मंत्री, पदमुक्त न्यायाधीश सैयद फजले अली को 1952 में उड़ीसा का राज्यपाल, भूतपूर्व न्यायाधीश वरदाचारी को आयकर

जाँच अधिकरण का अध्यक्ष तथा बम्बई उच्च न्यायालय के भूतपूर्व न्यायाधीश एम. सी. छागला को राजदूत, उच्चायुक्त तथा केन्द्रीय मंत्री पद पर नियुक्त किया गया था।

(iv) न्यायपालिका की स्वतन्त्रता को सुरक्षित करने के लिए संविधान में यह प्रावधान करके न्यायाधीशों को आर्थिक संरक्षण प्रदान किया गया है कि न्यायाधीशों के वेतन तथा सेवा शर्तों आदि का निर्धारण संसद द्वारा किया जाएगा, लेकिन किसी भी न्यायाधीश के वेतन तथा सेवा शर्तों आदि में उसके पदावधि के दौरान कोई ऐसा परिवर्तन नहीं किया जाएगा, जिससे उसे हानि हो।

(v) न्यायालयों की स्वतन्त्रता को सुनिश्चित करने के लिए संविधान में यह प्रावधान भी किया गया है कि उच्चतम न्यायालय या उच्च न्यायालयों और अन्य कर्मचाारियों को वेतन, भत्ते आदि भारत को संचित निधि से दिये जायेंगे और संसद इस पर नोटिस नहीं कर सकती है।

(vi) उच्चतम न्यायालय तथा उच्च न्यायालयों का अपना पृथक् संस्थापन होता है, जिसके लिए कर्मचारियों की नियुक्ति तथा उनकी सेवा शर्तों आदि को निर्धारित करने का अधिकार सम्बन्धित न्यायालयों को होता है। इसके अलावा इन न्यायालयों को अपनी आन्तरिक प्रक्रिया को भी विनियामित करने का अधिकार है।

(vii) उच्चतम न्यायालय या उच्च न्यायालयों के न्यायाधीशों को राजनीतिक प्रभाव से मुक्त रखने के लिए संविधान में यह प्रावधान किया गया है कि इन न्यायालयों के न्यायाधीशों के आचरण के विषय में संसद में कोई चर्चा उस न्यायाधीश को हटाने के समावेदन को राष्ट्रपति के समक्ष प्रस्तुत करने के प्रस्ताव पर ही होगी और अन्यथा नहीं।

न्यायालय की स्वतन्त्रता के लिए संविधान द्वारा किया गया प्रावधान केवल सैद्धान्तिक है और कार्यपालिका या विधायिका द्वारा इस स्वतन्त्रता का उल्लंघन निम्नांकित प्रकार से किया गया है–

(क) न्यायालय द्वारा दिये गये किसी निर्णय के प्रभाव को समाप्त करने के लिए अध्यादेश जारी करके या विधि निर्माण करके,

(ख) न्यायालय द्वारा किसी कानून को असवैधानिक घोषित किये जाने पर संविधान में रांशोधन करके,

(ग) न्यायाधीशों की नियुक्ति में राजनैतिक प्रभाव को वरीयता देकर, तथा

(घ) उच्च न्यायालयों के न्यायाधीशों को स्थानान्तरित करके।

न्यायाधीशों को हटाने के लिए महाभियोग प्रक्रिया–

भारत के संविधान में उच्चतम न्यायालय तथा उच्च न्यायलयों के न्यायाधीशों को उनके पद से हटाने का प्रावधान किया गया है, जिसके अनुसार किसी न्यायाधीश को उसके पद से तब तक नहीं हटाये जाने के लिए संसद के प्रत्येक सदन द्वारा अपनी कुल संख्या के बहुमत द्वारा तथा उपस्थित और मत देने वाले सदस्यों के कम से कम दो तिहाई बहुमत द्वारा तथा समर्थित समावेदन राष्ट्रपति के समक्ष उसी सत्र में रखने जाने पर राष्ट्रपति ने आदेश नहीं दे दिया है। संविधान के अंतर्गत संसद को यह अधिकार प्राप्त है कि वह किसी न्यायाधीश के कदाचार या असमर्थता की जाँच और साबित करने की प्रक्रिया का विधि द्वारा विनियमन कर सकती है। संसद ने इस अधिकार का प्रयोग करके न्यायाधीश (जाँच) अधिनियम, 1968 को अधिनियमित किया है। इस अधिनियम की धारा 3 में न्यायाधीशों के विरुद्ध समावेदन रखने की प्रक्रिया विहित की गयी है। इसके अनुसार किसी न्यायाधीश को उसके पद से हटाने के लिए कम से कम 100 सदस्यों द्वारा लोकसभाध्यक्ष को नोटिस दिया जाना चाहिए। लोकसभाध्यक्ष उसके साथ संलग्न तथ्यों का परिशीलन करने के बाद यह निर्णय करता है कि वह न्यायाधीश को पदमुक्त करने की मांग को स्वीकार करे या निरस्त करे। यदि लोकसभाध्यक्ष न्यायाधीश को पदमुक्त करने के नोटिस को स्वीकार करता है, तो वह न्यायाधीश के विरुद्ध लगाये गये आरोपों की जाँच के लिए तीन सदस्यीय समिति का गठन करता है। इस समिति में एक उच्चतम न्यायालय के न्यायाधीश, दूसरा किसी भी उच्च न्यायालय के मुख्य न्यायाधीश, तथा तीसरा ऐसे व्यक्ति, जो लोकसभाध्यक्ष की राय में प्रसिद्ध न्यायविद् हो, को शामिल किया जाता है। यदि यह समिति अपनी रिपोर्ट में न्यायाधीश पर लगाये गये आरोप की अभिपुष्टि कर देती है, तो अध्यक्ष उस रिपोर्ट को विचारार्थ संसद के समक्ष रखता है। यदि संसद बहुमत से न्यायाधीश को हटाने का प्रस्ताव पारित कर देती है। तो राष्ट्रपति न्यायाधीश को उसके पद से हटाने का आदेशा पारित कर सकता है। लेकिन राष्ट्रपति के इस आदेश की समीक्षा करने का अधिकार उच्चतम न्यायालय को प्राप्त है।

वर्तमान समय तक उच्चतम न्यायालय के एक न्यायाधीश न्यायमूर्ति बी. रामास्वामी को पद से हटाने के लिए मई, 1993 में संसद में महाभियोग की

कार्यवाही चली थी लेकिन यह कार्यवाही आवश्यक बहुमत के अभाव में सफल न हो सकी।

उच्चतम न्यायालय

संपूर्ण भारतीय राज्य क्षेत्र के लिए एकल न्यायपालिका है जिसके शीर्ष पर उच्चतम न्यायालय है। उच्चतम न्यायालय के नीचे विभिन्न राज्यों के उच्च न्यायालय होते हैं।

गठन—संविधान के अनुच्छेद 124 में उच्चतम न्यायालय के गठन के सम्बन्ध में प्रावधान किया गया है, जिसमें यह कहा गया है कि उच्चतम न्यायालय में एक मुख्य न्यायाधीश तथा 7 अन्य न्यायाधीश होंगे तथा संसद समय-समय पर न्यायाधीशों की संख्या का निर्धारण कर सकती है। संसद ने न्यायाधीशों की संख्या को निर्धारित करने के लिए 1956 में उच्चतम न्यायालय (न्यायाधीशों की संख्या) अधिनियम, 1956 पारित किया और न्यायाधीशों की संख्या 10 कर दी। इस अधिनियम में संशोधन करके न्यायाधीशों की संख्या में कई बार वृद्धि की गयी है। न्यायाधीशों की संख्या में 1960 में 13, 1977 में 17 तथा 1986 में 25 तक की वृद्धि कर दी गयी। वर्तमान समय में उच्चतम न्यायालय में एक मुख्य न्यायाधीश और 25 अन्य न्यायाधीश (कुल 26 न्यायाधीश) हैं। इस समय उच्चतम न्यायालय के मुख्य न्यायाधीश एस. एच. कापड़िया है।

स्थान—उच्चतम न्यायालय की मुख्यपीठ नई दिल्ली में स्थित है, लेकिन यह नई दिल्ली के अतिरिक्त किसी अन्य स्थान पर भी सुनवाई कर सकता है। इस अन्य स्थान का निर्धारण मुख्य न्यायाधीश राष्ट्रपति की अनुमति से कर सकता है।

न्यायाधीशों की योग्यता—उच्चतम न्यायालय के न्यायाधीश पद पर आसीन होने के लिए निम्नांकित योग्यताएँ होनी चाहिएँ।

(i) वह भारत का नागरिक हो,

(ii) वह किसी उच्च न्यायालय में लगातार कम से कम 10 वर्ष तक न्यायाधीश रह चुका हो, या

(iii) वह उच्च न्यायालय या किसी भी न्यायालय में कम से कम 10 वर्ष से विधि व्यवसाय कर रहा हो,

(iv) वह राष्ट्रपति की राय से लब्धप्रतिष्ठ विधिवेत्ता हो।

मुख्य न्यायाधीश की नियुक्ति—भारतीय संविधान के अनुच्छेद 124 के तहत उच्चतम न्यायालय के मुख्य न्यायाधीश की नियुक्ति राष्ट्रपति द्वारा की जाती है।

संविधान में उच्चतम न्यायालय के न्यायाधीशों की नियुक्ति के सम्बन्ध में केवल यह प्रावधान किया गया है कि राष्ट्रपति उच्चतम न्यायालय के और राज्यों के उच्च न्यायालयों के ऐसे न्यायाधीशों से, जिनसे परामर्श करना वह आवश्यक समझे, परामर्श करने के पश्चात् उच्चतम न्यायालय के न्यायाधीशों की नियुक्ति करेगा। इससे यह प्रतीत होता है कि संविधान में उच्चतम न्यायालय के मुख्य न्यायाधीश की नियुक्ति के सम्बन्ध में अलग से कोई प्रावधान नहीं किया गया है। संविधान के प्रवर्तन बाद यह प्रथा अंगीकार की गयी कि उच्चतम न्यायालय के वरिष्ठम न्यायाधीश को मुख्य न्यायाधीश के पद पर नियुक्त किया जाएगा। यह प्रथा 1951 से 1973 तक की कालावधि तक स्वीकार की जाती रही, सिवाय न्यायमूर्ति ईनाम, जो लकवे के शिकार हो गये थे, को छोड़कर। न्यायाधीश ईनाम के स्थान पर न्यायमूर्ति पी. वी. गजेन्द्र गड़कर को मुख्य न्यायाधीश नियुक्त किया गया था। लेकिन 1973 में इस प्रथा का उल्लंघन किया गया और उच्चतम न्यायालय के 3 वरिष्ठतम न्यायाधीशों (न्यायामूर्तिगण-जे. एस. शेलट, के. एस. हेगड़े, तथा ए. एन. ग्रोवर) की वरिष्ठता का उल्लंघन करके न्यायमूर्ति अजीत नाथ रे को भारत का मुख्य न्यायाधीश नियुक्त किया गया। इसी तरह 1977 में न्यायमूर्ति एच. आर. खन्ना की वरिष्ठता का उल्लंघन कर न्यायमूर्ति एम. एच. बेग को भारत का मुख्य न्यायाधीश नियुक्त किया गया था। इन मामलों को छोड़कर सदैव मुख्य न्यायाधीश की नियुक्ति में वरिष्ठता के सिद्धान्त का पालन किया गया है। 6 अक्टूबर, 1993 को उच्चतम न्यायालय द्वारा दिए गए एक निर्णय के अनुसार मुख्य न्यायाधीश की नियुक्ति में वरिष्ठता के सिद्धान्त का पालन किया जाना चाहिए।

अन्य न्यायाधीशों की नियुक्ति—भारतीय संविधान के अनुच्छेद 124 के अनुसार मुख्य न्यायाधीश के अतिरिक्त अन्य न्यायाधीशें की नियुक्ति राष्ट्रपति द्वारा की जाती है (अनुच्छेद 124)। राष्ट्रपति न्यायाधीशों की नियुक्ति करते समय भारत के मुख्य न्यायाधीश, उच्चतम न्यायालय तथा उच्च न्यायालयों के ऐसे न्यायाधीशों से परामर्श करता है, जिनसे परामर्श करना वह आवश्यक समझे। 6 अक्टूबर, 1993 को उच्चतम न्यायालय ने एक निर्णय दिया है, जिसके अनुसार न्यायाधीशों को नियुक्त करते समय राष्ट्रपति को मुख्य न्यायाधीश की राय को वरीयता देनी चाहिए और यदि किसी मामले में मुख्य न्यायाधीश की राय न मानी जाय तो इसका कारण बताया जाना चाहिए।

सन् 1999 में उच्चतम न्यायालय की 9 सदस्यीय संविधान पीठ ने सर्वसम्मति से यह अभिनिर्धारित किया है कि उच्चतम न्यायालय और उच्च न्यायालयों के

न्यायाधीशें की नियुक्ति और स्थानांतरण के मामले में 1993 के निर्णय में प्रतिपादन परामर्श प्रक्रिया का पालन किये बिना मुख्य न्यायाधीश द्वारा की गई सिफारिशों को मानने के लिए कार्यपालिका बाध्य नहीं है। इस प्रकार संविधान पीठ ने यह अभिनिर्धारित किया है कि उच्चतम न्यायालय के न्यायाधीशों के मामले में मुख्य न्यायाधीश को उच्चतम न्यायालय के 4 वरिष्ठतम न्यायाधीशों के समूह से परामर्श करके ही राष्ट्रपति को अपनी सिफारिश भेजनी चाहिए। 1993 के निर्णय में केवल 2 वरिष्ठतम न्यायाधीशों से परामर्श करने की बाध्यता थी।

यह अभिनिर्धारित किया है कि उच्च न्यायालयों में न्यायाधीशों की नियुक्ति के मामले में उच्चतम न्यायालय के केवल 2 वरिष्ठतम न्यायाधीशों की सलाह लेना अनिवार्य है किन्तु स्थानांतरण के मामले में उच्चतम न्यायालय के 4 वरिष्ठतम न्यायाधीशों से परामर्श करना अनिवार्य है। साथ ही संबंधित उच्च न्यायालयों जिसमें स्थानांतरण किया गया है और जिसको स्थानांतरण किया गया है वे मुख्य न्यायाधीशों से परामर्श करना भी अनिवार्य है।

कार्यकारी मुख्य न्यायाधीशं की नियुक्ति—भारत के संविधान का अनुच्छेद 126 कार्यकारी मुख्य न्यायाधीश से सम्बन्धित है, जिसके अनुसार जब कभी भी मुख्य न्यायाधीश का पद रिक्त हो या मुख्य न्यायाधीश अपने कर्तव्यों का पालन करने में असमर्थ हो या मुख्य न्यायाधीश को संसद द्वारा पारित समावेदन पर राष्ट्रपति द्वारा उसके पद से हटा दिया गया हो, उसने स्वयं त्यागपत्र दे दिया हो, तो राष्ट्रपति उच्चतम न्यायालय के न्यायाधीशों में से किसी भी न्यायाधीश को मुख्य न्यायाधीश के कर्तव्यों का पालन करने के लिए नियुक्त कर सकता है।

तदर्थ न्यायाधीशों की नियुक्ति—भारतीय संविधान के अनुच्छेद 127 में यह प्रावधान किया गया है कि मुख्य न्यायाधीश राष्ट्रपति की पूर्व सहमति से उच्चतम न्यायालय में न्यायाधीश के रूप में नियुक्त किये जाने की योग्यता रखने वाले किसी उच्च न्यायालय के न्यायाधीश को सम्बद्ध उच्च न्यायालय के मुख्य न्यायाधीश से परामर्श करके तब तदर्थ न्यायाधीश के रूप में नियुक्त कर सकता है, जब उच्चतम न्यायालय के सत्र को आयोजित करने या चालू रखने के लिए न्यायाधीशों की आवश्यकता हो (अनुच्छेद 127)। इस प्रकार नियुक्त किये गये न्यायाधीश को उच्चतम न्यायालय के न्यायाधीशों की सभी अधिकारिता, शक्तियाँ और विशेषाधिकार तब तक प्राप्त होंगे, जब तक उच्चतम न्यायालय के न्यायाधीश के रूप में कार्य करता है।

शपथ ग्रहण—भारतीय संविधान के अनुच्छेद 124 (c) के अनुसार उच्चतम न्यायालय के न्यायाधीशों को राष्ट्रपति उनके पद का शपथ ग्रहण कराता है न्यायाधीश निम्नलिखित के लिए शपथ ग्रहरण करता है—

(i) संविधान एवं विधियों की मर्यादा बनाए रखने के लिए,

(ii) भारत की प्रभुता तथा अखण्डता को अक्षुण्ण रखने के लिए,

(iii) सम्यक् प्रकार से श्रद्धापूर्वक तथा अपनी पूरी योग्यता, ज्ञान और विवेक से अपने पद के कर्तव्यों का भय या पक्षपात, अनुराग या द्वेष के बिना पालन करने के लिए, तथा

(iv) विधि द्वारा स्थापित भारत के संविधान के प्रति सच्ची श्रद्धा और निष्ठा रखने के लिए।

कार्यकाल—भारत के संविधान के अनुच्छेद 124 (2) के अनुसार उच्चतम न्यायालय का न्यायाधीश 65 वर्ष की आयु पूरी करने तक अपने पद पर बना रहता है, यदि वह राष्ट्रपति द्वारा असमर्थता या कदाचार से अपने पद से न हटा दिया जाय। राष्ट्रपति असमर्थता या कदाचार के आधार पर न्यायाधीश को हटाने का आदेश तब पारित करता है, जब संसद दो तिहाई बहुमत से ऐसा करने का प्रस्ताव पारित करे। इसके अतिरिक्त न्यायाधीश 65 वर्ष की आयु पूरी करने के पहले किसी भी समय राष्ट्रपति को अपना त्यागपत्र दे सकता है। राष्ट्रपति द्वारा त्यागपत्र स्वीकार करने के पहले वह अपना त्यागपत्र वापस ले सकता है। अब तक 1967 में मुख्य न्यायाधीश के. सुब्बाराव राष्ट्रपति का चुनाव लड़ने के लिए, तथा 1984 में न्यायमूर्ति बहरुल इस्लाम ने लोकसभा का चुनाव लड़ने के लिए त्यागपत्र दिया था।

वेतन तथा भत्ता—वर्तमान समय में मुख्य न्यायाधीश को 33,000 रु. प्रतिमाह तथा अन्य न्यायाधीशों को 30,000 रु. प्रतिमाह वेतन मिलता है। इसके अतिरिक्त मुख्य न्यायाधीश 1250 रु. तथा अन्य न्यायाधीशों को 750 रु. मासिक खर्च तथा 1,000 रु. प्रतिमाह बिजली यात्रा खर्च, रहने के लिए किराया विहीन सरकारी बंगला, कार तथा 150 लीटर पेट्रोल प्रतिमाह मिलता है। उच्चतम न्यायालय के न्यायाधीशों के विशेषाधिकारों और वेतन भत्तों में उनकी नियुक्ति के पश्चात् कोई ऐसा परिवर्तन नहीं किया जायेगा जो उनके लिये अलाभकारी हो (अनुच्छेद 125)। इनका समस्त वेतन एवं भत्ते संचित निधि पर भारित होते हैं।

अभिलेख न्यायालय—भारतीय संविधान के अनुच्छेद 129 के अनुसार भारत का सर्वोच्च न्यायालय एक अभिलेख न्यायालय है। सामान्यतः अभिलेख न्यायालय से आशय उस उच्च न्यायालय से है जिसके निर्णय सदा के लिए लेखबद्ध होते हैं

और जिसके अभिलेखों का प्रमाणित मूल्य होता है। भारत के सर्वोच्च न्यायालय को अभिलेख न्यायालय की सभी शक्तियाँ प्राप्त हैं जिनमें अवमानना के लिए दण्ड देना भी शामिल है।

उच्चतम न्यायालय का क्षेत्राधिकार—उच्चतम न्यायालय के क्षेत्राधिकार निम्नलिखित है—1. प्रारम्भिक क्षेत्राधिकार, 2. अपीलीय क्षेत्राधिकार, 3. परामर्शदात्री क्षेत्राधिकार, 4. पुनर्विलोकन क्षेत्राधिकार।

उच्च न्यायालय

उच्चतम न्यायालय के निचले स्तर पर उच्च न्यायालयों की व्यवस्था की गई है। प्रत्येक राज्य में वहाँ की न्यायपालिका के शिखर पर एक न्यायालय होता है। संविधान के अनुच्छेद 214 के अनुसार प्रत्येक राज्य के लिए एक उच्च न्यायालय होगा, लेकिन संसद विधि द्वारा दो या अधिक राज्यों के लिए अथवा दो या अधिक राज्यों और किसी संघ राज्य क्षेत्र के लिए एक ही उच्च न्यायालय स्थापित कर सकती है। वर्तमान समय में पंजाब तथा हरियाण के लिए ही उच्च न्यायालय है और असम, नागालैण्ड, मेघालय, मणिपुर, त्रिपुरा, मिजोरम तथा अरुणाचल प्रदेश के लिए एक उच्च न्यायालय है। मुम्बई उच्च न्यायालय का क्षेत्राधिकार महाराष्ट्र और गोवा राज्यों तथा दमन, दीव एवं दादरा और नागर हवेली संघ राज्य क्षेत्रों पर है। इसी प्रकार कलकत्ता उच्च न्यायालय का क्षेत्राधिकार अण्डमान तथा निकोबार द्वीप समूह, मद्रास उच्च न्यायालय का क्षेत्राधिकार पाण्डिचेरी तथा केरल उच्च न्यायालय का क्षेत्राधिकार लक्षद्वीप संघ राज्य क्षेत्र पर है। सात संघ शासित राज्यों में से केवल दिल्ली ही एक ऐसा संघ राज्य क्षेत्र है, जिसका अपना उच्च न्यायालय है। इस समय भारत में कुल 21 उच्च न्यायालय हैं।

भारतीय संविधान के अनुच्छेद 216 के अनुसार प्रत्येक उच्च न्यायालय का गठन एक मुख्य न्यायाधीश तथा ऐसे अन्य न्यायाधीशों को मिलाकर किया जाता है, जिन्हें राष्ट्रपति समय-समय पर नियुक्त करे। इस प्रकार भिन्न-भिन्न उच्च न्यायालयों में न्यायाधीशों की संख्या सबसे कम 3 है, जबकि इलाहाबाद उच्च न्यायालय में न्यायाधीशों की संख्या सबसे अधिक, 58 है। भारत के सभी उच्च न्यायालयों के न्यायाधीशों की संख्या 456 है।

न्यायाधीशों की योग्यता—भारतीय संविधान के अनुच्छेद 217 के अनुसार कोई व्यक्ति किसी उच्च न्यायालय का न्यायाधीश नियुक्त होने के योग्य तभी माना जाएगा, जब वह—

(i) भारत का नागरिक हो और 62 वर्ष की आयु पूरी न किया हो,

(ii) कम से कम 10 वर्ष तक न्यायिक पद धारण कर चुका हो।
न्यायिक पद धारण करने की अवधि की गणना करने में वह अवधि भी सम्मिलित की जाएगी, जिसके दौरान कोई व्यक्ति पद धारण करने के पश्चात् किसी उच्च न्यायालय का अधिवक्ता रहा है या उसने किसी अधिकरण के सदस्य का पद धारण किया है या संघ अथवा राज्य के अधीन कोई ऐसा पद धारण किया है, जिसके लिए विधि का विशेष ज्ञान अपेक्षित है।

(iii) किसी उच्च न्यायालय में या एक से अधिक उच्च न्यायालयों में लगातार 10 वर्ष तक अधिवक्ता रहा हो।

न्यायाधीशों की नियुक्ति—भारतीय संविधान के अनुच्छेद 217 के अनुसार उच्च न्यायालय के मुख्य न्यायाधीश के अतिरिक्त अन्य न्यायाधीशों की नियुक्ति राष्ट्रपति द्वारा भारत के मुख्य न्यायाधीश से, उस राज्य के राज्यपाल से तथा संबंधित उच्च न्यायालय के मुख्य न्यायाधीश से परामर्श करके की जाती है। इस सम्बन्ध में यह प्रक्रिया अपनाई जाती है कि उच्च न्यायालय का मुख्य न्यायाधीश राज्य के राज्यपाल के पास प्रस्ताव भेजता है और राज्यपाल उस प्रस्ताव पर मुख्यमंत्री से परामर्श करके उसे प्रधानमंत्री के माध्यम से राष्ट्रपति को भेजता है। राष्ट्रपति उस प्रस्ताव पर भारत के मुख्य न्यायाधीश से परामर्श करके न्यायाधीश की नियुक्ति करता है।

उच्चतम न्यायालय के एक पूर्व निर्णय के अनुसार राष्ट्रपति मुख्य न्यायाधीश की राय मानने के लिए बाध्य नहीं है, लेकिन 6 अक्टूबर, 1993 के उच्चतम न्यायालय द्वारा दिये गये निर्णय के अनुसार राष्ट्रपति को भारत के मुख्य न्यायाधीश की राय को वरीयता देनी चाहिए। 1999 में उच्चतम न्यायालय के 9 सदस्यीय संविधान पीठ ने यह अभिनिर्धारित किया है कि उच्च न्यायालयों में न्यायाधीशों की नियुक्ति के मामले में उच्चतम न्यायालय के केवल 2 वरिष्ठतम न्यायाधीशों की सलाह लेना अनिवार्य है किन्तु स्थानांतरण के मामले में उच्चतम न्यायालय के 4 वरिष्ठतम न्यायाधीशों से परामर्श के अनिवार्य बनाया गया है। साथ ही संबंधित उच्च न्यायालयों जिससे स्थानांतरण किया गया है और जिसको स्थानांतरण किया जाना है वे मुख्य न्यायाधीशों से परामर्श करना भी अनिवार्य होगा।

मुख्य न्यायाधीश का नियुक्ति—भारतीय संविधान के अनुच्छेद 217 के अनुसार उच्च न्यायालय के मुख्य न्यायाधीश की नियुक्ति राष्ट्रपति द्वारा उच्चतम

न्यायालय के मुख्य न्यायाधीश तथा राज्यपाल से विचार-विमर्श करने के पश्चात् की जाती है और इस सम्बन्ध में यह आवश्यक नहीं है कि उच्च न्यायालय के वरिष्ठतम न्यायाधीश को ही मुख्य न्यायाधीश नियुक्त किया जाता है, हालाँकि इस प्रथा का अनेक बार उल्लंघन किया गया है। कुछ समय पूर्व सरकार ने यह नीति निर्धारित की है कि उच्च न्यायालय का मुख्य न्यायाधीश अन्य उच्च न्यायालयों के न्यायाधीशों में से नियुक्त किया जाएगा, लेकिन इसमें भी वरिष्ठता का उल्लंघन कई बार किया गया है।

कार्यवाहक मुख्य न्यायाधीश की नियुक्ति—भारतीय संविधान के अनुच्छेद 233 के अनुसार जब किसी उच्च न्यायालय के मुख्य न्यायाधीश का पद रिक्त हो या जब मुख्य न्यायाधीश की अनुपस्थिति के कारण या अन्यथा अपने पद के कर्त्तव्यों का पालन करने में असमर्थ हो, तब राष्ट्रपति न्यायालय के अन्य न्यायाधीशों में से किसी को मुख्य न्यायाधीश के कार्यों का निर्वहन करने के लिए नियुक्त कर सकता है।

अपर एवं कार्यकारी न्यायाधीशों की नियुक्ति—भारतीय संविधान के अनुच्छेद 224 के अंतर्गत जब किसी उच्च न्यायालय में कार्य की अस्थाई वृद्धि हो जाय और राष्ट्रपति को यह प्रतीत हो कि कार्य निपटाने के लिए और अधिक न्यायाधीशों की आवश्यकता है, तब राष्ट्रपति न्यायाधीश के रूप में नियुक्त किए जाने के लिए योग्य किसी व्यक्ति को 2 वर्ष तक की अवधि के लिए अपर न्यायाधीश के रूप में नियुक्त कर सकता है। इसी तरह जब उच्च न्यायालय का कोई न्यायाधीश अपने पद के कर्तव्यों का निर्वहन करने में असमर्थ हो जाता है या अपनी अनुपस्थिति के कारण अपने पद के कर्तव्यों का निर्वहन नहीं कर पाता, तब राष्ट्रपति न्यायाधीश के रूप में नियुक्त किये जाने के लिए योग्य किसी व्यक्ति को कार्यकारी न्यायाधीश के रूप में नियुक्त कर सकता है।

सेवानिवृत्त न्यायाधीशों की नियुक्ति--भारतीय संविधान के अनुच्छेद 228 के अनुसार उच्च न्यायालय का मुख्य न्यायाधीश किसी समय राष्ट्रपति की पूर्व सहमति से किसी भी ऐसे व्यक्ति से, जो किसी या उस उच्च न्यायालय में न्यायाधीश के पद पर कार्य कर चुका हो, उच्च न्यायालय में न्यायाधीश के रूप में कार्य करने का अनुरोध कर सकता है। जब कोई सेवा निवृत्त न्यायाधीश, न्यायाधीश के रूप में कार्य करने का अनुरोध स्वीकार कर कार्य करता है, तब उसको उच्च न्यायालय के न्यायाधीशों की सभी अधिकारिता, शक्तियाँ तथा विशेषाधिकार प्राप्त होते हैं।

शपथ ग्रहण—भारतीय संविधान के अनुच्छेद 219 के अनुसार उच्च न्यायालय

के न्यायाधीश को उस राज्य, जिसमें उच्च न्यायालय स्थित है, का राज्यपाल उसके पद की शपथ दिलाता है।

कार्यकाल—भारतीय संविधान के अनुच्छेद 217 के अनुसार उच्च न्यायालय का न्यायाधीश 62 वर्ष की आयु पूरी करने तक अपना पद धारण करता है, परन्तु वह किसी समय राष्ट्रपति को अपना त्यागपत्र दे सकता है। यदि त्यागपत्र में उस तिथि का उल्लेख किया गया है, जिस तिथि से त्यागपत्र लागू होगा तो न्यायाधीश किसी भी समय अपना त्यागपत्र वापस ले सकता है। उदाहरण के लिए इलाहाबाद उच्च न्यायालय के न्यायाधीश न्यायमूर्ति सतीश चन्द्र ने मई, 1977 में दिए गए अपने त्यागपत्र में लिखा था कि उनका त्यागपत्र 1 अगस्त, 1977 से लागू माना जाय, लेकिन वे 31 जुलाई, 1977 के पहले अपना त्यागपत्र वापस ले लिये थे। इसके विरुद्ध विवाद होने पर उच्चतम न्यायालय ने 4:1 के बहुमत से निर्णय दिया कि त्यागपत्र लागू होने के पूर्व वापस लिया जा सकता है।

इसके अलावा राष्ट्रपति द्वारा कदाचार तथा असमर्थता के आधार पर न्यायधीश को पदच्युत किया जा सकता है।

विधि व्यवसाय पर रोक—उच्च न्यायालय का स्थायी न्यायाधीश उच्चतम न्यायालय तथा उच्च न्यायालय, जिसमें वह न्यायाधीश रहा है, के अतिरिक्त अन्य उच्च न्यायालयों के सिवाय भारत के किसी न्यायालय या किसी प्राधिकारी के समक्ष विधि व्यवसाय नहीं कर सकता।

आयु के सम्बन्ध में विवाद—जब उच्च न्यायालय के किसी न्यायाधीश की आयु के सम्बन्ध में विवाद होता है, तब उसका निर्णय राष्ट्रपति द्वारा किया जाता है। अब तक उच्च न्यायालय के चार न्यायाधीशों, तथा कलकत्ता उच्च न्यायालय के न्यायाधीश जे.पी. मित्र, मद्रास उच्च न्यायालय के न्यायाधीश एस. आर. आचार, मध्य प्रदेश उच्च न्यायालय के न्यायाधीश पी. वी. दीक्षित तथा आन्ध्र प्रदेश उच्च न्यायालय के न्यायाधीश भास्करन की आयु के बारे में विवाद उत्पन्न हुआ है।

विधि व्यवसाय पर रोक—भारतीय संविधान के अनुच्छेद 220 के अनुसार उच्च न्यायालय का स्थायी न्यायाधीश उच्चतम न्यायालय तथा उच्च न्यायालय, जिसमें वह न्यायाधीश रहा है, के अतिरिक्त अन्य उच्च न्यायालयों के सिवाय भारत के किसी न्यायालय या किसी प्राधिकारी के समक्ष विधि व्यवसाय नहीं कर सकता।

न्यायाधीशों का स्थानान्तरण—भारतीय संविधान के अनुच्छेद 222 के अनुसार राष्ट्रपति भारत के मुख्य न्यायाधीश से परामर्श करके किसी भी उच्च न्यायालय के न्यायाधीश का स्थानान्तरण दूसरे उच्च न्यायालय में कर सकता है

न्यायाधीशों के वेतन एवं भत्ते—उच्च न्यायालय के न्यायाधीशों के वेतन तथा भत्तों को निर्धारित करने की शक्ति संसद को दी गयी है। न्यायाधीशों के वेतन और भत्ते भारत की संचित निधि पर भारित होते हैं और उनमें उनकी नियुक्ति के पश्चात् कोई अलाभकारी परिवर्तन नहीं किया जा सकता।

उच्च न्यायालय का क्षेत्राधिकार—उच्च न्यायालय के क्षेत्राधिकार में अपीलीय क्षेत्राधिकार प्रारम्भिक क्षेत्राधिकार अन्तरण सम्बन्धी अधिकार तथा लेखा जारी करने से सम्बन्धित अधिकार हैं।

जिला न्यायाधीशों की नियुक्ति—भारतीय संविधान के अनुच्छेद 233 के अनुसार उच्च न्यायालय से परामर्श करके राज्यपाल जिला न्यायाधीशों की नियुक्ति करता है। सामान्यतः जिला न्यायाधीश की नियुक्ति राज्य की न्यायिक सेवा के अधिकारियों में से वरिष्ठता तथा योग्यता के आधार पर की जाती है लेकिन न्यायालय की सिफारिश पर राज्यपाल उस व्यक्ति को भी जिला न्यायाधीश के पद पर नियुक्त कर सकता है, जो कम से कम 7 वर्ष तक किसी न्यायालय में लगातार अधिवक्ता रहा हो।

अन्य न्यायाधीशों की नियुक्ति—जिला न्यायाधीशों के अतिरिक्त अन्य न्यायाधीशों की नियुक्ति दो तरह से होती है। प्रथम, उच्च न्यायालय द्वारा आयोजित उच्च न्यायिक सेवा परीक्षा के परिणाम के आधार पर तथा द्वितीय, राज्य लोक सेवा आयोग द्वारा आयोजित प्रान्तीय न्यायिक सेवा परीक्षा के परिणाम के आधार पर अन्य न्यायाधीशों की नियुक्ति की जाती है।

9

भारत में राजनीतिक दलों का विकास

सामान्यतया राजनीतिक दल का आशय व्यक्तियों के ऐसे समूह से है जो किन्हीं सामाजिक, आर्थिक तथा राजनीतिक समस्याओं के स्वरूप और उनके समाधान के संबंध में एकमत हो तथा अपनी नीतिगत प्राथमिकताओं तथा कार्यक्रमों के प्रति प्रतिबद्ध हो। आधुनिक लोकतांत्रिक शासन व्यवस्था दलीय शासन का ही दूसरा नाम हैं वास्तव में आज की प्रतिनिधिमूलक शासन व्यवस्था में सरकार और संसद सिर्फ संवैधानिक आवरण मात्र है। वास्तविक और यथार्थ शक्ति का प्रयोग राजनीतिक दल ही करते हैं।

स्वाधीनता से पहले भारत में अंगुलियों पर गिने जाने वाले राजनीतिक दलों की संख्या थी जो समूह अथवा गुट समूह से अधिक की हैसियत नहीं रखते थे। भारत में राजनीतिक दलों का विधिवत् स्वरूप कांग्रेस की स्थापना से माना जाता है। शुरू में कांग्रेस एक राजनीतिक दल नहीं था। 1885 में इसका निर्माण एक दबाव गुट के रूप में किया गया। तत्पश्चात् कांग्रेस ने एक आन्दोलन का रूप धारण कर लिया और इसी के नेतृत्व में भारत को स्वतंत्रता प्राप्त हुई। आंरभ में कांग्रेस का उद्देश्य ब्रिटिश सरकार से भारतवासियों के लिए अधिकाधिक सुविधाएँ प्राप्त करना था।

सन् 1920 में महात्मा गाँधी के नेतृत्व में भारत में स्वतंत्रता के लिए एक राष्ट्रव्यापी जन आंदोलन प्रारंभ हुआ। इस आन्दोलन में विभिन्न जाति, धर्म और आदर्शों को मानने वाले लोग स्वतंत्रता प्राप्ति हेतु कांग्रेस में सम्मिलित हो गए। 1947 तक यह संघर्ष एक विदेशी राजनीतिक सत्ता और भारतवासियों के मध्य रहा, इसलिए समाज के विभिन्न वर्गों ने इस आन्दोलन में संगठित होकर भाग लिया और सैद्धान्तिक मतभेद राष्ट्रीय भावना को कुचल न सके। परिणामस्वरूप जो संगठन

विकसित हुआ वह विभिन्न वर्गों, समूहों, हितों और सिद्धान्तों का सम्मिश्रण था। कांग्रेस की इसी विशेषता को दृष्टिगत रखते हुए डॉ. अम्बेडकर ने इसकी तुलना एक धर्मशाला से की थी और कहा था कि कांग्रेस एक धर्मशाला के समान है जो मूर्खों, धूर्तों, मित्र और शत्रु सम्प्रदायों और धर्मानिरपेक्ष, सुधारवादी तथा कट्टरपंथी, पूँजीवाद विरोधी सभी लोगों के लिए खुली है।

भारतीय राष्ट्रीय कांग्रेस ने सही अर्थों में सन् 1947 के बाद एक राजनीतिक दल का रूप धारण किया। आजादी के समय भारत में राष्ट्रीय स्तर के दो ही दल थे—भारतीय राष्ट्रीय कांग्रेस (भा. रा. का.) जिसका संगठन व्यापक और विस्तृत था। दूसरा साम्यवादी दल था जो कि एक सीमित स्तर पर काम कर रहा था। अन्य राजनीतिक दलों का विकास बाद में धीरे-धीरे हुआ।

सन् 1906 में मुस्लिम लीग नामक साम्प्रदायिक दल का गठन हुआ। मुस्लिम लीग की स्थापना की प्रतिक्रिया के रूप में एक अन्य साम्प्रदायिक संस्था हिन्दू महासभा का गठन 1916 में हुआ। इस दल का ध्येय पूर्ण स्वराज्य प्राप्त करना तथा हिन्दू राष्ट्र की स्थापना करना था। 1962 और 1967 के बीच बहुत से दलों का एक-दूसरे में विलय हुआ, कुछ का विभाजन हुआ। परिणामस्वरूप नए-नए दलों का भी उदय हुआ। इन दलों के अलावा विभिन्न प्रदेशों में प्रादेशिक राजनीतिक दलों की भी स्थापना हुई, यथा उत्तर प्रदेश में कृषक पार्टी, पंजाब में यूनियनिस्ट पार्टी, मद्रास में जस्टिस पार्टी आदि।

सन् 1924 में स्थापित साम्यवादी दल को 1934 में गैर कानूनी संस्था घोषित कर दिया गया। लेकिन द्वितीय विश्व युद्ध के बाद इसके ऊपर से गैर-कानूनी रोल हटाया गया। 1934 से 1948 तक समाजवादी दल कांग्रेस की एक शाखा के रूप में कार्यरत थी, लेकिन कांग्रेस ने यह प्रस्ताव किया कि उसके अन्दर कोई भी अन्य पार्टियाँ नहीं रहेंगी। फलतः समाजवादी दल ने कांग्रेस से अलग अपना पृथक् दल के रूप में कार्य आरम्भ किया।

'जनसंघ' को स्वाधीन भारत की राष्ट्रीय स्तर की पहली राजनीतिक पार्टी कही जाती है। जिसकी स्थापना 1951 में हुई थी। इस दल का सिद्धान्त कांग्रेस तथा समाजवादी दल दोनों के सिद्धान्तों से अलग था। 1959 में एक स्वतंत्र दल अस्तित्व में आया, जो पूँजीवाद का समर्थक दल कहा जाता है। इस तरह 1949 में डी. एम. के. 1950 में भारतीय समाजवादी दल एवं किसान मजदूर प्रजा पार्टी की स्थापना हुई। इस तरह 1952 के आम चुनावों में 14 दलों ने राष्ट्रीय स्तर पर एवं 51 दलों ने प्रादेशिक स्तर पर आम चुनाव में भाग लिया।

सन् 1969 में कांग्रेस दो भागों में बंट गई। एक श्रीमती इंदिरा गाँधी के नेतृत्व वाली नई कांग्रेस जो इंदिरा कांग्रेस के नाम से जानी जाती है, तथा, दूसरा संगठन कांग्रेस जिसे पुरानी कांग्रेस कहा जाता था। 1971 के मध्यावधि लोकसभा के चुनावों में नई कांग्रेस ने लोक सभा की 518 सीटों में से 350 सीटें जीतीं जबकि पुरानी कांग्रेस को 16 स्थान ही मिल सके। 1972 में सोशलिस्ट पार्टी प्रजा सोशलिस्ट पार्टी पुनः एक हो गई और उसका नाम सोशलिस्ट पार्टी ऑफ इंडिया रखा गया।

सन् 1973 में जनसंघ में आपसी फूट के कारण वरिष्ठ नेता बलराज मधोक ने राष्ट्रीय लोकतांत्रिक मोर्चा नामक एक प्रकार दल का निर्माण किया। इसी प्रकार कांग्रेस विभाजन के बाद पुनः एक नई राजनीतिक घटना उस समय घटी जब 1974 में भारतीय लोकदल का उदय हुआ। इस लोकदल में अन्य छोटे-छोटे दल अपने पुराने मतभेदों को भुलाकर मिल गए थे जिसका कि उत्तर भारत में बहुत अधिक प्रभाव रहा।

सन् 1977 में एक नया दल जनता पार्टी का गठन किया गया। जनता पार्टी ने श्री मोरारजी देसाई को अध्यक्ष बनाया। आपातकाल की विभीषिका को भुगतने के पश्चात् 1977 के आम चुनाव में जनता को जनता पार्टी की सरकार का गठन कराने के लिए विवश होना पड़ा। चुनाव आयोग ने भी जनता पार्टी को राष्ट्रीय दल के रूप में मान्यता दे दी।

जनता पार्टी में विभाजन के फलतः 15 जुलाई, 1979 को जनता पार्टी की सरकार का भी पतन हो गया। इसके पश्चात् किसी भी राजनीतिक दल का स्वरूप अखिल भारतीय स्तर का नहीं रहा। बीच-बीच में कई दलों को मिलाकर अस्थायी तथा सम्मिलित सरकार बनती रहीं। 1980 में श्रीमती इंदिरा गाँधी दोबारा देश की प्रधानमंत्री बनीं, उनके दल को आशातीत बहुमत प्राप्त हुआ। क्षेत्रीय दलों का सफाया हो गया। उन दिनों लोकदल को 41, मार्क्सवादी को 35, जनता पार्टी को मात्र 31 सीटें प्राप्त हुई थीं।

सन् 1966 के सामान्य चुनाव में 14 राष्ट्रीय दलों को चुनाव आयोग द्वारा मान्यता दी गई थी, जबकि पूरे देश में 442 ऐसे राजनीतिक दल थे जिन्हें राष्ट्रीय दल के रूप में मान्यता नहीं थी। किसी भी राजनीतिक दल को आम चुनाव में कुल पड़े वैध मतों के कम से कम चार राज्यों में चार प्रतिशत अथवा उससे अधिक मत मिलने पर उस पार्टी को चुनाव आयोग के माध्यम से दल के रूप में मान्यता दे दी जाती है।

1999 के सामान्य चुनाव में केन्द्र में भारतीय जनता पार्टी की वाजपेयी सरकार

सत्तारूढ़ हुई किन्तु उसे भी अकेले दम पर सरकार बनाने के लिए बहुमत नहीं मिला। ऐसे में भारतीय जनता पार्टी ने अन्य घटक दलों के समर्थन से केन्द्र में राजग सरकार बनाकर अपने कार्यकाल तक सुचारु रूप से काम किया। वर्तमान में कांग्रेस नीत संप्रग सरकार केन्द्र में सत्तासीन है।

एकदलीय आधिपत्य का अन्त

सन् 1989 में लोकसभा के निर्वाचन क्षेत्र के लिए चुनाव कराए गए। इस चुनाव में किसी भी राजनीतिक दल को स्पष्ट बहुमत नहीं मिला। कांग्रेस को 193, जनता दल को 141, भारतीय जनता पार्टी को 88, सी. पी. एम. को 32, अन्ना द्रमुक को 11 तथा सी. पी. आई. दल को 12 स्थान प्राप्त हुए। अन्य दलों में से किसी को 6 से ज्यादा स्थान न मिल सके।

इस चुनाव में उम्मीदों के विपरीत दक्षिण भारत में कांग्रेस को भारी सफलता प्राप्त हुई। कांग्रेस पार्टी को आंध्र प्रदेश में 42 में से 38, कर्नाटक में 28 में से 27, केरल में 20 में से 14, महाराष्ट्र में 48 में 28 व तमिलनाडु में 39 स्थानों में से 25 स्थान प्राप्त हुए। शेष राज्यों में गैर-कांग्रेसी राजनीतिक दलों की जीत हुई है।

सन् 1989-90 में राज्य-विधान सभाओं के चुनाव भी सम्पन्न हुए जिनके परिणाम अधिक आश्चर्यजनक रहे। अधिकांश राज्यों में कांग्रेस शासन का समापान हो गया और जनता दल सत्ता में आया। लेकिन सभी अनुमानों के विपरीत दक्षिण भारत के दो राज्यों आंध्र प्रदेश और कर्नाटक में तथा महाराष्ट्र, अरुणाचल प्रदेश, त्रिपुरा और मिजोरम राज्यों की विधानसभाओं में कांग्रेस पार्टी को बहुमत मिला और उसने सरकार का निर्माण किया। तीन राज्यों राजस्थान, मध्य प्रदेश और हिमाचल प्रदेश में 'भारतीय जनता पार्टी' ने सरकार बनाई। शेष राज्यों में क्षेत्रीय राजनीतिक दलों ने अकेले अथवा अन्य दलों के सहयोग से सरकार का गठन किया।

भारत के कुछ प्रमुख राष्ट्रीय दलों तथा उनके चुनाव इस प्रकार हैं:-

क्र. सं.	राष्ट्रीय दल	सुरक्षित चुनाव चिन्ह
1.	भारतीय जनता पार्टी	कमल
2.	भारतीय कम्युनिस्ट पार्टी	अनाज की बाली और दरांती
3.	मार्क्सवादी कम्युनिस्ट पार्टी	हथौड़ा, दरांती और सितारा
4.	भारतीय राष्ट्रीय कांग्रेस	हाथ
5.	जनता दल (अ)	कलम दवात

6. जनता दल (ब)	प्याला और केतली
7. जनता पार्टी	चक्र और हलधर
8. लोकदल	बैलगाड़ी चलाता किसान
9. समाजवादी पार्टी	साइकिल
10. शिव सेना	तीर धनुष

उपर्युक्त राजनीतिक दलों में से कुछ दलों दूसरे दलों के साथ विलय हो गया व कुछ अन्य दल राष्ट्रीय धरातल पर उभरे हैं। प्रादेशिक दलों का भी अपना एक निश्चित चुनाव चिन्ह होता है जिसके आधार पर चुनाव लड़े जाते हैं।

भारत में राजनीतिक दलों का वर्गीकरण

भारत में राजनीतिक दलों की संख्या, संरचना एवं कार्य प्रणाली के आधार पर राजनीतिक दलों को कई वर्गों में बाँटा जाता है, जो इस प्रकार हैं—

(1) अखिल-भारतीय राजनीतिक दल—अखिल भारतीय स्तर का राजनीतिक दल उन्हें कहा जाता है जो अधिकारिक रूप में व्यापक क्षेत्र में होते हैं और जिन्हें राष्ट्रीय समर्थन प्राप्त रहता है। अखिल भारतीय दलों को लोकसभा में 4 प्रतिशत सीट या 4 प्रतिशत वोट मिलने चाहिएँ। अखिल भारतीय राजनीतिक दलों में कांग्रेस, जनता दल, भारतीय जनता पार्टी, कम्युनिस्ट पार्टी, मार्क्सवादी कम्युनिस्ट पार्टी आदि दलों को शामिल किया गया है।

(2) क्षेत्रीय दल—राजनीतिक दलों का दूसरा समूह क्षेत्रीय दल है जो किसी क्षेत्र विशेष या प्रादेशिक स्तर में होते हैं। ये दल उस क्षेत्र विशेष के हित के लिए कार्य करते हैं। इनका नाम उस क्षेत्र की भाषा, धर्म, प्रजाति, संस्कृति या क्षेत्र के आधार पर होता है। आज इन क्षेत्रीय दलों का साझा सरकार में महत्व ज्यादा बढ़ा है। क्षेत्रीय दलों के सदस्य अपने क्षेत्र की जनता की आवाज सरकार के सामने रखते हैं तथा सार्वभौमिक कल्याण के बजाय क्षेत्र विशेष के कल्याण पर बल देते हैं।

(3) साम्प्रदायिक दल—इस समूह में सदस्यता क्रम किसी धर्म, सम्प्रदाय संगठन के आधार पर होता है। साम्प्रदायिक दल, में सदस्यों की सदस्यता किसी विशेष धार्मिक या वंशानुगत आधार पर होती है। ये दल सदैव अपनी जाति या धर्म की रक्षा या उसकी उन्नति का प्रयत्न करते हैं। इन दलों के माध्यम से किसी विशेष धर्म या मत की भावनाओं को बढ़ावा या सम्मान देना पड़ता है।

(4) तदर्थ दल—राजनीतिक दलों के अंतिम समूह को तदर्थ दल के नाम से जाना जाता है। ऐसे दलों का संगठन किसी शक्तिशाली व्यक्तियों, स्थानीय या राज्य

के मुद्दों के आधार पर होता है। ये तदर्थ या अस्थायी दल बहुत दिनों तक अस्तित्व में नहीं रह सकते। कुछ दल थोड़े समय तक राजनीति में दखल देते हैं और कुछ तो बिल्कुल अस्तित्व में आने से पहले ही नष्ट हो जाते हैं। इस प्रकार के दलों का बनना या बनाना नेताओं की नाराजगी या सत्तारूढ़ या मजबूत पार्टी को डराना या धमकाना होता है। प. नेहरू के अनुसार, भारत में राजनीतिक दलों को मुख्यतः चार वर्गों में विभाजित किया जा सकता है–

(1) आर्थिक विचारधारा पर आधारित दल
(2) साम्यवादी दल
(3) साम्प्रदायिक दल
(4) क्षेत्रीय दल।

भारतीय दल-प्रणाली की विशेषताएँ

भारत विश्व का सबसे बड़ा लोकतांत्रिक देश है तथा यहाँ पर बहुदलीय प्रणाली व्यवस्था है। इन्हीं दलों के द्वारा राजनीतिक व्यवस्था का संवर्धन और परिमार्जन होता है। भारतीय दल-प्रणाली की प्रमुख विशेषताओं को निम्नवत् बिंदुओं के तहत स्पष्ट किया गया है–

(1) बहुदलीय दल प्रणाली–भारत की दलीय प्रणाली की **मुख्य विशेषता यह** है कि यहाँ बहुदलीय व्यवस्था पाई जाती है। भारत स्वतंत्र नहीं हुआ था तभी से अनेक दलों का अस्तित्व यहाँ मौजूद था। स्वतंत्रता के बाद भी यहाँ बहुदलीय व्यवस्था बनी रही। इसका कारण भारतीय संविधान में नागरिकों को संगठन अथवा दल बनाने की स्वतंत्रता माना जा सकता है। संविधान में यह सुविधा प्रदान की गई है कि कोई भी व्यक्ति किसी प्रकार के दल का गठन विधिपूर्वक कर सकता है।

(2) एक दलीय आधिपत्य का होना–भारत में सिद्धान्त रूप से बहुदलीय व्यवस्था देखने को मिलती है। किन्तु व्यावहारिक रूप में इसे एक दलीय आधिपत्य की व्यवस्था कहा गया है। प्रथम आम चुनाव 1951-52 से लेकर 1989 तक जनता सरकार को छोड़कर भारत में कांग्रेस दल का सरकार में आधिपत्य यथावत् रहा। जैसा कि लिखा जा चुका है भारत में राष्ट्रीय स्तर पर एक दर्जन के करीब राजनीतिक दल अस्तित्व में रहे हैं और प्रादेशिक व क्षेत्रीय दलों की संख्या कई दर्जनों के लगभग रही, फिर भी कई राज्यों तथा केन्द्र में कांग्रेस दल सत्ता में रहा। थोड़े-थोड़े समय हेतु भारत में एकदलीय आधिपत्य भले ही न रहा हो परन्तु सामान्य चुनावों से लेकर आज राजनीतिक व्यवस्था में एक दल का आधिपत्य विद्यमान रहा है।

(3) संगठित विरोधी दल का अभाव—संसदीय जनतंत्र की सफलता के लिए विरोधी दलों का होना आवश्यक होता है। लेकिन भारत में विरोधी दलों ने लोकसभा में 47.2 प्रतिशत से ज्यादा स्थान कभी प्राप्त नहीं किए। संयुक्त मोर्चा सरकार में भारतीय जनता पार्टी सशक्त विरोधी दल रहा। संप्रग सरकार में बीजेपी विरोधी दल की भूमिका निभा रहा है। यद्यपि सशक्त विरोधी दलों का अभाव सदन में हमेशा बना रहा। गठबन्धन की राजनीति के चलते भी विरोधी दल सुप्तावस्था में हो जाता है जो प्रजातंत्र की सफलता के लिए होता है। विरोधी दल अगर संगठित नहीं हो तो सत्तारूढ़ सरकार स्वेच्छाचारी हो जाती है।

(4) आन्तरिक गुटबन्दी—भारतीय दल प्रणाली की प्रमुख विशेषता उसमें आन्तरिक गुटबन्दी का होना है। जब-जब किसी मजबूत दल का पतन हुआ है, उसके कारण उस दल में आन्तरिक कलह गुटबन्दी ही रही है। दलों के अन्दर सन्तुष्ट गुट और असन्तुष्ट गुट सदैव विद्यमान रहते हैं जिनसे भारतीय दल प्रणाली के स्थायित्व को खतरा बना रहता है। अपने ही दल के लोग अपने ही दल के सदस्य को चुनाव में पराजित करने के लिए कोई कसर नहीं छोड़ते जो आंतरिक गुटबंदी का उदाहरण है। सत्ता प्राप्ति की होड़ में दल के सभी सदस्य अपनी जोर आजमाईश करते हैं। किसी को सत्ता मिल गई तो किसी को सत्ता सुख नहीं मिला। सत्ता सुख से वंचित लोग असन्तुष्ट गुट का निर्माण करते हैं जो दलीय संगठन को आघात पहुँचाते हैं। लगभग सभी राजनीतिक दलों में छोटे-छोटे गुट पाए जाते हैं।

निर्दलीय सदस्यों का अस्तित्व—किसी भी राजनीतिक दल में न रहते हुए भी आज सरकार निर्माण में स्वतंत्र उम्मीदवारों का भी महत्व बढ़ा है। संसदीय जनतंत्र जो मूल रूप से दलीय शासन होता है। ऐसे निर्दलीय सदस्य सरकार के स्थायित्व हेतु खतरनाक हो सकते हैं, क्योंकि ये सदस्य राजनीतिक अवसरवादिता का आसानी से शिकार हो जाते हैं। स्वतंत्र उम्मीदवारों को जब कोई विशेष दल स्वार्थ हेतु अपने दल में मिलाते हैं तब दलीय व्यवस्था में परिवर्तन आ सकता है, ये निर्दलीय लोग पुनः उस दल को छोड़कर सरकार का पतन कर सकते हैं।

भारत में बहुदलीय प्रणाली है जबकि अमेरिका, ब्रिटेन में द्विदलीय प्रणाली होने से ही वहाँ की राजनीतिक संरचना काफी मजबूत है। भारत में बेहतर होगा कि छोटे-छोटे सभी दलों का ध्रुवीकरण हो जाए और दो दल प्रमुख रूप से रहें। एक सत्तारूढ़ हो तथा दूसरा दहाड़ने वाला। दुर्भाग्यवश, भारत में बहुदलीय प्रणाली के कारण भारत विकसित राष्ट्रों की श्रेणी में आजादी के 64 साल बाद भी नहीं आ पाया।

साम्प्रदायिक एवं क्षेत्रीय दलों का अस्तित्व—भारत के कई अखिल भारतीय स्तर के राजनीतिक दल आज छद्म धर्मनिरपेक्ष, साम्प्रदायिक तथा क्षेत्रीय दलों से अपने को पस्त पाते हैं। आज इन क्षेत्रीय तथा साम्प्रदायिक पार्टियों का महत्व बढ़ा है। ये जब चाहें तब किसी बड़ी पार्टी की सरकार को गिराने में सफल हो जाते है। इन दलों के द्वारा कभी-कभी धर्म व सम्प्रदाय के नाम से धार्मिक उन्माद उत्पन्न किया जाता है।

समाजवाद को अपना बनाने की प्रवृत्ति—भारत के अधिकतर दलों में रूढ़िवादी दलों के अलावा समाजवाद की प्रवृत्ति भी देखने की मिलती है। समाजवाद चूँकि समानता की नीति पर आधारित विचारधारा है, अतः प्रत्येक दल अपना वोट तक मजबूत करने के लिए समाजवाद का सहारा लेते हैं। इसीलिए दलों द्वारा दिए गए भाषणों या चुनाव कार्यक्रमों के समय समाजवाद का आदर्श या उसकी दुहाई सुनने को मिलती है। लेकिन जब यही दल सत्तारूढ़ हो जाते हैं तब अपने समाजवादी वायदे को भूल जाते हैं। नेता समाजवाद की बात तो करते हैं किन्तु वो खुद ही समाजवाद के विपरीत पूँजीवादी होते हैं।

अनिश्चित कार्यक्रम व नीतियाँ—निश्चित कार्यक्रम तथा नीतियों के अभाव में कोई भी राजनीतिक दल ज्यादा दिनों तक नहीं चल सकता है। विभिन्न प्रकार के दल समाजवाद, धर्म निरपेक्षता, गाँधीवादी सिद्धान्तों के प्रति आस्था, अन्त्योदय, समाज के कमजोर वर्ग आदि ऐसी शब्दावलियाँ हैं जिनका किसी पार्टी को एकतरफा लाभ नहीं होता है, फिर भी इन शब्दों की रट ये दल लगाते हैं। वस्तुतः कार्यक्रमों व नीतियों के स्पष्ट न होने के कारण ही दल-बदल की प्रवृत्ति बढ़ती है।

राजनीतिक दल व भारतीय राजनीति में अनैतिकता की वृद्धि—वर्तमान समय में प्रत्येक राजनीतिक दलों के भीतर नैतिक मूल्यों में गिरावट हुई है। मूल्यों में कमी के कारण दलों का चरित्र धुँधला होता जा रहा है। इन दलों में भ्रष्टाचार, भाई-भतीजावाद, पक्षपात, घूस का चलन, बहुमत सिद्धि हेतु सदस्यों की खरीद-फरोख्त करना ये सब अनैतिक मूल्य कहे जा सकते हैं। इन्हीं प्रवृत्तियों के कारण राजनीतिक दलों की नैतिकता में पर्याप्त गिरावट देखने को मिलती है। वर्तमान में ऐसे भी नेता हैं जिनके ऊपर न्यायालयों में प्रकरण दर्ज हैं और वो पार्टी संगठन में आज भी काम कर रहे हैं।

दल बदल की प्रवृत्ति—प्रमुख राजनीतिक विश्लेषक अर्थात् सेफोलॉजिस्ट डॉ एम. पी. राय तथा शशी के. जैन के लेखानुसार दलबदल की प्रवृत्ति भारतीय दल-व्यवस्था की एक विकृति है। दल-बदल की बात यदि किन्ही सैद्धान्तिक आधारों

पर हो तो वह प्रायः सीमित रूप में होती है और उसे अवांछनीय नहीं कहा जाता, किन्तु जब दलबदल के आधार सैद्धान्तिक न होकर व्यक्तिगत स्वार्थ अथवा राजनीतिक स्वार्थ की सिद्धि हो तो वह किसी भी लोकतंत्र के लिए घातक है। भारत में दलबदल की प्रवृत्ति को देखते हुए उसे राजनीतिक नैतिकता के सिद्धान्त के अनुकूल और अनिश्चितता उत्पन्न होती रही है जिसका देश के व्यापक हितों पर प्रतिकूल प्रभाव पड़ा। दलबदल की इस प्रकृति से भारतीय जनतंत्र के सामने कई प्रश्न सूचक चिन्ह लग गए। इसका लाभ सत्तारूढ़ दल और दूसरे दल सभी ने उठाया। कुछ अर्से पूर्व तक यह बीमार राज्यों तक ही सीमित थी, फिर केन्द्र को भी प्रभावित करने लगी। केन्द्र में देसाई सरकार के पतन के लिए मुख्यतः दलबदल ही मुख्य रूप से रहा।

सन् 1973 में लोकसभा में दलबदल प्रवृत्ति पर रोकथाम हेतु भारतीय संविधान का 32वाँ संशोधन विधेयक पेश किया गया था। लेकिन वह पारित नहीं हो सका तथा स्थिति वैसी ही बनी रही। अभी हाल ही में वाजपेयी सरकार द्वारा भी दलबदल पर प्रतिबंध हेतु विधेयक पास किया गया। इसके कारण देश की राजनीति में एक अनुशासित दलीय व्यवस्था के विकास में नया आयाम जुड़ सकेगा।

व्यक्तिवाद तथा अवसरवादिता—दल प्रणाली की एक विशेषता यह भी है कि ये दल व्यक्तिगत स्वार्थ तथा अवसरवादिता के लिए अपनी सामूहिक नीतियों तथा सिद्धान्तों को तिलांजलि दे देते हैं। किसी दल को सरकार बनाने के लिए अगर बहुमत प्राप्त नहीं होता है तो ऐसे कुछ दल स्वार्थ सिद्धि और अपने व्यक्तिगत लाभ के लिए दूसरे दल के सदस्यों से सांठ-गांठ करते हैं तथा उन्हें अपने दल में प्रवेश देने में कोई संकोच तक नहीं करते। भारतीय दल प्रणाली में इस प्रकार की प्रवृत्ति दिनों-दिन बढ़ती जा रही है जो राजनीतिक व्यवस्था में अस्थिरता एवं विद्रोह को बढ़ावा देती है।

छोटे दलों के अस्तित्व में वृद्धि एवं महत्व—विगत कुछ वर्षों में छोटे दल व क्षेत्रीय पार्टियाँ बहुत तेजी से उभरी हैं और सरकार गठन में प्रमुख भूमिका निभा रही हैं। भारत के साम्यवादी दल भले ही चुनाव में कम स्थान प्राप्त करते हों लेकिन वह सरकार बनाने में हमेशा कांग्रेस का पक्ष लेता है। इसी तरह शिव सेना, अकाली दल, ए. डी. एम. के, तृणमूल आदि दलों ने वाजपेयी सरकार के गठन में महती भूमिका निभाई। अतः वर्तमान राजनीति में छोटे दलों का कद भले छोटा हो उनका महत्व काफी बढ़ा है। केन्द्र सरकार के अतिरिक्त भी छोटे-छोटे दलों ने आपस में मिलकर प्रांतों में सरकारें गठित की हैं।

प्रमुख दलों तथा उनके संक्षिप्त नामों की सूची

राजनीतिक दलों के नाम	संक्षिप्त नाम	वह राज्य जहाँ इन्हें मान्यता प्राप्त है।
(क) राष्ट्रीय दल		
1. भारतीय राष्ट्रीय कांग्रेसकांग्रेस	—	
2. भारतीय जनता पार्टी	भाजपा	—
3. बहुजन समाज पार्टी	बसपा	—
4. समाजवादी पार्टी	सपा	—
5. भारतीय कम्युनिस्ट पार्टी	भाकपा	—
6. मार्क्सवादी कम्युनिस्ट पार्टी	माकपा	—
7. भारतीय समाजवादी कांग्रेस	कांग्रेस सी	—
8. जनता पार्टी	जनता पार्टी	—
9. भारतीय लोकदल	भालोद	—
(ख) राज्य स्तरीय दल		
1. आल इंडिया अन्ना द्रविड़	आईडीएमके	तमिलनाडु और मुनेत्र कड़गम पांडिचेरी
2. जम्मू-कश्मीर नेशनल कान्फ्रेंस	कान्फ्रेस	जम्मू-कश्मीर
3. जम्मू-कश्मीर पीपुल्स कान्फ्रेंस	जम्मू-कश्मीर	
4. केरल कांग्रेस	के कांग्रेस	केरल
5. कुकू नेशनल असेम्बली कुकी	मणिपुर	
6. महाराष्ट्रवादी गोमान्तक पार्टी	मगोमां	गोवा, दमन और दीव
7. मणिपुर पीपुल्स पार्टी	मपीपा	मणिपुर
8. मुस्लिम लीग	मुलीग	केरल
9. नागा नेशनल डेमोक्रेटिक पार्टी	नानेडे	नागालैंड
10. पीजेन्ट्स एंड वर्कर्स पार्टी	पीवपा	महाराष्ट्र
11. पीपुल्स कान्फ्रेंस	पी कान्फ्रेंस	मिजोरम
12. पीपुल्स पार्टी आफ अरुणाचल	कान्फ्रेंस	अरुणाचल प्रदेश
13. प्लेंस ट्राइबल्स काउसिल	अरूपीया	असम

14. पब्लिक डिमांड्स इम्प्लिमेंटेशन	कवेशन	मेघालय
15. रिवोल्यूशनरी सोशलिस्ट पार्टी	रिसोपा	केरल और पं. बंगाल
16. शिरोमणि अकाली दल	शिअकाली दल	पंजाब
17. सिक्किम कांग्रेस आर सिकांग्रेस आर	सिक्किम	
18. सिक्किम प्रजातंत्र कांग्रेस	सिप्रका	सिक्किम
19. त्रिपुरा उपजाति युवा समिति	त्रिजास	त्रिपुरा
20. हिल स्टेट पीपुल्स डेमोक्रेटिक	हिपीडे	मेघालय
21. तेलुगू देशम	तेलुगूदेशम्	आन्ध्र प्रदेश
22. तेलुगू देशम पार्टी	टीडीपी	आन्ध्र प्रदेश
23. तमिल मनीला कांग्रेस टीडीपी	तमिलनाडु	
24. तृणमूल कांग्रेस	टीएमसी	बंगाल
25. सवर्ण समाज पार्टी	ससपा	हिन्दी भाषी राज्यों में
26. आल इंडिया फारवर्ड ब्लाक	फारवर्ड	प. बंगाल
27. आल इंडिया मुस्लिम लीग	अमुलीग	केरल
28. आल पार्टी हिल लीडर्स कान्फ्रेंस	आहिल	मेघालय
29. भारतीय कांग्रेस	भा.कांग्रेस	जम्मू-कश्मीर
30. द्रविड़ मुनेत्र कड़गम डीएमके	तमिलनाडु	

(ग) पंजीकृत दल

1. झारखंड मुक्ति मोर्चा	झामुमो	बिहार
2. नगा नेशनल पार्टी	नागा नेशनल	नागालैंड
3. रिपब्लिकन पार्टी	रिपा	मेघालय
4. तमिल कांग्रेस के.	तमिल कांग्रेस	तमिलनाडु
5. त्रिपुरा स्टेट कांग्रेस फार डेमोक्रेसी	त्रिकांडे	त्रिपुरा
6. बैकवर्ड एंड डिप्रेस्ड पीपुल्स प्रोटेक्शन फ्रन्ट	वीडीपी	तमिलनाडु
7. दूरदर्शी पार्टी	दूरदर्शी	गुजरात, उत्तर प्रदेश
8. गांधी कामराज नेशनल कांग्रेस	गा कांग्रेस	तमिलनाडु
9. झारखंड पार्टी	झारखंड	बिहार
10. जम्मू कश्मीर पैंथर्स पार्टी	पैंथर्स	जम्मू-कश्मीर

10

भारत में राजनीतिक दलों का पंजीकरण

भारतीय संविधान के तहत राजनीतिक पार्टियों का पंजीकरण एवं मान्यता निर्वाचन आयोग द्वारा प्रदान की जाती है। तथा अलग-अलग राजनीतिक दलों को अलग-अलग चुनाव चिह्न प्रदान किया जाता है। सन् 1952 में भारतीय निर्वाचन आयोग द्वारा 14 राजनीतिक दलों को राष्ट्रीय दल के रूप में तथा 60 राजनीतिक दलों को राज्य स्तरीय दलों के रूप में मान्यता प्रदान की गई थी। 1 दिसंबर सन् 2000 में भारतीय निर्वाचन आयोग ने चुनाव चिन्ह (आरक्षण एवं आबंटन) 1968 में संशोधन में घोषणा कर दी। फलस्वरूप मार्क्सवादी कम्यूनिस्ट पार्टी के राष्ट्रीय दल को मान्यता प्राप्त हो गई। भारत में पंजीकृत लेकिन गैर-मान्यता प्राप्त 621 राजनीतिक दल हैं। वर्तमान समय में भारत में 7 दलों को राष्ट्रीय दल का दर्जा प्राप्त है–

(1) कांग्रेस (आई) (2) भाकपा

(3) माकपा (मार्क्सवादी) (4) राजद

(5) बसपा (6) भाजपा

(7) राकपा

राजनीतिक दलों को मान्यता–राजनीतिक दलों को मान्यता निर्वाचन आयोग द्वारा इसके लिए घोषित "निर्वाचन प्रतीक (आरक्षण और आबंटन) आदेश, 1968 के अधीन बनाए गए नियमों के अनुसार प्रदान की जाती है, जो राजनीतिक दल मान्यता प्राप्त राजनीतिक दल के रूप में अपना पंजीकरण कराना चाहता है, वह इसके लिए आयोग के समक्ष आवेदन करता है।

मान्यता के लिए आवेदन—राजनैतिक दल द्वारा पंजीकरण के लिए दिए जाने वाले आवेदन में निम्नलिखित बातों का विवरण रहता है—

(i) उस दल के मुख्य अंगों के अध्यक्षों (चाहे उन्हें किसी भी नाम से पुकारा जाए) और अन्य सदस्यों के नाम,

(ii) निर्वाचकों के साथ दल के सम्बन्ध और जनता से प्राप्त समर्थन, जो उसे उपलब्ध है, तथा ऐसे सम्बन्ध और समर्थन का प्रमाण।

(iii) उन राजनीतिक सिद्धान्तों का, जिन पर वह दल (संगम या निकाय) आधारित है।

(iv) वे नीतियाँ, लक्ष्य और उद्देश्य, जिनका वह अनुसरण करता है या अनुसरण करता है या अनुसरण करना चाहता है,

(v) अपने राजनीतिक सिद्धान्तों, नीतियों, लक्ष्यों और उद्देश्यों को कार्यान्वित करने के प्रयोजन के लिए अपने कार्यक्रम, कृत्य क्रियाकलाप।

उक्त आवेदन पत्र में दिए गए विवरणों के आधार पर समाधान होने पर निर्वाचन आयोग पहले किसी दल को राज्यस्तरीय दल के रूप में मान्यता देता है।

राज्यस्तरीय दल को मान्यता—निम्नांकित शर्तों को पूर्ण करने वाले राजनीतिक दलों को राज्यस्तरीय दल की मान्यता दी जाती है—

(i) वह लगातार 5 वर्ष से राजनीतिक क्रिया-कलापों में संलग्न हो,

(ii) लोकसभा के लिए उस राज्य से निर्वाचित प्रत्येक 25 सदस्यों या उस संख्या की किसी भिन्न के पीछे कम से कम एक सदस्य निर्वाचन द्वारा भेज चुका हो, या उस राज्य की विधानसभा के लिए उस सभा के प्रत्येक 30 सदस्यों या उस संख्या की किसी भिन्न के पीछे कम से कम एक सदस्य निर्वाचन द्वारा भेज चुका हो।

(iii) राज्य में हुए लोकसभा अथवा विधानसभा के साधारण निर्वाचन में उस दल द्वारा खड़े किए गए अभ्यर्थियों द्वारा प्राप्त विधिमान्य मतों की कुल संख्या उस राज्य में हुए ऐसे साधारण निर्वाचन में हुए।

निर्वाचन लड़ने वाले सभी अभ्यर्थियों द्वारा प्राप्त मतों की कुल संख्या के 4 प्रतिशत से कम न हो।

यदि उक्त तीनों शर्तें पूरी हो जाती हैं, तो निर्वाचन आयोग किसी भी दल को राज्य स्तरीय दल के रूप में मान्यता देता है और उसे चुनाव चिन्ह आरक्षित करता है। ऐसे मान्यता प्राप्त दल के विभाजन की स्थिति में आयोग यह निर्णय करता है कौन दल का वास्तविक प्रतिनिधित्व करता है।

1 दिसम्बर, 2000 को निर्वाचन आयोग द्वारा चुनाव चिन्ह (आरक्षण एवं आबंटन), 1968 में किए गए संशोधन के अनुसार किसी राजनीतिक दल को राज्य स्तरीय दल की मान्यता प्राप्त करने के लिए संबंधित दल को लोकसभा या विधानसभा चुनाव में डाले गए वैध मतों को कम से कम 6% मत प्राप्त करने के साथ-साथ राज्य विधानसभा की कम से कम 3 सीटें जीतना आवश्यक है या विधानसभा की कुल सदस्य संख्या की कम से कम 3% सीटें अथवा 3 सीटें (इनमें से जो अधिक हो) को जीतना आवश्यक है।

राष्ट्रीय दल के रूप में मान्यता—भारत के निर्वाचन आयोग ने 1 दिसंबर सन् 2000 में चुनाव चिन्ह (आरक्षण एवं आबंटन) 1968 में संशोधन करते हुए राष्ट्रीय राजनीतिक दल की मान्यता के लिए नए मानदण्ड निर्धारित किए। नए नियमों के अंतर्गत राष्ट्रीय स्तर की मान्यता प्राप्त करने के लिए किसी भी राजनीतिक दल को लोकसभा की कम से कम 4 सीटों पर विजय पाना आवश्यक होगा या लोकसभा में उसे कम से कम 2% सीटें अर्थात् लोकसभा की कुल 543 सीटों में से 11 सीटें जीतनी आवश्यक होंगी। ये सीटें कम से कम तीन राज्यों से होनी चाहिए। इससे पूर्व कोई दल यदि 4 राज्यों में राजनैतिक दल के रूप में निर्वाचन आयोग द्वारा मान्यता प्राप्त होता, तो उसे राष्ट्रीय दल के रूप में आयोग द्वारा मान्यता प्रदान कर दिए जाने की व्यवस्था थी। उस दल को भी राष्ट्रीय राजनीतिक दल के रूप में मान्यता कर दी जाती थी जिसने राज्य में लोकसभा के असाधारण निर्वाचन में कुल पड़े वैध मतों का 4 प्रतिशत प्राप्त किया है।

निर्वाचन आयोग द्वारा जारी अधिसूचना के अनुसार यदि कोई राजनीतिक दल राष्ट्रीय या राज्य स्तरीय दल के रूप में अपनी मान्यता खो देता है तो उसे 6 वर्षों तक अपने पुराने चुनाव चिन्ह को रखने की छूट होगी, परन्तु मान्यता प्राप्त दल को प्राप्त होने वाली विशेष सुविधाएँ, चुनाव के समय आकाशवाणी या दूरदर्शन पर निःशुल्क चुनाव प्रचार आदि करने की सुविधा नहीं प्राप्त होगी।

मान्यता प्राप्त राष्ट्रीय तथा राज्यस्तरीय राजनीतिक दल

(पन्द्रहवीं लोकसभा के गठन के बाद की स्थिति)

राष्ट्रीय राजनीतिक दल

	दल का नाम	चुनाव चिन्ह
1.	भारतीय राष्ट्रीय कांग्रेस	हाथ (पंजा)
2.	भारतीय जनता पार्टी	कमल (फूल)

3.	भारतीय कम्युनिस्ट पार्टी	हंसिया और बाली
4.	मार्क्सवादी कम्प्युनिस्ट पार्टी	हंसिया, हथौड़ा एवं तारा
5.	बहुजन समाज पार्टी	हाथी
6.	राष्ट्रीय जनता दल	लालटेन
7.	राष्ट्रवादी कांग्रेस पार्टी	घड़ी

दल का नाम	राज्य/संघ राज्य क्षेत्र	चुनाव चिन्ह
1. केरल कांग्रेस (एम.)	केरल	दो पत्ती
2. शिव सेना	महाराष्ट्र	तीर-कमान
3. मणिपुर पीपुल्स पार्टी	मणिपुर	सायकिल
4. कुकी नेशनल एसेम्बली	मणिपुर	दो पत्ती
5. आल पार्टी हिल लीडर्स कांफ्रेस	मेघालय	दो पत्ती
6. हिल पीपुल्स यूनियन	मेघालय	उगता सूरज
7. हिल स्टेट पीपुल्स डेमोक्रेटिक पार्टी	मेघालय	शेर
8. पब्लिक डिमांड्स इम्पलीमेटेशन कन्वेशन	मेघालय	बेलचा
9. मिजो नेशनल फ्रंट	मिजोरम	टाइगर
10. नागालैण्ड पीपुल्स कौंसिल	नागालैण्ड	मुर्गा
11. शिरोमणि अकाली दल	पंजाब	तराजू
12. शिरामणि अकाली दल (बादल गुट)	पंजाब	तीर कमान
13. समाजवादी पार्टी	उत्तर प्रदेश	सायकिल
14. शिरोमणि अकाली दल (मान गुट)	पंजाब	शेर
15. राइजिंग सन पार्टी	सिक्किम	उगता सूरज
16. सिक्किम संग्राम परिषद्	सिक्किम	हाथी
17. ए. आई. ए. डी. एम. के. (अन्ना द्रमुक)	तमिलनाडु, पाण्डिचेरी	दो पत्ती
18. डी. एम. के. (द्रमुक)	तमिलनाडु, पाण्डिचेरी	उगता सूरत
19. पट्टक्ति मुक्कल कट्टाचि	तमिलनाडु	हाथी

20. रिवोल्यूशनरी सोशलिस्ट पार्टी (आर.एस.पी)	त्रिपुरा, पश्चिम बंगाल	फावड़ा और कुदाल
21. त्रिपुरा उपजाति युवा समिति	त्रिपुरा	दो पत्ती
22. आल इण्डिया फारवर्ड ब्लाक	पश्चिम बंगाल	हल
23. इण्डियन कांग्रेस (सामाजवादी, शरतचन्द्र सिन्हा)	मणिपुर	आयत में चरखा
24. यूनाइटेड माइनॉरिटीज फ्रंट ऑफ असम	असम	-
25. राष्ट्रीय जनता दल	बिहार व मणिपुर	लालटेन
26. आल इंडिया राष्ट्रीय जनता पार्टी	गुजरात	-
27. हरियाणा लोकदल (राष्ट्रीय)	हरियाणा	-
28. लोकशक्ति	कर्नाटक तथा नागालैंड	-
29. बीजू जनता दल	उड़ीसा	शंख
30. पट्टाली मक्कल काचि	पांडिचेरी, तमिलनाडु	हाथी
31. मरु मलारची द्रविण मुनेत्र कणगम	तमिलनाडु	-
32. तृणमूल कांग्रेस	पश्चिम बंगाल	फूल व धारा
33. इंडियन कांग्रेस (समाजवादी)	अंडमान निकोबार	-
34. शिवसेना	महाराष्ट्र, दादरा नगर हवेली	तीर-धनुष
35. समता पार्टी	बिहार, हरियाणा व मणिपुर	मशाल
36. जनता दल (यूनाइटेड)	बिहार, कर्नाटक	तीर
37. जनता दल (सेकुलर)	कर्नाटक	-
38. तेलुगू देशम	आन्ध्र प्रदेश	सायकिल
39. असम गण परिषद	असम	हाथी
40. नूतन असम गण परिषद	असम	दो पत्ती
41. आटोनामस स्टेट डिमाण्ड कमेटी	असम	लड़का और लड़की

42. झारखण्ड मुक्तिमोर्चा	बिहार	तीर कमान
43. महाराष्ट्रवादी गोमान्तक पार्टी	गोवा	शेर
44. नेशनल कांफ्रेस	जम्मू-कश्मीर	हल
45. पैन्थर्स पार्टी	जम्मू-कश्मीर	सायकिल
46. पीपुल्स कांफ्रेस	जम्मू-कश्मीर	शेर
47. मुस्लिम लीग	केरल	सीढ़ी

भारत में प्रमुख राष्ट्रीय एवं राज्य स्तरीय राजनीतिक दल

भारत का चुनाव आयोग दलों को उनकी सामर्थ्य तथा कार्यकाल के क्षेत्र के आधार पर राष्ट्रीय और स्तरीय अथवा क्षेत्रीय दल के रूप में वर्गीकृत करता है।

1. भारतीय राष्ट्रीय कांग्रेस—सन् 1885 में 1885 से लेकर 1907 तक कांग्रेस का लक्ष्य विदेशी शासन पर दबाव डालना था। वर्ष 1907 से 1919 तक कांग्रेस उदारवादियों तथा उग्रवादियों में विभाजित रही। 1920 से 1947 तक कांग्रेस भारत को स्वतंत्र कराने में व्यस्त रही और इसका नेतृत्व गांधीजी के हाथ में रहा। स्वतन्त्रता प्राप्ति के बाद से 22 मार्च, 1977 तक केन्द्र में कांग्रेस दल का शासन बना रहा, लेकिन 1969 में कांग्रेस का दो दलों-सत्तारूढ़ कांग्रेस तथा संगठन कांग्रेस में विभाजन हुआ। इसके पश्चात् सन् 1973 के चुनाव में सत्तारूढ़ कांग्रेस विजयी हुई और इसे वास्तविक भारतीय राष्ट्रीय कांग्रेस के रूप में मान्यता दी गई।

भारत में 26 जून, 1975 को आपात काल की घोषणा के बीच कांग्रेस की लोकप्रियता अत्यन्त कम हो गई, जिस कारण 10 मार्च, 1977 में हुए चुनाव में इसे स्वतन्त्रता के बाद पहली बार सत्ताच्युत होना पड़ा और 2 जनवरी, 1978 को कांग्रेस दल का पुनः विभाजन कांग्रेस (बी.) तथा कांग्रेस (आई) में हुआ। इस विभाजन के बाद कांग्रेस (बी), जिसे बाद में कांग्रेस (आई) 1980, 1984 तथा 1991 के चुनावों में केन्द्र में सत्तारूढ़ होकर अखिल भारतीय दल के रूप में स्थापित है। स्वतंत्रता पश्चात् कुछ वर्षों को छोड़कर यह दल सत्तासीन रहा है।

2. भारतीय जनता पार्टी—6 अप्रैल 1980 को इस राजनीतिक दल का गठन हुआ और इसके प्रथम अध्यक्ष के रूप में अटल बिहारी बाजपेयी को चुना गया। इस दल में अधिकांश सदस्य भूतपूर्व जनसंघ, जिसका 1977 में जनता पार्टी में विलय हो गया था, के शामिल हुए ही, साथ में कुछ गैर जनसंघी भी इसमें शामिल हुए। इस दल के गठन के बाद जो चुनाव हुए, उसमें इस दल को अपेक्षित सफलता नहीं मिली और 1984 के लोकसभा के आम चुनाव में इस दल के केवल दो सदस्य

लोकसभा के लिए निर्वाचित किए गए। 1989 के चुनाव में तथा 1991 के लोकसभा के मध्यावधि चुनाव में इस दल को पर्याप्त सफलता मिली है। इस समय लोकसभा में यह सर्वप्रमुख विपक्षी दल है।

3. भारतीय कम्युनिस्ट पार्टी—इस पार्टी का गठन 26 दिसंबर, 1925 को हुआ। एम. एन. राय की सलाह से कम्युनिस्ट पार्टी को कम्प्युनिस्ट इण्टरनेशनल की शाखा मान लिया गया और वर्ष 1928 में कम्युनिंस्ट इण्टरनेशनल ने ही भारत में कम्युनिस्ट पार्टी की कार्यप्रणाली निश्चित की। स्वतन्त्रता आन्दोलन के दौरान कम्युनिस्ट पार्टी के नेता आन्दोलन में कांग्रेसी नेताओं के साथ थे लेकिन द्वितीय विश्व युद्ध के समय इस दल के नेताओं ने अंग्रेजों का साथ दिया।

4. भारतीय कम्युनिस्ट पार्टी (मार्क्सवादी)—भाकपा में विभाजन के फलस्वरूप सन् 1964 में इस दल का गठन हुआ। यह दल अपने गठन के बाद से ही प्रभावी है और केरल, त्रिपुरा तथा पश्चिम बंगाल में अधिक प्रभावी है। 30 सितंबर, 2000 को निर्वाचन आयोग ने इस दल के राष्ट्रीय राजनीतिक पार्टी का दर्जा समात कर दिया था। परन्तु 1 दिसम्बर, 2000 को निर्वाचन आयोग द्वारा चुनाव चिन्ह (आरक्षण एवं आवंटन), 1968 में संशोधन करते हुए इसे पुनः राष्ट्रीय राजनीतिक दल के रूप में मान्यता प्रदान कर दी गई।

11

भारत में पंचायती राज

भारत में पंचायती राज्य व्यवस्था का इतिहास काफी पुराना है। प्राचीन समय से ही किसी-न-किसी रूप में इन संस्थाओं का अस्तित्व रहा है। मुगलकालीन भारत और ब्रिटिश भारत में भी पंचायती राज व्यवस्था को जारी रखा गया। भारत में स्थानीय स्वशासन का जो स्वरूप आज विद्यमान है। वह मुख्यतः ब्रिटिश प्रशासन की देन है। पंचायती राज व्यवस्था में ग्राम, तहसील, तालुका और जिला आते हैं। ब्रिटिश शासकों ने स्थानीय स्वायत्त संस्थाओं की स्थिति पर जाँच करने तथा उसके सम्बन्ध में सिफारिश करने के लिए 1882 तथा 1907 में शाही आयोग का गठन किया। इस आयोग ने स्वायत्त संस्थाओं के विकास पर बल दिया, जिसके कारण 1920 में संयुक्त प्रान्त, असम, बंगाल, बिहार, मद्रास और पंजाब में पंचायतों की स्थापना के लिए कानून बनाए गए। स्वतन्त्रता संघर्ष के दौरान भी संघर्षरत लोगों के नेताओं द्वारा सदैव पंचायती राज की स्थापना की माँग की जाती रही। वर्तमान समय में भारतीय राजनीतिक परिदृश्य में पंचायती राज व्यवस्था विद्यमान है, तथा इन्हें ढेर सारी कानूनी शक्तियाँ भी प्राप्त हैं। लोकशाही की मजबूती के लिए यह स्वरूप बहुत कारगर है।

पंचायत राज के सम्बन्ध में संवैधानिक प्रावधान—भारतीय संविधान के अनुच्छेद 40 में राज्यों को पंचायतों के गठन का निर्देश दिया गया है। इसके साथ ही संविधान की 7वीं अनुसूची (राज्य सूची) की प्रविष्टि 5 में ग्राम पंचायतों को शामिल करके इसके सम्बन्ध में कानून बनाने का अधिकार राज्य को दिया गया है। 1993 में संविधान में 73वाँ संशोधन करके पंचायत राज संस्था को संवैधानिक

मान्यता दे दी गई है और संविधान में भाग 9 को पुनः जोड़कर तथा इस भाग में 16 नए अनुच्छेदों (243 से 243-ण तक) और संविधान में 11वीं अनुसूची जोड़कर पंचायत के गठन, पंचायत के सदस्यों के चुनाव, सदस्यों के लिए आरक्षण तथा पंचायत के कार्यों के सम्बन्ध में व्यापक प्रावधान में 11वीं अनुसूची जोड़कर पंचायत के गठन, पंचायत के सदस्यों के चुनाव, सदस्यों के लिए आरक्षण तथा पंचायत के कार्यों के सम्बन्ध में व्यापक प्रावधान किए गए हैं।

पंचायती राज संबंधी समिति—पंचायती राज व्यवस्था को सशक्त व बेहतर बनाने के लिए सरकार द्वारा निम्न समितियों का गठन किया गया—

(i) बलवंत राय मेहता समिति

(ii) अशोक मेहता समिति

(iii) डॉ. एल. एम. सिंघवी समिति

(iv) डॉ. पी. वी. के. राव समिति

पंचायती राज संबंधी संवैधानिक उपबंध

भाग 9

अनुच्छेद 243 परिभाषाएँ।

अनुच्छेद 243 (क) ग्रामसभा।

अनुच्छेद 243 (ख) ग्राम पंचायतों का गठन।

अनुच्छेद 243 (ग) पंचायतों की संरचना।

अनुच्छेद 243 (घ) स्थानों का आरक्षण।

अनुच्छेद 243 (ङ) पंचायतों की अवधि।

अनुच्छेद 243 (च) सदस्यता के लिए अयोग्यताएँ।

अनुच्छेद 243 (छ) पंचायतों की शक्तियाँ, प्राधिकार और उत्तरदायित्व।

अनुच्छेद 243 (ज) पंचायतों द्वारा कर अधिरोपित करने की शक्तियाँ और उनकी निधियाँ।

अनुच्छेद 243 (झ) वित्तीय स्थिति के पुनर्विलोकन के लिए वित्त आयोग का गठन।

अनुच्छेद 243 (ञ) पंचायतों के लेखाओं की संपरीक्षा।

अनुच्छेद 243 (ट) पंचायतों के लिए निर्वाचन।

अनुच्छेद 243 (ठ) संघ राज्य क्षेत्रों को लागू होना।

अनुच्छेद 243 (ड) इस भाग का कतिपय क्षेत्रों को लागू होना।

अनुच्छेद 243 (ढ) विद्यमान विधियों और पंचायतों का बना रहना।

अनुच्छेद 243 (ण) निर्वाचन सम्बन्धी मामलों में न्यायालयों के हस्तक्षेप का वर्णन।

पंचायत व्यवस्था से सम्बन्धित प्रावधान—भारतीय संविधान के भाग 9 के अनुच्छेद 16 में पंचायती राज व्यवस्था के निम्नलिखित प्रावधान सम्मिलित किए गए हैं—

(i) पंचायत व्यवस्था के अन्तर्गत सबसे निचले स्तर पर ग्रामसभा होगी। इसमें एक या एक से अधिक गाँव शामिल किए जा सकते हैं। ग्रामसभा की शक्तियों के सम्बन्ध में राज्य विधान मण्डल द्वारा कानून बनाया जाएगा।

(ii) जिन राज्यों की जनसंख्या 20 लाख से कम है, उनमें दो स्तरीय पंचायत, अर्थात् जिला स्तर और गाँव स्तर पर, का गठन किया जाएगा और 20 लाख की जनसंख्या से अधिक वाले राज्यों में त्रिस्तरीय पंचायत राज्य, अर्थात् गाँव, मध्यवर्ती तथा जिला स्तर पर, की स्थापना की जाएगी।

(iii) सभी स्तर की पंचायतों के सभी सदस्यों का चुनाव वयस्क मतदाताओं द्वारा प्रत्येक पांचवें वर्ष किया जाएगा। गांव स्तर के पंचायत के अध्यक्ष का चुनाव प्रत्यक्षतः तथा मध्यवर्ती एवं जिला स्तर के पंचायत के अध्यक्ष का चुनाव अप्रत्यक्ष रूप से किया जाएगा।

(iv) पंचायत के सभी स्तरों पर अनुसूचित जाति तथा अनुसूचित जनजाति के सदस्यों के लिए उनके अनुपात में आरक्षण प्रदान किया जाएगा तथा महिलाओं के लिए 30 प्रतिशत आरक्षण होगा।

(v) सभी स्तर की पंचायतों का कार्यकाल पाँच वर्ष होगा, लेकिन इनका विघटन पाँच वर्ष के पहले भी किया जा सकता है, परन्तु विघटन की दशा में 6 मास के अन्तर्गत चुनाव कराना आवश्यक होगा।

(vi) पंचायतों को कौनसी शक्तियाँ प्राप्त होती है और वे किन उत्तरदायित्वों का निर्वहन करेंगी, इसकी सूची संविधान में ग्यारहवीं अनुसूची में दी गई है। इस सूची में पंचायतों के कार्य निर्धारण के लिए 29 कार्य क्षेत्रों को चिन्हित किया गया है।

नगरीय शासन व्यवस्था के सम्बन्ध में संवैधानिक प्रावधान—इस बारे में मूल संविधान में कोई प्रावधान नहीं किया गया था, लेकिन इसे सातवीं अनुसूची की राज्य सूची में शामिल करके यह स्पष्ट कर दिया गया था कि इस सम्बन्ध में कानून केवल राज्य द्वारा ही बनाया जा सकता है। इसी का अनुसरण करके विभिन्न राज्यों में नगरीय शासन व्यवस्था के सम्बन्ध में कानून बनाया गया था। इन कानूनों के

अनुसार नगरीय शासन व्यवस्था के संचालन के लिए (i) नगर निगम, (ii) नगर पालिका, (iii) नगर क्षेत्र समितियाँ, (iv) अधिसूचित क्षेत्र समिति तथा (v) छावनी परिषद निकायों को गठित करने की व्यवस्था की गई है।

नगरीय शासन संबंधी संवैधानिक उपबंध

भाग-9 (क)

अनुच्छेद 243 (त)	परिभाषा
अनुच्छेद 243 (थ)	नगर पालिकाओं का गठन
अनुच्छेद 243 (द)	नगर पालिकाओं की संरचना
अनुच्छेद 243 (ध)	वार्ड समितियों आदि का गठन और संरचना
अनुच्छेद 243 (न)	स्थानों का आरक्षण
अनुच्छेद 243 (प)	नगर पालिकाओं की अवधि आदि
अनुच्छेद 243 (फ)	सदस्यता के लिए निरर्हताएँ
अनुच्छेद 243 (ब)	नगर पालिकाओं आदि की शक्तियाँ, प्राधिकार और उत्तरदायित्व
अनुच्छेद 243 (भ)	नगरपालिकाओं द्वारा कर अधिरोपित करने की शक्ति और उनकी निधियाँ
अनुच्छेद 243 (म)	वित्त आयोग
अनुच्छेद 243 (य)	नगर पालिकाओं के लेखाओं की संपरीक्षा
अनुच्छेद 243 य (क)	नगरपालिकाओं के लिए निर्वाचन
अनुच्छेद 243 य (ख)	संघ राज्य क्षेत्रों को लागू होना
अनुच्छेद 243 य (ग)	इस भाग का कतिपय क्षेत्रों को लागू न होना
अनुच्छेद 243 य (घ)	जिला योजना के लिए समिति
अनुच्छेद 243 य (ङ)	महानगर योजना के लिए समिति
अनुच्छेद 243 य (च)	विद्यमान विधियों और नगर पालिकाओं का बना रहना
अनुच्छेद 243 य (छ)	निर्वाचन सम्बन्धी मामलों में न्यायालयों के हस्तक्षेप का वर्णन

दलबदल को रोकने के लिए प्रावधान—संसद ने 52वें संविधान संशोधन द्वारा संविधान में दसवीं अनुसूची जोड़कर निम्नलिखित प्रावधान किया गया है—

सदन की सदस्यता के लिए अयोग्यता—संसद या विधान मण्डल के सदस्यों को निम्नांकित आधारों पर घोषित किया जाता है—

(i) यदि वह उस राजनीतिक दल की सदस्यता छोड़ देता है, जिसके चुनाव चिन्ह पर निर्वाचित हुआ था, या अपने दल के सचेतक के निर्देश के विरोध में मतदान करे। लेकिन सचेतक के विरुद्ध मतदान करने के आधार पर उसे सदस्यता से तब वंचित नहीं किया जाता, जब उसे दल द्वारा ऐसा करने के लिए माफ कर दिया जाता है।

(ii) यदि संसद या राज्य विधान मण्डल का कोई सदस्य निर्दलीय सदस्य के रूप में निर्वाचित किया गया है और यदि वह किसी दल में शामिल हो जाता है, तो सदन की उसकी सदस्यता समाप्त हो जाती है।

(iii) यदि संसद या राज्य विधान मण्डल का कोई नामजद सदस्य सदन की सदस्यता के लिए शपथ ग्रहण करने के 6 माह बाद किसी राजनीतिक दल में शामिल हो जाता है, तो सदन की उराकी सदस्यता समाप्त हो जाती है।

सदन की सदस्यता के लिए अयोग्यता से छूट—

संसद या विधानमण्डल का कोई सदस्य सदन की सदस्यता के लिए निम्नांकित आधार पर अयोग्य नहीं होता—

(i) दलों के विलय पर

(ii) दल निष्कासित किए जाने पर

(iii) दलों के विभाजन पर

(iv) सदन के पदाधिकारी के रूप में चुने जाने पर

12

भारत में जनमत

'जनता' शब्द का प्रयोग बड़े मानव समूह के लिए ही किया जाता है। कभी-कभी जनता और भीड़ को एक ही समझ लिया जाता है जिससे 'जनता' के वास्तविक अर्थ का बोध नहीं होता है। दरअसल अंग्रेजी शब्द 'public' लैटिन भाषा के 'publics' शब्द से निकला है जिसका अर्थ 'जन समूह' होता है।

'जन' तथा 'मत' दो शब्दों के योग से 'जनमत' बना है, जिसका अर्थ जनता का मत या विचार होता है। ग्रामीण पंचायत व्यवस्था जनमत की ही परिणिति है, इसलिए यहां पंच को परमेश्वर का दर्जा प्राप्त है। दूसरी ओर, प्रजातन्त्र में प्रजा या जनता का राज्य होता है, इसीलिए शासक-वर्ग को जनता के विचारों का खास ध्यान रखना पड़ता है। जनमत जनता के विचारों का ही प्रतीक होता है। यदि जनमत पूरी तरह विरोध में हो जाता है तो शासक-वर्ग के लिए शासन करना भी असम्भव हो जाता है। इसीलिए यह कहा गया है कि 'प्रजातन्त्र में जनमत का ही राज्य होता है'। वर्तमान समय में सामाजिक जीवन में विशेषकर सामाजिक नियन्त्रण के क्षेत्र में जनमत के महत्त्व को अस्वीकार करना सत्य की अवहेलना करना ही होगा।

जनमत की परिभाषाएँ

कुछ प्रमुख विद्वानों द्वारा परिभाषित की गयी जनमत की परिभाषाएँ अग्रलिखित हैं—

जॉन डीवी के शब्दों में , "जनमत एक निर्णय है जो जनता का निर्माण करने वाले लोगों द्वारा बनाया और स्वीकार किया जाता है तथा जो सार्वजनिक कार्यों से सम्बन्धित होता है।"

कुप्पूस्वामी के शब्दों में, "एक समय विशेष में, किसी विशिष्ट समस्या के सम्बन्ध में एक छोटे या बड़े समुदाय के लोगों द्वारा स्वीकृत मत को ही जनमत कहते हैं।"

जिन्सबर्ग के शब्दों में, "जनमत का अर्थ समाज में प्रचलित उन विचारों एवं निर्णयों का समूह है, जो बहुत-कुछ निश्चित रूप से प्रतिपादित है, जिसमें कुछ स्थायित्व है और जिसके प्रतिपादक उसे सामाजिक समझते हैं, चूँकि वह अनेक मस्तिष्कों के सामूहिक विचार का परिणाम है।"

जेम्स टी. यंग के शब्दों में "एक स्वयं-सचेत समुदाय के द्वारा सार्वजनिक विवेकपूर्ण वाद-विवाद के बाद किसी सामान्य महत्त्व के विषय पर किए गए सामाजिक निर्णय को जनमत कहते हैं।"

जनमत की विशेषताएँ

जनमत की प्रमुख विशेषताएँ निम्नलिखित हैं—

1. जनमत किसी एक महान अथवा प्रभावशाली व्यक्ति के मन की उपज नहीं होती। इसकी उत्पत्ति तो सामूहिक आधार पर होती है। यहाँ तक पहुँच जाने पर समस्या अत्यधिक स्पष्ट हो जाती है, और मुख्य निर्णय न सिर्फ तार्किक, अपितु अतार्किक कारकों द्वारा भी नियंत्रित हो सकता है।"
2. सिर्फ बहुसंख्यकों के मत को तब तक जनमत नहीं कहा जा सकता, जब तक कि अल्पसंख्यक लोगों में भी उस विचार के प्रति एकता की अनुभूति न हो।
3. जनमत का सम्बन्ध किसी सार्वजनिक विषय या समस्या से होता है। किसी व्यक्ति विशेष या वर्ग-विशेष के हित के प्रश्नों को लेकर जनमत का निर्माण नहीं होता।

जनमत की प्रणालियाँ

जनमत की प्रणालियों को दो बिंदुओं के अंतर्गत स्पष्ट किया गया है—

1. अनौपचारिक प्रणाली—जनमत की माप करने की यह सबसे सरल विधि है। इस विधि के तहत व्यक्तियों के साथ अनौपचारिक सम्बन्ध स्थापित करने की कोशिश की जाती है और फिर उनसे बातचीत करने के दौरान समस्या विशेष के सम्बन्ध में उनके विचारों को जानने का प्रयत्न किया जाता है। इसके अलावा उनके विचारों को जागृत करने के लिए उनसे समस्या से सम्बन्धित कुछ प्रश्न भी पूछे जाते

हैं। नेता प्रायः इसी विधि का प्रयोग करते हैं और लोगों से बातचीत के बीच ही यह जान लेते हैं कि उनके विचारों से कितने लोग सहमत हैं और कितने असहमत।

2. पोल प्रणाली—यह जनमत की माप करने की सबसे विशिष्ट एवं आधुनिक प्रणाली है। इसमें समस्या या विषय से सम्बन्धित कुछ प्रश्नों की एक अनुसूची बनाई जाती है। ये प्रश्न इस तरह से तैयार किए जाते हैं कि उनका उत्तर, उत्तरदाताओं की भावनाओं पर आघात किए बिना, 'हाँ' या 'नहीं' में या ऐसे ही कुछ अल्प शब्दों में प्राप्त किया जा सके। साक्षात्कार-विधि द्वारा उन चुने हुए लोगों से उन प्रश्नों के उत्तर ले लिए जाते हैं जो समस्त समूह का वास्तविक प्रतिनिधित्व करते हैं। इसके पश्चात् उन उत्तरों का वर्गीकरण करके कुछ सामान्य निष्कर्ष निकाल लिए जाते हैं। यदि व्यक्तियों का चुनाव ठीक तरह से किया जाता है तो इस विधि से निष्कर्ष काफी सही उतरते हैं। प्रायः सभी मैगजीन, टी.वी. चैनल, रिसर्च एजेन्सियाँ पोल विधि का प्रयोग करती हैं।

जनमत-निर्माण के प्रमुख साधन

जनमत निर्माण के मुख्य साधन निम्नवत् हैं—

1. प्रेस और समाचार-पत्र
2. टेलीविजन तथा रेडियो
3. सार्वजनिक भाषण
4. चलचित्र
5. राजनीतिक दल
6. इन्टरनेट तथा टेलीफोन
7. शैक्षिक एवं विभिन्न संस्थाएँ।

जनमत की उपयोगिता सामाजिक नियंत्रण के साधन के रूप में

सामाजिक नियंत्रण के क्षेत्र में जनमत की उपयोगिता निम्नांकित हैं—

1. प्राथमिक समाजों में जनमत प्रभावशाली सामाजिक नियन्त्रण लागू करता है
2. द्वितीयक समाजों में व्यक्तियों, कार्यों व व्यवहारों को जनमत समाज के लोगों का भय दिखाकर समाज विरोधी कार्यों को करने से रोकता है। नियन्त्रित करता है।
3. जनमत समितियों एवं संरचाओं को जनता के विरुद्ध जाने पर नियन्त्रण रखता है

13

भारत में चुनाव प्रक्रिया

भारत 15 अगस्त, 1947 को स्वतंत्र घोषित हुआ जिसके बाद यहाँ एक नवीन युग का आविर्भाव हुआ। स्वतंत्र भारत के नेताओं ने भारत के लिए लोकतांत्रिक व्यवस्था को चुना इसलिए यहाँ पर सरकार का गठन चुनावों में बहुमत के आधार पर होता है। चुनाव प्रजातांत्रिक शासन व्यवस्था की वह व्यवस्था है जिसके आधार पर राष्ट्र में किसी सरकार के गठन का आधार तैयार होता है। चुनाव के माध्यम से सरकार का निर्माण, राजनीतिक विकल्प की व्यवस्था, राजनीतिक साझेदारी, राजनीतिक व्यवस्था की स्थिरता, राजनीतिक शिक्षण आदि कार्य सम्भव होता है।

भारत में चुनाव प्रणाली की समस्त प्रक्रिया चुनाव आयोग के दिशा-निर्देशन में सम्पन्न होती है। चुनाव आयोग मतदाताओं की सूची तैयार करता है, नामांकन पत्र दाखिल कराता है, नामांकन पत्रों की जाँच-पड़ताल करता है, मतदान कराता है चुनावों के परिणाम घोषित करता है। भारत में हुए लोकसभा तथा राज्य विधानमण्डलों में मतदाताओं की सहभागिता यह संकेत करती है कि राजनीति में लोगों की रुचि निरन्तर बढ़ रही है। भारतीय चुनाव व्यवस्था त्रुटियों से मुक्त नहीं है। धन का प्रयोग, सरकारी तंत्र का दुरुपयोग, भ्रष्टाचारी तरीकों का अनुसरण, चुनाव प्रक्रिया के दोष, चुनाव याचिकाओं के निपटारे में देरी ऐसी ही कुछ त्रुटियाँ हैं। चुनाव आयोग निष्पक्ष चुनाव प्रक्रिया करने के लिये एवं आधुनिक साधनों का उपयोग कर रही है जिससे चुनाव प्रणाली ओर बेहतर हो सके।

लोकतन्त्र में चुनावों की उपयोगिता—लोकतन्त्र में चुनावों की उपयोगिता निम्निलिखित है—

1. अधिकारों की सुरक्षा—चुनावों के माध्यम से बनी सरकार तानाशाह बनने का साहस नहीं कर सकती, जिससे अधिकारों की रक्षा होती है।

2. कानूनी अधिकार—चुनावों द्वारा ही सरकार को देश में प्रशासन करने का कानूनी अधिकार मिल पाता है।

3. राजनीतिक शिक्षण स्रोत—चुनाव राजनीतिक शिक्षण के महत्त्वपूर्ण साधन होते हैं। चुनाव अभियान में अनेक प्रकार के राजनीतिक प्रश्न, दलों की नीतियाँ तथा उनके कार्यक्रमों की घोषणा, जलसे जलूसों तथा भाषणों द्वारा लोगों को राजनीतिक शिक्षा प्राप्त होती है।

4. एकता—चुनाव लोगों में एकता उत्पन्न करने में सहायक होते हैं।

5. प्रतिनिधियों का चुनाव—चुनाव प्रक्रिया द्वारा प्रतिनिधियों का चयन सम्भव हो पाता है। अपने मताधिकार का प्रयोग करके नागरिक अपने लिए सरकार की रचना में सहयोग करते हैं।

6. प्रशासनिक स्थायित्व—इसमें सन्देह नहीं कि चुनावों के माध्यम से सरकारें बदलती रहती हैं तथा मन्त्रिमण्डलों का परिवर्तन होता रहता है। परन्तु ऐसे परिवर्तनों से प्रशासन में कोई परिवर्तन नहीं होता।

7. सत्ता का शान्तिपूर्ण परिवर्तन—चुनावों के माध्यम से जनता जिस दल को समर्थन देते हैं वह दल सरकार बनाता है। राजनीतिक सत्ता का हस्तांतरण शान्तिपूर्ण चुनावों के माध्यम से ही सम्भव हो पाता है।

8. प्रशासनिक कार्यों में भागीदारी—चुनावों से लोगों को न केवल सरकार बनाने का अवसर मिलता है, अपितु चुनावों द्वारा लोगों को सरकार के कार्यों में भाग लेने का अवसर प्राप्त होता है।

चुनाव के कार्य—राजनीतिक व्यवस्था के कुशल संचालन के हेतु चुनाव के कार्य निम्नांकित हैं–

1. चुनाव के कारण तो व्यक्ति को मतदाता के रूप में राजनीति में सक्रिय भाग लेने का अवसर मिलता है।
2. व्यक्ति जब मतदाता के रूप में अपने मत का प्रयोग करता है तो किसी विशेष उम्मीदवार अथवा विशेष राजनीतिक दल को अपना समर्थन देते हुए वह राजनीतिक नीतियों को एक सीमित सीमा तक, प्रभावित करने की भूमिका निभाता है।
3. चुनाव व्यक्ति रूपी मतदाता को राजनीतिक व्यवस्था के समीप लाने का साधन होते हैं। चुनाव मतदाता में एक ऐसी भावना पैदा करते हैं जिससे उसे महसूस होता है कि वह राजनीतिक साझेदारी का एक अंग है।
3. चुनाव व्यक्ति रूपी मतदाता को सुरक्षा करते हैं। मतदाता जानता है कि

बनी सरकार में उसने भी अपना योगदान दिया है और कि वह भी सरकार से अपनी सुरक्षा की आशा कर सकता है। चुनावों के आधार पर बनी सरकार को वह विदेशी, बाहरी अथवा अपने से अलग नहीं मानता।

4. चुनाव व्यक्ति रूपी मतदाता के समक्ष राजनीतिक शिक्षण के मार्ग खोल देते हैं। जैसे-जैसे चुनाव अभियान तीव्र होते हैं, मतदाता को सरकार द्वारा किए गए कार्यों की जानकारी मिलती रहती है, विपक्ष का दृष्टिकोण समझ में आता रहता है, राजनीतिक व्यवस्था की समस्या की जानकारी होती रहती है।

राजनीतिक दलों का पंजीकरण

भारत में राजनीतिक दलों का पंजीकरण चुनाव आयोग द्वारा किया जाता है।

जनप्रतिनिधि अधिनियम 1951 में राजनीतिक दलों के पंजीकरण के बारे में एक नया भाग (भाग 4 क) जोड़ा गया है। अब शामिल की गई धारा 29क में यह प्रावधान किया गया है कि भारतीय नागरिकों की संस्थाओं और संघों को अधिनियम के इस उद्देश्य हेतु पंजीयन आवश्यक है।

अनिवार्य शर्तें

पंजीकरण के लिए प्रस्तुत किए गए प्रत्येक आवेदन-पत्र के लिए निम्नलिखित शर्तें जरूरी हैं : (क) यदि जनप्रतिनिधित्व (संशोधन) कानून 1988 के लागू होने के समय संस्था या संगठन अस्तित्त्व में है तो उसे कानून लागू होने के 60 दिन के अंदर आवेदन करना होगा, और (ख) यदि संस्था या संगठन कानून लागू होने के बाद गठित किया जाता है तो उसे गठन के 30 दिन के अन्दर पंजीकरण कराना होगा। यह व्यवस्था 15 जून 1989 से लागू हुई। चुनाव चिह्न (आरक्षण तथा आबंटन) आदेश 1968 के पैरा 7 के अन्तर्गत किसी मान्यता प्राप्त राजनीतिक दल को राष्ट्रीय अथवा राज्यस्तरीय पार्टी माना जा सकता है।

चुनाव सुधार

61वें संविधान संशोधन, 1988 द्वारा संविधान के अनुच्छेद 326 में संशोधन कर मतदान की आयु से घटाकर 18 वर्ष कर दी गई। यह व्यवस्था 29 मार्च 1989 को लागू हुई। इसी के अनुरूप जन-प्रतिनिधित्व अधिनियम 1950 और 1951 में भी संशोधन किए गए।

चुनाव कर्मचारियों की प्रतिनियुक्ति

चुनाव प्रक्रिया के लिए भारी संख्या में कर्मचारियों की आवश्यकता होती है। जन-प्रतिनिधित्व (संशोधन) अधिनियम, 1988 के अन्तर्गत एक नई धारा 13 'ग' शामिल की गई, जिसमें यह प्रावधान है कि चुनावों के लिए मतदाता सूचियों को तैयार करने, संशोधित करने और उन्हें ठीक करने के लिए लगाए गए कर्मचारी और अधिकारी उस अवधि के लिए चुनाव आयोग में प्रतिनियुक्ति पर माने जाएँगे, जिसमें वे इस तरह का काम करते हैं और उन पर चुनाव आयोग का नियन्त्रण, अधीक्षण तथा अनुशासन लागू होगा। जनप्रतिनिधित्व कानून 1951 में भी इसी तरह का प्रावधान किया गया है।

प्रस्तावकों की संख्या में बढ़ोत्तरी

भारतीय लोकतांत्रिक प्रणाली में राज्यसभा और विधान परिषद् के चुनावों के लिए नामांकन-पत्रों में प्रस्तावक के रूप में हस्ताक्षर करने वालों की संख्या बढ़ा दी गई है। अब प्रस्तावकों की संख्या चुनाव क्षेत्र के कुल निर्वाचकों का 10 प्रतिशत या इस तरह के 10 निर्वाचकों में से जो कम होगी, निर्धारित की गई है।

इलैक्ट्रानिक मतदान मशीनें

आधुनिक समय में निष्पक्ष चुनाव के लिए इलैक्ट्रानिक मतदान मशीन का प्रयोग हो रहा है। जन-प्रतिनिधित्व कानून 1951 में संशोधन किया गया है, ताकि मतदान में इलैक्ट्रानिक मतदान मशीनों का इस्तेमाल किया जा सके।

फोटो पहचान-पत्र

संपूर्ण भारत में मतदाताओं को फोटो पहचान-पत्र जारी करने का काम चल रहा है। यह कार्य जल्द पूरा हो जाने की उम्मीद है।

चुनाव प्रक्रिया के सम्बन्ध में अध्यादेश

सन्1992 में भारत सरकार ने एक अध्यादेश जारी किया जिसके अनुसार जन-प्रतिनिधित्व कानून 1951 में संशोधन करके यह प्रावधान किया गया कि किसी निर्दलीय उम्मीदवार की मृत्यु हो जाने पर चुनाव स्थगित नहीं किया जा सकता।

भारतीय निर्वाचन की विशेषताएँ

भारतीय निर्वाचन व्यवस्था की निम्नांकित विशेषताएँ हैं–

1. एक निर्वाचन क्षेत्र—भारत में सभी धर्म, जाति, रंग, लिंग आदि के लोगों के लिए केवल एक ही निर्वाचन क्षेत्र की व्यवस्था की गई है। लेकिन अनुसूचित जाति व जन-जातियों के लिए कुछ स्थान सुरक्षित रखने की व्यवस्था है।

2. संविधान में चुनाव सम्बन्धी व्यवस्थाएँ—भारतीय संविधान में चुनाव सम्बन्धी व्यवस्थाओं का उल्लेख किया गया है।

3. सार्वभौम मताधिकार—भारतीय संविधान के अनुच्छेद 326 के अनुसार लोकसभा व प्रत्येक राज्य की विधानसभा का चुनाव सार्वभौम मताधिकार प्रणाली के आधार पर होता है।

4. साधारण बहुमत द्वारा चुनाव परिणाम—साधारण बहुमत द्वारा कराया गया मतदान प्रतिस्पर्धा के साथ-साथ प्रतिद्वन्द्विता को भी बढ़ा देती है। भारत में चुनाव का परिणाम साधारण बहुमत से निकाला जाता है। प्रत्याशियों में दौड़ लगती है तथा उसमें जो सबसे आगे निकल जाता है वही चुन लिया जाता है।

5. निर्वाचन पर व्यय—भारत जैसे समाजवादी राज्य में एक प्रत्याशी को 15 लाख रुपए खर्च करने की अनुमति निर्वाचन आयोग से मिली हुई है। यह धन, प्रत्याशी या दल, दान के रूप में धनी व्यक्तियों से प्राप्त करते हैं। विधायक उनके लिए ही कानून बनाते हैं।

6. एक निर्वाचन आयोग—भारतीय संविधान के अनुच्छेद 324 में चुनाव सम्बन्धी सभी कार्यों को करने के लिए एक निर्वाचन आयोग की व्यवस्था की गई है। निर्वाचन आयोग में एक मुख्य चुनाव आयुक्त व कुछ अन्य चुनाव आयुक्त होते हैं। इनकी सेवाएँ सुरक्षित होती हैं।

7. विस्तृत चुनाव—भारत विश्व का सबसे बड़ा लोकतन्त्र है। यहाँ प्रत्याशियों व मतदाताओं की संख्या बहुत अधिक है। इसीलिए यहाँ विस्तृत चुनाव होते हैं। एक बहुत बड़ी संख्या में लोग मत डालने जाते हैं। बहुत बड़ी संख्या में मत रद्द होते हैं। बहुत-सी अप्रिय घटनाएँ सुनने को मिलती हैं। यह सब कुछ होते हुए भी चुनाव सफल रहते हैं। संसद चुनाव से सम्बन्धित नियम बना सकती है। भारतीय संसद ने बहुत से नियम बनाए भी हैं।

निर्वाचन आयोग का गठन—भारतीय संविधान के अनुच्छेद 324 के अनुसार निर्वाचन आयोग का गठन मुख्य निर्वाचन आयुक्त तथा ऐसे अन्य निर्वाचन

आयुक्तों से किया जाता है, जिनकी संख्या समय-समय पर राष्ट्रपति द्वारा नियत की जाती है। निर्वाचन आयुक्त तथा अन्य निर्वाचन आयुक्तों की नियुक्ति राष्ट्रपति द्वारा की जाती है। संविधान के प्रवर्तन के बाद 1950 में जब निर्वाचन आयोग का गठन किया गया था, तब से लेकर 16 अक्टूबर, 1989 तक निर्वाचन आयोग एक सदस्यीय आयोग के रूप में कार्य करता रहा। लेकिन 16 अक्टूबर, 1989 को निर्वाचन आयोग को व्यापक रूप देने के उद्देश्य से दो अन्य निर्वाचन आयुक्तों की स्थापना की गई सन् 1991 के पूर्व निर्वाचन आयुक्त तथा अन्य निर्वाचन आयुक्त की सेवा शर्तों से सम्बन्धित कोई अधिनियम नहीं था लेकिन 1991 में संसद द्वारा मुख्य निर्वाचन आयुक्त तथा अन्य निर्वाचन आयुक्त (सेवा की शर्तें) अधिनियम, 1991 पारित किया गया, जिसमें संशोधन करके अब यह व्यवस्था कर दी गई है कि निर्वाचन आयोग को तीन सदस्यीय बनाने तथा उसके बहुमत से निर्णय लिए जाने के विचार की प्रतिपुष्टि की गयी।

वेतन—इनका वेतन समय-समय पर बढ़ाया जाता है। इनका वेतन भारत की संचित निधि पर भारित है।

पदावधि—मुख्य निर्वाचन आयुक्त अपने पद ग्रहण की तिथि से 6 वर्ष के लिए नियुक्त किया जाता है लेकिन यदि वह 6 वर्ष की अवधि के अन्तर्गत 65 वर्ष की आयु पूरी कर लेता है, तो वह पदमुक्त हो जाता है। वह अपनी पदावधि के दौरान राष्ट्रपति को त्यागपत्र देकर पदमुक्त हो सकता है या संसद द्वारा पारित संकल्प (महाभियोग) पर हटाया जा सकता है। मुख्य निर्वाचन आयुक्त को हटाने के लिए संसद द्वारा उसी प्रकार महाभियोग की कार्यवाही की जाती है, जैसे उच्चतम न्यायालय के न्यायाधीश के विरुद्ध की जाती है।

अन्य निर्वाचन आयुक्त अपने पद ग्रहण की तिथि से 6 वर्ष की अवधि के लिए नियुक्त किए जाते हैं, लेकिन यदि इस 6 वर्ष की अवधि के दौरान वह 62 वर्ष की आयु पूरी कर लेते हैं, तो पदमुक्त हो जाते हैं या अपनी पदावधि के दौरान राष्ट्रपति को त्यागपत्र देकर पदमुक्त हो जाते हैं।

निर्वाचन आयोग की स्वतन्त्रता के सम्बन्ध में प्रावधान—भारतीय संविधान में निर्वाचन आयोग को स्वतंत्रता के रूप में निम्नलिखित प्रावधान किये गये—

1. निर्वाचन आयोग के गठन के लिए संविधान में प्रावधान किया गया है। इसका गठन कार्यपालिका या विधायिका द्वारा नहीं किया गया है, इसलिए यह संवैधानिक निकाय है।

2. मुख्य निर्वाचन अ।युक्त तथा अन्य निर्वाचन आयुक्तों की नियुक्ति राष्ट्रपति करता है।
3. मुख्य निर्वाचन आयुक्त को संसद द्वारा पारित संकल्प पर ही पद से हटाया जा सकता है।
4. मुख्य निर्वाचन आयुक्त को उच्चतम न्यायालय के न्यायधीश की श्रेणी में रखा गया है।
5. मुख्य निर्वाचन आयुक्त तथा निर्वाचन अन्य निर्वाचन आयुक्तों की नियुक्ति के पश्यात् उनकी सेवा शर्तों में कोई अलाभकारी परिवर्तन नही किया जा सकता है।
6. मुख्य निर्वाचन आयुक्त को अन्य निर्वाचन आयुक्तों को वेतन भारत की संचित निधि से दिया जाता है।

निर्वाचन आयोग के कार्य—निर्वाचन आयोग के कार्य निम्नांकित हैं—

1. निर्वाचक नामावली तैयार कराना
2. निर्वाचन क्षेत्रों का परिसीमन
3. राजनीतिक दलों को आरक्षित चुनाव चिन्ह प्रदान करना
4. राजनीतिक दलों को मान्यता प्रदान करना
5. चुनाव निरस्त करना
6. निर्वाचन का संचालन करना
7. उम्मीदवारों को अयोग्य ठहराना
8. उप चुनाव करवाना
9. राष्ट्रपति या राज्यपाल को सलाह देना

सर्वोच्च न्यायालय के चुनाव सुधार संबंधी निर्देश

सर्वोच्च न्यायालय ने चुनाव आयोग को निर्देश दिया था कि उसे उम्मीदवारों से निम्नलिखित पाँच बातों के ब्यौरे लेने होंगे—

1. प्रत्याशी, उसके पति या पत्नी तथा उस पर लोगों की चल-अचल संपत्ति तथा बैंक खातों की क्या स्थिति है।
2. प्रत्याशी की देनदारियाँ क्या है क्या उस पर किसी सार्वजनिक या सरकारी वित्तीय संस्थान की देनदारी है
3. प्रत्याशी की शैक्षिक योग्यता क्या है

4. क्या प्रत्याशी सजायाफ्ता है किसी मामले में सजा कर चुका है या फिर बंदी बनाया जा चुका है
5. नामांकन से 6 महीने पहले, क्या प्रत्याशी किसी ऐसे मामले में आरोपी बना, जिसमें दो या अधिक साल की सजा हो सकती है

सर्वोच्च न्यायालय ने उपर्युक्त दिशा निर्देश संविधान के अनुच्छेद 324 के संदर्भ में दिया है जिसके अनुसार आयोग को समय-समय पर चुनाव तथा उम्मीदवारों के संबंध में नियम व शर्तें तय करने का अधिकार दिया गया है।

25 अगस्त, 2002 को 1951 के जनप्रतिनिधित्व कानून में संशोधन से संबंधित राष्ट्रपति द्वारा जारी चुनाव सुधार अध्यादेश के द्वारा चुनाव आयोग के उपर्युक्त निर्देश जिसमें प्रत्याशियों को अपनी संपत्ति और आपराधिक पृष्ठभूमि की जानकारी देने की बात कही गई है अप्रभावी हो गया था। अध्यादेश के अनुसार केवल वही लोग चुनाव नहीं लड़ सकते थे जिन्हें दो आपराधिक मामलों में दोषी करार दिया गया था।

सर्वोच्च न्यायालय के निर्णय से स्पष्ट हो गया है कि चुनाव लड़ने वाले प्रत्याशी को चुनाव द्वारा निर्धारित प्रारूप से संबंधित समस्त ब्योरे देने होंगे।

कुछ वर्गों के सम्बन्ध में विशेष प्रावधान

भारतीय संविधान में अल्पसंख्यक, अनुसूचित जाति अनुसूचित जनजाति, आंग्ल-भारतीय समुदाय और पिछड़े वर्गों के सम्बन्ध में निम्नलिखित विशेष प्रावधान दिया गया है—

1. अल्पसंख्यक वर्ग के लिए प्रावधान—भारतीय संविधान के भाग 3 में अल्पसंख्यक वर्ग के लिए किए गए विशेष प्रावधान निम्नांकित हैं—

(क) मातृभाषा में शिक्षा की सुविधा।

(ख) भाषाई अल्पसंख्यकों के लिए विशेष अधिकारी।

(ग) अपनी रुचि के अनुसार शिक्षा संस्था की स्थापना।

(घ) धार्मिक स्वतन्त्रता के लिए प्रावधान।

(ङ) धार्मिक तथा सांस्कृतिक अधिकारों के लिए प्रावधान।

2. अनुसूचित जाति तथा जनजाति के लिए प्रावधान—भारतीय संविधान में अनुसूचित जाति तथा जनजाति के सदस्यों के लिए विशेष प्रावधान किया गया है। भारत के राष्ट्रपति ने देश के विभिन्न राज्यों में अनुसूचित जातियों तथा जनजातियों को विनिर्दिष्ट करते हुए आदेश निर्गत किए हैं, जिस पर संसद ने अधिनियम पारित

करके संशोधन भी किया है। संविधान में अनुसूचित जातियों, जनजातियों के सम्बन्ध में निम्नलिखित प्रावधान किए गए हैं—

(क) **लोकसभा तथा राज्य विधानसभाओं में स्थानों का आरक्षण**—भारतीय संविधान के अनुच्छेद 330 और 332 के अधीन अनुसूचित जाति तथा जनजाति के सदस्यों के लिए लोकसभा तथा राज्य विधानसभाओं में स्थानों का आरक्षण किया गया है। यह आरक्षण इन जातियों की संख्या के आधार पर होता है तथा इनके लिए आरक्षित स्थानों में भी परिवर्तन होता रहता है। वर्तमान समय में लोकसभा की 543 सीटों में से अनुसूचित जाति के लिए 79 तथा अनुसूचित जनजाति के लिए 42 स्थान आरक्षित है। इसी तरह राज्य विधानसभाओं के कुल 4091 स्थानों में से 1080 स्थान अनुसूचित जातियों व अनुसूचित जनजातियों के लिए आरक्षित हैं।

(ख) **अनुसूचित जाति तथा जनजाति आयोग**—भारतीय संविधान के 65वें संशोधन द्वारा अनुच्छेद 338 में संशोधन करके इस आयोग के गठन के सम्बन्ध में प्रावधान किया गया है। आयोग का गठन राष्ट्रपति द्वारा किया जाता है। आयोग में एक अध्यक्ष, एक उपाध्यक्ष तथा 5 सदस्य होते हैं। आयोग के निम्नलिखित कार्य हैं :

(i) इन जाति के सदस्यों के सामाजिक तथा आर्थिक विकास की प्रक्रिया में भाग लेना।

(ii) इन जाति के सदस्यों के सामाजिक तथा आर्थिक विकास की प्रगति का मूल्यांकन करना।

(iii) इन जाति के सदस्यों के संरक्षण के कार्यो पर प्रति वर्ष राष्ट्रपति को रिपार्ट देना।

(iv) अनुसूचित जाति तथा जनजाति के लिए प्रावधानित संवैधानिक संरक्षणों से सम्बन्धित सभी मामलों का अन्वेषण करना।

(v) अनुसूचित जाति तथा जनजाति के सदस्यों द्वारा की गई शिकायतों की जाँच करना।

(ग) झारखंड, छत्तीसगढ़ तथा उड़ीसा में जनजातियों के कल्याण के लिए प्रभारी मंत्री को नियुक्त करवाना।

(घ) संविधान की पाँचवीं तथा छठी अनुसूची में विशेष प्रावधान।

3. पिछड़े वर्गों के लिए प्रावधान—पिछड़े वर्ग में उन समुदायों को सम्मिलित किया जाता है जो सामाजिक तथा शैक्षणिक दृष्टि से पिछड़े हों। सामाजिक तथा

शैक्षणिक दृष्टि से पिछड़ेपन का निर्धारण केन्द्र तथा राज्य सरकारों द्वारा किया जाता है।

पिछड़ा वर्ग आयोग—इस आयोग का गठन राष्ट्रपति करता है तथा आयोग में कितने सदस्य हों, इसका निर्णय भी वही करता है।

पिछड़े वर्गों के कल्याण के लिए संसद ने राष्ट्रीय पिछड़ा वर्ग आयोग अधिनियम, 1993 पारित किया जिसके तहत अगस्त, 1993 में न्यायमूर्ति आर.एन. प्रसाद की अध्यक्षता में 5 सदस्यीय राष्ट्रीय पिछड़ा वर्ग आयोग की स्थापना की गई।

आयोग का कार्य—सामाजिक तथा शैक्षणिक दृष्टि से पिछड़े वर्गों की दशाओं तथा उनकी कठिनाइयों की जाँच करना, उनकी दशाओं को सुधारने के लिए राष्ट्रपति से उपायों की सिफारिश करना तथा सामाजिक तथा शैक्षणिक दृष्टि से पिछड़े हुए वर्गों की दशा को सुधारने के लिए अनुदान दिए जाने की सिफारिश करना। पिछड़ा वर्ग आयोग का प्रमख कार्य है।

14

भारतीय सरकार और सामाजिक आन्दोलन

भारत की अधिकांश आबादी ग्रामीण क्षेत्रों में निवास करती हैं तथा उनका मुख्य पेशा कृषि है। इन कृषकों के भिन्न-भिन्न वर्ग बने हुए थे। ब्रिटिश साम्राज्य ने अपने शासन के समय इन वर्गों को प्रोत्साहित किया। उसने किसानों के साथ स्थायी व अस्थायी बंदोबस्त समझौता किया। आजादी कसे पहले भारत में श्रमिकों की स्थिति बहुत दयनीय थी। परिणामस्वरूप भारत में सामाजिक आंदोलन शुरू हो गया।

भारतीय इतिहास से यह स्पष्ट होता है कि ब्रिटिश काल में कृषकों की स्थिति बहुत दयनीय थी। जमींदारी व्यवस्था में कई बुराइयाँ थीं। जमींदारों ने लगान इकट्ठा करके सरकार को खुश किया परन्तु कृषक को बहुत परेशान किया। इससे जमींदारों को अधिक धन मिला। कृषकों को भूमिकर की बहुत बड़ी राशि सरकार को देनी पड़ी। उन्होंने प्राकृतिक विपदाओं का सामना किया, गरीबी बढ़ी। किसानों ने जमींदारों से उधार लेकर गुजारा करना पड़ा उसके बदले उन्हें सूद सहित बहुत धन देना पड़ा। इस कारण कृषकों को अपनी भूमि बेचनी पड़ी और खेतिहर मजदूर बनना पड़ा। कृषकों ने तंग आकर समय-समय पर कई आन्दोलन किए।

बंगाल में आंदोलन—ब्रिटिश सरकार ने जमीदारों को लाभ पहुँचाने के लिए बंगाल में स्थाई बन्दोबस्त लागू किए। इससे जमींदारों ने अनुचित ढंग से कृषकों से कर वसूल करना आरम्भ किया। इससे कृषक ऋण के नीचे दब गए। उनकी निर्धनता उनको काटने लगी। कृषकों के सामने और कोई रास्ता नहीं था 1870 में उन्होंने विद्रोह किया। सारे बंगाल में आतंक फैल गया। शासन ने जमींदारों का समर्थन किया। विद्रोह कुचल दिया गया परन्तु सरकार को मजबूर होकर बंगाल

टेनेंसी अधिनियम पारित करना पड़ा जिसके परिणामस्वरूप बहुत से कृषकों को उनकी भूमि का मालिक मान लिया गया।

महाराष्ट्र में आन्दोलन—ब्रिटिश शासन में महाराष्ट्र के कृषकों की हालत बहुत खराब हो गई। उन्हें जमींदारों को जबरन लगान देना पड़ता था। 1875 में महाराष्ट्र के कृषकों ने विद्रोह कर दिया। विद्रोह ने जोर पकड़ा। जमींदारों से की गई संधियाँ फाड़ दी गईं। कुछ समय के लिए कृषकों को राहत मिली। निःसन्देह महाराष्ट्र के लोगों को कुछ नहीं मिला परन्तु इसके परिणामस्वरूप दक्षिण के कृषकों को राहत मिली। उनके लिए दक्षिण कृषक राहत अधिनियम पारित किया गया।

पंजाब में आन्दोलन—पंजाव के लोग भी ब्रिटिश शासन से बहुत परेशान थे। उनको अनाज के बदले बहुत कम दाम मिलते थे। जमींदारों ने कृषकों पर जुल्म ढाया हुआ था। कृषकों को मजबूर होकर आन्दोलन करना पड़ा। सरकार ने निश्चय किया कि सरकार उपज का केवल पाँचवाँ हिस्सा लगान के रूप में एकत्रित करेगी।

चम्पारन में विद्रोह—चम्पारन में नील की खेती होती थी। इन बगीचों के मालिक अधिकांशतः अंग्रेज थे। अंग्रेज कृषकों से बहुत अधिक काम लेते हैं। महात्मा गाँधी ने कृषकों की समस्या का समाधान निकालने के लिए एक समिति का गठन किया जिसे सरकार ने मानने से इन्कार कर दिया। सरकार ने आदेश दिया कि महात्मा गाँधी चम्पारन में नहीं जा सकते। गाँधीजी ने निषेध कानून की अवहेलना की तथा उन्हें गिरफ्तार कर लिया गया परन्तु सरकार को बाद में समिति की सिफारिशों को स्वीकार करना पड़ा।

अवध में विद्रोह—कृषकों ने अवध में 1921 में विद्रोह किया जिसके परिणामस्वरूप अवध किराया अधिनियम पास किया गया।

1922-23 के विद्रोह—1922-23 में मोयला कोया तथा आका में कृषकों ने विद्रोह किया। इन विद्रोहों को सरकार ने जबरन दबा दिया।

बारदोली में संघर्ष—1929 में सरदार वल्लभ भाई पटेल के नेतृत्व में कृषकों ने बारदोली में आंदोलन किया। इसका उद्देश्य लगान को कम कराना था। 1930 में गाँधीजी के आह्वान पर बारदोली के कृषकों ने सविनय अवज्ञा आन्दोलन आरम्भ किया। उन्होंने लगान देना बन्द कर दिया। सरकार को मजबूर होकर कृषकों की माँगों को स्वीकार करना पड़ा।

अखिल भारतीय किसान कांग्रेस—भारत में पहली बार कृषकों का अखिल भारतीय संगठन 1935 में बना। किसान कांग्रेस ने माँग की कि कृषकों को भूमि का मालिक बनाया जाए। लघु-उद्योगों का विकास हो, सिंचाई के साधन उपलब्ध

कराए जाएँ तथा शिक्षा और यातायात के साधनों की उपलब्धि हो। अखिल भारतीय कृषक कांग्रेस भारत के सभी कृषकों को संगठित तो न कर सकी परन्तु उनके सहयोग से 1937 के चुनाव में कांग्रेस विजयी रही जिसने कृषकों को कई सुविधाएँ दिलाईं।

भारत छोड़ो आन्दोलन—कांग्रेस ने 1942 में भारत छोड़ो आन्दोलन चलाया। इसमें किसानों ने खुलेआम कांग्रेस का समर्थन किया। एन.जी. रंगा के कथनानुसार, "1942 के अगस्त क्रान्ति के दौरान भारतीय किसानों की भूमिका बड़ी साहसपूर्ण, सक्रिय व प्रभावी रही। इस क्रान्ति में विद्यार्थियों और मध्यम वर्ग के लोगों का योगदान भी कुछ कम नहीं था, पर किसानों ने तो कमाल ही कर दिया।"

स्वतन्त्रता के पश्चात्—भारत की स्वतन्त्रता के बाद भारतीय सरकार ने निश्चय किया कि उसे कृषकों की ओर विशेष ध्यान देना चाहिए क्योंकि भारत एक कृषि प्रधान देश है। भारत सरकार ने इस ओर कई कदम उठाए पर इससे किसानों की समस्याओं का हल नहीं निकला अतः किसानों ने कई आन्दोलन किए जिनका विवरण नीचे दिया गया है :

(क) तेलंगाना में विद्रोह—तेलंगाना के कृषकों की माँग थी कि अमीर किसान या नवाब जो कि जागीरदार थे वे कृषकों से अनुचित कर की वसूली न करें तथा ऋण माफ कर दिया जाए। यह विद्रोह 1946 से 1948 तक चला।

(ख) नक्सलबाड़ी विद्रोह—नक्सलबाड़ी में भूमिहीन कृषकों की स्थिति बड़ी नाजुक थी। इससे निपटने के लिए कानु सान्याल के नेतृत्व में लेनिन-मार्क्सवादी दल का गठन किया गया। 1969 में आन्दोलन आरम्भ हुआ और आतंक पैदा कर दिया परन्तु आन्दोलन को दबा दिया गया।

(ग) आंध्र प्रदेश में आन्दोलन—आंध्र प्रदेश में स्थित वारंगल व करीम नगर जिलों में कृषकों ने सशस्त्र हिंसा के माध्यम से क्रांन्ति आरम्भ की। कई स्थानों में जमींदारों की भूमि छीन ली गई तथा कृषकों ने आपस में बाँट ली परन्तु इस आन्दोलन को भी कुचल दिया गया।

भारत में निम्नलिखित श्रमिक संघ श्रमिकों के हित के लिए विशिष्ट कार्य कर रही है–

(क) अखिल भारतीय ट्रेड यूनियन कांग्रेस—इस की स्थापना सन् 1920 में की गई। इस संस्था का वार्षिक सम्मेलन भारत के किसी भी शहर में होता है तथा इसके प्रतिनिधि अन्तर्राष्ट्रीय श्रम सम्मेलन में भेजे जाते हैं। इसने अपने प्रयासों से अधिनियम पारित करवा कर कई श्रमिक संघों को मान्यता दिलवाई है। इससे

श्रमिक संघों का मान बढ़ा है। साम्यवादी दलों ने सदैव इन संघों का समर्थन किया है। इसके प्रयासों से श्रमिकों को बहुत से अधिकार मिले हैं। आज श्रमिकों को उचित वेतन मिलता है, उनसे आठ घण्टे से अधिक कार्य नहीं लिया जाता है। उन्हें पेंशन, ग्रेच्युइटी, मुफ्त इलाज की सुविधाएँ प्राप्त हुई हैं।

(ख) भारतीय राष्ट्रीय ट्रेड यूनियन कांग्रेस—इसकी स्थापना 1947 में हुई। इस संघ का नियन्त्रण भारतीय राष्ट्रीय कांग्रेस के नियन्त्रण में है। इस संघ ने श्रमिकों की बहुत सी मांगों को स्वीकार करवाया है। आज श्रमिकों को पहले से अधिक मजदूरी मिलती है। आज उनकी काम की शर्तें पहले से कहीं अच्छी हैं।

(ग) केन्द्रीय भारतीय ट्रेड संघ—यह श्रमिकों का एक अन्य संगठन है। यह मार्क्सवादी साम्यवादी दल के नेतृत्व में कार्य कर रहा है। इसने सरकार पर दबाव डालकर बहुत-सी सुविधाएँ श्रमिकों के लिए उपलब्ध करायी हैं।

(घ) हिन्द मजदूर सभा—सन् 1948 में स्थापित इस सभा का मुख्य उद्देश्य श्रमिकों को उनका हक दिलाना है।

(ङ) भारतीय मजदूर पार्टी—इसकी स्थापना भारतीय जनता पार्टी द्वारा की गई। अभी इसे बहुत कुछ करना है। आज भारत में जितने भी श्रमिक संघ हैं उनका किसी न किसी अखिल भारतीय संगठन के साथ सम्बन्ध है। ये संगठन किसी न किसी राजनैतिक दल के साथ सम्बन्धित हैं। ये दल सरकार द्वारा बनाए गए ऐसे अधिनियमों का विरोध करते हैं जो श्रमिकों के लिए हानिकारक हैं।

अनुसूचित जाति एवं अनुसूचित जनजाति कल्याण—भारतीय संविधान में अनुसूचित जातियों, अनुसूचित जनजातियों तथा अन्य पिछड़े वर्गों का शैक्षणिक तथा आर्थिक दृष्टि से उत्थान करने तथा उनकी परम्परागत सामाजिक अयोग्यताओं को दूर करने के उद्देश्य को आवश्यक सुरक्षा तथा संरक्षण प्रदान करने की व्यवस्था की गई है।

संविधान में मुख्य सुरक्षा उपाय इस प्रकार हैं—

1. अनुच्छेद 17 के अनुसार अस्पृश्यता का उन्मूलन किया जाए तथा इसका किसी भी रूप में प्रचलन निषिद्ध कर दिया जाए।
2. अनुच्छेद 46 के अनुसार इन जातियों के शैक्षणिक तथा आर्थिक हितों को बढ़ावा दिया जाए और इन्हें सभी प्रकार के शोषण तथा सामाजिक अन्याय से बचाया जाए।
3. अनुच्छेद 25 ख के अनुसार हिन्दुओं के सार्वजनिक धार्मिक स्थलों के द्वार कानून द्वारा हर जाति-वर्ग के हिन्दुओं के लिए खोल दिए जाएँ।

4. अनुच्छेद 15-2 के अनुसार दुकानों, सार्वजनिक भोजनालयों, होटलों और सार्वजनिक मनोरंजन के स्थानों का उपयोग करने पर लगी सभी प्रकार की अयोग्यता, उत्तरदायित्व, रुकावटें अथवा शर्तें हटा दी जाएँ अथवा जनसाधारण को समर्पित कुओं, टैंकों, स्नान के घाट, सड़कों और सार्वजनिक आश्रय स्थलों के रख-रखाव में सहायता पहुँचाना जिन पर होने वाले व्यय के वहन को पूरे तौर पर अथवा आंशिक रूप में राज्य सरकारें करें।
5. अनुच्छेद 19-5 के अनुसार अनुसूचित जनजातियों के हित में, आम नागरिकों के भारत में स्वतन्त्रतापूर्वक आने-जाने, रहने और बसने तथा सम्पत्ति खरीदने, रखने और बेचने के आम अधिकारों पर उचित प्रतिबन्ध लगा सकने की कानूनी व्यवस्था।
6. अनुच्छेद 29-2 के अनुसार राज्य सरकार द्वारा संचालित अथवा राज्य सरकार के कोष से सहायता पाने वाले शिक्षा संस्थाओं में उनके प्रवेश पर किसी प्रकार की रुकावट न रखी जाए।
7. अनुच्छेद 16 और 335 के अनुसार यदि सरकारी नौकरियों में पिछड़े वर्गों का पर्याप्त प्रतिनिधित्व न हो, तो राज्य सरकार को उनके लिए स्थान आरक्षित रखने का अधिकार देना और सरकारी नौकरियों में नियुक्तियों के समय अनुसूचित जातियों और अनुसूचित जनजातियों के दावों पर विचार करना।
8. अनुच्छेद 330, 332 तथा 324 के अनुसार लोक सभा तथा राज्य विधान सभाओं में 25 जनवरी, 2000 तक इन्हें विशेष प्रतिनिधित्व की सुरक्षा देना।
9. अनुच्छेद 164, 338 तथा पाँचवीं सूची के अनुसार इनके कल्याण, सुरक्षा तथा हितों के प्रयोजन से राज्यों में जनजाति सलाहकार परिषदों तथा पृथक् विभागों की स्थापना की जाए अधिकारी की नियुक्ति की जाए।
10. अनुच्छेद 224 और पाँचवीं तथा छठी अनुसूचियों के अनुसार अनुसूचित जाति तथा जनजाति क्षेत्रों के प्रशासन तथा नियन्त्रण के लिए विशेष व्यवस्था की जाए।
11. अनुच्छेद 23 के अनुसार मनुष्य के देह व्यापार और जबरन मजदूरी पर प्रतिबन्ध लगाया जाए।

अनुसूचित जाति एवं जनजातियों पर होने वाले अत्याचारों को रोकने के उपाय—अनुसूचित जातियों एवं जनजातियों को अत्याचार से बचाने के लिए

सरकार ने अनुसूचित जाति एवं जनजाति(अत्याचारों की रोकथाम) अधिनियम, 1989 बनाया जो 30 जनवरी, 1990 से लागू हो गया है। इसमें बताया गया है कि किन अपराधों को अत्याचार माना जाएगा। इनके लिए कड़े दण्डों की व्यवस्था की गई है। राज्यों से भी कहा गया है कि अत्याचार पीड़ितों के आर्थिक व सामाजिक पुनर्वास के उपाय करें।

संविधान (पैंसठवाँ संशोधन) अधिनियम, 1990 के अन्तर्गत, अनुच्छेद 338 में नियुक्त विशेष, अधिकारी की जगह राष्ट्रीय अनुसूचित जाति एवं जनजाति आयोग बनाया गया है। इसमें राष्ट्रपति द्वारा नियुक्त किए गए एक अध्यक्ष, एक उपाध्यक्ष और पाँच अन्य सदस्य होंगे।

आयोग के कार्य व शक्तियाँ—अनुसूचित जातियों व जनजातियों के कल्याण हेतु बने आयोग के कार्यों व शक्तियों को निम्नवत् हैं–

(i) इन जातियों के सामाजिक व आर्थिक विकास की योजनाएँ तैयार करने में भाग लेगा तथा सलाह देगा; और केन्द्रशासित प्रदेश और किसी दूसरे राज्य के तहत हो रही उनकी प्रगति का मूल्यांकन करेगा।

(ii) आयोग, राष्ट्रपति को इस बात की वार्षिक रिपोर्ट देगा कि सुरक्षा उपायों पर होने वाले कार्य तथा आयोग कितने कारगर ढंग से कार्य कर रहे हैं। यह रिपोर्ट जरूरत पड़ने पर कभी भी दी जा सकती है।

(iii) इन रिपोर्टों में इस बारे में सिफारिशें भी की जाएँगी कि इन्हें कारगर ढंग से लागू करने के लिए तथा उनके आर्थिक व सामाजिक विकास के लिए अन्य क्या कदम उठाए जाएँ।

(iv) अनुसूचित जाति और अनुसूचित जनजाति के संरक्षण, कल्याण, विकास और प्रगति के बारे में आयोग को राष्ट्रपति द्वारा सौंपे गए अन्य काम पूरे करना।

(v) संविधान में, अथवा किसी और कानून में अनुसूचित जाति तथा जनजातियों के लिए बनाए गए सुरक्षा सम्बन्धी सभी मामलों की जाँच आयोग करेगा और उनका मूल्यांकन भी करेगा।

(vi) यह इन अधिकारों तथा सुरक्षा उपायों से वंचित किए जाने की विशिष्ट शिकायतों की जाँच करेगा।

विकलांगों के लिए पुनर्वास कार्यक्रम

1. कुष्ठ रोग से मुक्त लोगों के पुनर्वास के लिए स्वयंसेवी की सहायता—इस

योजना के तहत उन स्वयंसेवी संगठनों को वित्तीय सहायता दी जाती है जो कुष्ठ रोग से मुक्ति पाए लोगों के पुनर्वास के लिए काम कर रहे हैं। ऐसे संगठनों को 90 प्रतिशत तक की सहायता दी जाती है जिन्होंने कुष्ठ रोग से छुटकारा पाए लोगों के प्रति जागरूकता पैदा करने, उन्हें शीघ्र मदद पहुँचाने, शैक्षिक और व्यावसायिक प्रशिक्षण देने तथा उन्हें समाज से जोड़ने सम्बन्धी कार्यक्रम आरंभ किए हों।

2. मस्तिष्कीय पक्षाघात और मानसिक विकलांगता के खिलाफ जनशक्ति का विकास करने वाले स्वयंसेवी संगठनों को सहायता—इस योजना का उद्देश्य मस्तिष्कीय पक्षाघात और मानसिक विकलांगता के क्षेत्र में काम करने वाले विभिन्न श्रेणियों के कार्यकर्त्ताओं/प्रशिक्षकों जैसे—अध्यापक, पुनर्वास अधिकारी, परिचायकों, वार्डनों आदि को प्रशिक्षण देने के लिए संगठनात्मक और बुनियादी सुविधाएँ, छात्रावास और अन्य अपेक्षित सहायता उपलब्ध कराना है। इसके तहत स्वयंसेवी संगठनों को आवर्तक और अनावर्तक वस्तुओं पर खर्च में शत-प्रतिशत सहायता दी जाती है।

3. विशेष विद्यालयों की स्थापना और विकास—इस कार्यक्रम के तहत चार तरह के विकलांगों-आंगिक विकलांगों (ऑर्थोपीडिक) सुनने और बोलने वाले विकलांगों, दृष्टि विकलांगों तथा मानसिक विकलांगों के लिए विशेष स्कूलों की स्थापना और विकास के वास्ते गैर-सरकारी संगठनों को सहायता दी जाती है। इसके तहत उन जिलों में स्कूल खोलने को प्राथमिकता दी जाती है जहाँ एक भी विशेष स्कूल नहीं है। आवर्तक और अनावर्तक दोनों ही तरह के कार्य का खर्च कल्याण मन्त्रालय वहन करता है।

4. स्वयंसेवी संगठनों को सहायता कार्यक्रम—इस कार्यक्रम के तहत विकलांगों को शिक्षा, प्रशिक्षण और पुनर्वास सुविधाएँ प्रदान करने के लिए स्वयंसेवी संगठनों को 90 प्रतिशत वित्तीय सहायता (ग्रामीण क्षेत्रों में 95 प्रतिशत) दी जाती है। यह सहायता आवर्तक और अनावर्तक दोनों ही तरह की वस्तुओं के लिए दी जाती है। जैसे—भवन-निर्माण, उपकरणों/उपयुक्त साज-सामान की खरीद, पत्र-पत्रिका आदि।

5. विकलांगों को उपकरणों/उपयुक्त साज-सामान की खरीद के लिए सहायता—इस योजना के तहत 1,200 रुपए प्रतिमाह से कम आय वाले विकलांगों को सहायता एवं साज-सामान निःशुल्क दिया जाता है। जबकि 1200-2500 रुपए प्रतिमाह आमदनी वाले लोगों को उपकरणों आदि की लागत का 50 प्रतिशत अनुदान दिया जाता है। योजना के तहत 3,600 रुपए तक की सहायता और विभिन्न

उपकरण जैसे—बैसाखियाँ, परकार (कैलिपर्ज), कृत्रिम अंग, व्हील चेयर, ब्रेल आदि जरूरतमंदों को उपलब्ध कराए जाते हैं।

महिलाओं के लिए कार्यक्रम—सन् 1991 की जनगणना के अनुसार देश की जनसंख्या में महिलाओं का प्रतिनिधित्व 48.1 प्रतिशत थी और उनकी कुल संख्या 40 करोड़ 71 लाख थी। भारतीय महिलाओं का विकास स्वतन्त्रता प्राप्ति से ही हमारी योजनाओं का केन्द्र रहा है फिर भी महिलाओं को विकास में अलग लक्ष्य समूह के रूप में मान्यता, 1980 में छठी पंचवर्षीय योजना (1980-85) में 'महिला और विकास' नाम से एक नया अध्याय जोड़कर उन्हें विकास योजनाओं में समुचित स्थान दिया गया है। इसके साथ ही महिलाओं की समस्याओं के प्रति जो कल्याणकारी दृष्टिकोण रखा जाता था, उसके स्थान पर अब उनके विकास तथा उन्हें और अधिकार देने पर बल दिया गया। महिलाओं को अधिकार देने के सरकार के सभी प्रयासों का उद्देश्य उनका स्तर सामाजिक, आर्थिक, कानूनी और राजनैतिक दृष्टि से पुरुषों के समान ऊपर उठाकर उन्हें राष्ट्रीय विकास की मुख्य धारा में शामिल करना है।

1. प्रशिक्षण और रोजगार—सन् 1987 महिलाओं के लिए प्रशिक्षण सह रोजगार समर्थन कार्यक्रम (स्पैट), प्रारंभ किया गया। उसका उद्देश्य गरीबी की रेखा के नीचे जीवनयापन कर रही महिलाओं के लिए रोजगार के अवसरों में बढ़ोत्तरी और उनकी कार्यकुशलता में सुधार लाना है। योजना के तहत कृषि, कुटीर उद्योग, पशुपालन, डेरी उद्योग, मछली पालन, हथकरघा, हस्तशिल्प और ग्राम उद्योग तथा रेशम उद्योग जैसे परम्परागत क्षेत्रों में महिलाओं की कुशलता में और सुधार लाने के प्रयास करना है जहाँ वे बड़े पैमाने पर पहले से ही कार्यरत हैं। इसके अन्तर्गत पिछड़ी और सम्पत्तिहीन महिला-श्रमिकों, महिला-मुखिया वाले परिवारों और अन्य वंचित समूहों पर विशेष ध्यान दिया जा रहा है।

2. सामाजिक-आर्थिक कार्यक्रम—इसके अंतर्गत केन्द्रीय समाज कल्याण बोर्ड उन स्वयंसेवी संगठनों को वित्तीय सहायता देता है जो जरूरतमंद महिलाओं विशेषकर विधवाओं, बेसहारा और असमर्थ व्यक्तियों को काम और दिहाड़ी के अवसर उपलब्ध कराने या आय दिलवाने वाली विविध गतिविधियाँ चलाते हैं। इसके तहत लघु आर्थिक इकाइयाँ, हथकरघा और हस्ताशिल्प इकाइयाँ, डेयरी इकाइयाँ और पशुपालन जैसे—सुअर, बकरी पालन, भेड़ पालन, मुर्गी पालन, और स्वरोजगार इकाइयाँ लगाई जाती हैं।

3. महिला समृद्धि योजना—यह योजना ग्रामीण महिलाओं के बीच काफी

लोकप्रिय हो गई है। योजना का उद्देश्य ग्रामीण महिलाओं में बचत की प्रवृत्ति को बढ़ावा देकर उन्हें आत्मनिर्भर और आर्थिक दृष्टि से स्वतन्त्र बनाना है। महिला और बाल कल्याण विभाग इस योजना के लिए आदर्श विभाग हैं। इस योजना के अन्तर्गत ग्रामीण क्षेत्र की हर महिला डाकघर में अपने नाम का खाता खोल सकती है, अपनी इच्छा और सामर्थ्य के अनुरूप कितनी भी मात्रा में धनराशि बचा सकती है।

4. महिला विकास निगम—सन् 1986-87 में राज्यों में महिला विकास निगम स्थापित करने की योजना बनायी गयी थी। ये निगम महिला उद्यमियों का पता लगाने, तकनीकी परामर्श सेवाएँ देने, उत्पादों के विपणन को बढ़ावा देने, प्रशिक्षण सुविधाएँ जुटाने आदि कार्यों में प्रेरक भूमिका का निर्वाह करते हैं।

5. कानून—भारत सरकार ने महिलाओं के हितों की रक्षा के लिए कुछ विशेष कानून बनाए हैं। इनमें समान वेतन अधिनियम, सती प्रथा निवारण अधिनियम, फौजदारी कानून और भारतीय साक्ष्य अधिनियम, प्रसूति लाभ अधिनियम, वेश्यावृत्ति निवारण अधिनियम, दहेज तथा प्रतिबन्ध अधिनियम आदि शामिल हैं। प्रसव पूर्व जाँच तकनीक (विनियम और दुरुपयोग रोकथाम) के बारे में एक ऐतिहासिक अधिनियम अप्रैल 1994 में बनाया गया। वर्तमान समय तक–वेश्यावृत्ति निवारण अधिनियम, 1956 (1986 में संशोधित), दहेज प्रतिबन्ध अधिनियम, 1961 (1986 में संशोधित), महिलाओं का अश्लील चित्रण (निवारण) अधिनियम, 1986 और सती प्रथा (निवारण) अधिनियम 1987 की समीक्षा की गई है।

15

भारतीय सरकार की विकास-नीति

भारत में प्रारंभ से ही मिश्रित अर्थव्यवस्था को अपनाया गया है। इसमें सरकारी व गैर सरकारी उद्यमों को बराबर अधिकार दिया गया है। विशुद्ध पूँजीवाद और सामंतवाद के मध्य भारतीय मिश्रित अर्थव्यवस्था एक उपयोगी समझौता है। जिससे पूंजीपति व श्रमिकों के बीच समन्यव स्थापित होता है। समय के अनुसार जो देश अपने औद्योगिक नीति में बदलाव करता है। वह देश उतना अधिक आर्थिक प्रगति के मार्ग पर अग्रसर होता है इसलिए भारत सरकार ने भी विकास को ध्यान में रखते हुए अपनी नीति में समय-समय पर परिवर्तन किया।

भारत में स्वतन्त्रता के पश्चात् 'मिश्रित-अर्थव्यवस्था' को आर्थिक नीति के रूप में अपनाया गया। इसमें निजी उद्योगों को भी उतने अधिकार दिए गए जितने सरकारी उद्योगों को। ऐसा करने का मुख्य उद्देश्य भारत में समाजवाद लाना है।

भारत की औद्योगिक नीति सर्वप्रथम 1948 में घोषित की गई। इस नीति में मिश्रित अर्थव्यवस्था को अपनाया गया। उद्योगों को चार भागों में विभाजित किया गया–राज्य अधिकृत उद्योग, राज्य नियन्त्रित उद्योग, राज्य के नियन्त्रण तथा नियमन के अन्तर्गत उद्योग तथा सरकार द्वारा सामान्य नियन्त्रण उद्योग। इस नीति का उद्देश्य जहाँ औद्योगिक क्षेत्रों को सरकार द्वारा संरक्षण देना था वहीं यह भी आशा की जाती थी कि लघु व कुटीर उद्योगों का विकास हो।

भारत सरकार ने 1954-55 में समाजवादी समाज स्थापित करने की घोषणा की। इसके परिणामस्वरूप 1948 की औद्योगिक नीति में परिवर्तन लाना पड़ा। 1956 में भारत सरकार ने अपनी औद्योगिक नीति घोषित की। इसके अनुसार आर्थिक विकास में तीव्रता लायी जाएगी, सार्वजनिक क्षेत्र का विस्तार व विकास

होगा, केन्द्रीयकरण की प्रवृत्तियों को रोका जाएगा, आधारभूत व भारी उद्योगों का सुधार होगा, बढ़ती हुई बेरोजगारी व निर्धनता को दूर करने के लिए ग्रामोद्योग व कुटीर उद्योगों की स्थापना की जाएगी व सार्वजनिक क्षेत्र और पंचवर्षीय योजनाओं के कुशल संचालन के लिए यह आवश्यक है कि प्रबन्धकीय दक्षता में वृद्धि की जाए। इसके लिए प्रशिक्षण सुविधाओं का विस्तार किया गया।

सन् 1956 में निर्धारित औद्योगिक नीति से औद्योगिक क्षेत्र में बहुत अधिक वृद्धि हुई। भारत सरकार के प्रकाशन विभाग से प्रकाशित पुस्तक में सार्वजनिक क्षेत्र के बारे में लिखा कि कर्मचारियों ने नए हुनर सीखे तथा औद्योगिक प्रबन्धों को एक नए वर्ग का विकास हुआ।...औद्योगिक उत्पादन का सूचकांक 1950-51 में सौ था जो बढ़कर 1960-61 में एक सौ चौरानवे हो गया। देश के प्रमुख नगरों के आस-पास नई औद्योगिक बस्तियाँ बस गईं व कारखाने स्थापित हो गए।

सन् 1956 की औद्योगिक नीति में सुधार लाने के लिए 1977 में संसद में नई औद्योगिक नीति की घोषणा की। इस नीति में बड़े उद्योगों को केवल बुनियादी वस्तुओं, पूँजीगत सामान तथा तकनीकी वस्तुओं के लिए अधिकार मिला। केन्द्रीय सरकार ने जिला उद्योग केन्द्र स्थापित करने का निर्णय लिया था ताकि लघु व कुटीर उद्योग को प्रोत्साहन मिले। बड़े-उद्योगों की मनमानी रोकने के लिए एकाधिकार विरोधी कानून को सख्ती से लागू करने का निश्चय किया गया। सार्वजनिक क्षेत्र में चल रहे उद्योगों का कार्य केवल आधारभूत वस्तुओं का उत्पादन करना ही नहीं होगा, वरन् उन्हें उपभोक्ता वस्तुओं के उत्पादन में भी महत्त्वपूर्ण भूमिका निभानी होगी। जो उद्योग शहरों से निकल कर गाँव में स्थापित किए जाएँगे उन्हें सरकार की ओर से पर्याप्त सुविधाएँ व वित्तीय सहायता दी जाएगी। इस औद्योगिक नीति में आशा की गई कि भारत औद्योगिक क्षेत्र में आत्मनिर्भर हो जाएगा। इस प्रकार इस नीति द्वारा छोटे उद्योगों को प्रोत्साहन मिलेगा। जनता दल औद्योगिक क्षेत्र में आर्थिक विकेन्द्रीयकरण स्थापित करना चाहता था।

जनता सरकार केवल दो वर्ष तक रही। 1980 में कांग्रेस (ई) ने शासन पुनः प्राप्त कर लिया। कांग्रेस (ई) सरकार ने पुनः औद्योगिक नीति की घोषणा की। इस नीति में सार्वजनिक व निजी उद्योगों को समान रूप से विकास करने के अवसर प्रदान किए गए। निःसन्देह सरकार ने स्पष्ट किया कि एकाधिकार विरोधी कानून को सख्ती से लागू किया जाएगा। सार्वजनिक क्षेत्र के महत्त्व को प्रकट करते हुए इस औद्योगिक नीति में कहा गया कि हमारा प्रयास होगा कि सार्वजनिक क्षेत्र को बढ़ावा मिले और इसकी प्रबन्ध-व्यवस्था को ऊँचा उठाया जाए। इसमें भी छोटे व

कुटीर उद्योगों को ऊँचा उठाने की इच्छा को प्रकट किया गया। क्षेत्रीयं असन्तुलन को दूर करने के लिए पिछड़े इलाकों में उद्योगों की स्थापना पर बल दिया गया। ऊर्जा की कमी के कारण ऊर्जा के नए साधन सुझाए गए। श्रमिकों व मालिकों के बीच अच्छे सम्बन्ध स्थापित करने के सुझाव दिए गए।

औद्योगिक नीति का मूल्यांकन—योजनाबद्ध विकास के कारण भारत में उद्योगों का आश्चर्यजनक विकास हुआ है। इस नीति की बहुत-सी कमियाँ हैं। सार्वजनिक क्षेत्र उतने उत्पादन नहीं कर रहे जितनी आशा की जाती थी। इससे उत्पादन व बेरोजगारी पर बहुत प्रभाव पड़ा है। सभी राज्यों में समानरूप से विकास नहीं हुआ है।

भारत औद्योगिक क्षेत्र में उन्नति नहीं कर सकता जब तक मजदूर व मालिकों के बीच अच्छे सम्बन्ध स्थापित नहीं होंगे।

औद्योगिक नीति का भारतीय समाज पर प्रभाव—भारतीय अर्थव्यवस्था की विशेष बात मिश्रित अर्थव्यवस्था है। इसमें सार्वजनिक व निजी-उद्योग साथ-साथ कार्य करते हैं। परन्तु बड़े उद्योग शोषण कर रहे हैं इससे धनी व निर्धन वर्ग में भेद बढ़ा है।

भारत मे छोंटे उद्योगों को सहायता दी गई है परन्तु यहाँ भी शोषण है।

भारत में श्रमिकों की आर्थिक सुरक्षा के लिए कई अधिनियम पारित किए गए हैं परन्तु ये पर्याप्त नहीं है।

निष्कर्ष रूप में कह सकते हैं कि भारत समाजवाद का पक्षधर है। यहाँ उद्योगों का समाजीकरण होना चाहिए परन्तु ऐसा नहीं हो रहा है। भारत उन्नति नहीं कर सकता जब तक सरकार उद्योगों का पूर्ण समाजीकरण नहीं करती।

16

भारतीय सरकार की विदेश नीति

वर्तमान समय में सभी देश एक-दूसरे पर किसी न किसी रूप में निर्भर हैं तथा पूरी दुनिया वैश्वीकरण के इस दौर में नजदीक आ रहे हैं। प्रत्येक देश के अपने कुछ न कुछ नैतिक सिद्धांत होते हैं जिसके आधार पर वे दूसरे देश से सम्बंध बनाते हैं कोई भी देश जब दूसरे देश के प्रति नीति अपनाता है उसे विदेश नीति कहते हैं। इसमें कूटनीतिक बातों का ध्यान रखा जाता है।

भारत की विदेश नीति के सूत्रधार पंडित जवाहर लाल नेहरू थे। यहाँ की विदेश नीति भारत की स्वतन्त्रता से पूर्व ही बन गई थी। विदेशी नीति का निर्माण करते समय भारत की भौगोलिक स्थिति, इतिहास, आर्थिक स्थिति, नेताओं के व्यक्तित्त्व तथा आधुनिक विश्व स्थिति को देखा गया। भारत की विदेश नीति पंचशील, शांतिपूर्ण सह-अस्तित्त्व, जातीयता विरोध, निःशस्त्रीकरण, अन्तर्राष्ट्रीयता व गुट-निरपेक्षता पर आधारित है। भारतीय विदेश नीति को प्रकट करते हुए पंडित जवाहर लाल नेहरू ने कहा, "हमारा विश्वास है कि शान्ति व स्वतन्त्रता अविभाज्य हैं। कहीं भी स्वतन्त्रता का अभाव किसी ओर शान्ति को खतरे में डाल सकता है तथा लड़ाई व संघर्ष आरंभ हो सकता है—हम किसी पर आधिपत्य जगाना नहीं चाहते हैं। परन्तु हम अपने लोगों के लिए चाहे वे कहीं भी जाएँ सम्मानपूर्ण तथा समानता का बर्ताव अवश्य चाहते हैं।"

प्रत्येक राष्ट्र कुछ सिद्धान्तों पर अपनी विदेश नीति को निर्धारित करता है। वास्तव में उसी विदेशी नीति को उचित समझा जाता है जिसे राष्ट्र के नेता अपने राज्यों के हितों के विकास के लिए, समय व परिस्थितियों के अनुसार अपनाते हैं। इसी कारण एक राष्ट्र का सम्मान, प्रभाव व विश्वास अन्तर्राष्ट्रीय राजनीति में रहता

है। आजकल कुछ राज्य एक ओर तो गुटबन्दी की नीति अपनाकर या दूसरे गुट के सदस्यों से मिलकर 'शक्ति सन्तुलन' के सिद्धान्त पर चलते हैं। कुछ राज्य गुट-निरपेक्षता को अपनाते हैं पर अन्दर-अन्दर वे किसी गुट से मिल जाते हैं और अपनी सैनिक शक्ति को दृढ़ करते रहते हैं।

सन् 1948 में अखिल भारतीय कांग्रेस ने नेहरू जी की इच्छानुसार भारतीय विदेश नीति के लक्ष्य को प्रकट करते हुए कहा था कि भारत सभी देशों के साथ मित्रता व सहयोगपूर्ण सम्बन्ध स्थापित करना व विश्व शान्ति में सहयोग देना चाहता है। पामर और पार्किंस ने भारतीय विदेश नीति को प्रकट करते हुए कहा, "भारतीय विदेश नीति की जड़ें विगत कई शताब्दियों से विकसित सभ्यताओं के मूल में छिपी हैं और इसमें चिन्तन शैलियों, ब्रिटिश नीतियों का विरोध, स्वाधीनता आन्दोलन तथा वैदेशिक मामलों में गाँधीवादी सिद्धान्तों आदि का महत्त्वपूर्ण योग है।"

भारत की विदेश नीति के मौलिक सिद्धान्त निम्नलिखित हैं—

1. गुट-निपेक्षता की नीति
2. शान्तिपूर्ण सह-अस्तित्त्व
3. शान्तिपूर्ण ढंग से अन्तर्राष्ट्रीय समस्याओं का समाधान
4. साम्राज्यवाद व उपनिवेशवाद का विरोध
5. रंगभेद नीति का विरोध
6. निःशस्त्रीकरण को बढ़ावा
7. संयुक्त राष्ट्र संघ में विश्वास।